신시아 발레 지음 | 이순선 옮김

# Mouche & friends
## 대바늘 동물 친구들

잇기 없이 완성하는 북적북적 손뜨개 인형

한스미디어

TEXT, PATTERNS & ILLUSTRATIONS
신시아 발레

PHOTOGRAPHY
로라 하포

GRAPHIC DESIGN & LAYOUT
티나 바라칼리오 & 이리나 카우피넨

PUBLISHER
Laine Publishing Oy

이 책을 내 인생에서 무언가 성취하고 싶은 이유인
티에리, 샤를, 레오나르, 카르멘, 로즈에게 바칩니다.

# Contents

6 머리말

8 등장 인물

34 기법

36 인형 뜨기
42 Lesson 1 - 동물 인형 시작하기: 3가지 방법
44 Lesson 2 - 콧수 추적하기
44 Lesson 3 - 스티치 마커 사용하기:
　　　　　　　스티치 마커 A와 스티치 마커 B
44 Lesson 4 - 색상 변경하기
45 Lesson 5 - 눈, 귀, 꼬리 위치 표시하기
46 Lesson 6 - 되돌아뜨기로 모양 만들기
49 Lesson 7 - 얼굴에 표정 더하기
52 Lesson 8 - 코 보관하기
53 Lesson 9 - 팔 세팅하기
54 Lesson 10 - 구멍 막기
55 Lesson 11 - 실 정리하기
55 Lesson 12 - 몸통 시작하기
55 Lesson 13 - 다리 만들기 & 마지막 구멍 만들기
56 Lesson 14 - 동물 인형 마무리

58 인형 옷 뜨기
60 Lesson 15 - 고무뜨기 코잡기
60 Lesson 16 - 고무단 코막음하기
61 Lesson 17 - 걸러뜨기로 배색뜨기
62 Lesson 18 - 구멍 만들기
62 Lesson 19 - 고무단이 아닐 때 코막음하기

64 약어

66 도안
68 곰 무슈
80 다람쥐 헤이즐
93 들소 포레스트
107 양 아지
120 늑대 티노
132 고양이 조르지오
144 당나귀 호라시오
158 돼지 알퐁스 & 미라
170 오리 여사 낸나
180 아기 오리 도도 & 미모사
189 너구리 빌리
200 오랑우탄 앙리

210 봄 파티

214 감사의 말

# Love Spreaders

—

## 사랑의 전파자

동물 인형을 처음 만들었을 때(미르틸 베어를 아실까요?) 뭔가 특별한 일이 일어났다고 생각했습니다. 미르틸 베어의 얼굴에 작은 미소를 수놓자마자 너무나 생동감이 넘쳤기 때문입니다. 그 미소가 너무 다정해서 저는 "안녕!"이라고 행복한 인사를 건네고 싶을 정도였어요.

저는 이 행복한 길을 계속 가고 싶다는 생각이 들었고, 작은 인형이 내 손에서 살아 움직이는 듯한 경험을 여러분도 체험할 수 있도록 도안을 만들기로 했습니다.

저의 첫 뜨개질은 어린 시절 세라핀 할머니에게 배운 가터뜨기입니다. 뜨개로의 작은 한 발짝이었지만 지금까지도 기억에 남을 만큼 의미 있는 일이었죠. 하지만 뜨개질이 제 삶에서 더 많은 역할을 하기 시작한 것은 불과 몇 년 전의 일입니다. 꿰매는 과정이 없는 뜨개 방법을 찾은 것은 제 창작 여정에서 오랫동안 찾아온 마지막 퍼즐 조각을 만난 것과 같았습니다.

그 이후로 저는 솔기 없는 뜨개 캐릭터를 만들기에 몰두하기 시작했습니다. 양말을 뜰 때도 뒤꿈치 모양을 살릴 수 있으니 작은 동물도 바늘로 못 만들 이유가 없습니다. 바늘과 실만 있으면 한 코 한 코 뜨개질을 해서 잇는 과정 없이 머릿속에 있는 동물들을 만들 수 있어요. 또한 뜨개질이라는 언어가 이 동물들을 만드는 과정을 여러분과 공유하기에 가장 적합한 언어라고 생각했기 때문에 열정이 타올랐습니다. 제가 만든 것을 간단한 뜨개 용어로 설명하면 여러분도 똑같이 만들 수 있으니까요.

제 영감은 수많은 멋진 캐릭터의 고향인 일러스트와 아동 문학에 대한 사랑에 깊이 뿌리를 두고 있습니다. 저는 일러스트레이터가 하는 것처럼 캐릭터를 개발하지만 다른 점이라면 털실로 3차원의 캐릭터를 만든다는 것이지요. 제가 만든 캐릭터들에게는 이름과 이야기, 작은 영혼을 부여하고 무엇보다 제 자신을 많이 담아냅니다. 그 후에 여러분과 이를 공유하면 여러분도 뜨개 인형에 이름과 이야기, 작은 영혼 그리고 여러분을 더해 캐릭터를 완성하는 마법 같은 일이 일어납니다. 모두가 각자 나만의 인형을 만드는 거죠.

사실 이 책에 가장 많은 영감을 준 건 바로 여러분입니다. 저의 초기 캐릭터들을 환영해주고, 뜨개질하고, 자신의 세계로 들여보내는 모습을 보며 더 많은 사람과 함께 이 기쁨을 공유할 수 있다는 것을 깨달았죠. 많은 분들이 사랑하는 사람에게 선물하려고 제 인형을 만듭니다. 그런 모습을 보고 있으면 제 인형이 '사랑의 전파자'의 역할을 하는 것 같아 벅차오릅니다. 이를 계기로 저는 계속해서 새로운 친구들을 만들고 그들에게 이 책을 통해 아주 특별한 집을 만들어주고 싶다는 생각이 들었어요.

그리고 이제 몇 달간의 작업 끝에 여러분을 만날 준비가 되었습니다. 들어와서 무슈와 그의 사랑스러운 친구들을 만나보세요. 앉아서 함께 뜨개질을 해보세요. 잠시 속도를 늦추고 인형 만들기의 고요한 리듬에 흠뻑 빠져서 즐거운 시간을 보내시길 바랍니다. 이 책은 어떤 방식로든 뜨개질을 좋아하는 여러분을 위한 책으로, 부드러운 모험을 즐기고 싶은 마음만 있으면 됩니다. 한 코씩 뜨다가 마무리로 미소를 수놓다 보면 어느새 여러분을 향해 미소 짓고 있는 다정한 얼굴을 발견하게 될 거예요!

*Cinthia* 신시아

# Characters

등장인물

# Mouche 무슈

무슈는 겨울잠을 잘 때가 되면 항상 신이 난답니다. 눈송이가 털에 떨어지는 느낌을 즐기는 친한 친구 포레스트와 달리 무슈는 첫눈을 맞이하는 완벽한 방법은 아늑한 침대에 편안히 누워 있는 것이라고 굳게 믿고 있지요.

그는 첫눈을 준비하는 모든 과정을 좋아합니다. 아주 사소한 과정도요! 먼저 담요, 이불, 베개를 챙깁니다. 무슈가 가장 좋아하는 담요는 낸나가 만들어 준 격자무늬 담요랍니다. 다음으로는 빌리의 단추를 단 스트라이프 잠옷을 입습니다. 이제 아주 중요한, 음식 차례에요. 수프의 왕인 친구 알퐁스가 항상 수프를 몇 병 가져다 주지요.

이제 거의 준비됐어요! 하지만 아직 한 가지 남은 것이 있습니다. 바로 침대 밑에 있는 보물 상자입니다. 사실은 작은 여행 가방이지만 안에는 소중한 보물이 들어 있지요. 아지가 수집한 소라 껍데기로는 바다 소리를 들을 수 있고 호라시오가 준 말린 라벤더 뭉치는 베개 밑에 두면 숙면을 돕지요. 티노가 선물한 연필과 종이로는 잠들기 전에 드는 생각들을 기록하기에 좋아요.

무슈는 세상에서 가장 운이 좋은 곰이에요. 따뜻한 우정으로 둘러싸여 있어서 아마 78번쯤은 평화롭게 겨울잠을 잘 수 있답니다! 무슈가 잠에서 깨어나면 봄과 함께 친구들이 찾아올 거예요. 그리고는 모두 모여 일 년 중 가장 행복한 파티를 열 거랍니다.

# Hazel 헤이즐

헤이즐은 언제 어디서나 춤추는 댄서랍니다. 그녀는 걷지도, 뛰지도, 오르지도 않아요. 오직 춤만 춘답니다! 그녀가 춤추기 가장 좋아하는 곳은 보통 높은 곳이랍니다. 나뭇가지 위, 나무 위의 작은 집 발코니, 그리고 무슈의 머리 위와 같은 곳이죠...

헤이즐은 발레단에서 춤을 추는 것이 꿈이에요. 여행을 많이 다닌 포레스트가 파리에서는 발레의 첫 번째 무용수를 "당쇠즈 에투알 Danseuse étoile"이라고 부른다고 그녀에게 말해주었어요. 댄서와 별을 조합한 단어라니! 이 두 단어는 그녀를 위해 만들어진 것 같았어요. 포레스트는 멋진 나무처럼 생긴 에펠탑에 대해서도 말해줬답니다. 그곳에 올라가서 춤을 춘다면 별들과 닿을 듯이 가까워지겠죠?

포레스트는 헤이즐이 언젠가 꿈을 이룰 수 있도록 작은 에펠탑을 선물했어요. 헤이즐은 동기 부여를 위해 이를 목에 걸고 꿈을 향해 열심히 노력 중이랍니다.

# Forrest 포레스트

포레스트는 무슈가 사는 숲과는 아주 먼 알래스카의 숲속에서 태어났어요. 아주 어린 들소 시절, 할아버지에게 첫 번째 카메라를 선물 받았대요. 그 순간부터 포레스트는 카메라를 늘 가지고 다녔어요. 하이킹할 때도, 낚시를 갈 때도, 캠핑을 떠날 때도 말이에요.

할아버지가 돌아가신 후, 포레스트는 할아버지와 찍었던 사진들을 가죽 파우치에 넣고, 카메라를 챙겨 전 세계를 여행하기 시작했어요. 여러 나라들을 다니며, 그는 할아버지가 보았으면 좋아했을 기념품들과 이야기들을 사진으로 남겼죠. 그러던 어느 날, 무슈를 만나게 되었습니다. 무슈는 사진 찍히는 걸 할아버지만큼이나 좋아했어요. 하이킹을 하든, 낚시를 하든, 캠핑을 하든 말이에요!

무슈는 포레스트의 카메라에 큰 흥미를 보였고, 어느새 숲속 모두가 사진을 찍기 위해 모여들게 되었어요. 포레스트는 여전히 여행을 계속했지만, 점점 그 횟수는 줄어들었고, 이제는 무슈의 숲을 '집'이라 부르기 시작했답니다.

# *Agi* 아지

아지는 아주 작은 섬에 살고 있어요. 사실 그녀가 사는 섬은 그냥 섬이 아니라 '시간에 따라 달라지는 섬'이에요. 아지는 그런 섬을 마치 마법의 생물처럼 특별한 능력을 가졌다고 여기며 좋아한답니다. 하루에 한 번, 썰물이 되면 아주 넓고 조용한 땅이 펼쳐져요. 몹시도 넓어져서 아지가 몇 시간이고 걸어 다닐 수 있을 정도랍니다. 아지는 드러난 땅의 모래와 작은 웅덩이를 꼼꼼히 살피며, 바다가 빚어낸 보물들을 찾으러 다니곤 해요. 그러다 바닷물이 다시 밀려오면, 그녀의 섬은 다시 작은 섬으로 접힌답니다.

그때가 되면 아지는 바위에서 바위로 폴짝폴짝 뛰어 귀가해요. 바다에서 건진 소중한 보물들이 담긴 가방에서는 딸랑딸랑 소리가 나죠. 아지는 언제나 오두막에 돌아가기 전, 잠시 멈춰 앉아 물결이 다시 살아나는 모습을 지켜봐요. 물보라가 얼굴에 닿을 때까지 기다리다가, 혀끝으로 짭짤한 바다의 맛을 살짝 느껴보죠.

썰물이 오고 땅이 완전히 열리면, 아지는 호라시오가 오지 않을까 기대합니다. 호라시오는 훌쩍훌쩍 잘 다니는 방랑자이자, 해산물을 아주 좋아하는 친구예요. 둘은 그가 항상 챙겨오는 파슬리와 함께 잡은 해산물을 맛보며 멋진 하루를 보낸답니다.

# Tino 티노

이끼 낀 비탈길을 전속력으로 달리는 티노를 보면, 그가 우체부가 된 가장 큰 이유는 자전거 타기가 아닐까 생각하게 됩니다. 물론, 그것도 맞아요! 하지만 티노는 편지에도 깊은 애정을 가지고 있어요. 모든 우체부라면 응당 그래야 하지요.

티노가 특별한 이유는, 배달하는 편지의 대부분을 그가 직접 정성스럽게 썼다는 점이에요. 그는 편지가 많을수록 모두가 더 행복해진다고 믿어요. 그래서 매일 편지 배달을 마치면, 그는 조용하고 아늑한 구석에 자리를 잡고 아침에 만든 샌드위치를 먹으며 글을 쓰기 시작합니다. 친구들을 떠올리며, 그들이 읽고 기뻐할 만한 이야기들을 신중히 골라 써 내려가요. 티노는 훌륭한 청취자이자 관찰자라서, 항상 쓸 이야기가 넘쳐 나거든요.

모두가 티노의 편지를 사랑하고 있는 와중에 그가 뭔가 더 큰 이야기를 준비 중이라는 소문이 퍼지고 있어요. 무슈가 말하길, 탐정 소설일 확률이 높대요. 그게 사실이라면, 정말 멋질 거예요!

# Giorgio 조르지오

조르지오와 함께 시간을 보내는 건 참 편안하다고 모두가 입을 모아 말해요. 그는 아주 조용하고 차분하거든요. 조르지오가 근처에 있을 때면 주로 연필이 종이 위에서 사각거리는 소리가 난답니다. 그는 늘 그림을 그려요. 간단한 선 몇 개로도 친구들의 모습을 아주 잘 담아내죠. 친구들은 종종 조르지오가 나 자신보다도 더 나를 잘 아는 것 같다고 말합니다.

사실 조르지오는 정말 섬세한 관찰자예요. 상대방을 꿰뚫어 보는 듯한 고양이의 눈으로 항상 조용히 바라봅니다. 조금 무섭게 들리지만, 그냥 흔한 고양이의 특징이랍니다.

조르지오는 연습도 많이 해요. 어디서든, 어떤 스타일로든 그림을 그리며 늘 새로운 구도를 찾지요. 그가 가장 좋아하는 장소 중 하나는 무슈의 어깨예요. 움직임과 느릿함, 거기에 한쪽으로 살짝 치우친 리듬감까지! 완벽한 조합이라 정말 흥미롭죠. 그곳에서 조르지오가 오랫동안 그림을 그리고, 종종 눈을 잔뜩 가늘게 뜨고 관찰하기도 하고 가끔은 그냥 잠들어버리기도 합니다. 고양이라서 그래요.

# Horacio 호라시오

호라시오가 평생 방랑하며 자신이 정확히 무엇을 찾아다니는지 몰랐어요. 그러다 오솔길을 돌아 작은 초원을 마주치는 순간, 그는 비로소 이 무슈의 숲이 자신이 찾고 있었던 곳이라는 것을 알았어요. 그는 그곳에 머물기로 결심했고, 초원 한가운데에 작은 오두막을 지었죠.

그는 단 하나뿐인 짐 보따리를 풀고, 길을 걸으며 모은 씨앗들을 심기 시작했어요. 머지않아 초원은 그가 심은 색색의 꽃들로 가득 찼어요. 꽃을 피우는 이가 나타났다고 숲 전체가 들썩였습니다. 그리고 곧 호라시오는 새 친구들을 많이 사귀게 되었답니다.

이제 호라시오의 정원은 모두의 작은 안식처가 되었습니다. 무슈는 그곳에 벌들을 두었고, 티노는 몇 시간씩 앉아 꽃들의 이름을 하나하나 쓰며 시간을 보내요. 조르지오는 그 꽃들을 그림으로 담습니다. 종종 호라시오는 긴 방랑이 그리워질 때가 있습니다. 그럴 땐 숲을 떠나버리는 대신 말없이 보따리를 챙겨 멀리 있는 아지의 작은 섬을 찾아갑니다. 그럼 모두들 호라시오가 새로운 씨앗들을 들고 곧 다시 돌아올 것이라 여기지요.

# *Alphonse* 알퐁스

알퐁스는 수프를 젓는 방식에 대해 말할 때 절대 장난치지 않습니다. 몇 번을 저어야 할까? 빠르게, 아니면 천천히? 시계 방향, 반시계 방향으로? 요즘 그는 첫 책인 <좋은 수프>에 담고 싶은 내용에 대해 골똘히 생각 중이에요. 그의 냄비 속 수프가 끓고 있는 만큼이나 그의 머릿속도 보글보글 끓고 있죠.

알퐁스는 자그마한 식당을 운영하고 있어요. 친구들에게 음식을 대접하기도 하고 새 레시피도 실험해 볼 수 있는 곳이죠. 한 달에 한 번, 식당에서는 특별한 수프의 밤이 열립니다. 모두가 재료를 하나씩 가져와 수프에 넣는 날이에요. 이건 알퐁스가 사랑하는 미라의 아이디어였답니다 (그녀는 167쪽에서 만나게 될 거예요!). 알퐁스는 수프의 밤은 항상 정신없고 혼란스럽다고 투덜거리곤 해요. 하지만 모두가 식탁에 둘러앉아 수프를 맛보는 순간이 오면 그는 세상에서 가장 행복한 돼지가 된답니다.

미라는 알퐁스가 얼마나 멀리, 얼마나 크게 꿈꿀 수 있는지를 볼 때마다 즐거워해요. 최근에는 알퐁스가 식당의 새 간판을 그리기 시작했는데요, 거기엔 '알퐁스, 대대로, 어쩌면 영원토록 이어지는 수프 장인'이라고 써있습니다. 미라가 그러려면 대대로 물려받을 아이가 있어야 하지 않겠냐고 짚었지만, 알퐁스의 포부는 조금도 꺾이지 않았어요.

# Nanna 낸나

아지는 친구 낸나를 아주 잘 알아요. 그래서 낸나가 소중한 알들을 28일 동안 품게 되었을 때, 가만히 앉아 있는 걸 가장 힘들어할 거라는 걸 이미 알고 있었죠!

그래서 아지는 자신의 양모를 조금 챙기고, 바닷가에서 주운 표류목 몇 개를 들고 호라시오의 정원으로 총총 달려갔어요. 둘은 함께 호라시오의 말린 꽃들 중에서 조심스럽게 몇 가지를 골랐고, 다시 알퐁스의 식당으로 향했죠. 거기서 그들은 꽃을 끓이고, 어떤 건 곱게 갈아서 가루를 내어 털실에 멋진 색을 입혔습니다. 마침내 아지는 뜨개질 재료를 품에 가득 안고 낸나의 집에 방문했고, 제때에 그것들을 건넬 수 있었답니다.

이렇게 해서 낸나는 알을 품는 긴 시간을 잘 견뎌낼 수 있었고, 지금은 누구보다도 열정적인 니터가 되었어요. 그 이후로도 낸나는 즐겁게 뜨개를 하느라 날개를 항상 바쁘게 움직이고 있답니다. 어떻게 보면, 아기 오리 도도와 미모사가 따뜻한 털옷 덕분에 포근하게 지낼 수 있는 것도, 무슈가 겨울마다 낸나의 담요를 가슴에 꼭 안고 푹 잘 수 있는 것도, 호라시오의 귀 사이에 찬바람이 다니지 못하는 것도, 모두 아지와 낸나가 사이 좋은 친구이기 때문이죠.

# Dodo & Mimosa 도도 & 미모사

정보 하나 알려줄게요, 도도와 미모사는 방울양배추를 정말 정말 좋아해요. 자두, 귤, 방울토마토도 진심으로 좋아하지요. 그 작은 과일과 채소들은 동그랗게 생겨서 공처럼 가지고 놀기에 딱 좋거든요! 이 둘은 세상을 예상치 못한 재미있는 것들로 가득하고 거대한 놀이터라고 생각한답니다.

그래서 낸나는 종종 아이들이 너무 빨리 크지 않았으면 좋겠다고 말해요. 그녀는 이 꼬마 오리들이 모든 것에 대해, 심지어 아무것도 아닌 것에도, 엄청난 열정을 쏟아내며 세상 속으로 뛰어드는 모습이 참 좋대요. 그게 바로 아기 오리의 방식이죠! 이 꼬마들은 수영하는 걸 좋아하고, 날아보려 애쓰는 것도 좋아해요. 새로운 친구 사귀기, 개미 따라가기, 진흙을 밟으며 들리는 발소리 듣기 등 모든 활동을 즐긴답니다. 그리고 하루가 끝나면 집으로 돌아가 낸나의 날개 아래에 포근히 안겨서 피로를 푼답니다.

하지만 금세 다시 기운을 차려요. 그래도 누가 낸나의 따뜻한 날개 속을 먼저 떠나고 싶겠어요? 낸나가 뜨개질을 할 때면 날개 아래에서 미모사는 도도에게 이야기를 들려줍니다. 미모사는 타고난 이야기꾼이고, 도도는 언니의 말 한마디 한마디에 귀를 쫑긋 세우죠. 뜨개를 하면서 나는 바늘 소리, 미모사의 이야기, 모든 게 참 평화롭고 좋아요.

# Billie 빌리

빌리는 숲에서 가장 멋진 단추 컬렉션을 가졌답니다. 그 단추들은 그녀의 할머니로부터, 또 그 할머니의 할머니로부터, 아주 오래전부터 대대로 전해져 내려왔습니다. 빌리의 작은 집은 단추로 가득 찬 유리병들로 천장까지 꽉 차 있어요. 그녀는 이 병들을 위아래로 옮길 수 있는 멋진 도르래 장치를 가지고 있고, 무슈가 직접 만들어 준 바퀴 달린 편리한 사다리도 있답니다.

많은 동물들이 단추를 교체하기 위해 멀리서도 찾아와요. 빌리는 늘 천천히 시간을 들여 그 옷을 살펴보고, 딱 어울리는 단추를 고르죠. 어린 너구리였던 시절, 빌리는 어둠을 무서워했습니다. 그때 할머니는 밤마다 입는 잠옷에 하트 모양 단추를 달아주시곤 했죠. 그때부터 빌리는 늘 누군가에게 따뜻한 위로가 필요할지도 모른다는 마음으로 하트 모양 단추를 모으고 있습니다

딱 맞는 단추를 고른 후에는, 정성껏 닦고 광을 낸 다음 조심스럽게 꿰매요. 시간이 조금 걸릴 수는 있지만, 그동안 방문자와 이런저런 이야기를 나눌 수 있죠. 그래서 모두가 빌리를 찾아온답니다.

# Henri 앙리

앙리와 무슈의 우정은 한 냄비에서 시작되었어요. 두 사람은 각자 숲속을 여행하고 있었어요. 둘 다 맛있는 꿀을 찾으러 가는 길이었죠. 그들이 처음 만난 곳은 바로 각자의 길이 교차하는 지점이었어요. 각자 꿀을 얼마나 구했는지, 자신만의 방법에 대해 이야기를 나누고, 서로 꿀 따는 팁과 비법을 공유했죠.

무슈는 다소 서투르고 정리에 일가견이 없는 반면, 앙리는 인내심이 많고 손재주가 뛰어나, 멋진 손잡이가 달린 냄비와 꿀봉을 이용해 소중한 꿀을 조심스럽게 옮기는 편입니다. 무슈는 자신이 앙리와 비교되어 조금 부끄러울 뻔했지만, 앙리가 아주 친절하게 자신의 지식을 나누려고 했기에 무슈는 오히려 감탄만 나왔어요. 그리고 무슈는 앙리가 그 멋진 냄비를 직접 만들었다는 걸 알게 되었을 때, 그런 멋진 친구를 만난 자신이 가장 행운이라고 느꼈습니다.

두 번째 만남 때, 앙리는 무슈를 위해 특별히 만든 냄비를 가져왔어요. 앙리가 꿀보다 더 좋아하는 것은 바로 도자기예요. 앙리는 점토가 손에 있을 때 가장 행복합니다. 몇 시간이고 조용히 앉아 점토를 돌리며 모양을 만드는 걸 좋아하죠. 무슈가 자신의 냄비를 얼마나 좋아하는지 볼 때마다, 앙리도 그런 멋진 친구를 만난 자신이 행운아라고 느낀답니다.

# Techniques

# Knitting the Animals

—

## 인형 뜨기

저는 여러분을 솔기 없는 뜨개 인형 만들기의 여정에 안내하게 되어 매우 기쁩니다. 이 방법을 간단히 요약하자면, 코를 시작으로 발끝까지 내려가며 인형을 뜨는 법입니다. 이 과정대로 진행하면 인형을 '만드는' 것이 아니라, 인형이 '자라나는' 느낌이 듭니다. 인형 편물 조각을 다 뜨고 솔기 잇기를 미룰 필요 없이 아주 초기에 작은 양모 인형에 생명을 불어넣습니다. 인형의 성격이 빠르게 드러나기 때문에 뜨개 프로젝트를 끝까지 완성하기까지 큰 격려가 될 거예요.

여러분이 뜨개질 전문가가 아니거나 인형 뜨개가 처음이라도 걱정하지 마세요! 이 섹션에서는 여러분이 뜨개를 쉽고 재미있게 할 수 있도록 유용한 모든 팁을 모았어요. 제 첫 번째 조언은 "이 섹션을 건너뛰지 마세요!"입니다. 도안을 따라 진행하면 이 섹션을 참고해야 하는 경우가 많습니다. 그러니 뜨개질을 시작하기 전에 이 부분을 꼼꼼히 읽어보세요. 어떤 내용은 추상적으로 느껴질 수도 있지만, 프로젝트의 어느 단계에 이르면 큰 도움이 되어 이해하기 쉬운 참고가 될 거예요.

여러분이 앞뒤로 쉽게 넘나들 수 있도록, 일반적인 주제와 기술적인 포인트는 뜨개질 과정에서 마주하게 될 순서대로 나열되어 있어요. 먼저, 이 인형들을 위한 작은 원통뜨기에 대해 설명하고, 실과 바늘을 선택하는 방법을 안내한 뒤, 인형 만들기에 필요한 도구 목록을 소개할 거예요. 그 후, 본격적으로 수업을 시작하겠습니다.

몇 가지 포인트는 일반적인 뜨개질 지식에 속할 수 있지만, 대부분은 이 작은 동물 인형을 뜨는 구체적인 목표에 맞게 조정된 내용이에요. 예를 들어, 여기서 사용되는 되돌아뜨기를 다루는 방법은 잘 알려진 방법(예: 독일식 되돌아뜨기 또는 랩앤턴)과는 다릅니다. 저는 제 작은 인형들을 뜨는 데 더 편리하도록 이 방법들을 조정했어요. 최대한 간단하면서도 편물의 밀도를 유지할 수 있는 방법들입니다.

이 인형 만들기 모험을 통해 저는 여러분이 뜨개질 전문 지식이나 학문적인 지식에서 벗어나, 자신을 믿고 제가 준비한 수업을 차근차근 따라오길 바랍니다.

## 작은 원통뜨기

몇몇 경우를 제외하고, 이 동물들은 전부 원통으로 작업됩니다. 동물들의 몸이 주로 작은 원통으로 이루어져 있기 때문에, 작은 원통을 작업할 수 있는 바늘 세팅을 준비하고, 이 방식으로 뜨개질하는 데 익숙해져야 합니다.

이미 작은 원통뜨기에 익숙하다면, 좋아하는 세팅을 사용해도 좋아요. 설명은 어떤 세팅에서든 작업할 수 있도록 작성되었으며, 바늘에 실을 어떻게 분배할지보다, 몇 개의 코를 사용할지에 초점을 맞추고 있습니다. 여러분의 기술과 선호에 맞춰 여러 세팅 중에서 자유롭게 선택하세요. 장갑바늘, 매직 루프용 긴 줄바늘, 두 개의 줄바늘, 또는 세 개의 구부러지는 장갑바늘 세트를 사용할 수 있습니다. 여러 세팅에 익숙하다면, 이번 인형 뜨기를 통해 작은 원통을 뜰 때는 그중 어떤 방법이 제일 잘 맞는지 알게 될 거예요. 시간이 지나고 연습을 하다 보면 자연히 알게 될 테니 걱정 마세요.

작은 원통뜨기 작업이 처음이라면, 여러 가지 세팅 중 최소한 하나의 세팅을 연습해 보세요. 아니면 두 가지 세팅을 비교해보고 어떤 방법이 더 자신에게 맞는지 찾아볼 수도 있습니다. 주요 두 가지 세팅은 다음과 같습니다.

**매직 루프:** 이 방법은 보통 80~100cm 길이의 긴 줄바늘을 사용합니다. 평소처럼 코잡기하고, 그 후에 두 개의 바늘에 코를 반으로 나눠서 분배합니다. 그 후에는 뒤집지 않고 앞면(겉면)에서 계속 작업하여 원통을 만듭니다. 절반씩 번갈아 작업하는데, 작업하는 반은 바늘에 놓고, 다른 반은 케이블에 쉬고 있습니다.

**장갑바늘:** 이 방법은 양쪽 끝이 뾰족한 짧은 바늘 네 개 또는 다섯 개를 사용합니다. 코를 평평하게 올리고 세 개 또는 네 개의 바늘에 분배합니다. 그 후 네 번째 또는 다섯 번째 바늘을 사용해서 겉면에서 원통으로 계속 작업합니다.

## 실 선택하기

각 도안에는 실 굵기와 바늘 호수가 언급되어 있습니다. 대부분의 도안에서는 2mm 바늘로 뜨는 핑거링 굵기(fingering-weight) 실을 사용합니다. 이 실을 선호하는 주된 이유는 디자인에 더 많은 디테일을 줄 수 있고 또 완성된 인형의 크기가 꽤 작기 때문입니다. 작은 인형은 작은 손에 딱 맞으며, 미니어처 세계의 모든 마법을 누릴 수 있지요.

 장점이 또 있는데요, 이 종류의 실을 사용하면 동물을 완성하기까지 많은 양의 실이 필요하지 않다는 점입니다. 보통 50g을 넘지 않으며, 종종 훨씬 적게 사용됩니다. 저는 거의 무(無)의 상태에서 소중한 털실 친구를 만들어내는 것이 멋지다고 생각합니다.

 이 실 굵기와 바늘 호수의 조합은 제가 원하는 편물을 만들어줍니다. 이 조합으로 평소보다 더 타이트한 게이지를 만들면 더 조밀한 편물이 완성되지요. 뜨개질을 할 때 손에 들어가는 힘이 모두 다르기 때문에 여러분에게 맞는 완벽한 조합은 저와 다를 수 있습니다.

 작은 샘플을 원통으로 뜨면서 어떤 편물이 나오는지 확인하길 추천합니다. 목표는 실을 당겨도 코 사이에 빈 공간이 없도록 깔끔하고 조밀한 게이지를 만드는 것입니다. 동시에 뜨개를 할 때 손이 불편하지 않아야 하지요. 인형을 뜨는 동안 즐겁게 작업하면서 조밀한 편물을 만들 수 있는 실과 바늘의 적절한 균형을 찾는 것이 중요합니다.

 하지만 책에 쓰인 실 굵기와 바늘 호수는 단지 제안일 뿐입니다. 인형을 만들 때는 치수를 정확히 맞추는 것이 필수 사항이 아니기 때문에 다른 실로 대체하는 것이 조금 더 쉽고 자유롭습니다. 거의 모든 것이 가능하기에 원하는 다양한 실과 섬유를 고려할 수 있습니다. 저는 자연 섬유, 특히 양모, 알파카나 모헤어와 혼합된 실을 선호합니다. 이렇게 하면 인형이 더욱 매력적이고 소중해진다고 생각합니다. 여러분이 살고 있는 지역에 있는 실 생산자를 찾는 것도 좋은 방법이 될 거예요.

어떤 실을 선택하든, 여러분의 임무는 위에서 언급한 대로 더 조밀한 텐션을 만들 수 있는 바늘 호수를 찾는 것입니다.

실에 라벨이 있다면, 그 라벨에서 제시한 바늘 호수보다 한 사이즈 작은 바늘을 사용해 보세요. 예를 들어, 책에 등장하는 세 인형은 스포츠 굵기 실로 뜹니다. 스포츠 굵기 실의 라벨에는 3~3.5mm 바늘을 추천하지만 책에는 2.5mm 바늘로 뜨라고 되어 있을 겁니다. 시험삼아 작은 원통을 떠 두께에 불편함이 없으면서도 조밀한 편물이 만들어지는지 확인해보세요.

지시보다 굵은 실을 사용하면 당연히 더 큰 인형이 만들어집니다. 이 경우, 더 큰 인형눈을 사용해야 한다는 점을 기억하세요. (인형눈 말고도 수를 놓아 눈을 표현하는 방법도 있습니다.) 또한 인형 옷을 뜰 때 쓰는 실도 그에 맞게 조정해야 합니다.

또한, 모헤어 실을 한 가닥 추가해 인형에 부드러운 느낌과 강도를 더하는 방법도 있습니다. 이 경우, 편안한 텐션을 유지하려면 바늘 호수를 0.25mm 정도 키우는 것이 좋습니다.

저는 여러분이 마음에 쏙 드는 실을 선택하기를 권장합니다. 정말 기쁜 마음으로 뜨개질할 수 있는 실을 선택하세요. 색상 팔레트에 첫눈에 반할 수도 있고, 특정 브랜드에 대한 애착, 생김새가 귀여운 양의 털로 만들어진 실 등 어떤 이유라도 상관없으니 꼭 설레는 실로 선택하세요. 이것이 프로젝트를 시작하는 데 가장 좋은 출발점이 될 것입니다.

이 책에 실린 복슬복슬한 친구들도 모두 제가 좋아하는 실로 떠서 뜨는 내내 행복했습니다. 여러분도 같은 경험을 하시길 바랍니다!

## 도구 준비하기

다음은 인형 만들기 과정에서 손에 두고 있으면 좋은 것들의 목록입니다. 이 목록의 대부분은 제가 뜨개질 가방에 항상 넣어 두는 것들입니다.

### 뜨개 바늘
**작은 원통을 뜨기에 적합한 바늘들**
적합한 바늘로는 장갑바늘, 매직 루프를 위한 긴 줄바늘, 구부러지는 장갑바늘 세트, 또는 매직 루프에 필요한 것보다 짧은 줄바늘 두 개 등 다양한 것들이 있습니다. 도안에서 제시된 바늘 호수는 주로 2~2.75mm입니다. 제가 가장 좋아하는 바늘은 적당히 뾰족하면서도 너무 날카롭지 않은 바늘로, 줄바늘은 가능한 한 가늘고 유연한 케이블인 것을, 장갑바늘은 강하고 길지 않으며 미끄럽지 않은 것을 선호합니다.

**예비 바늘 세트 (메인 바늘과 같은 호수)**
이 바늘은 메인으로 사용하는 바늘에 편물이 걸려 있는데 귀를 떠야 할 때 필요합니다.

**예비 바늘 (주 바늘과 같은 호수 또는 더 작은 호수)**
이 바늘은 스티치 홀더용으로 사용합니다. 짧은 줄바늘, 구부러지는 장갑바늘, 긴 줄바늘 중 골라서 사용하세요.

### 긴 줄바늘
오리 부리를 시작할 때 사용하는 터키식 코잡기를 위해 준비합니다. 만약 매직 루프 기법을 사용하고 있다면 이미 적합한 바늘이 있겠지만, 장갑바늘을 사용한다면 같은 호수의 긴 줄바늘을 추가로 준비해야 합니다.

### 코바늘
코를 쉽게 주울 수 있도록 도와주는 도구이며, 몇 가지 도안에서 필요합니다. 예를 들어, 일부 의류에서 스트라이프를 추가하거나, 들소 포레스트의 머리카락, 또는 스트랩을 만들 때 사용됩니다. 코바늘은 대바늘 호수와 동일한 호수를 사용하세요.

### 돗바늘
실 끝을 정리하거나, 코에 자투리 실을 끼워서 표시를 하거나, 작은 구멍을 메리야스잇기로 막을 때 사용됩니다.

### 자수 바늘과 자수 실
얇은 바늘과 8번 펄 코튼 실이 얼굴 특징을 자수로 표현하는 데 적합합니다. 수를 놓을 때는 대부분 검은색으로 시작하는 것이 좋습니다. 이 책에 나오는 모든 동물에게 검은색을 사용했기 때문이지요. 다만, 고양이는 색이 어두워 검은색으로 수놓을 경우 보이지 않아 다른 색을 사용합니다.

### 인형눈(안전 눈)
인형에게 생동감을 주는 마법 같은 아이템입니다. 얼굴에 표정을 넣는 중요한 단계에서 막히지 않도록 몇 쌍을 미리 준비해 두는 것이 좋습니다. 대부분의 경우, 4.5mm에서 7.5mm 지름의 인형눈이 13~30cm 크기의 손뜨개 인형에 적합합니다.

### 펠트 조각
안전 눈을 달 때 인형 안쪽에 덧대는 천으로 사용합니다.

### 스티치 마커
열고 닫는 것이 가능한 스티치 마커가 편리합니다. 특히 단의 시작 부분을 표시하는 데 유용합니다. 뜨는 도중 마커를 옮기는 경우가 많으니 도안을 잘 읽고 따라하세요.

### 인형 솜
폴리에스터, 양모, 면 등 개인의 취향에 따라 선택할 수 있습니다. 여러 옵션을 시도해 보고 가장 만족스러운 것을 찾으세요. 제 개인적인 선택은 양모입니다. 좋은 품질의 자연 재료로 작업하는 것이 좋고, 저렴한 양모 솜은 구하기 쉽지요. 게다가 양모가 주는 단단함과 솜을 채울 때 모양을 잘 잡을 수 있다는 점도 마음에 듭니다.

### 젓가락
인형에 솜을 넣을 때 구석까지 고르게 차도록 돕는 아이템입니다. 팔과 다리를 뒤집어 실 끝을 정리할 때도 사용됩니다. 표면이 미세하게 다듬어지지 않은 나무 젓가락이 솜을 편물 안쪽까지 잘 붙잡고 갈 수 있어서 적합합니다. 끝 부분의 모양과 크기가 다른 나무 젓가락 두 개를 준비하면 까다로운 솜 채우기 상황에도 유용합니다.

### 폼 매트와 핀
뜨개질을 마친 후 동물 인형의 코를 고르게 해주고 털을 더 아름답게 보이게 해주는 목욕 시간을 위한 아이템입니다. 옷이나 액세서리의 경우, 작은 매트에 핀으로 고정해서 건조하면 좋습니다.

### 핀셋
끝부분이 섬세한 핀셋을 찾으세요. 얼굴의 자수가 마음에 들지 않으면 풀 때 유용합니다. 잘못 수놓은 것을 쉽게 풀 수 있는 좋은 도구가 있으면 수놓기가 두렵지 않습니다. 제가 사용하는 핀셋은 "College Tweezers"라는 제품으로, 끝이 두 개의 작은 발처럼 생겨서 자수 실을 풀어내기에 좋습니다.

### 동물용 브러시
필수 아이템은 아니지만 일부 인형의 모헤어를 더 부드럽고 풍성하게 보이도록 만들 때 씁니다. 예를 들어, 오랑우탄 앙리의 헝클어진 머리처럼요!

### 가위
작고 날카로운 끝을 가진 가위가 적합합니다. 제가 가장 좋아하는 가위는 약지 정도의 길이로 도구 상자에서 많은 공간을 차지하지 않아 좋습니다.

이제 필요한 모든 도구를 준비했으니 첫 번째 수업을 시작할 준비가 되었습니다!

# LESSON 1
**동물 인형 시작하기: 3가지 방법**

동물 뜨기는 인형의 코(nose)부터 작게 시작합니다.
처음 코잡기하는 방법을 살펴볼게요.

## START 1
양 아지, 너구리 빌리, 고양이 조르지오, 다람쥐 헤이즐, 곰 무슈, 늑대 티노는 이렇게 시작하세요.

일반코잡기 방법을 사용해 단에서 뜰 4개의 코(stitch)를 만듭니다. 4개의 코만 뜨는 것은 장갑바늘을 사용하는 니터에게는 까다로워 보일 수 있습니다. 하지만 우선 하나의 장갑바늘에 아이코드로 코잡기로 시작한 다음 8코로 늘어나고 나면 평소의 세팅으로 전환할 수 있습니다.

매직루프 방법으로 긴 줄바늘을 사용하는 니터의 경우, 평소처럼 4코를 만듭니다. 코를 케이블로 밀어 2코씩 2세트로 분리한 다음, 다시 바늘로 밀어 넣습니다. (오른쪽 그림 참고) 앞쪽 바늘에 2코, 뒤쪽 바늘에 2코. 단 작업을 시작하려면 뒤쪽 바늘을 당겨서 앞쪽 바늘의 코를 작업할 수 있게 제자리에 놓고 나머지 2코는 케이블에 두면 됩니다.

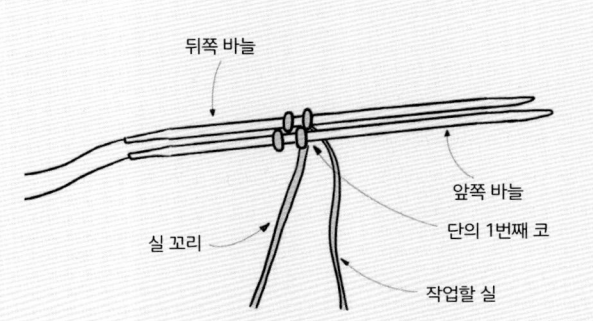

## START 2
돼지 알퐁스와 미라, 들소 포레스트, 오랑우탄 앙리, 당나귀 호라시오는 이렇게 시작하세요.

일반코잡기 방법을 사용해 (각 동물의 도안에 따라) 4코 또는 6코를 만들고 우선은 작은 평면뜨기로 작업합니다. 그 후에 코를 주워 원통뜨기로 진행합니다.

다음은 이 방법의 예시입니다. (오른쪽 그림 참고) 편물을 앞뒤로 뒤집어가며 평면뜨기로 3단 작업한 다음 뜨개질 편물 주위를 따라 6코를 줍습니다.

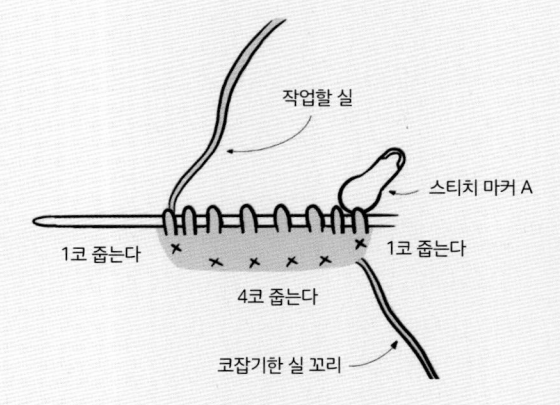

# START 3
아기 오리 도도와 미모사, 오리 여사 낸나는
이렇게 시작하세요.

낸나와 아기 오리들의 부리를 시작하려면 보이지 않는 코잡기 방법(invisible cast-on)이 필요합니다. 이럴때는 가장 쉬운 방법인 터키식 코잡기 방법을 사용하는 것이 좋습니다. 정확한 호수의 긴 줄바늘이 필요합니다.

**1단계:** 바늘 끝이 오른쪽을 향하도록 바늘을 평행하게 잡고 시작 매듭을 만들어 아래쪽 바늘에 끼웁니다. 작업할 실을 사용해서 양쪽 바늘을 한꺼번에 뒤에서 앞쪽으로 4번 감습니다. 감는 횟수는 뜨고자 하는 콧수의 절반에 해당합니다. 오리의 경우 항상 8코가 필요하므로 실을 4번 감습니다.

**2단계:** 손가락으로 작업 중인 실을 바늘 뒤에 고정시키고 아래쪽 바늘을 뺍니다. 이때 아래쪽 바늘에 걸려 있던 실들은 케이블에 둡니다. 위쪽 바늘의 4개의 고리를 뜹니다.

**3단계:** 그림 3과 같이 케이블을 당겨서 아직 작업하지 않은 고리들을 아래쪽 바늘에 다시 가져옵니다. 바늘을 뒤집어서 바늘 끝이 오른쪽을 향하도록 잡고 아래쪽 바늘이 위에 오도록 합니다. 이제 4개의 작업한 고리가 아래쪽에 있고 4개의 작업하지 않은 고리와 시작 매듭이 위쪽에 위치합니다.

**4단계:** 손가락으로 작업할 실을 바늘 뒤에 고정시키고 위쪽 바늘 끝에 있는 시작 매듭을 뺍니다. 작업할 실을 잡은 상태로 아래쪽 바늘을 당겨서 뺍니다. 위쪽 바늘에 걸린, 아직 뜨지 않은 4개의 고리를 뜹니다.

**5단계:** 2단계에서 했던 것처럼 아래쪽 바늘을 당깁니다. 그림 5와 같이 바늘을 뒤집어 오른쪽을 가리키도록 잡으면 작업할 실이 아래쪽 바늘에 있을 겁니다. 이제 도안을 따라 원통뜨기 1단을 진행합니다.

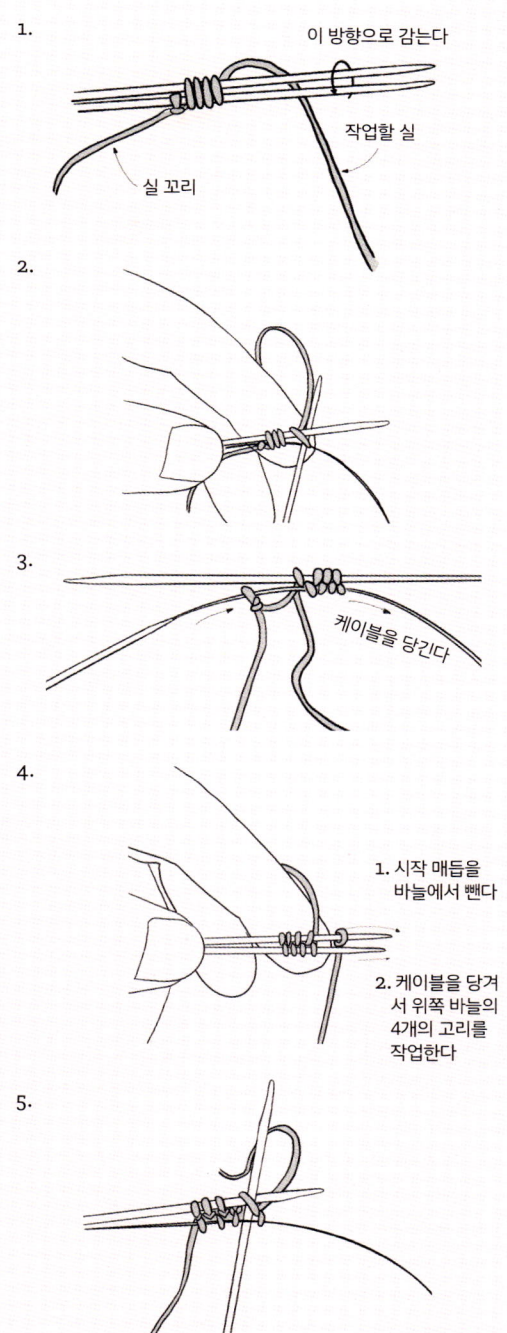

# LESSON 2
## 콧수 추적하기

도안에는 진행 상황을 확인할 수 있도록 총 콧수가 항상 표시됩니다. 특정 단계에서는 더 자세한 콧수를 확인할 수도 있습니다. 예를 들어, 주둥이의 위쪽과 아래쪽, 머리 뒤쪽과 목, 몸의 뒤쪽과 앞쪽, 또는 발 뒤꿈치와 발 앞쪽의 콧수가 둘 다 표시될 수 있습니다. 바늘 세팅에 따라 바늘의 코 분배가 일치하지 않을 수도 있지만, 인형의 진행 상태를 파악하는 데 도움이 되고 잘 진행되고 있는지 확인하기가 쉬워집니다.

# LESSON 3
## 스티치 마커 사용하기: 스티치 마커 A (marker A)와 스티치 마커 B (marker B)

지시 사항 전체에서 꾸준히 언급되는 2가지 스티치 마커가 있습니다.

**스티치 마커 A: 단 시작 부분에 있는 스티치 마커입니다.**
첫 코를 뜨고 나면 최대한 빨리 1번째 코에 걸고 이후로는 뜨개를 진행하면서 각 단의 첫 코로 옮겨서 걸어 단 시작 위치를 항상 시각적으로 상기시키는 것이 좋습니다. 때로는 섹션을 시작하거나 단의 시작 부분을 변경할 때 특정 코에서 스티치 마커 A를 교체하라는 지시가 쓰여 있는 경우가 있습니다. 단이 짧고 빠르게 끝나는 경우가 많고 뜨개질 도중 마커 옮기는 것을 잊을 수 있으니 스티치 마커 A에 주의를 기울이는 것이 중요합니다. 또한 뜨개질을 잠시 내려놓았다가 다시 시작했을 때 스티치 마커 A가 제대로 배치되어 있으면 항상 만족스러울 것입니다.

*주의: 팔이나 날개를 세팅할 때 (레슨 9 참고) 스티치 마커 A를 코가 아닌 케이블이나 바늘 위에 거는 경우도 있습니다. 그럴 경우, '스티치 마커 A 걸기'라고 표기합니다. 이후 진행하다가 지시 사항에서 쓰여 있으면 스티치 마커 A를 원래 자리인 단의 1번째 코로 옮깁니다.*

**스티치 마커 B: 섹션을 표시하기 위해 배치하는 스티치 마커입니다.**
스티치 마커가 케이블(매직 루프 방법으로 뜨개질하는 사람의 경우) 또는 바늘 끝(장갑바늘로 뜨개질하는 사람의 경우)에 있는 경우가 많기 때문에 그대로 진행하면 마커가 바늘에서 떨어질 수 있다는 사실을 금방 알게 될 것입니다. 이럴때는 2가지 해결책이 있습니다. 코를 재배열하여 스티치 마커를 안전한 곳에 위치하도록 하거나 바늘 끝이나 케이블이 스티치 마커 역할을 한다는 것을 기억하는 것입니다. 이 경우 실제로는 스티치 마커가 없지만 지시 사항은 그대로 따라야 합니다. 스티치 마커 B 걸기와 스티치 마커 B 옮기기를 만나면 투명 마커가 있다고 생각하고 그대로 진행하세요.

# LESSON 4
## 색상 변경하기

몇몇 인형의 경우 특정 지점에서 색상을 변경해야 합니다. 이럴때 저는 몇 단에 걸쳐 색상을 바꾸는 방법을 제안합니다. 가장 큰 장점은 이렇게 변경하면 실이 단단하게 자리를 잡아, 인형을 뜰 때 적합합니다.

다른 색의 실로 바꿀 때 새로운 색의 실과 이전 색상의 실을 함께 실을 잡고 뜨개질을 합니다. 다음 단에서는 이전 색상의 실을 약 10cm 남기고 자른 후, 새로운 색의 실로만 뜹니다. 이 단에서는 2가닥을 함께 떠서 2코처럼 보이는 부분을 1코로만 처리하므로 콧수가 변경되지 않도록 주의하세요.

2가지 색상을 함께 작업하기 때문에 풀릴 걱정이 없어 실 끝을 따로 크게 정리할 필요는 없습니다. 지시 사항을 따라 이전 색상의 실 끝과 새 색상의 실 끝을 작품 안쪽에서 함께 매듭지으면 끝입니다.

# LESSON 5
**눈, 귀, 꼬리 위치 표시하기**

뜨개질 도중 특정 지점에서 눈, 귀, 꼬리 등 나중에 완성할 것들의 자리를 표시할 코들이 적혀 있기도 합니다. 위치를 표시할 때는 편물과 대비되는 색상의 자투리 실을 사용하면 됩니다.

지시 사항을 따라 코를 뜨고 돗바늘을 사용해서 표시를 남겨야 하는 코에 자투리 실을 끼워 둡니다. (오른쪽 상단 그림 참고) 이렇게 표시한 코는 쉼코가 아니기 때문에 여전히 바늘에 걸려 있고 똑같은 코로 취급합니다.

눈의 위치를 표시할 때는 각 눈마다 별도의 자투리 실을 겁니다. 각 자투리 실은 코에서 약간 떨어진 곳에 느슨하게 묶어 두는 것이 좋습니다. (오른쪽 상단 그림 참고) 묶어 둔 자투리 실을 부드럽게 잡아 당기면 금방 풀리기 때문에 눈 위치를 표시해 두기 좋습니다.

종종 귀와 같이 2단에 걸쳐 위치를 표시해야 하는 경우도 있습니다. 이럴때는 각 귀에 조금 긴 자투리 실을 사용합니다. 표시를 할 1번째 단에 자투리 실을 끼우고, 다음 단에 자투리 실의 다른 쪽 끝을 키웁니다. (오른쪽 하단 그림 참고) 그러면 자투리 실을 따로 매듭지을 필요가 없습니다.

**자투리 실을 사용해 코(stitch) 표시하기**

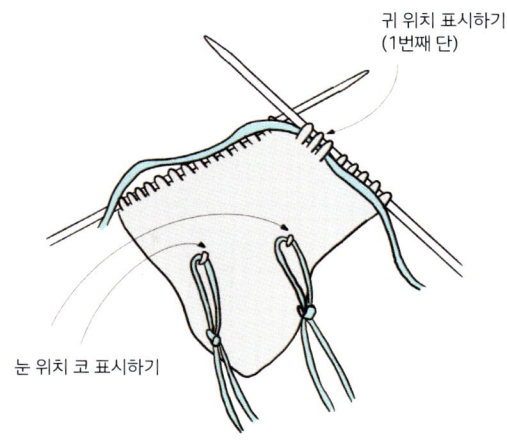

귀 위치 표시하기 (1번째 단)

눈 위치 코 표시하기

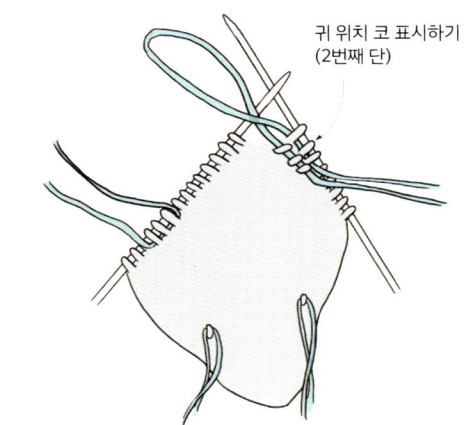

귀 위치 코 표시하기 (2번째 단)

# LESSON 6

## 되돌아뜨기로 모양 만들기

인형을 뜰 때 어떤 단계에서는 원통뜨기가 아닌 평면뜨기로, 그것도 일부 코만 앞뒤로 뒤집어가며 작업합니다. 그 과정에서 되돌아뜨기라고 부르는 기법을 사용하게 되는데, 이는 한 단을 끝까지 뜨지 않고 도중에 편물을 뒤집는 것을 의미합니다. 원통으로 뜨개질할 때처럼 항상 작품의 겉면에서 뜨개질하는 대신, 편물을 뒤집어 가며 안면과 겉면에서 몇 단씩 뜹니다.

편물을 뒤집을 때마다 작업한 코와 작업하지 않은 코 사이에 평소보다 더 큰 간격이 생겨 마치 더 이상 같은 시작점이 아니었던 것처럼 보입니다. 되돌아뜨기 상황에서 가장 중요한 것은 이러한 간격을 없애고 편물에 작은 구멍이 생기지 않도록 하는 것입니다. 이를 위한 몇 가지 정석적인 방법이 존재하며 대부분의 니터들은 그중 더 선호하는 방법이 있을 겁니다. 하지만 세심함이 요구되는 작은 동물 인형의 경우 코줄임과 바늘비우기(yo, yarnover)만을 사용하는 가장 기본적인 방법을 고수하기를 제안합니다.

겉면(RS, right-side) 단에서 편물을 뒤집어서 생긴 구멍은 다음 겉면 단에서, 안면(WS, wrong-side) 단에서 편물을 뒤집어서 생긴 구멍은 다음 안면 단에서 적절하게 코줄임을 사용해서 코 사이의 구멍을 제거합니다. 시작하기 전에 마스터해야 할 방법이 없고 어디에서 하면 될지 추측할 필요도 없으니 걱정할 필요가 없습니다. 지시 사항에 정확히 어디서 편물을 뒤집어야 하는지, 어디서 코줄임해야 구멍을 없앨 수 있는지 설명되어 있습니다.

되돌아뜨기 중 일부는 코줄임만으로 간단하게 진행하기(상황 2, 48쪽 참고)도 하지만, 대부분은 되돌아뜨기의 시작 부분에 바늘비우기를 추가한 다음 코줄임으로 바늘비우기 코를 소모합니다. (상황 1, 47쪽 참고)

## 되돌아뜨기를 시작하기 전에 코 세팅하기

앞서 언급했듯이, 한 단 중 일부 코로만 작업을 진행하며 나머지 코들은 쉼코로 둡니다. 작업할 코는 거의 항상 단의 첫 코, 보류할 코는 거의 항상 단의 마지막 코입니다. (도안에는 늘 정확한 콧수가 표시되어 있습니다)

따라서 되돌아뜨기가 있는 경우, 단의 시작부터 작업할 코는 바늘에 두고 나머지 코는 매직 루프 니터인 경우 케이블에, 장갑바늘 니터인 경우 1~2개의 장갑바늘에, 또는 구부러지는 장갑바늘이나 짧은 줄바늘에 쉼코로 두면 됩니다. 쉼코로 둘 때 가장 중요한 것은 작업할 때 편안한 뜨개를 이어 나가고 되돌아뜨기 섹션이 끝난 후 다시 단 작업을 쉽게 시작할 수 있도록 하는 것입니다. 이것은 몇 개의 되돌아뜨기 섹션이 연이어 있을 때 평면뜨기 작업과 원통뜨기 작업 사이를 왔다 갔다 해야 할 때 특히 중요합니다.

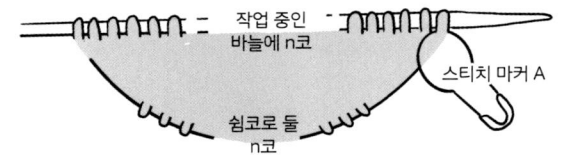

스티치 마커 A로 표시된 단의 시작은 1번째 되돌아뜨기의 1번째 코이기도 합니다.

## "엉덩이 모양 만들기"의 특별한 경우

되돌아뜨기로 동물 인형의 엉덩이를 뜨는 경우, 상황 2(바늘비우기 없이 코줄임을 진행하며, 실제로 해당 단의 콧수가 감소하는 경우)에 해당합니다. 이럴 때는 모든 단을 한 줄 한 줄 지루하게 쓰는 대신, 지시 사항에 따라 구멍 1코 전까지 뜬 다음 코줄임하는 표준 단을 두어 번 반복하도록 안내합니다. 따라서 상황 2와 같은 진행을 할 때는 구멍의 위치를 파악할 수 있어야 합니다.

구멍을 찾는 것이 어려우리라 생각되거나 작업할 때 시각적 표시를 더 명확하게 하고 싶다면 다음 단을 시작하기 전에 편물을 뒤집는 지점에 바늘에 스티치 마커를 거는 방법도 있습니다. 이렇게 하면 스티치 마커가 구멍에 '걸리게' 되어 그 위치를 표시해 줍니다. 구멍 앞의 코와 뒤의 코를 코줄임하기 전에 스티치 마커를 제거하는 것을 잊지 마세요.

상황 1과 상황 2를 자세히 읽어보면 도안에서 이 부분에 도달했을 때 당황하지 않고 작업을 진행할 수 있을 거예요.

# 상황 1
### 바늘비우기와 바늘비우기 코를 소모하는 코줄임

다음은 이 상황에 대한 아기 오리 도안의 예입니다.

1단 (겉면): 겉14, 편물 뒤집기
2단: 바늘비우기, 안4, 편물 뒤집기
3단: 바늘비우기, 겉4, 왼코줄임, 겉1, 편물 뒤집기
4단: 바늘비우기, 안6, ssp 코줄임, 안1, 편물 뒤집기
5단: 바늘비우기, 겉8, 왼코줄임, 겉1, 편물 뒤집기
6단: 바늘비우기, 안10, ssp 코줄임, 안1, 편물 뒤집기

**먼저 편물을 뒤집은 후 바늘비우기를 만듭니다.**
**겉뜨기 단(겉면):** 실을 바늘 앞으로 가져와 평소처럼 겉뜨기를 시작합니다. 이때 실이 바늘 위에 걸쳐져 있기 때문에 1번째 코를 뜨고 나면 오른쪽 바늘에 여분의 고리가 생겨 있습니다.

**안뜨기 단(안면):** 실을 바늘 뒤로 가져가서 평소처럼 안뜨기를 시작합니다. 이때 실이 바늘 위에 걸쳐져 있기 때문에 1번째 코를 뜨고 나면 오른쪽 바늘에 여분의 고리가 생겨 있습니다.

바늘에 있는 여분의 고리는 실제 코가 아니라 바늘비우기 코입니다. 이것은 겉뜨기 또는 안뜨기 1번째 코와 짝을 이루며, 이 쌍은 2코가 나란히 있는 것이 아니라 두 개의 다리가 있는 일종의 더블 코처럼 보입니다. (1, 2번째 그림 참고) 바늘비우기 코는 코로 계산되지 않으므로 지시 사항에 "바늘비우기, 겉4…"라고 표시되어 있을 때 바늘비우기를 해서 걸린 고리는 콧수에 포함되지 않으며, 겉뜨기 4코만 콧수로 칩니다.

**다음으로, 왼코줄임 및 ssp 코줄임과 같은 코줄임을 통해 구멍을 제거합니다.**
이 상황에서 구멍 전과 뒤에 있는 실제 코와 바늘비우기 코를 사용합니다. (3, 4번째 그림 참고) 코줄임으로 바늘비우기 코가 소모되기 때문에, 전체 콧수는 변하지 않습니다.

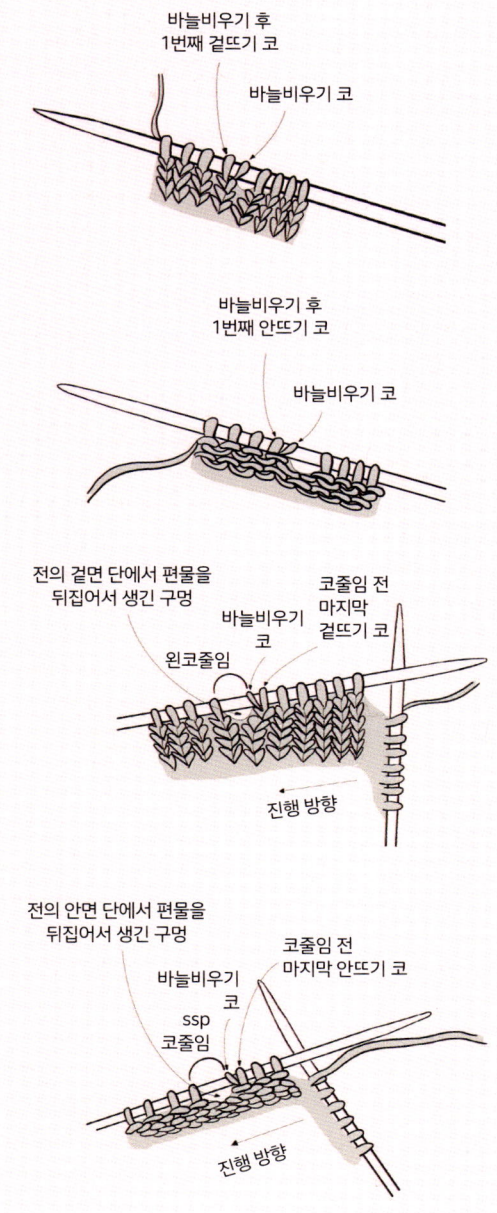

## 상황 2
### 바늘비우기 코가 아닌, 실제 코를 소모하는 코줄임

다음은 이 상황에 대한 아기 오리 도안의 예입니다.
1단 (겉면): 겉8, 왼코줄임, 겉1, 편물 뒤집기 (머리 뒤쪽 총 13코)
2단: 안4, ssp 코줄임, 안1, 편물 뒤집기 (총 12코)
3단: 겉5, 왼코줄임, 겉1, 편물 뒤집기 (총 11코)
4단: 안6, ssp 코줄임, 안1, 편물 뒤집기 (총 10코)

편물을 뒤집은 후 그냥 코를 뜨기 시작하면 됩니다.

다음으로, 왼코줄임 및 ssp 코줄임과 같은 코줄임을 통해 구멍을 제거합니다.

이 상황에서 코줄임은 구멍의 전과 뒤에 있는 2개의 실제 코를 사용합니다. 코줄임으로 실제 코가 1코 줄기 때문에, 전체 콧수는 줄어듭니다. 각 단 설명 끝에 쓰인 콧수를 확인하세요.

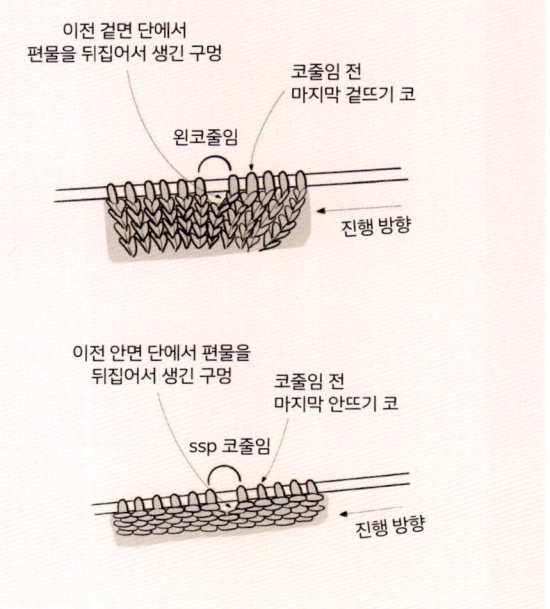

### 마지막 구멍 없애기

어떤 상황이든, 되돌아뜨기를 마친 후 다시 원통뜨기로 돌아오고 나서야 마지막 2개의 구멍이 제거된다는 점을 기억하세요. 때로는 다음 되돌아뜨기 섹션의 1번째 단에서 마지막 구멍 하나가 제거되기도 합니다. 그러니 마지막 되돌아뜨기 후에도 남아있는 바늘비우기 코를 걱정하지 마세요. 지시 사항을 믿고 계속 진행하세요.

      가장 마지막으로 제거할 구멍은 특별한 방법으로 처리합니다. 이 구멍은 평면뜨기 단이나 원통뜨기 단의 시작 근처에 위치해 있으며, 되돌아뜨기 섹션 동안 기다리면서 약간 느슨해졌을 것입니다. 이 부분에서는 보통의 코줄임 대신 "걸러뜨기, 바늘비우기 코 겉뜨기, 걸러뜨기한 코로 겉뜨기한 코 덮어씌우기"를 하거나 상황에 따라 꼬아뜨기 코로 시작할 수 있습니다. 이 특별한 방법은 각 도안에 명확히 쓰여 있습니다.

### 되돌아뜨기 섹션 후 원통뜨기 작업을 다시 시작할 때

되돌아뜨기 섹션 후 처음으로 원통뜨기 작업을 다시 시작할 때는 이전 되돌아뜨기 단이 끝나고 작업할 실이 걸려 있는 곳에서 시작하게 됩니다. 아직 스티치 마커 A(단의 시작 지점)로 돌아가지는 못했지만, 작업을 계속해서 쉼코로 두었던 코들을 지나 스티치 마커 A에 도달할 때까지 뜹니다. 이후의 전체 단 또는 다음 되돌아뜨기는 스티치 마커 A에서 시작하게 됩니다.

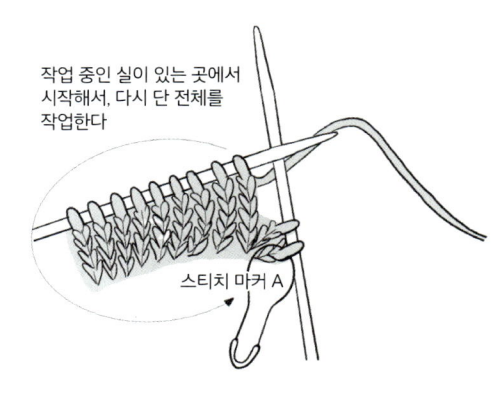

# LESSON 7
## 얼굴에 표정 더하기

이 단계는 동물 인형에 생명을 불어넣는 멋진 과정입니다. 머리를 뜬 후, 목과 어깨를 뜨기 전에 진행해야 하는 과정입니다. 목을 이어서 계속 뜨고 싶은 유혹이 들 수도 있지만, 도안에서 지금 표정을 더해야 한다고 쓰여 있으면 다음 과정으로 넘어가기 전에 반드시 이 과정을 진행해야 합니다. 머리 안쪽에 손쉽게 접근할 수 있는 시점이기도 하고, 캐릭터의 개성이 드러나는 모습을 보는 것도 즐거운 일이니까요. 이 작업을 할 때는 바늘에 코를 그대로 남겨두어도 괜찮습니다.

### 안전 눈(Safety Eyes)

꼭 안전 눈을 사용해야 하는 것은 아닙니다. (다른 방법은 뒤의 자수 섹션에 설명되어 있습니다) 하지만 저는 개인적으로 안전 눈을 가장 좋아합니다. 눈을 아주 빠르게 부착할 수 있고, 붙이자마자 놀라울 정도로 인형이 생동감 있어지기 때문입니다. 쉽게 할 수 있고 결과물도 만족스럽고 튼튼하게 완성되는 방법이지요.

눈을 부착하기 전에 머리를 대충 솜으로 채워주세요. 이건 임시 솜 채우기이며, 인형이 완성되었을때 어떤 모습인지 미리 확인하기 좋습니다. 표시된 코(stitch)를 기준 삼아 눈을 꽂되, 고정하기 전에 눈의 위치를 가늠해 보세요. 표시된 코는 대칭을 맞추는 표식이지 정확히 그 코에 눈을 꽂을 필요는 없습니다. 원하는 표정에 따라 표시된 코의 오른쪽이나 왼쪽, 위나 아래에 꽂아도 됩니다.

인형마다 도안에 권장 눈 크기가 나와 있지만, 이 단계에서 다양한 크기의 눈을 시도해 보아도 좋습니다. 눈 위치를 확정하고 나면 솜을 제거합니다. 위치를 표시했던 자투리 실은 남겨 두세요.

안전 눈은 두 부분으로 구성되어 있습니다. 뒷면에 기둥(샹크)이 달린 반구 형태의 눈과 그 기둥에 눌러 끼우는 와셔(주로 금속 또는 플라스틱)가 한 세트입니다. 뜨개질한 편물에 안전 눈을 사용할 경우, 와셔에 쿠션 역할을 할 펠트 조각을 사용하는 것이 좋습니다. 먼저 펠트를 와셔보다 살짝 큰 크기로 자릅니다. 가운데에 작은 구멍을 낸 다음, 눈을 끼운 후 와셔를 끼우기 전에 펠트 조각을 기둥에 끼웁니다. 이렇게 하면, 펠트가 천의 안쪽과 와셔 사이에 쿠션 역할을 하며, 와셔가 뜨개질한 편물에 직접 닿아 손상시키는 것을 방지할 수 있습니다.

마지막으로 눈의 기둥을 와셔에 아주 단단히 밀어 넣습니다. 꽤 세게 눌러도 괜찮습니다. 펠트 쿠션 덕분에 눈이 약간 "움푹 들어간" 모양이 되면, 인형의 얼굴이 더욱 생생해 보입니다. 모든 작업이 끝나고 나면 그때 자투리 실을 제거하세요. 작은 펜치로 실을 잡아당기면 더 쉽게 제거할 수 있습니다.

### 안전 눈 부착 순서

눈을 편물과 펠트를 통과시켜 끼운다

펠트 조각을 편물과 와셔 사이에 끼운다

와셔를 단단히 눌러 끼운다
(이때 두 겹 사이를 통과시켜 고정)

## 자수

이제 코와 입을 수놓을 차례입니다. 단 몇 땀으로 완성되는 작업이지만, 많은 니터들이 이 부분에서 걱정을 많이 하곤 합니다. 그럴 만도 한 것이, 이 작은 디테일이 캐릭터의 성격을 좌우하는 중요한 요소이기 때문이지요. 하지만 걱정할 필요는 없습니다! 약간의 실험과 연습, 그리고 시간을 충분히 들여 몇 번쯤 풀고 다시 하다 보면 멋지게 완성될 거예요.

무엇보다도 저는 일반 털실 대신에 진짜 자수용 실, 예를 들어 펄 코튼(Perle cotton)을 사용하는 것을 추천합니다. 이는 재질의 대비를 주기 위한 것이기도 하고, 더 정교하게 작업하기 위해서이기도 합니다. 그리고 돗바늘보다는 얇은 자수 바늘을 사용하세요.

좋은 재료와 도구를 쓰면 작업이 훨씬 수월해집니다. 자수 바늘로는 아주 작은 스티치로 천천히 원하는 선을 그려 나갈 수 있지요. 처음 몇 땀은 일종의 밑그림이라고 생각하면 됩니다. 결과가 마음에 든다면 그 위에 추가 스티치를 얹어서 표정을 '그리면' 됩니다. 마치 종이에 스케치한 것을 따라 덧그리는 것처럼요. 만약 마음에 들지 않는다면, 조심스럽게 스티치를 풀고 다시 시작하면 됩니다.

얼굴 자수에는 펄 코튼 8호를 가장 추천합니다. 다루기 쉽고 결과도 아주 좋습니다. 만약 가닥을 나눌 수 있는 자수실(예: 6가닥으로 이루어진 일반 자수실)을 사용한다면, 그중 3가닥만 사용해서 수놓는 것이 좋습니다. 이 작업을 하기 전에 머리에 대충 솜을 채워 두는 것을 추천합니다.

## 눈

안전 눈을 사용하지 않는 경우, 자수로도 눈을 표현할 수 있습니다. 동물 인형의 색이 밝은 경우, 검은색 자수실을 사용해서 위치를 표시해 두었던 코를 덮을 정도로 단단하게 새틴 스티치를 몇 번 합니다. 동물의 색이 어두운 경우, 먼저 연한 색상의 자수실로 바탕을 만들어 준 다음, 눈 자수를 덧입혀주면 눈이 잘 보입니다.

**코 완성하기**　　　　　　　　**부리(또는 입)의 끝에 미소를 더하기**

 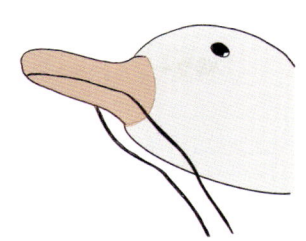 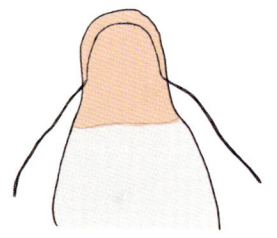 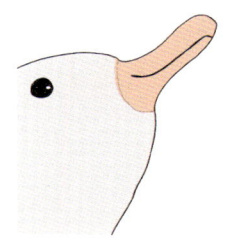

### 코 끝

코 끝을 자수로 표현해야 하는 동물은 보통 4코로 원통뜨기를 시작하는 경우(시작 1) 입니다. 이 구조는 자수를 놓을 때 훌륭한 가이드 역할을 합니다. 머리의 첫 원통뜨기 단이 자연스럽게 코끝의 형태를 만들어주며, 이 부분을 자수실로 수놓아 감싸면 됩니다. 자수는 중앙 아래에서 시작해서, 작은 코를 부채 모양으로 감싸듯이 스티치를 반복합니다. 원하는 모양이 나올 때까지 여러 겹 수놓아도 괜찮습니다.

　　　이런 종류의 코에는 보통, 코 바로 아래에서 시작하는 짧은 수직선과, 그 아래 양옆으로 부드러운 두 개의 짧은 곡선으로 이루어진 입 자수가 함께 들어갑니다. 아래의 "입" 섹션에서는 이때 쓰기 좋은 자수 기법에 대해 더 자세히 설명합니다. 이 세 가지 선의 조합과 형태를 바꾸는 것만으로도 표정이 달라지고, 인형의 성격을 바꿀 수 있습니다. 마음껏 실험해 보세요!

### 콧구멍

일부 동물, 특히 평면뜨기로 시작하는 경우(시작 2)에는 콧구멍이 필요합니다. 이때는 뜨개코 사이의 기둥에 작은 수직 스티치를 넣어 콧구멍을 표현합니다. 이때 꼭 바늘이 들어가는 지점과 빼는 지점을 동일하게 두고 작업합니다. 스티치 두께를 조절하면서, 콧구멍이 충분히 '도드라지도록' 반복해서 만들어 주면 좋습니다. 콧구멍이 들어가는 인형의 경우, 보통 수평선에 곡선을 더한 입 자수와 함께합니다.

### 입

어떤 스타일의 입을 만들든(앞 챕터들을 참고하세요), 백 스티치는 매우 좋은 선택입니다. 튼튼하고 오래 유지되며, 연속적인 선을 만들기에도 완벽하죠.

　　　먼저 간단한 스테레이트 스티치로 시작합니다. (오른쪽 그림 참고) 그 후에 바늘을 한 땀 떨어진 곳에서 다시 꺼내고, 이전 스티치가 끝나는 지점에 다시 넣습니다. 그 후에 다시 앞으로 약간 나아간 지점(x 표시된 곳)에서 바늘을 꺼냅니다. 이렇게 원하는 선을 예측하면서 자수를 진행합니다. 라인이 마음에 들면, 추가 백 스티치를 덧대어 라인을 두껍게 하고, 자신감을 가지고 마무리하세요.

### 부리

오리의 표정을 더욱 풍부하게 만들고 싶다면, 미소 짓는 부리도 신경 써주세요. 먼저, 부리를 부드럽게 눌러서 중앙선을 파악합니다. 얼굴 끝에서 조금 떨어진 한쪽 부리부터 수놓기 시작합니다. 중앙선보다 약간 아래쪽을 따라 수평선을 자수로 넣어 주세요. 이때, 시작 지점에는 실을 길게 남겨 두세요. 후에 이 실로 반대쪽 미소를 완성할 것입니다.

　　　반대편 끝에 도달하면, 자수의 방향을 위쪽으로 살짝 올리면서 미소를 만듭니다. 그 후에 처음 남겨둔 실을 사용해서 반대쪽 미소도 동일한 방식으로 수놓습니다. 전체적으로 만족스러운 미소가 완성되면, 필요에 따라 스티치를 더해 선을 두껍게 만드세요.

### 마무리

자수로 얼굴 표현을 모두 마친 후에는, 인형 안에 있는 솜을 제거하고, 실의 끝을 인형 안면으로 가져간 뒤 묶어 고정합니다. 자수를 놓는 중에 실이 솜에 엉킬 수도 있는데, 이럴 경우 자수를 당기지 않도록 조심하면서 살살 풀어준 후, 실 끝을 묶어 주세요.

**백 스티치 작업하기**

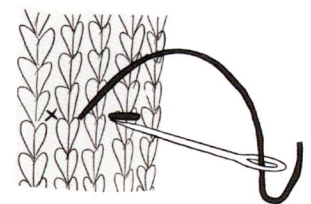

### 귀 만들기

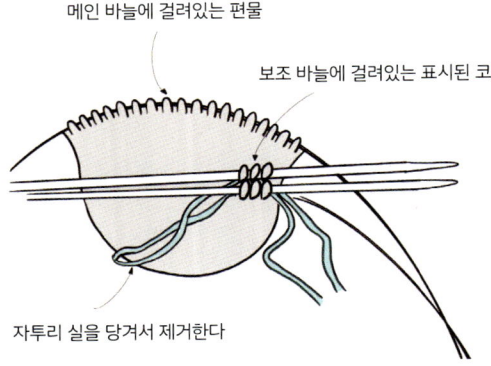

메인 바늘에 걸려있는 편물
보조 바늘에 걸려있는 표시된 코
자투리 실을 당겨서 제거한다

### 추가 디테일

작업 도중에는, 인형이 해당 동물답게 보이도록 만들어 주는 뜨개 요소들을 추가하는 단계도 있습니다. 뜨고 있는 인형에 귀가 있다면, 그것이 여러분이 만들게 될 1번째 추가 요소가 될 것입니다. 귀의 위치는 이미 머리를 뜨는 동안, 편물 2군데에 자투리 실을 끼워 넣는 방식으로 표시해 두었을 거예요.

귀를 뜨기 위해서는, 보조 장갑바늘 세트 또는 보조 줄바늘이 필요합니다. 메인 바늘은 현재까지 뜬 머리 부분에 걸려 있게 되므로, 귀는 다른 바늘을 사용해 따로 떠야 합니다. 그리고 메인 실을 몇 미터 정도 미리 준비해 두어야 합니다. 프로젝트를 시작하기 전에 미리 따로 빼두는 것을 추천합니다. 필요한 실의 길이는 각 도안의 시작 부분에 명시되어 있습니다. 만약 미처 따로 준비하지 못했다면, 사용 중인 실 뭉치의 반대쪽 끝을 사용해도 됩니다.

자투리 실로 표시해 둔 코를 들어 올려 바늘에 걸고(위 그림 참고), 자투리 실을 제거한 후, 진행할 실을 연결합니다. 그리고 지시사항에 따라 귀를 원통으로 뜹니다. (필요하면 코를 다시 정리해서 걸어 주세요)

이후의 과정에서는, 동물의 종류에 따라 꼬리나 깃털도 이와 동일한 방식으로 추가 작업하게 됩니다.

## LESSON 8
### 코 보관하기

동물 인형을 만들다 보면, 몸의 특정 부위만 작업하는 시점이 생깁니다. 이럴 때, 다른 부위의 코들은 잠시 보관하는 시스템이 필요합니다. 가장 먼저 이런 상황이 생기는 건 팔을 뜰 때, 그리고 그다음은 다리 작업입니다. 우리는 이미 되돌아뜨기 기법을 사용할 때 코를 잠시 보관하는 방법에 대해 이야기했지만, 여기서는 조금 다릅니다. 이 경우에는 일부 코가 보관 상태로 남아 있는 동안, 다른 코는 계속 원통으로 작업하게 되기 때문에, 메인 바늘을 온전히 사용할 수 있어야 합니다. 즉, 긴 줄바늘의 케이블이나 장갑바늘 세트 중 일부를 코 보관용으로 사용할 수 없습니다.

일반적으로 자투리 실을 사용해서 코를 보관하는 방법이 널리 사용되지만, 이 인형 뜨기에서는 나중에 다시 그 코를 떠야 할 때 작업 흐름이 매끄럽지 못하다는 단점이 있습니다. 그래서 여기서는 조금 더 편리한 도구를 사용하는 걸 추천합니다.

메인 바늘과 같은 사이즈나 그보다 작은 사이즈의 작은 줄바늘(mini circular) 또는 구부러지는 장갑바늘(flexible DPN) 이 가장 적합한 선택입니다. 이 두 가지는 양쪽 끝에 바늘 팁이 있어 코를 보관하기도 쉽고 다시 작업할 바늘에 옮기기도 편리합니다. 물론 다른 긴 줄바늘을 사용할 수도 있지만, 작업 중인 편물에 긴 케이블 바늘이 여럿 매달려 있으면 헷갈릴 수 있어요.

가장 중요한 것은, 당신에게 맞는 방법을 찾는 것입니다. 과정이 쉽고 즐거워야 인형의 머리부터 발끝까지 흐름을 타며 신나게 완성할 수 있거든요! 도안에서는, 여러분이 어떤 방법을 택했든지 간에 "홀더(HOLDER)"라는 용어로 통일해서 표시될 것입니다.

**쉼코로 두기**

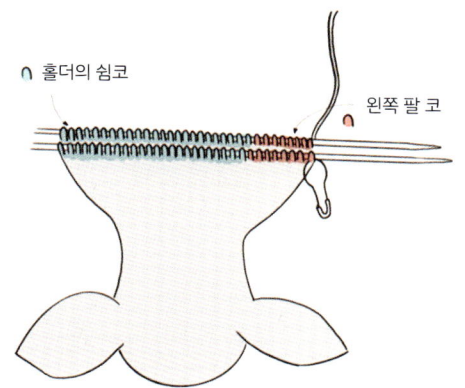

**왼쪽 팔 시작하기**

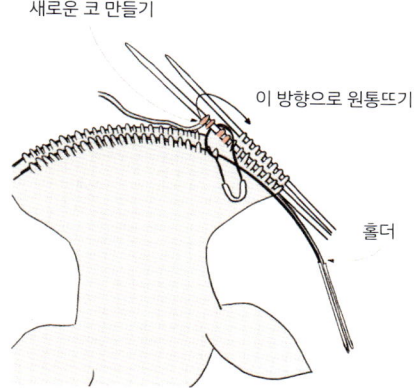

# LESSON 9
### 팔 세팅하기

알퐁스를 예로 들어 팔 지시 사항에서 자주 볼 수 있는 전형적인 세팅 단을 살펴보겠습니다.

#### 왼쪽 팔
세팅 1단: 단의 처음 8코를 겉뜨기, 다음 48코를 홀더에 옮겨 쉼코로 둔다. 감아 코잡기로 2코 만들고 스티치 마커 A를 건다. 2코 만들고 단의 마지막 8코를 겉뜨기한다. (작업 중인 바늘에 총 20코)

첫 n코를 겉뜨기해 원통뜨기를 시작합니다. 다음 n코를 홀더에 옮겨 쉼코로 둡니다. 그 후에 지시 사항에 따라 스티치 마커 A를 걸고, 작업 중인 실로 n코를 만듭니다. 마지막으로 단의 마지막 n코를 겉뜨기합니다. (상단의 그림 2개 참고)

그리고 이제 오른쪽 팔 세팅하는 법을 살펴보겠습니다. (오른쪽 그림 참고)

#### 오른쪽 팔
세팅 1단: 돼지 인형의 머리가 아래를 향하고 등이 보이는 상태에서, 첫 16코를 홀더에 옮겨 쉼코로 둔다. 다음 16코를 작업 중인 바늘에 옮기고 마지막 16코를 홀더에 옮겨 쉼코로 둔다.

**오른쪽 팔 코 준비하기**

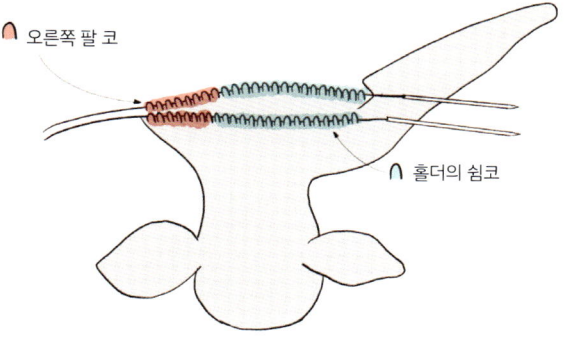

인형의 머리가 아래를 향하고 등이 보이는 상태에서, 첫 n코를 홀더 혹은 또 다른 홀더에 옮겨 쉼코로 둡니다. 쉼코로 둘 때 긴 줄바늘을 사용했다면 홀더 바늘의 반대쪽 끝에 옮길 수도 있습니다. 이런 방식으로 다음 n코를 2번째 팔/날개를 뜰 수 있도록 작업 중인 바늘로 옮깁니다. 마지막으로 남은 n코를 홀더에 옮겨 쉼코로 둡니다.

# LESSON 10
## 구멍 막기

대부분 인형의 팔과 다리의 마무리 단계에서 이 작업을 하게 될 것입니다. 메리야스잇기(그래프팅)은 종종 어렵게 느껴지는 기법으로 여겨지지만, 여기서 사용하는 방식이라면 그런 걱정은 할 필요가 없습니다. 매우 적은 수의 코만 잇게 될 것이기 때문이에요. 또한, 2개의 코 세트를 이어줄 때 평평하게 연결할 필요가 없기 때문에, 완벽한 텐션(tension)을 유지할 필요도 없습니다. 보통 그래프팅은 세팅 단계로 시작되지만, 꼭 필요한 것은 아니며, 이 책에서처럼 생략하고 바로 시작하는 방식이 오히려 양 끝부분을 더 깔끔하게 마감해줍니다.

우리는 또한 옷을 만들 때에도 메리야스잇기 기법을 사용할 것입니다. 예를 들어, 어깨를 이을 때가 있습니다. 경우에 따라, 메리야스잇기 해야 하는 코들 중 일부가 메리야스뜨기 모양이 아닐 수도 있지만, 걱정하지 마세요. 모든 코를 메리야스뜨기라고 생각하고 그대로 메리야스잇기를 진행하면 됩니다. 이 정도 크기에서는 그렇게 큰 차이를 만들지 않아요. 또한, 사용하는 실 꼬리(tail)가 뒤쪽 바늘이 아닌 앞쪽 바늘에서 나올 수도 있는데, 이 역시 걱정하지 마세요. 그 경우에도 동일한 메리야스잇기 방법으로 진행하면 됩니다.

## 메리야스잇기

바늘 2개에 코를 균등하게 나누고, 바늘 끝이 오른쪽을 향하도록 평행하게 놓으세요. 실 끝을 돗바늘에 꿰어 다음과 같이 진행합니다.

### 앞쪽 바늘에서
**1단계:** 1번째 코에 돗바늘을 겉뜨기하듯이 넣어, 실을 당겨 코를 뺍니다.
**2단계:** 다음 코에 돗바늘을 안뜨기하듯이 넣어, 실을 당기는데 코는 바늘에 둡니다.

### 뒤쪽 바늘에서
**3단계:** 1번째 코에 돗바늘을 안뜨기하듯이 넣어, 실을 당겨 코를 바늘에서 뺍니다.
**4단계:** 다음 코에 돗바늘을 겉뜨기하듯이 넣어, 실을 당기는데 코는 바늘에 둡니다.

각 바늘에 1코씩 남을 때까지 위의 1~4단계를 반복합니다. 앞쪽 바늘의 마지막 코에 돗바늘을 겉뜨기하듯이 넣어(1단계와 동일), 실을 당겨 코를 바늘에서 뺍니다. 뒤쪽 바늘의 마지막 코에 돗바늘을 안뜨기하듯이 넣어(3단계와 동일), 실을 당겨 코를 바늘에서 뺍니다.

**앞쪽 바늘에서**

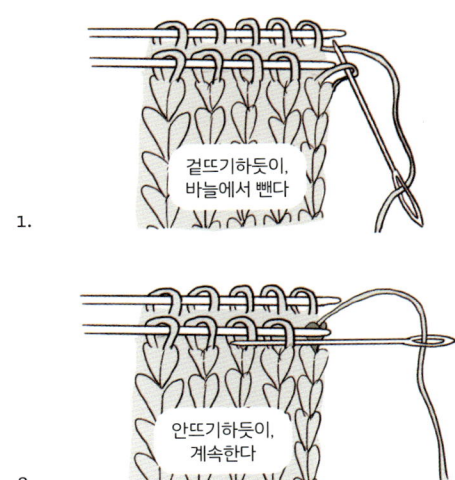

1.

2.

**뒤쪽 바늘에서**

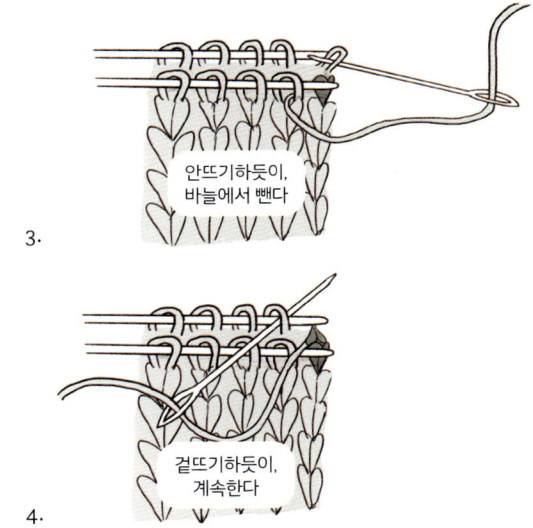

3.

4.

메리야스잇기를 끝낸 가장자리에서 바늘에서 뺀 마지막 2코가 느슨해 보이고 약간 튀어나온 것처럼 보일 수 있습니다. 이때, 실 끝을 편물 안쪽으로 넣어 그 실로 코를 정리하면 모서리 부분의 모양을 원하는대로 다듬을 수 있습니다. 작지만 중요한 부분이지요.

# LESSON 11
## 실 정리하기

인형을 만드는 과정 중간중간에 실 정리를 하라는 지시 사항을 만나게 될 겁니다. 이는 프로젝트가 완전히 끝난 후에 한꺼번에 마무리하는 것이 아니라, 작업을 진행하면서 대부분의 정리를 함께 해두기 위한 방법입니다. 특히 초반에 생기는 실 끝은 작품 안쪽에 손이 잘 닿을 때 미리 정리해두는 것이 좋습니다.

예를 들어, 머리를 마무리할 때는 코잡기할 때 남긴 실 꼬리(cast-on tail)를 정리하게 되며, 팔 끝을 다 만들고 나면 그 끝에 남은 실도 바로 정리해 줍니다. 몸통을 끝낼 때쯤에는 지금까지 남아 있는 모든 실들을 정리하게 되니, 다리를 만들기 전에 한 번 전체적으로 확인하는 것이 좋습니다.

실을 정리할 때는 먼저 실 끝을 작품 안쪽으로 넣은 다음, 편물을 뒤집어 안쪽이 보이도록 합니다. 그 후에 실을 바늘에 꿰어 몇 개의 코를 따라 두세 번, 서로 반대 방향으로 통과시키며 고정합니다. 그 후 실을 자르되, 약간의 여유 길이를 남겨 안쪽에 두세요. 만약 여러 개의 실 끝을 같은 자리로 모을 수 있다면, 이 기회에 서로 묶어 고정하는 것도 좋습니다.

손목이나 발목처럼 부위가 좁아서 편물을 완전히 뒤집기 어려운 경우도 있는데, 이럴 때는 도안에 쓰여 있는 별도의 지시 사항을 따릅니다.

# LESSON 12
## 몸통 시작하기

동물의 몸통은 팔이나 날개를 뜰 때 쉼코로 두었던 코에서 시작합니다. 몸통의 양옆에 있는 겨드랑이(또는 날개 아래쪽)를 완성하기 위해, 각 팔이나 날개를 만들 때 코를 만들었던 자리에 새로 코를 주워 떠야 합니다.(오른쪽 상단 그림 참고)

먼저, 남아있는 모든 코를 다시 작업 중인 바늘에 옮깁니다. 그 후에 인형의 뒷면이 보이도록 놓고, 머리가 아래를 향하도록 한 상태에서 실을 오른쪽 끝에 연결합니다. 이제 왼쪽 겨드랑이(또는 날개 아래)의 가운데 지점부터 코를 주워 뜨기 시작합니다. 이 과정에서는 도안마다 지시된 세부 사항을 따라 진행하세요. 작업 중인 바늘로 직접 코를 줍는 것이 어렵거나 불편하다면, 코바늘을 이용해 먼저 코를 주운 다음 바늘로 옮기는 방법을 써도 좋습니다.

여기서 주워 뜨는 코의 수는 처음 만들었던 콧수보다 더 많습니다. 이는 팔이나 날개와 몸통 사이의 연결 부위에 작은 구멍이 생기는 것을 방지하기 위한 것입니다. 만약 작업을 마친 후 이 부분에 구멍

### 몸통 코줍기

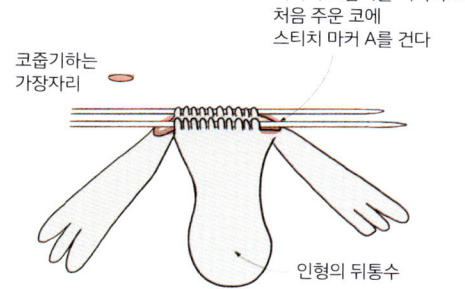

이 생긴 것을 발견하더라도 걱정하지 마세요. 이때 남아있는 실 끝이나 코줍기를 시작한 실로 구멍을 메우며 정리할 수 있습니다.

처음으로 주운 코는 단의 시작점이 되므로, 여기에 스티치 마커 A를 걸어 시각적인 기준점을 만들어 주세요.

# LESSON 13
## 다리 만들기 & 마지막 구멍 만들기

몸통을 모두 완성한 후에는 다리를 뜨게 됩니다. 왼쪽 다리부터 시작하며, 이때 다리를 뜨기 위한 코를 만들면서 동시에 가랑이 부분의 마지막 구멍을 위해 몇 코를 코막음하고, 오른쪽 다리를 위한 코는 쉼코로 둡니다.

이제 왼쪽 다리를 위한 세팅 1단과 2단에 대한 전형적인 설명을 살펴보겠습니다. 이 두 단에서 대부분의 준비 작업이 이루어집니다.

### 왼쪽 다리

**세팅 1단:** 단의 처음 11코를 겉뜨기한다. 다음 4코를 다음과 같이 코막음한다. 겉뜨기하듯이 1코 걸러뜨기, 겉1, 걸러뜨기한 코를 겉뜨기한 코 위로 덮어씌운다. *겉1, 이전 코를 걸러뜨기한 코 위로 덮어씌우기*, *~*를 2회 더 반복한다. 겉22, 다음 4코를 이전과 동일한 방식으로 코막음한다. 단의 마지막 11코를 겉뜨기한다. (작업 중인 바늘에 총 46코)

**세팅 2단:** 단의 처음 11코를 겉뜨기, 다음 23코를 홀더에 옮겨 쉼코로 둔다. 단의 마지막 12코를 겉뜨기한다. (작업 중인 바늘에 총 23코) 1번째 코에 스티치 마커 A를 건다. (단 시작은 다리 바깥쪽에 있다)

**세팅 1단 뜨기**

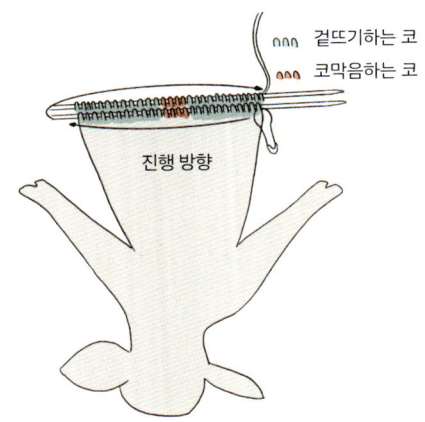

**세팅 2단 뜨기**

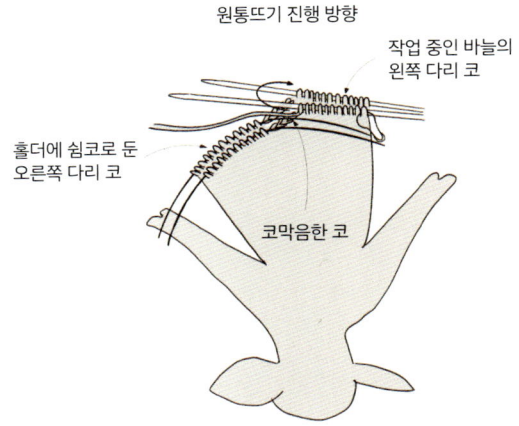

세팅 1단에서, 현재 단의 시작에서 첫 n코를 겉뜨기하고, (각 인형에 따라) 4코 혹은 6코를 코막음합니다. 그 후에 n코를 겉뜨기합니다. 다시 4코 혹은 6코를 코막음합니다. 마지막으로 단의 마지막 n코를 겉뜨기합니다. (왼쪽 상단 그림 참고) 이 과정을 마치고 나면, 2개의 다리에 같은 수의 살아 있는 코 2세트(각 다리 하나씩)와, 가운데에 위치한 2세트의 코막음한 코들(가랑이 구멍 부분)이 있는, 일종의 '중단된 단' 형태가 됩니다.

세팅 2단에서는 현재 단 시작점에서 처음 n코(1번째 코막음 코 세트 전까지의 코)를 겉뜨기하고, 그 후에 다음 n코(2번째 코막음 코 세트 전까지의 코)를 홀더에 옮겨 쉼코로 둔 후, 마지막으로 단의 마지막 n코를 겉뜨기합니다. (오른쪽 상단 그림 참고)

이후 오른쪽 다리를 뜰 차례가 되면, 쉼코로 두었던 코들을 다시 작업 중인 바늘에 옮기고 각 인형의 도안을 따라 작업을 진행하면 됩니다.

## LESSON 14
**동물 인형 마무리**

### 목욕

뜨개질을 모두 마친 후에는, 동물 인형에게 부드러운 목욕을 시켜주는 과정이 기다리고 있습니다. 의류처럼 블로킹이 꼭 필요한 것은 아니지만, 편물을 담가 두면 코들이 고르게 정리되고, 실이 자연스럽게 퍼지며 제 크기를 되찾아 실 본연의 아름다움이 드러납니다. 특히 천연 섬유를 사용했다면 더욱 그렇죠.

이런 실용적인 이유 외에도, 저는 이 목욕 과정을 개인적으로 참 좋아해요. 방금 완성한 인형을 좋아하는 울 전용 세제로 조심스럽게 씻기고, 가끔은 에센셜 오일을 몇 방울 떨어뜨리기도 해요. 그 후 수건에 살짝 감싸 물기를 눌러 빼고, 말리기를 기다리며 마지막 단계인 솜 넣기를 느긋하게 준비하는 시간을 즐기곤 해요.

제 경험상, 여러분도 이 과정을 분명 좋아하게 되실 거예요. 어떤 행운의 동물 친구들은 자기만의 작은 욕조까지 있다고 들었답니다!

### 솜 넣기

동물 인형이 잘 말랐다면, 이제 마지막 단계인 모양 잡기를 할 차례입니다. 그리고 바로 이 솜 넣기 과정이 인형의 형태를 결정짓는 중요한 역할을 한다는 점을 기억하세요.

가랑이 부분의 마지막 구멍을 통해 소량의 솜을 여러 단계에 나눠서 천천히 넣습니다. 먼저 인형의 머리까지 솜을 채워야 하는데, 편물의 형태를 잘 살릴 수 있도록 머리는 단단하게 채워야 합니다. 코나 주둥이, 부리 같은 좁은 부위는 시간이 좀 걸리더라도 젓가락이나 도구를 활용해 꼼꼼히 넣어주세요.

그 후에는 팔로 넘어갑니다. 역시 적은 양의 솜을 손끝부터 시작해 점차 위쪽으로 채워갑니다. 그 후에는 어깨와 목 아래로 이동하세요. 목 밑부분에는 넉넉하게 솜을 넣어 머리를 잘 지탱하도록 하되, 팔과 만나는 부위는 부드럽고 자연스럽게 움직일 수 있도록 유연함을 유지하는 것이 중요합니다. 마지막으로 몸통과 다리를 채웁니다. 다리도 하나씩 솜을 넣은 다음, 배와 엉덩이까지 마무리해 주세요. 특

히 발끝과 뒤꿈치 부분은 모양을 잡아주는 것이 중요하니, 놓치지 말고 정성껏 채워주세요.

몸통과 다리가 만나는 부분이 유연한지 꼭 확인하세요. 다리 윗부분에 솜을 적당히 넣으면, 인형이 다리를 자연스럽게 흔들거나 앉을 수도 있습니다. 반대로, 이 부위에 솜을 좀 더 단단히 채우면 인형이 서 있는 자세를 더 잘 유지할 수 있죠. 어떤 쪽을 선택할지는 여러분의 취향에 달려 있어요.

작업 중인 작은 여밈 구멍을 통해 솜을 넣어야 하므로, 한 번에 소량씩 천천히 진행하는 것이 좋습니다. 이 과정은 시간이 좀 걸릴 수 있지만, 충분히 투자할 만한 가치가 있어요.

잠시 멈춰가며 인형의 모습이 마음에 드는지, 움직임은 자연스러운지 계속 확인하세요. 솜 넣기란, 기술이기도 하지만 동시에 굉장히 개인적인 과정입니다. 이 시점에서는 아마 인형과 꽤 많은 시간을 함께 보내셨을 테니, 어떤 모습이 어울릴지 감이 오실 거예요. 중요한 건, 정답이 있는 것이 아니라는 점입니다. 여러분이 직접 방향을 잡는 선장이니, 여러분이 만족한다면 그게 바로 완벽한 결과입니다.

혹시 솜을 충분히 넣었는지 확신이 서지 않는다면, 시간이 지나면서 솜은 조금씩 줄어들 수 있다는 점을 기억하세요. 의심스러울 땐, 살짝 더 넣는 것이 좋습니다!

## 구멍 막기

그리고 이제 드디어 마지막, 솔기 작업입니다! 가랑이 부분의 마지막 구멍을 막기 위해 인형의 메인 색 실을 따로 준비하세요. 돗바늘에 실을 끼운 뒤, 구멍의 한쪽 끝에서 시작하여 반대쪽 끝까지 앞뒤로 꿰매면서 솔기를 만듭니다.

솔기를 만든 실의 양쪽 끝은 인형 표면 근처에서 매듭을 한 번씩 지어주세요. 그 후에 실 꼬리를 하나씩 인형 안쪽으로 통과시켜, 몸통의 다른 위치로 나오게 합니다. 나온 실을 바짝 자르고 인형을 살짝씩 비틀어 주면 실 꼬리가 인형 안으로 쏙 들어가게 됩니다.

# Knitting the Outfits

## 인형 옷 뜨기

이제 다시 조금 더 전통적인 뜨개 지식과 익숙한 구성 방식으로 돌아가 보려 합니다. 여러분이 직접 입을 옷을 평면뜨기나 원통뜨기로 만들 때도 적용할 수 있는 방식들이죠.

하지만 옷의 크기가 작다는 점, 그리고 동물 친구들에게는 꼬리나 긴 귀처럼 특별한 신체 구조가 있다는 점 때문에, 시작하기 전에 몇 가지 유의할 점을 먼저 말씀드리고 싶어요.

이 마지막 레슨들에서는 먼저, 작은 옷을 뜰 때 고려해야 할 사이즈, 게이지, 실과 바늘 고르기에 대해 이야기할 거예요. 그 후에는 도안에서 사용된 예쁘고 깔끔한 마무리를 위한 고무단 시작과 마무리 방법, 작은 크기 편물에서의 배색뜨기를 쉽게 하는 팁, 그리고 꼬리(또는 때로는 귀)를 위한 아름답고 튼튼한 구멍 만들기에 대해 알려드릴게요.

또한, 필요한 정보를 모두 갖출 수 있도록 도안에서 안내하는 다양한 마무리 방법(코막음)과 같은 간단하지만 유용한 기법들도 함께 소개하겠습니다.

### 실, 바늘, 사이즈 & 게이지에 대하여

의상과 액세서리 도안들도 동물 인형 도안과 마찬가지로 게이지 정보는 따로 제공하지 않습니다. 첫째, 워낙 작은 사이즈를 뜨는 작업이라 굳이 스와치를 만들 필요가 없고, 스와치를 만든다 해도 이 크기에서는 그다지 유의미한 정보를 얻기 어렵기 때문이에요.

하지만 만약 실을 대체해 사용하고 싶다면, 선택에 도움이 될 수 있도록 몇 가지 기준을 알려드릴게요.

가능하다면 각 도안마다 인형과 옷에 같은 실을 사용하는 것을 추천합니다. 꼭 같지 않더라도, 동일한 중량 대비 비슷한 길이의 실, 즉 같은 두께와 감촉의 실을 사용하는 것이 좋습니다. 특히 더 가는 실을 사용하지 않는 것이 중요해요. 가는 실을 쓰면 옷이 너무 작게 나올 수 있기 때문입니다.

만약 인형을 뜰 때 제가 도안에서 제안한 실과 비슷한 굵기의 실을 사용했다면, 비슷한 실과 권장된 바늘 사이즈를 따라 똑같이 옷을 뜨면 됩니다. 본인이 유난히 빡빡하게 뜨개를 한다고 느껴진다면, 모든 바늘 호수를 0.25mm 정도 크게 조정하는 것을 고려해 보세요. 사람과 마찬가지로, 동물 인형에게도 너무 꽉 끼는 옷은 약간 헐렁한 옷보다 훨씬 더 불편할 테니까요.

만약 인형을 뜰 때 더 굵은 실과 큰 바늘, 혹은 더 가는 실과 작은 바늘을 사용했다면, 옷 역시 비슷한 굵기의 실을 사용해야 할 뿐만 아니라, 바늘 호수도 조정해 주어야 합니다.

예를 들어, 양 아지를 볼까요? 아지는 2mm 바늘과 핑거링 굵기 실로 뜹니다. 조끼는 같은 실과 같은 바늘을 사용하고, 드레스는 같은 실로 일부를 2.75mm 바늘로 뜹니다. 만약 여러분이 스포츠 굵기 실로 아지를 뜨고, 2.5mm 바늘을 사용했다면, 조끼는 비슷한 실과 2.5mm 바늘로 뜨고, 드레스는 역시 비슷한 실로 일부를 3.25mm 바늘로 뜨면 됩니다.

이제 늑대 티노의 경우를 살펴보겠습니다. 티노는 스포츠 굵기 실과 2.5mm 바늘로 뜹니다. 그의 스웨터는 같은 실을 사용하며, 2.75mm와 3.25mm 바늘을 사용합니다. 만약 티노를 뜰 때 핑거링 굵기 실을 사용하고, 2mm 바늘을 썼다면, 스웨터는 비슷한 실로 2.25mm와 2.75mm 바늘을 사용해 뜨면 됩니다.

즉, 인형을 뜰 때 사용한 실의 굵기가 도안과 다르다면, 잠시 시간을 들여 의상에 권장된 바늘 호수와 인형에 사용한 바늘 호수 간의 차이를 살펴보고, 자신이 선택한 실과 바늘 조합에도 같은 차이를 적용하면 됩니다.

**대체 케이블 코잡기(1코 고무뜨기 케이블 코잡기)**

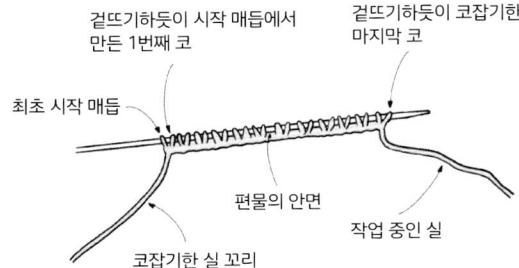

**코잡기 후 원통뜨기**

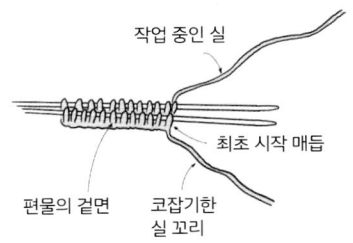

## LESSON 15
### 고무뜨기 코잡기

고무단을 시작할 때 코를 잡아야 한다면, '대체 케이블 코잡기(alternate cable cast-on)' 방법을 사용하는 것을 추천드려요. 한 번 익히면 기억하기 쉽고, 고무단 사이에 자연스럽게 녹아들어 끝을 매끄럽고 깔끔하게 만들어 줍니다. 특히 옷의 크기가 작아 고무단을 3~4단 정도만 뜨는 경우일 때 좋습니다. 다음과 같이 진행합니다.

1단계: 보통의 방식대로 실 꼬리를 남기고, 왼손 바늘에 시작 매듭으로 시작합니다.

2단계: 시작 매듭에서 겉뜨기하는 것처럼 뜨는데, 코를 완성하지 않습니다. 대신, 오른손 바늘에 만들어진 고리를 길게 늘려 왼손 바늘 끝으로 그 고리를 왼손 바늘에 올립니다. 이제 왼손 바늘에 2개의 코가 생긴 상태입니다.

3단계: 계속해서 코를 추가하세요. 하지만 오른손 바늘을 기존의 코에 넣는 대신, 왼손 바늘의 1번째와 2번째 코 사이에 오른손 바늘을 넣습니다. 겉뜨기하듯이 (오른손 바늘을 앞에서 뒤로 넣고) 그리고 안뜨기하듯이 (오른손 바늘을 뒤에서 앞으로 넣고) 뜨는 것을 교대로 작업하세요. 겉뜨기듯이 혹은 안뜨기듯이 코를 작업하다 보면 오른손 바늘에 고리가 만들어지고, 그것을 처음에 했던 것처럼 왼손 바늘로 옮깁니다. 시작 매듭에서 처음 만든 코는 "겉뜨기하듯이" 뜨는 방식이었으므로, 다음 코, 즉 2코 사이에서 처음 만든 코는 "안뜨기하듯이" 뜨는 방식이 됩니다.

1코 고무뜨기를 원통으로 작업할 때, 책에 있는 모든 도안에서 코잡기 콧수가 짝수입니다. 그래서 마지막 코잡기는 '겉뜨기하듯이'로 끝나게 됩니다. 이제 새로 만든 코들이 앞에 놓여 있고,

작업 중인 실은 오른쪽에서 늘어져 있는 상태입니다. (왼쪽 상단 그림 참고)

편물의 안면을 보고 있다는 점을 기억하며, 이를 염두에 두고 원통뜨기를 시작하세요. (상단 그림 참고) 이렇게 하면 고무단을 겉뜨기로 시작했을 때, 겉뜨기와 안뜨기가 정확한 위치에 오게 됩니다.

새로 만든 코를 왼손 바늘에 걸 때 코를 꼬아서 올릴지 말지를 선택하게 됩니다. 이 부분은 개인의 취향에 따라 결정할 수 있습니다. 왼손 바늘에 코를 옮길 때, 모든 고리를 꼬아서 올릴 수도 있고, 겉뜨기 방식으로 만든 코는 꼬고, 안뜨기 방식으로 만든 코는 꼬지 않을 수도 있습니다. 어떤 방법이든 상관 없지만 가장 중요한 것은 코잡기를 진행하는 동안 일관성을 유지하는 것입니다.

## LESSON 16
### 고무단 코막음하기

이 신축성 있는 코막음 방법은 때때로 히야히야 할머니 코막음(HiyaHiya Grandma's bind-off)로 알려져 있으며, 외우기도 매우 쉽습니다. 훌륭한 결과를 얻을 수 있고, 고무단의 모양을 한층 더 돋보이게 해줍니다. 이 방법은 기본적인 코막음 과정에 몇 가지 변형을 추가하여 고무단에 딱 맞게 조정된 방식입니다.

다음과 같은 방법으로 작업합니다.

1단계: 1번째 코는 겉뜨기 코로 안뜨기합니다.

2단계: 오른손 바늘에 있는 코를 왼손 바늘로 다시 옮깁니다. 그 후에 작업 중인 실을 뒤쪽으로 보낸 후, 그 코를 다시 오른손 바늘로 옮깁니다. (61쪽의 그림 2와 3 참고)

### 작업 중인 실 위치 조정하기

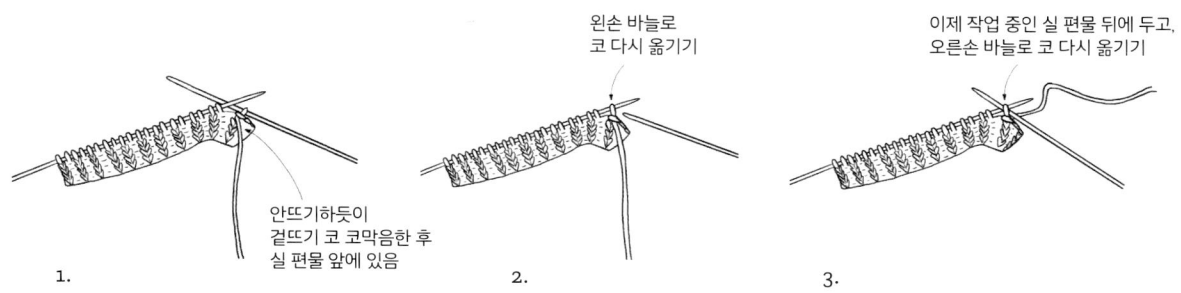

1.
안뜨기하듯이 겉뜨기 코 코막음한 후 실 편물 앞에 있음

2.
왼손 바늘로 코 다시 옮기기

3.
이제 작업 중인 실 편물 뒤에 두고, 오른손 바늘로 코 다시 옮기기

3단계: 다음 코는 안뜨기 코로 겉뜨기합니다. 편물의 앞쪽에서 방금 뜬 코 위로 이전 코를 덮어씌웁니다.

4단계: 오른손 바늘에 있는 코를 왼손 바늘로 다시 옮깁니다. 그 후에 작업 중인 실을 편물 앞쪽으로 보낸 후, 그 코를 다시 오른손 바늘로 옮겨주세요.

5단계: 다음 코는 겉뜨기 코로 안뜨기합니다. 편물의 뒤쪽에서 방금 뜬 코 위로 이전 코를 덮어씌웁니다.

2~5단계를 모든 코를 코막음할 때까지 반복합니다.

2단계와 4단계를 진행할 때는, 방금 뜬 코의 (왼쪽이 아니라) 오른쪽에서 작업 중인 실이 앞에서 뒤로, 혹은 뒤에서 앞으로 올바르게 이동하고 있는지 꼭 확인하세요. (그림 참고) 이 과정이 번거롭게 느껴진다면, 다음 코를 작업하기 전에 오른손 바늘에서 코를 조심스럽게 빼낸 다음, 실을 앞이나 뒤에 올바른 위치로 놓고 다시 코를 바늘에 올리는 방법도 고려해 볼 수 있어요.

이 코막음 방식은 생각보다 훨씬 쉽다는 걸 직접 해보면 금방 느낄 거예요. 무엇보다도, 이 방법은 지금 어디까지 했는지, 다음에 뭘 해야 할지 눈으로 확인하기가 매우 쉽습니다. 규칙은 다음과 같습니다.

코들을 '반대로' 처리하세요. 겉뜨기는 안뜨기로, 안뜨기는 겉뜨기로 뜹니다.

방금 겉뜨기를 했다면, 작업 중인 실은 뒤에 있을 거예요. 그 다음 단계는 앞쪽에서 코를 들어 올려, 방금 뜬 코 위로 덮어씌워 하나의 코를 코막음하는 것입니다.

방금 안뜨기를 했다면, 작업 중인 실은 앞에 있을 거예요. 그 다음 단계는 뒤쪽에서 코를 들어 올려, 방금 뜬 코 위로 덮어씌워 하나의 코를 코막음하는 것입니다.

그리고 겉뜨기 또는 안뜨기를 하기 위해 작업 중인 실을 뒤에서 앞으로 또는 앞에서 뒤로 옮길 때, 항상 방금 뜬 코의 오른쪽에서 실을 움직이도록 하세요.

# LESSON 17
## 걸러뜨기로 배색뜨기

동물 인형 옷에 사용된 모든 배색뜨기는 걸러뜨기 기법을 기반으로 하고 있습니다. 이 기법은 마치 스트라이프를 뜨듯이 한 단을 한 가지 색의 실로만 뜨는 것 같아 보이지만 다른 점은, 모든 코를 뜨는 대신 일부는 뜨지 않고 옮기는(slipping) 방식으로 무늬를 만든다는 것입니다. 이번 단에서 사용하지 않는 색상은 해당 단의 시작점에서 자기 차례를 기다리고 있게 됩니다. 이렇게 하면 2가닥의 실을 동시에 끌고 가지 않아도 배색 뜨기(stranded colorwork)처럼 멋진 결과를 얻을 수 있어 재미있고 만족스러운 방법이랍니다.

색을 바꿀 때는, 이전 색상의 실은 작업의 안면에 그대로 늘어뜨려 두세요. 쉬어 둔 색상의 실을 다시 사용할 때는 첫 코를 뜰 때 실이 너무 당겨지지 않도록 손에 힘을 풀고 자연스럽게 뜨세요.

걸러뜨기한 코와 실제로 뜬 코가 섞여 있기 때문에, 걸러뜨기한 코 뒤에는 실이 떠있게(floats) 됩니다. 이 떠 있는 실은 항상 안면에 위치해요. 평면뜨기로 작업할 경우에는, 겉면에서는 실을 뒤쪽에, 안면에서는 실을 앞쪽에 두는 걸 기억하세요. 실을 너무 당기면 편물이 오그라들 수 있으니 뜬 실이 당기지 않도록 주의합니다. 모든 걸러뜨기 코는 '안뜨기하듯이' 걸러뜨기합니다.

원통뜨기로 작업할 때는 바늘이 바뀌는 지점에서 조금 더 신경을 써주세요. 원통뜨기에서는 편물이 평평하게 놓이지 않기 때문에, 떠 있는 실이 충분히 여유 있게 남도록 해 주어야 편물이 쪼그라드는 현상을 막을 수 있습니다.

각 도안의 지시 사항에는 각 평면뜨기 혹은 원통뜨기 단에서 어떤 색상을 사용할지, 어떤 순서로 걸러뜨기 코과 뜨는 코를 반복할

### 한 단에서 구멍 만들기

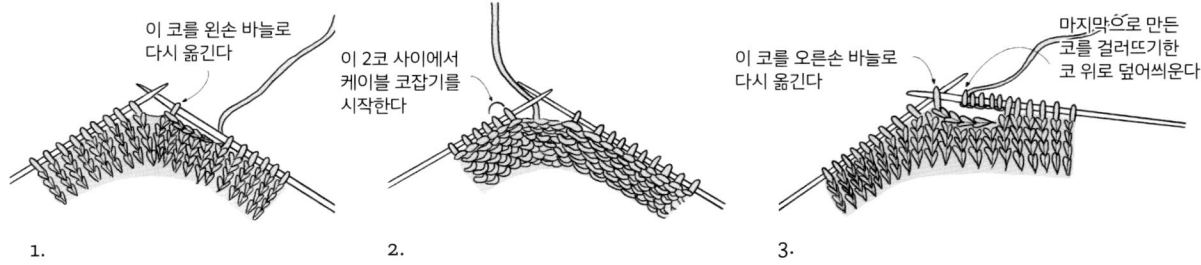

1.
2.
3.

지 자세히 안내되어 있습니다. 하지만 대부분의 경우, 현재 뜨는 중인 실과 같은 색상의 코만 뜨기 때문에 조금 뜨다 보면 매우 쉽게 느껴질 겁니다. 작은 크기의 옷이지만, 이 배색뜨기 작업이 쉽고 편안한 시간이 되도록 제가 하나하나 신경 써서 구성했으니, 부담 없이 즐겁게 떠보세요!

## LESSON 18
### 구멍 만들기

꼬리나 귀를 위한 구멍이 옷에 필요할 때마다, 1단 단춧구멍(one-row buttonhole) 방식을 사용합니다. 각 도안마다 이 구멍을 만드는 자세한 설명이 포함되어 있지만, 여기서는 대략적인 과정을 함께 살펴보겠습니다.

지시 사항에 지정된 지점까지 뜹니다.

**1단계**: 다음과 같이 코막음합니다. 실을 편물 앞으로 가져온 뒤, 다음 코를 안뜨기하듯이 걸러뜨기합니다. 실을 다시 편물 뒤로 보냅니다. 이제 작업 중인 실이 오른손 바늘의 1번째 코를 한 바퀴 감고 있는 상태가 됩니다. *다음 코를 안뜨기하듯이 걸러뜨고, 이전 걸러뜨기 코를 방금 걸러뜨기한 코 위로 덮어씌웁니다*, *~*를 n번 더 반복해서 지정된 수만큼의 코를 코막음합니다. 마지막으로 남은 코는 왼손 바늘로 옮깁니다. (상단 그림 1 참고) 편물을 뒤집습니다. 편물을 뒤집기 전에, 마지막 코를 왼손 바늘로 옮기는 것을 잊지 마세요!

**2단계**: 편물의 안면에서 다음과 같이 새 코를 만듭니다. 실을 편물 뒤로 보내고, 케이블 코잡기 방식으로 지정된 수만큼의 코를 새로 만듭니다. 편물을 뒤집습니다. (※여기서 새로 만드는 코의 갯수는 앞에서 코막음한 콧수 + 1코) 케이블 코잡기 방법으로 단 끝에 있는 1번째와 2번째 코 사이에 오른손 바늘을 넣고 (그림 2 참고), 겉뜨기하는 것처럼 실을 끌어와 고리를 만들고, 그 고리를 왼손 바늘에 올립니다.

**3단계**: 다시 편물의 겉면에서 다음과 같이 구멍을 '닫습니다'. 실을 편물 뒤로 보내고, 1코를 안뜨기하듯이 걸러뜨기한 다음, 마지막으로 만든 새 코를 그 위로 덮어씌웁니다. (그림 3 참고) 이 마지막 코 역시, 왼손 바늘로 다시 옮깁니다. 1단계와 마찬가지로, 다시 작업을 시작하기 전에 마지막 코를 왼손 바늘로 옮기는 것을 잊지 마세요. 마지막으로, 도안의 지시에 따라 해당 단의 나머지 부분을 끝까지 작업하세요.

## LESSON 19
### 고무단이 아닐 때의 코막음

상황에 따라 3가지 서로 다른 코막음 방법 중 하나를 사용하게 됩니다. 사용할 방법은 각 도안에 명시되어 있으며, 필요할 경우 이곳에서 자세한 단계를 다시 확인할 수 있어요.

### 체인 코막음

**1단계**: 왼손 바늘의 1번째 코를 겉뜨기합니다. (오른손 바늘에 1코)

**2단계**: 왼손 바늘의 다음 코를 겉뜨기합니다. (오른손 바늘에 2코)

**3단계**: 오른손 바늘에 있는 2번째 코를 1번째 코 위로 덮어씌워 바늘에서 뺍니다. (1코 코막음됨)
2단계와 3단계를, 오른손 바늘에 코가 하나만 남을 때까지 반복합니다. 실을 자르고, 남은 마지막 코에 실을 꿰어 마무리합니다.

때때로, '안뜨기로 체인 코막음' 하라는 지시가 있을 수 있습니다. 이 경

우 위에 설명된 방식과 같지만, 코를 겉뜨기하는 대신 안뜨기합니다.

### 왼코줄임 혹은 안뜨기로 2코 모아뜨기 코막음

1단계: 왼손 바늘의 첫 2코를 함께 겉뜨기(혹은 안뜨기)합니다.

2단계: 1단계의 결과로 나온 코를 왼손 바늘로 다시 옮깁니다.

1코 남을 때까지 1단계와 2단계를 반복합니다.
실을 자르고, 남은 마지막 코에 실을 꿰어 마무리합니다.

### 바늘 3개를 사용한 코막음

코를 2개의 바늘에 나누어 각각 절반씩 배치합니다. 2개의 바늘을 평행하게 들고, 3번째 바늘을 사용해 다음과 같이 두 그룹의 코를 연결합니다.

1단계: 3번째 바늘을 앞쪽 바늘의 1번째 코에 넣은 다음, 뒤쪽 바늘의 1번째 코에도 넣고 2코를 함께 겉뜨기합니다. (3번째 바늘에 1코)

2단계: 동일한 방식으로, 앞쪽 바늘의 다음 코와 뒤쪽 바늘의 다음 코를 함께 겉뜨기합니다. (3번째 바늘에 2코)

3단계: 3번째 바늘에 있는 2번째 코를 1번째 코 위로 덮어씌워 바늘에서 뺍니다. (1코 코막음됨)

2단계와 3단계를, 3번째 바늘에 1코만 남을 때까지 반복합니다.
실을 자르고, 마지막 남은 코에 실을 꿰어 마무리합니다.

# Abbreviations

약어 Abbreviations

**[ ]**
단 끝까지 혹은 지시된 만큼 반복

**BOR**
단 시작 beginning of round

**CC**
배색 complementary color

**cm**
센티미터 centimetres

**dpn(s)**
장갑바늘(양쪽 끝이 뾰족한 바늘) double-pointed needle(s)

**g**
그램 grams

**k**
겉뜨기(하다)=겉 knit

**겉뜨기1tbl**
겉뜨기로 1코 꼬아뜨기(코의 뒤가닥에 넣어 겉뜨기) knit 1 stitch through the back loop

**k2tog**
왼코줄임 (2코를 함께 겉뜨기) knit 2 stitches together (1코 줄어듦)

**kfb**
kfb 코늘림 (같은 코의 앞가닥과 뒤가닥에 넣어 겉뜨기) knit into the front and the back of the same stitch (1코 늘어남)

**kfbf**
kfbf 코늘림 (같은 코의 앞가닥, 뒤가닥, 앞가닥에 넣어 겉뜨기) knit into the front and the back then the front again of the same stitch (총 2코 늘어남)

**m**
미터 metres

**MA**
스티치 마커 A (단 시작을 표시하기 위해 사용) marker A, used to indicate the beginning of the round

**MB**
스티치 마커 B (섹션을 표시하기 위해 사용) marker B, used to demarcate sections

**MC**
메인 색상 main color

**p**
안뜨기(하다)=안 purl

**p1tbl**
안뜨기로 1코 꼬아뜨기(코의 뒤가닥에 넣어 안뜨기) purl 1 stitch through the back loop

**p2tog**
안뜨기로 2코 모아뜨기 purl 2 stitches together (1코 줄어듦)

**pfb**
pfb 코늘림 (같은 코의 앞가닥과 뒤가닥에 넣어 안뜨기) purl into the front and the back of the same stitch (1코 늘어남)

**PM**
스티치 마커 걸기 place marker

**PMA / PMB**
스티치 마커 A 걸기 place marker A / 스티치 마커 B 걸기 place marker B

**psso**
걸러뜨기한 코를 덮어씌우기 pass slipped stitch over

**RND**
원통뜨기 (단) round

**RS**
편물의 겉면 right side

**RT**
RT 교차뜨기 right twist

**s2kp**
중심 3코 모아뜨기 (총 2코를 겉뜨기하듯이 걸러뜨기, 겉1, 걸러뜨기한 2코를 겉뜨기한 코 위로 덮어씌우기) slip 2 stitches together knitwise, knit 1 stitch, pass the 2 slipped stitches over the knitted stitch (총 2코 줄어듦)

**sl**
걸러뜨기 (코를 뜨지 않고 안뜨기하듯이 왼손 바늘에서 오른손 바늘로 옮기기) slip stitch from left needle to right needle as if to purl

**SM**
스티치 마커 옮기기 (스티치 마커를 왼손 바늘에서 오른손 바늘로 옮긴다) slip marker

**SMB**
스티치 마커 B 옮기기 slip marker B, '스티치 마커 B'가 나오면 스티치 마커 B를 옮긴다.

**ssk**
ssk 코줄임 (총 2코를 1코씩 겉뜨기하듯이 걸러뜨기, 왼손 바늘 끝을 왼쪽에서 오른쪽으로 걸러뜨기한 2코의 앞가닥에 넣어 함께 겉뜨기) slip, slip, knit: slip 2 stitches knitwise, one by one; insert the tip of the left needle from left to right into the front of these 2 stitches and knit them together (1코 줄어듦)

**ssp**
ssp 코줄임 (총 2코를 1코씩 겉뜨기하듯이 걸러뜨기, 걸러뜨기한 2코를 왼손 바늘로 다시 옮기기, 뒤가닥에 넣어 2코를 함께 안뜨기) slip, slip, purl: slip 2 stitches knitwise, return them to the left needle and purl them together through the back loop (1코 줄어듦)

**st / sts**
코 stitch / stitches

**WS**
편물의 안면 wrong side

**wyib**
실을 편물 뒤에 두고 with yarn in back

**wyif**
실을 편물 앞에 두고 with yarn in front

**yds**
야드 yards

**YO**
바늘비우기 yarnover

# Patterns

도안

# Mouche

무슈
—
곰

**키**

28cm

**실**

Viola, Fingering (울 100%, 200m, 50g), "Birch" 색상, 약 40g (160m)

또는 핑거링 굵기 실 40g (160m)

**시작하기 전에 미리 챙겨 두기:** 귀를 뜰 실 2m 2개

**바늘**

2mm, 귀를 뜰 같은 호수의 바늘

**부자재**

6mm 짙은 갈색 인형눈(와셔가 있는 안전눈) 1쌍

눈, 귀, 꼬리 위치를 표시할 대비되는 색상의 자투리 실 5개

## 시작하기
레슨 1~3 + 5 참고

일반코잡기 방법으로, 4코 만든다.

바늘을 재배치해 원통으로 뜬다.
1단: 모든 코 겉뜨기
2단: kfb 코늘림 4회 (총 8코)
3단: 모든 코 겉뜨기
1번째 코에 스티치 마커 A를 건다.
4단: kfb 코늘림, 겉2, kfb 코늘림 5회 (총 14코 = 주둥이 위쪽 6코 / 주둥이 아래쪽 8코)
5단: 모든 코 겉뜨기
6단: kfb 코늘림, 겉4, kfb 코늘림 2회, 단 끝에 2코 남을 때까지 겉뜨기, kfb 코늘림, 겉1 (총 18코 = 8코 / 10코)
7~8단: 모든 코 겉뜨기
9단: kfb 코늘림, 겉6, kfb 코늘림 2회, 단 끝에 2코 남을 때까지 겉뜨기, kfb 코늘림, 겉1 (총 22코 = 10코 / 12코)
10~12단: 모든 코 겉뜨기 (총 3단)
13단: kfb 코늘림, 겉2, kfb 코늘림 4회, 겉2, kfb 코늘림, [겉뜨기1, ssk 코줄임] 2회, [왼코줄임, 겉1] 2회 (총 24코 = 16코 / 8코)
14단: 모든 코 겉뜨기
15단: 단 끝까지 kfb 코늘림 반복 (총 48코 = 32코 / 16코)
16단 (눈 위치 표시): 겉10, 마지막으로 뜬 코에 1번째 자투리 실을 통과시켜 느슨하게 묶기, 겉13, 마지막으로 뜬 코에 2번째 자투리 실을 통과시켜 느슨하게 묶기, 단 끝까지 겉뜨기
17~20단: 모든 코 겉뜨기 (총 4단)

## 머리 모양 만들기
레슨 6 참고

### 되돌아뜨기 - 섹션 1

*주의: 이제 레슨 6의 상황 1을 할 차례다. (바늘비우기와 바늘비우기 코를 소모하는 코줄임)*

**코 세팅하기**: 처음 32코를 작업 중인 바늘에 두고 마지막 16코는 홀더에 옮겨 쉼코로 둔다. 1번째 코에 스티치 마커 A를 건다.

다음과 같이 편물을 앞뒤로 뒤집어가며 평면뜨기한다.
1단 (겉면): 겉24, 편물 뒤집기
2단: 바늘비우기, 안16, 편물 뒤집기
3단: 바늘비우기, 겉16, 왼코줄임, 겉1, 편물 뒤집기
4단: 바늘비우기, 안18, ssp 코줄임, 안1, 편물 뒤집기
5단: 바늘비우기, 겉20, 왼코줄임, 겉1, 편물 뒤집기
6단: 바늘비우기, 안22, ssp 코줄임, 안1, 편물 뒤집기
7단: 바늘비우기, 겉24, 왼코 줄임, 겉1, 편물 뒤집기
8단: 바늘비우기, 안26, ssp 코줄임, 안1, 편물 뒤집기

작업 중인 실이 있는 곳에서 시작해서, 다시 다음과 같이 원통뜨기한다.
1단 (귀 위치 표시): 바늘비우기, 겉9, 마지막으로 뜬 4코에 1번째 자투리 실을 걸어 두기, 겉14, 마지막으로 뜬 4코에 2번째 자투리 실을 걸어 두기, 겉5, 왼코줄임, 단 끝까지 겉뜨기 (총 48코 + 바늘비우기 = 머리 위쪽 32코 + 바늘비우기 / 목 16코)
2단 (귀 위치 표시): 겉뜨기 꼬아뜨기 1, 겉뜨기하듯이 1코 걸러뜨기, 바늘비우기 코 겉뜨기, 걸러뜨기한 코를 겉뜨기한 코 위로 덮어씌우기, 겉뜨기 꼬아뜨기 1, 겉8, 전 단에서 사용한 자투리 실의 한쪽 끝을 들어 마지막으로 뜬 4코에 통과시키기, 겉14, 자투리 실의 반대쪽 끝을 들어 마지막으로 뜬 4코에 통과시키기, 단 끝까지 겉뜨기 (총 48코 = 32코 / 16코)
3단: 모든 코 겉뜨기

### 되돌아뜨기 - 섹션 2

*주의: 이제 레슨 6의 상황 1을 할 차례다. (바늘비우기와 바늘비우기 코를 소모하는 코줄임)*

**코 세팅하기**: 처음 32코를 작업 중인 바늘에 두고 마지막 16코는 홀더에 옮겨 쉼코로 둔다. 1번째 코에 스티치 마커 A를 건다.

다음과 같이 편물을 앞뒤로 뒤집어가며 평면뜨기한다.
1단 (겉면): 겉24, 편물 뒤집기
2단: 바늘비우기, 안16, 편물 뒤집기
3단: 바늘비우기, 겉16, 왼코줄임, 겉1, 편물 뒤집기
4단: 바늘비우기, 안18, ssp 코줄임, 안1, 편물 뒤집기
5단: 바늘비우기, 겉20, 왼코줄임, 겉1, 편물 뒤집기
6단: 바늘비우기, 안22, ssp 코줄임, 안1, 편물 뒤집기
7단: 바늘비우기, 겉24, 왼코줄임, 겉1, 편물 뒤집기
8단: 바늘비우기, 안26, ssp 코줄임, 안1, 편물 뒤집기

작업 중인 실이 있는 곳에서 시작해서, 다시 다음과 같이 원통뜨기한다.
1단: 바늘비우기, 겉28, 왼코줄임, 겉2, ssk 코줄임, 단 끝에 3코 남을 때까지 겉뜨기, 왼코줄임, 겉1 (총 46코 + 바늘비우기 = 머리 위쪽 32코 + 바늘비우기 / 목 14코)

### 되돌아뜨기 - 섹션 3

*주의: 이제 레슨 6의 상황 2를 할 차례다. (바늘비우기가 아닌, 실제 코를 소모하는 코줄임)*

코 세팅하기: 처음 32코와 남아있는 바늘비우기 코를 작업 중인 바늘에 두고 마지막 14코는 홀더에 옮겨 쉼코로 둔다. 1번째 코에 스티치 마커 A를 건다.

다음과 같이 편물을 앞뒤로 뒤집어가며 평면뜨기한다.
1단 (겉면): 겉뜨기 꼬아뜨기 1, 겉뜨기하듯이 1코 걸러뜨기, 바늘비우기 코 겉뜨기, 걸러뜨기한 코를 겉뜨기한 코 위로 덮어씌우기, 겉16, 왼코줄임, 겉1, 편물 뒤집기 (머리 윗부분 총 31코)
2단: 안6, ssp 코줄임, 안1, 편물 뒤집기 (총 30코)
3단: 겉7, 왼코줄임, 겉1, 편물 뒤집기 (총 29코)
4단: 안8, ssp 코줄임, 안1, 편물 뒤집기 (총 28코)
5단: 겉9, 왼코줄임, 겉1, 편물 뒤집기 (총 27코)
6단: 안10, ssp 코줄임, 안1, 편물 뒤집기 (총 26코)
7단: 겉11, 왼코줄임, 겉1, 편물 뒤집기 (총 25코)
8단: 안12, ssp 코줄임, 안1, 편물 뒤집기 (총 24코)
9단: 겉13, 왼코줄임, 겉1, 편물 뒤집기 (총 23코)
10단: 안14, ssp 코줄임, 안1, 편물 뒤집기 (총 22코)

작업 중인 실이 있는 곳에서 시작해서, 다시 다음과 같이 원통뜨기한다.
1단: 겉15, 왼코줄임, 겉3, ssk 코줄임 3회, 왼코줄임 3회, 겉1 (총 29코 = 머리 뒤쪽 21코 / 목 8코)

### 되돌아뜨기 - 섹션 4

주의: 이제 레슨 6의 상황 1을 할 차례다. (바늘비우기와 바늘비우기 코를 소모하는 코줄임)

코 세팅하기: 처음 21코를 작업 중인 바늘에 두고 마지막 8코는 홀더에 옮겨 쉼코로 둔다. 1번째 코에 스티치 마커 A를 건다.

다음과 같이 편물을 앞뒤로 뒤집어가며 평면뜨기한다.
1단 (겉면): 겉뜨기 꼬아뜨기 1, 겉1, ssk 코줄임, 겉13, 편물 뒤집기 (머리 뒤쪽 총 20코)
2단: 바늘비우기, 안12, 편물 뒤집기
3단: 바늘비우기, 겉12, 왼코줄임, 겉1, 편물 뒤집기
4단: 바늘비우기, 안14, ssp 코줄임, 안1, 편물 뒤집기

작업 중인 실이 있는 곳에서 시작해서, 다시 다음과 같이 원통뜨기한다.
1단: 바늘비우기, 겉16, 왼코줄임, 단 끝까지 겉뜨기 (총 28코 + 바늘비우기 = 머리 뒤쪽 20코 + 바늘비우기 / 목 8코)
2단: 겉뜨기 꼬아뜨기 1, 겉뜨기하듯이 1코 걸러뜨기, 바늘비우기 코 겉뜨기, 걸러뜨기한 코를 겉뜨기한 코 위로 덮어씌우기, 겉뜨기 꼬아뜨기 1, 단 끝까지 겉뜨기 (총 28코 = 20코 / 8코)

### 되돌아뜨기 - 섹션 5

주의: 이제 레슨 6의 상황 1을 할 차례다. (바늘비우기와 바늘비우기 코를 소모하는 코줄임)

코 세팅하기: 처음 20코를 작업 중인 바늘에 두고 마지막 8코는 홀더에 옮겨 쉼코로 둔다. 1번째 코에 스티치 마커 A를 건다.

다음과 같이 편물을 앞뒤로 뒤집어가며 평면뜨기한다.
1단 (겉면): 겉16, 편물 뒤집기
2단: 바늘비우기, 안12, 편물 뒤집기
3단: 바늘비우기, 겉12, 왼코줄임, 겉1, 편물 뒤집기
4단: 바늘비우기, 안14, ssp 코줄임, 안1, 편물 뒤집기

작업 중인 실이 있는 곳에서 시작해서, 다시 다음과 같이 원통뜨기한다.
1단: 바늘비우기, 겉16, 왼코줄임, 단 끝까지 겉뜨기 (총 28코 + 바늘비우기 = 머리 뒤쪽 20코 + 바늘비우기 / 목 8코)
2단: 겉뜨기 꼬아뜨기 1, 겉뜨기하듯이 1코 걸러뜨기, 바늘비우기 코 겉뜨기, 걸러뜨기한 코를 겉뜨기한 코 위로 덮어씌우기, 단 끝까지 겉뜨기 (총 28코 = 20코 / 8코)

얼굴 표정과 귀를 추가하는 동안 코가 빠지지 않도록 주의한다.

## 얼굴 표정 추가하기
레슨 7 & 10 참고

먼저, 코잡기한 실 끝을 머리 안쪽으로 가져와 숨긴다.

눈을 붙이거나 수놓는다. 코와 미소를 수놓는다.

## 귀 만들기

표시된 8코를 작업 중인 바늘에 옮기고 자투리 실을 제거한다. 원통뜨기 할 수 있도록 코와 바늘을 배열한다. 귀는 대칭이므로 어느 쪽에서든 단을 시작할 수 있다. 1번째 코에 스티치 마커 A를 건다.

미리 준비한 실 한 가닥을 연결해서 원통뜨기한다.
1단: 모든 코 겉뜨기 (총 8코)
2단: [kfb 코늘림, 겉2, kfb 코늘림] 2회 (총 12코)
3~4단: 모든 코 겉뜨기
5단: [ssk 코줄임, 겉2, 왼코줄임] 2회 (총 8코)

실을 자르고 메리야스잇기 기법으로 귀 구멍을 막는다. 실 꼬리는 귀를 통과시켜 편물 안쪽으로 가져온다. 또한 귀 시작 부분에서 나온 실 꼬리

도 편물 안쪽으로 가져와 함께 묶는다.

2번째 귀도 동일하게 뜬다.

## 목과 어깨 모양 만들기

바늘에 총 28코가 (뒤 20코 / 앞 8코) 있다. 곰 인형의 머리가 아래를 향하고 등을 보고 있는 상태로, 스티치 마커 A로 표시한 현재 단 시작점에서 원통뜨기한다.

**1단:** 겉뜨기 꼬아뜨기 1, 겉19, 단 끝까지 kfb 코늘림 반복 (총 36코 = 뒤 20코 / 앞 16코)
**2단:** 모든 코 겉뜨기
**3단:** [겉4, kfb 코늘림] 4회, 단 끝까지 겉뜨기 (총 40코 = 24코 / 16코)
**4단 (부분적인 단):** 단 끝에 3코 남을 때까지 겉뜨기, 다음 코에 스티치 마커 A를 건다. 이곳이 새로운 단 시작이 되고, 그에 따라 바늘을 재배치하고 필요한 경우 코 분배를 다시 조정한다.
**5단:** 겉24, [겉1, kfb 코늘림]을 단 끝까지 반복 (총 48코)
**6~8단:** 모든 코 겉뜨기 (총 3단)
**9단:** [겉2, kfb 코늘림]을 단 끝까지 반복 (총 64코)
**10~11단:** 모든 코 겉뜨기
**12단:** [겉3, kfb 코늘림]을 단 끝까지 반복 (총 80코)
**13~14단:** 모든 코 겉뜨기
**15단:** [겉7, kfb 코늘림]을 단 끝까지 반복 (총 90코)
**16~25단:** 모든 코 겉뜨기 (총 10단)

## 팔 만들기
레슨 8~11 참고

곰 인형의 머리가 아래를 향하고 등이 보이는 상태에서, 단의 현재 시작점에서 원형뜨기한다.

### 왼쪽 팔

**세팅 1단:** 단의 첫 10코를 겉뜨기한다. 다음 70코를 홀더에 옮겨 쉼코로 둔다. 감아코잡기 방법으로 3코 만든다. 스티치 마커 A를 걸고 3코 만든다. 단의 마지막 10코를 겉뜨기한다. (총 26코)
**세팅 2단:** 스티치 마커 A까지 겉뜨기한다. 다음 코에 스티치 마커 A를 옮긴다. 이곳이 새로운 단 시작이 되고, 그에 따라 바늘을 재배치하고 필요한 경우 코 분배를 다시 조정한다.

**1~15단:** 모든 코 겉뜨기
**16단:** 겉1, ssk 코줄임, 단 끝에 3코 남을 때까지 겉뜨기, 왼코줄임, 겉1 (총 24코)
**17~20단:** 모든 코 겉뜨기 (총 4단)
**21~35단:** 16~20단을 3회 더 반복 (총 18코)
**36~38단:** 모든 코 겉뜨기 (총 3단)
**39단:** 16단을 반복 (총 16코)
**40단:** 모든 코 겉뜨기
**41단 (부분적인 단):** 겉4, 다음 코에 스티치 마커 A 옮기기
이곳이 새로운 단 시작이 되고, 그에 따라 바늘을 재배치하고 필요한 경우 코 분배를 다시 조정한다.
**42단:** 겉1, ssk 코줄임, 겉2, 왼코줄임, 겉1] 2회 (총 12코)
**43단:** 모든 코 겉뜨기
**44단:** [겉1, ssk 코줄임, 왼코줄임, 겉1] 2회 (총 8코)
실을 자르고 메리야스잇기 기법으로 손 구멍을 막는다. 실 꼬리를 편물 안으로 가져와, 팔의 안면이 겉면이 되도록 뒤집어서 실 꼬리를 정리한다.

### 오른쪽 팔

**세팅 1단:** 곰 인형의 머리가 아래를 향하고 등이 보이는 상태에서, 처음 25코를 홀더에 옮겨 쉼코로 둔다. 다음 20코를 다시 작업 중인 바늘에 옮긴다. 마지막 25코를 홀더에 옮겨 쉼코로 둔다. (총 20코)
**세팅 2단:** 작업 중인 바늘의 오른쪽 끝에 있는 코에서 시작해서, (나중에 작은 구멍이 있으면 막을 수 있게 충분히 실 끝을 남기고) 실을 연결한다. 겉20, 감아코잡기 방법으로 3코 만든다. 스티치 마커 A를 걸고 3코 만든다. (총 26코)
**세팅 3단:** 바늘을 재배열해 원통으로 이어 스티치 마커 A를 만날 때까지 겉뜨기한다. 스티치 마커 A를 제거하고 다음 코에 스티치 마커 A를 건다. 이곳이 새로운 단 시작이 되고, 그에 따라 바늘을 재배치하고 필요한 경우 코 분배를 다시 조정한다.

그 후에 1단부터 왼쪽 팔과 동일하게 뜬다.

## 몸통 뜨기
레슨 12 참고

남아있는 50코를 작업 중인 바늘로 다시 옮긴다. 곰 인형의 머리가 아래를 향하고 등이 보이는 상태에서, 왼쪽 진동 가운데에 실을 연결해 원통뜨기한다.

**세팅 단:** 3코 줍는다., 겉12, kfb 코늘림한다. 겉12, 6코 줍는다. 겉12, kfb 코늘림한다. 겉12, 3코 줍는다. (총 64코 = 뒤판 32코 / 앞판 32코)

1번째 코(처음 주운 코)에 스티치 마커 A를 건다.
**1단:** 겉32, 스티치 마커 B 걸기, 겉32
**2~3단:** 모든 코 겉뜨기
**4단:** 겉4, kfb 코늘림, 스티치 마커 B 5코 전까지 겉뜨기, kfb 코늘림, 겉4, 스티치 마커 B, 단 끝까지 겉뜨기 (총 66코 = 뒤판 34코 / 앞판 32코)

5~19단: 2~4단을 5회 더 반복 (총 76코 = 44코 / 32코)
20~21단: 모든 코 겉뜨기
22단: 겉4, kfb 코늘림, 스티치 마커 B 5코 전까지 겉뜨기, kfb 코늘림, 겉4, 스티치 마커 B, 겉4, kfb 코늘림, 단 끝에 5코 남을 때까지 겉뜨기, kfb 코늘림, 겉4 (총 80코 = 46코 / 34코)
23~37단: 20~22단을 5회 더 반복 (총 100코 = 56코 / 44코)
38~43단: 모든 코 겉뜨기 (총 6단)
44단 (꼬리 위치 표시): 겉31, 마지막으로 뜬 6코에 자투리 실을 걸어 두기, 스티치 마커 B까지 겉뜨기, 스티치 마커 B, 겉4, ssk 코줄임, 단 끝에 6코 남을 때까지 겉뜨기, 왼코줄임, 겉4 (총 98코 = 56코 / 42코)
45단 (꼬리 위치 표시): 겉31, 전 단에서 사용한 자투리 실의 한쪽 끝을 들어 마지막으로 뜬 6코에 자투리실을 통과시키기, 단 끝까지 겉뜨기
46단: 스티치 마커 B까지 겉뜨기, 스티치 마커 B, 겉4, ssk 코줄임, 단 끝에 6코 남을 때까지 겉뜨기, 왼코줄임, 겉4 (총 96코 = 56코 / 40코)
47단: 모든 코 겉뜨기

## 엉덩이 모양 만들기

스티치 마커 B를 제거한다.

*되돌아뜨기 단 주의: 이제 레슨 6의 상황 2의 특별한 경우가 되었다. (46쪽 참고)*

**코 세팅하기**: 처음 56코를 작업 중인 바늘에 두고 마지막 40코는 홀더에 옮겨 쉼코로 둔다. 1번째 코에 스티치 마커 A를 건다.

다음과 같이 편물을 앞뒤로 뒤집어가며 평면뜨기한다.
**1단 (겉면)**: 겉28, 스티치 마커, 겉3, 왼코줄임, 겉1, 편물 뒤집기 (엉덩이 총 55코)
**2단**: 스티치 마커를 지나 3코까지 안뜨기, ssp 코줄임, 안1, 편물 뒤집기 (총 54코)
**3단**: 진행 중 스티치 마커를 제거하며, 구멍 1코 전까지 겉뜨기, 왼코줄임, 겉1, 편물 뒤집기 (총 53코)
**4단**: 구멍 1코 전까지 안뜨기, ssp 코줄임, 안1, 편물 뒤집기 (총 52코)

3~4단을 7회 더 반복한다. (총 38코)

작업 중인 실이 있는 곳에서 시작해서, 다시 다음과 같이 원통뜨기한다.
**1단**: 구멍 1코 전까지 겉뜨기, 왼코줄임, 겉9, ssk 코줄임, 단 끝에 6코 남을 때까지 겉뜨기, 왼코줄임, 겉4 (총 75코 = 뒤판 37코 / 앞판 38코)
**2단**: 겉5, ssk 코줄임, 겉34, ssk 코줄임, 단 끝에 6코 남을 때까지 겉뜨기, 왼코줄임, 겉4 (총 72코 = 36코 / 36코)

지금까지 생긴 실 꼬리를 정리한다.

# 다리 만들기
## 레슨 13 참고

곰 인형의 머리가 아래를 향하고 등이 보이는 상태에서, 현재 단 시작점에서 원통뜨기를 시작한다.

## 왼쪽 다리

**세팅 1단**: 단의 첫 15코를 겉뜨기, 다음 6코를 다음과 같이 코막음한다. 겉뜨기하듯이 1코 걸러뜨기, 겉1, 걸러뜨기한 코를 겉뜨기한 코 위로 덮어씌운다. *겉1, 이전 코를 덮어씌우기*, *~*를 4회 더 반복한다. 겉29, 이전에 했던 방식으로 다음 6코를 코막음한다. 마지막 14코를 겉뜨기한다. (작업 중인 바늘에 총 60코)
**세팅 2단**: 단의 첫 15코 겉뜨기, 다음 30코를 홀더에 옮겨 쉼코로 둔다. 마지막 15코를 겉뜨기한다. (총 30코)

1번째 코에 스티치 마커 A를 건다. (단 시작은 다리 바깥쪽에 있다)
**1~5단**: 모든 코 겉뜨기
**6단**: 겉4, ssk 코줄임, 단 끝에 6코 남을 때까지 겉뜨기, 왼코줄임, 겉4 (총 28코)
**7~18단**: 1~6단을 2회 반복 (총 24코)
**19~21단**: 모든 코 겉뜨기 (총 3단)
**22단**: 겉12, 스티치 마커 B 걸기, 겉12
**23단**: 겉1, ssk 코줄임, 스티치 마커 B 3코 전까지 겉뜨기, 왼코줄임, 겉1, 스티치 마커 B, 겉1, ssk 코줄임, 단 끝에 3코 남을 때까지 겉뜨기, 왼코줄임, 겉1 (총 20코 = 다리 뒤쪽 10코 / 다리 앞쪽 10코)
**24~25단**: 모든 코 겉뜨기
**26단**: 23단을 반복 (총 16코 = 8코 / 8코)
**27단**: 모든 코 겉뜨기
**28단**: 겉1, kfb 코늘림, 스티치 마커 B 2코 전까지 겉뜨기, kfb 코늘림, 겉1, 스티치 마커 B, 단 끝까지 겉뜨기 (총 18코 = 10코 / 8코)
**29단**: 모든 코 겉뜨기
**30~39단**: 28~29단을 5회 더 반복 (총 28코 = 20코 / 8코)

## 뒤꿈치 모양 만들기

스티치 마커 B를 제거한다.

*되돌아뜨기 단 주의: 이제 레슨 6의 상황 2를 할 차례다. (바늘비우기가 아닌, 실제 코를 소모하는 코줄임)*

**코 세팅하기**: 처음 20코를 작업 중인 바늘에 두고, 마지막 8코를 홀더에 옮겨 쉼코로 둔다. 1번째 코에 스티치 마커 A를 건다.

다음과 같이 편물을 앞뒤로 뒤집어가며 평면뜨기한다.

1단 (겉면): 겉11, 왼코줄임, 편물 뒤집기 (뒤꿈치 총 19코)
2단: 안3, ssp 코줄임, 편물 뒤집기 (총 18코)
3단: 겉3, 왼코줄임, 편물 뒤집기 (총 17코)
4단: 안3, ssp 코줄임, 편물 뒤집기 (총 16코)

3~4단을 1회 더 반복한다. (총 14코)

작업 중인 실이 있는 곳에서 시작해서, 다시 다음과 같이 원통뜨기한다.
1단: 겉3, 왼코줄임, 단 끝까지 겉뜨기 (총 21코 = 뒤판 13코 / 앞판 8코)
2단: 겉4, ssk 코줄임, 단 끝까지 겉뜨기 (총 20코 = 12코 / 8코)

## 발 마무리

1~5단: 모든 코 겉뜨기
6단: 겉1, ssk 코줄임, 겉6, 왼코줄임, 단 끝까지 겉뜨기 (총 18코 = 발바닥 10코 / 발등 8코)
7단: 모든 코 겉뜨기
8단: 겉1, ssk 코줄임, 겉4, 왼코줄임, 단 끝까지 겉뜨기 (총 16코 = 8코 / 8코)
9단: 모든 코 겉뜨기
10단: [겉1, ssk 코줄임, 겉2, 왼코줄임, 겉1] 2회 (총 12코)
실을 자르고 메리야스잇기 기법으로 발 구멍을 막는다. 실 꼬리를 편물 안으로 가져와, 다리를 안쪽이 바깥으로 나오게 뒤집어서 실 꼬리를 정리한다.

## 오른쪽 다리

세팅 단: 곰 인형의 머리가 아래를 향하고 등이 보이는 상태에서, 마지막 30코를 다시 바늘로 옮긴다. 그 후에 오른쪽 끝에서 실을 연결해 겉뜨기로 30코를 뜬다.

바늘을 재배치해 원통으로 뜬다. 1번째 코에 스티치 마커 A를 건다. (단 시작은 다리 안쪽에 있다)
1~4단: 모든 코 겉뜨기
5단: 겉15, 스티치 마커 B 걸기, 겉15
6단: 스티치 마커 B 6코 전까지 겉뜨기, 왼코줄임, 겉4, 스티치 마커 B, 겉4, ssk 코줄임, 단 끝까지 겉뜨기 (총 28코)
7~18단: 1~6단을 2회 반복 (총 24코)
19~22단: 모든 코 겉뜨기 (총 4단)

그 후에 왼쪽 다리 23단부터 동일하게 뜬다. 오른쪽 다리에서는 시작할 때 연결한 실 꼬리도 정리한다.

## 꼬리 추가하기

표시한 12코를 작업 중인 바늘에 옮기고 자투리 실을 제거한다. 코를 재배열해 원통으로 진행한다. 꼬리는 대칭형이므로 어느 쪽에서든 단을 시작할 수 있다. 1번째 코에 스티치 마커 A를 건다.

실을 연결해 원형뜨기한다.
**1단:** 모든 코 겉뜨기
**2단:** [kfb 코늘림, 겉4, kfb 코늘림] 2회 (총 16코)
**3~5단:** 모든 코 겉뜨기 (총 3단)
**6단:** [겉1, ssk 코줄임, 겉2, 왼코줄임, 겉1] 2회 (총 12코)

실을 자르고 메리야스잇기 기법으로 꼬리 구멍을 막는다. 실 꼬리는 꼬리를 통과시켜 편물 안쪽으로 가져온다. 또한 꼬리 시작 부분의 실 꼬리도 편물 안쪽으로 가져와 함께 묶는다. 매듭을 가능한 한 작품의 안면에 가깝게 만든다. 안전을 위해 한 번 더 매듭을 묶는다. 매듭 뒤에 짧은 길이를 남겨두고 실 끝을 자른다.

## 세탁, 솜 넣기, 구멍 막기
레슨 13 참고

곰에게 목욕을 시켜줍니다. 곰은 꿀만큼이나 물을 좋아한다고 들은 적이 있어요.

편물이 마르면 레슨 14를 따라 솜을 채워 넣는다.

돗바늘과 별도의 실을 사용해서 마지막 구멍을 막는다.

# 무슈의 옷

### 실

Viola, Sock (수퍼워시 메리노울 75%, 나일론 25%, 421m, 100g)
**멜빵바지:** "Desert Rose" 색상, 약 25g
**잠옷:** 바탕 색상(밑단과 칼라에 사용)-"Desert Rose" 색상, 약 25g
배색 색상-"Light Bronte" 색상, 약 20g
혹은 적어도 2가지 이상의 다른 색상 핑거링 굵기 실 약 25g (106m) / 25g (106m) / 20g (84m)

### 바늘

2mm, 2,75mm
긴 줄바늘을 사용하는 경우, 파자마의 어깨를 연결할 때 쓸 2mm 장갑바늘 3개, 멜빵바지 끈 부분을 작업할 때 사용할 2.75mm 장갑바늘 2개

### 부자재

멜빵바지에 달 8mm 단추 2개, 파자마에 달 8mm 단추 9개

## 멜빵바지

무슈의 고무뜨기 멜빵바지는 허리에서 아래로 내려 뜬다. 그 후에 허리에서 코를 주워 앞판, 뒤판, 스트랩을 작업한다.

멜빵바지 색상 실과 2.75mm 바늘을 사용해서 일반코잡기 방법으로 84코를 만든다. 1번째 코와 42번째 코에 스티치 마커를 건다. 나중에 상의 앞판을 뜰 때 기준점 역할을 할 것이다.

바늘을 재배치해 원통으로 뜬다. 1번째 코에 스티치 마커 A를 건다.
**1단:** 모든 코 겉뜨기
**2단:** [겉2, 안1]을 단 끝까지 반복
**3~34단:** 1~2단을 16회 더 반복
**35단 (꼬리 구멍 만들기, 레슨 18 참고):** 겉19, 실을 편물 앞으로 가져와 다음 코를 안뜨기하듯이 걸러뜨기, 실을 편물 뒤쪽으로 가져와 *안뜨기하듯이 1코 걸러뜨기, 이전 걸러뜨기한 코를 방금 걸러뜨기한 코 위로 덮어씌우기*, *~*를 3회 더 반복해 총 4코 코막음, 마지막으로 걸러뜨기한 코를 왼손 바늘로 옮기기, 편물 뒤집기, 실을 편물 뒤쪽으로 가져와 케이블 코잡기 방법으로 5코 만들기, 편물 뒤집기, 실을 편물 뒤쪽으로 가져와 안뜨기하듯이 1코 걸러뜨기, 마지막으로 코잡기한 코를 그 위로 덮어씌우기, 마지막으로 걸러뜨기한 코를 왼손 바늘로 다시 옮기고, 단 끝까지 겉뜨기
**36단:** [겉2, 안1]을 단 끝까지 반복
**37~42단:** 1~2단을 3회 더 반복

## 왼쪽 다리

현재 단 시작점에서 원통뜨기를 시작한다.
**세팅 1단:** 단의 첫 21코를 겉뜨기, 다음 42코를 홀더에 옮겨 쉼코로 둔다. 마지막 21코를 겉뜨기한다. (작업 중인 바늘에 총 42코)
**세팅 2단:** [겉2, 안1]을 단 끝까지 반복한다.

1번째 코에 스티치 마커 A를 건다. (단 시작은 다리 바깥쪽에 있다)
**1단:** 모든 코 겉뜨기
**2단:** [겉2, 안1]을 단 끝까지 반복
**3~18단:** 1~2단을 8회 더 반복

2mm 바늘로 바꿔 레슨 16에서 설명한대로, 그러나 겉뜨기 2코를 안뜨

기 2코로, 안뜨기 1코를 겉뜨기 1코로 대체해 모든 코를 코막음한다. 실을 자른다. 마지막 코에 통과시키고 실 꼬리를 정리한다.

## 오른쪽 다리

**세팅 1단:** 꼬리 구멍이 보이는 상태에서 다음 42코를 바늘로 다시 옮긴다. 그 후에 오른쪽 끝에서 실을 연결해서 모든 코 겉뜨기한다. 바늘을 재배치해 원통으로 뜬다. 1번째 코에 스티치 마커 A를 건다. (단 시작은 다리 안쪽에 있다)
**세팅 2단:** [겉2, 안1]을 단 끝까지 반복한다.

그 후에 1단부터 시작해서 왼쪽 다리와 동일하게 뜬다.

## 앞판 상의

멜빵바지의 다리가 아래로 가게 하고 앞판이 보이는 상태에서, 앞판과 뒤판을 구분하기 위해 코잡기할 때 표시해 둔 스티치 마커가 보일 것이다.

겉면에서 진행하며, 앞판 가장자리에서 시작해서, 스티치 마커 1코 전, 안뜨기 기둥 위에 실을 연결한다. 2.75mm 바늘을 사용해 허리 라인을 따라 43코 줍는다. 코잡기한 가장자리 바로 아래에서 코줍기한다. 평면 뜨기한다.

**1단 (안면):** 실을 편물 앞에 두고 1코 걸러뜨기, 겉1, 실을 편물 앞에 두고 1코 걸러뜨기, [걸1, 안2]를 단 끝에 4코 남을 때까지 반복, 겉1, 실을 편물 앞에 두고 1코 걸러뜨기, 겉1, 실을 편물 앞에 두고 1코 걸러뜨기
**2단:** 겉1, 실을 편물 앞에 두고 1코 걸러뜨기, 겉1, ssk 코줄임, 단 끝에 6코 남을 때까지 겉뜨기, 왼코줄임, 겉2, 실을 편물 앞에 두고 1코 걸러뜨기, 겉1 (총 41코)
**3단:** 실을 편물 앞에 두고 1코 걸러뜨기, 겉1, 실을 편물 앞에 두고 1코 걸러뜨기, 겉1, 안1, [걸1, 안2]를 단 끝에 6코 남을 때까지 반복, 겉1, 안1, 겉1, 실을 편물 앞에 두고 1코 걸러뜨기, 겉1, 실을 편물 앞에 두고 1코 걸러뜨기
**4단:** 2단을 반복 (총 39코)
**5단:** 실을 편물 앞에 두고 1코 걸러뜨기, 겉1, 실을 편물 앞에 두고 1코 걸러뜨기, 겉1, 안3, [걸1, 안2]를 단 끝에 8코 남을 때까지 반복, 겉1, 안3, 겉1, 실을 편물 앞에 두고 1코 걸러뜨기, 겉1, 실을 편물 앞에 두고 1코 걸러뜨기
**6단:** 2단을 반복 (총 37코)
**7단:** 실을 편물 앞에 두고 1코 걸러뜨기, 겉1, 실을 편물 앞에 두고 1코 걸러뜨기, [걸1, 안2]를 단 끝에 4코 남을 때까지 반복, 겉1, 실을 편물 앞에 두고 1코 걸러뜨기, 겉1, 실을 편물 앞에 두고 1코 걸러뜨기
**8~19단:** 2~7단을 2회 반복 (총 25코)

**20단:** 2단을 반복 (총 23코)
**21단:** 3단을 반복
**22단:** 2단을 반복 (총 21코)
**23단:** 5단을 반복

체인 코막음 기법으로 모든 코를 코막음한다. (레슨 19 참고)

## 뒤판과 스트랩

멜빵바지의 다리가 아래로 가게 하고 뒤판이 보이는 상태에서, 겉면 오른쪽에서 시작한다. 허리 라인을 따라 다음과 같이 30코 줍는다. 겉뜨기 2코 기둥에서 1코, 안뜨기 기둥에서 1코 주워 양쪽 끝이 앞판 패널까지 닿도록 한다.

**1단 (안면):** 실을 편물 앞에 두고 1코 걸러뜨기, 겉1, 실을 편물 앞에 두고 1코 걸러뜨기, 단 끝에 3코 남을 때까지 안뜨기, 실을 편물 앞에 두고 1코 걸러뜨기, 겉1, 실을 편물 앞에 두고 1코 걸러뜨기
**2단:** 겉1, 실을 편물 앞에 두고 1코 걸러뜨기, 겉1, ssk 코줄임, 단 끝에 5코 남을 때까지 겉뜨기, 왼코줄임, 겉1, 실을 편물 앞에 두고 1코 걸러뜨기, 겉1 (총 28코)
**3단:** 실을 편물 앞에 두고 1코 걸러뜨기, 겉1, 실을 편물 앞에 두고 1코 걸

러뜨기, 단 끝에 3코 남을 때까지 안뜨기, 실을 편물 앞에 두고 1코 걸러뜨기, 겉1, 실을 편물 앞에 두고 1코 걸러뜨기
**4~19단**: 2~3단을 8회 더 반복 (총 12코)

### 오른쪽 스트랩
단의 첫 6코로만 평면뜨기한다. 이때 남은 6코는 홀더에 쉼코로 둔다.
**1단 (겉면)**: [겉1, 실을 편물 앞에 두고 1코 걸러뜨기, 겉1] 2회
**2단**: [실을 편물 앞에 두고 1코 걸러뜨기, 겉1, 실을 편물 앞에 두고 1코 걸러뜨기] 2회
**3~34단**: 1~2단을 16회 더 반복
**35단 (단춧구멍)**: 겉2, 바늘비우기, 왼코줄임, 실을 편물 앞에 두고 1코 걸러뜨기, 겉1
**36단**: 실을 편물 앞에 두고 1코 걸러뜨기, 겉1, 안3, 실을 편물 앞에 두고 1코 걸러뜨기
**37~38단**: 1~2단을 반복

체인 코막음 기법으로 모든 코를 코막음한다.

### 왼쪽 스트랩
멜빵바지의 다리가 아래로 가게 하고 뒤판이 보이는 상태에서, 마지막 6코를 작업 중인 바늘로 다시 옮긴다. 오른쪽 코부터 시작해서, 실을 연결해 1단부터 오른쪽 스트랩과 동일하게 뜬다.

### 마무리
앞판 상의에 작은 단추 2개를 꿰맨다.

남아있는 모든 실 꼬리를 정리한다.

멜빵바지를 물에 담궈 적신 후, 고무뜨기가 너무 늘어나지 않도록 주의하며 평평하게 눕혀 말린다.

## 잠옷 상의

무슈의 잠옷 상의는 가터뜨기로 밑단을 먼저 뜨고, 아래에서 위로 떠 올라가는 방식이다. 수직 스트라이프를 만들기 위해 걸러뜨기 기법을 사용할 것이다. 몸통을 뜬 후에는 앞판과 뒤판을 따로 떠서 어깨를 잇고 칼라를 뜬다. 마지막으로 코를 주워 소매를 뜬다.

잠옷 메인 색상 실과 2mm 바늘을 사용해서, 일반코잡기로 106코를 만든다.
다음과 같이 편물을 앞뒤로 뒤집어가며 평면뜨기한다.
**1단 (겉면)**: 모든 코 겉뜨기
**2단**: 모든 코 겉뜨기
**3~4단**: 1~2단을 반복

### 배색뜨기 시작

레슨 17 참고

*주의: 걸러뜨기할 때, 편물에 걸려 있는 실은 항상 편물의 안면에 위치해야 한다. 겉면 단에서는 실을 편물 뒤에, 안면 단에서는 실을 편물 앞에 둔다. 배색뜨기는 가장자리 부분만 제외하고 꽤 직관적이다. 지금 뜨고 있는 실 색상과 같은 색상의 코는 겉뜨기나 안뜨기(겉면인지 안면인지에 따라 다름)로 뜨고, 나머지 색의 코는 그냥 걸러뜨기하면 된다.*

**1단 (겉면)**: 바탕실로 겉4, [겉2, 2코 걸러뜨기]를 단 끝에 6코 남을 때까지 반복, 겉6
**2단**: 바탕실로 겉4, [안2, 2코 걸러뜨기]를 단 끝에 6코 남을 때까지 반복, 안2, 겉4
**3단**: 배색실로 겉4, [2코 걸러뜨기, 겉2]를 단 끝에 6코 남을 때까지 반복, 2코 걸러뜨기, 겉4
**4단**: 배색실로 겉4, 단 끝에 4코 남을 때까지 배색실 코를 안뜨기, 바탕실 코를 걸러뜨기, 겉4
**5단**: 바탕실로 겉4, 단 끝에 4코 남을 때까지 바탕실 코를 겉뜨기, 배색실 코를 걸러뜨기, 겉4
**6단**: 바탕실로 겉4, 단 끝에 4코 남을 때까지 바탕실 코를 안뜨기, 배색실 코를 걸러뜨기, 겉4
**7~10단**: 3~6단을 반복
**11단 (단춧구멍 단)**: 배색실로 겉4, 단 끝에 4코 남을 때까지 배색실 코를 겉뜨기, 바탕실 코를 걸러뜨기, 왼코줄임, 바늘비우기, 겉2
편물을 뒤집기 전에, 자투리 실을 사용해서 이번 단의 3번째 코에 단춧구멍 위치를 표시한다.
**12~14단**: 4~6단을 반복 (총 3단)
**15~22단**: 3~6단을 2회 반복 (총 8단)
**23~70단**: 11~22단을 4회 더 반복 (총 48단 / 4개의 단춧구멍 단을 더 작업했다)
**71단**: 11단을 반복 (단춧구멍 단)
**72단**: 4단을 반복

### 오른쪽 앞판

파자마의 겉면이 보이는 상태에서, 단의 첫 27코를 다음과 같이 평면뜨기한다.
*주의: 어떤 색상의 실을 사용하든, 겉면 단의 마지막 코와 안면 단의 1번째 코는 항상 겉뜨기 코다.*
**1단 (겉면)**: 바탕실로 겉4, [겉2, 2코 걸러뜨기] 5회, 겉3, 남은 79코를 홀더에 옮겨 쉼코로 두기, 편물 뒤집기 (총 27코)
**2단**: 바탕실로 겉1, 단 끝에 4코 남을 때까지 바탕실 코를 안뜨기, 배색실 코를 걸러뜨기, 겉4

3단: 배색실로 겉4, 단 끝에 1코 남을 때까지 배색실 코를 겉뜨기, 바탕실 코를 걸러뜨기, 겉1
4단: 배색실로 겉1, 단 끝에 4코 남을 때까지 배색실 코를 안뜨기, 바탕실 코를 걸러뜨기, 겉4
5단: 바탕실로 겉4, 단 끝에 1코 남을 때까지 바탕실 코를 겉뜨기, 배색실 코를 걸러뜨기, 겉1
6단: 바탕실로 겉1, 단 끝에 4코 남을 때까지 바탕실 코를 안뜨기, 배색실 코를 걸러뜨기, 겉4
7~10단: 3~6단을 반복
11단 (단춧구멍 위치 표시): 3단을 반복
편물을 뒤집기 전에, 자투리 실을 사용해서 이번 단의 3번째 코에 표시한다.
12~14단: 4~6단을 반복 (총 3단)
15~22단: 3~6단을 2회 반복 (총 8단)
23~34단: 11~22단을 반복 (단추 위치 1단을 포함해서 총 12단)
35단: 11단을 반복 (단추 위치 표시)
36~38단: 4~6단을 반복 (총 3단)
39단: 배색실로 겉1, ssk 코줄임, 겉1, 단 끝에 1코 남을 때까지 배색실 코를 겉뜨기, 바탕실 코를 걸러뜨기, 겉1 (총 26코)
40단: 배색실로 겉1, 단 끝에 3코 남을 때까지 배색실 코를 안뜨기, 바탕실 코를 걸러뜨기, 겉3
배색실을 자른다.
41단: 바탕실로 겉1, ssk 코줄임, 단 끝에 1코 남을 때까지 바탕실 코를 겉뜨기, 배색실 코를 걸러뜨기, 겉1 (총 25코)
42단: 바탕실로 겉1, 단 끝에 2코 남을 때까지 바탕실 코를 안뜨기, 배색실 코를 걸러뜨기, 겉2

바탕실을 자른다. 25코를 홀더에 옮겨 쉼코로 둔다.

## 뒤판

잠옷의 겉면이 보이는 상태에서, 다음 52코를 작업 중인 바늘에 두고, 마지막 27코는 홀더에 옮겨 쉼코로 둔다.

오른쪽에서 바탕실을 연결해 평면뜨기한다.
1단 (겉면): 바탕실로 겉1, [겉2, 2코 걸러뜨기] 12회, 겉3, 편물 뒤집기 (총 52코)
2단: 바탕실로 겉1, 단 끝에 1코 남을 때까지 바탕실 코를 안뜨기, 배색실 코를 걸러뜨기, 겉1
3단: 배색실로 겉1, 단 끝에 1코 남을 때까지 배색실 코를 겉뜨기, 바탕실 코를 걸러뜨기, 겉1
4단: 배색실로 겉1, 단 끝에 1코 남을 때까지 배색실 코를 안뜨기, 바탕실 코를 걸러뜨기, 겉1
5단: 바탕실로 겉1, 단 끝에 1코 남을 때까지 바탕실 코를 겉뜨기, 배색실 코를 걸러뜨기, 겉1
6단: 바탕실로 겉1, 단 끝에 1코 남을 때까지 바탕실 코를 안뜨기, 배색실 코를 걸러뜨기, 겉1
7~42단: 3~6단을 9회 더 반복 (총 36단)
실 꼬리를 약 50cm 남기고 배색실을 자른다.
43단: 바탕실로 겉14, 체인 코막음 기법을 사용해서 다음 24코를 코막음하는데, 안뜨기로 작업한다. (레슨 19에서 설명한 대로 작업하는데, 겉뜨기하는 대신 안뜨기한다) 단 끝에 13코 남을 때까지 작업한다. 단 끝까지 겉뜨기한다.
홀더에 14코씩 2세트를 옮겨 쉼코로 둔다. 실 꼬리를 약 50cm 남기고 바탕실을 자른다.

## 왼쪽 앞판

잠옷의 겉면이 보이는 상태에서, 남은 27코를 작업 중인 바늘에 둔다.

오른쪽에서 바탕실을 연결해 평면뜨기한다.
1단 (겉면): 바탕실로 겉1, 단 끝에 4코 남을 때까지 바탕실 코를 겉뜨기, 배색실 코를 걸러뜨기, 겉4
2단: 바탕실로 겉4, 단 끝에 1코 남을 때까지 바탕실 코를 안뜨기, 배색실 코를 걸러뜨기, 겉1
3단: 배색실로 겉1, 단 끝에 4코 남을 때까지 배색실 코를 겉뜨기, 바탕실 코를 걸러뜨기, 겉4
4단: 배색실로 겉4, 단 끝에 1코 남을 때까지 배색실 코를 안뜨기, 바탕실 코를 걸러뜨기, 겉1
5단: 바탕실로 겉1, 단 끝에 4코 남을 때까지 바탕실 코를 겉뜨기, 배색실 코를 걸러뜨기, 겉4
6단: 바탕실로 겉4, 단 끝에 1코 남을 때까지 바탕실 코를 안뜨기, 배색실 코를 걸러뜨기, 겉1
7~10단: 3~6단을 반복
11단 (단춧구멍 단): 배색실로 겉1, 단 끝에 4코 남을 때까지 배색실 코를 겉뜨기, 바탕실 코를 걸러뜨기, 왼코줄임, 바늘비우기, 겉2
12~14단: 4~6단을 반복 (총 3단)
15~22단: 3~6단을 2회 반복 (총 8단)
23~34단: 11~22단을 반복 (단춧구멍 단을 포함해서 총 12단)
35단: 11단을 반복 (단춧구멍 단)
36~38단: 4~6단을 반복 (총 3단)
39단: 배색실로 겉1, 단 끝에 4코 남을 때까지 배색실 코를 겉뜨기, 바탕실 코를 걸러뜨기, 겉1, 왼코줄임, 겉1 (총 26코)
40단: 배색실로 겉3, 단 끝에 1코 남을 때까지 배색실 코를 안뜨기, 바탕실 코를 걸러뜨기, 겉1
배색실을 자른다.
41단: 바탕실로 겉1, 단 끝에 3코 남을 때까지 바탕실 코를 겉뜨기, 배색실 코를 걸러뜨기, 왼코줄임, 겉1 (총 25코)

**42단:** 바탕실로 겉2, 단 끝에 1코 남을 때까지 바탕실 코를 안뜨기, 배색실 코를 걸러뜨기, 겉1
바탕실을 자른다.

## 어깨 연결하기

### 왼쪽 어깨

왼쪽 앞판 25코를 장갑바늘로 옮긴다. 뒤판 14코 세트를 2번째 장갑바늘로 옮긴다. 편물을 뒤집어서 안면이 밖으로 나오게 해서 편물의 겉면이 서로 마주 보도록 2개의 바늘을 평행하게 잡는다. 잠옷의 뒤판이 보이는 상태에서 뒤판의 실 꼬리 중 1개를 사용해 바늘 3개를 이용한 코막음 기법으로(레슨 19 참고), 뒤판 코의 1번째 14코 세트를 모두 소진할 때까지 2개 바늘의 코를 함께 코막음한다.

그 후에 계속해서 겉면에서 작업한다. 체인 코막음 기법을 사용하는데 안뜨기로 작업하며 왼쪽 앞판의 남은 코를 코막음한다.

### 오른쪽 어깨

오른쪽 앞판 25코를 장갑바늘로 옮긴다. 뒤판 오른쪽 어깨 14코 세트를 2번째 장갑바늘로 옮긴다. 편물을 뒤집어서 안면이 밖으로 나오게 해서 편물의 겉면이 서로 마주 보도록 2개의 바늘을 평행하게 잡는다. 잠옷의 앞판이 보이는 상태에서 뒤판의 실 꼬리를 사용해 바늘 3개를 이용한 코막음 기법으로(레슨 19 참고), 뒤판 코의 2번째 14코 세트를 모두 소진할 때까지 2개 바늘의 코를 함께 코막음한다.

그 후에 계속해서 안면에서 작업한다. 체인 코막음 기법을 사용하는데 겉뜨기로 작업하며 오른쪽 앞판의 남은 코를 코막음한다.

## 칼라

잠옷의 안면이 보이는 상태에서 바탕실과 2mm 바늘을 사용해, 왼쪽 앞판, 뒤판, 오른쪽 앞판 코막음한 가장자리에서 다음과 같이 코줍기한다. 왼쪽 앞판을 따라서 10코, 왼쪽 어깨 솔기에서 1코, 뒤판을 따라서 22코, 오른쪽 어깨 솔기에서 1코, 오른쪽 앞판을 따라서 10코 (총 44코). 코줍기할 때, 반드시 코막음한 코에 만들어진 "V" 모양 다리 위에 바늘을 넣어야 한다. 가터탭을 따라 코를 줍지 않는다.

*주의: 1단은 잠옷의 겉면에서 작업하지만 이 부분은 칼라의 안면이 될 것이다.*

**1단 (겉면):** 실을 편물 앞에 두고 1코 걸러뜨기, 겉1, 실을 편물 앞에 두고 1코 걸러뜨기, 단 끝에 3코 남을 때까지 안뜨기, 실을 편물 앞에 두고 1코 걸러뜨기, 겉1, 실을 편물 앞에 두고 1코 걸러뜨기
**2단:** 겉1, 실을 편물 앞에 두고 1코 걸러뜨기, 겉1, kfb 코늘림, 단 끝에 4코 남을 때까지 겉뜨기, kfb 코늘림, 겉1, 실을 편물 앞에 두고 1코 걸러뜨기, 겉1 (총 46코)
**3단 (접히는 단):** 모든 코 겉뜨기
**4단:** 2단을 반복 (총 48코)
**5~10단:** 1~2단을 3회 더 반복 (총 54코)
**11단:** 실을 편물 앞에 두고 1코 걸러뜨기, 겉1, 실을 편물 앞에 두고 1코 걸러뜨기, 단 끝에 3코 남을 때까지 겉뜨기, 실을 편물 앞에 두고 1코 걸러뜨기, 겉1, 실을 편물 앞에 두고 1코 걸러뜨기

안뜨기로 2코 모아뜨기 코막음 기법으로 모든 코를 코막음한다. (레슨 19 참고)

칼라와 앞판에서 나온 실 꼬리를 정리한다. 여러 가닥이 있을 수 있으므로 서로 다른 지점으로 편물 안면에 감춰 넣고, 칼라 밑부분과 어깨 솔기를 이용해 '숨긴다'. 암홀 부분의 실 꼬리는 남겨둬도 된다. 다음 단계에서 소매를 뜨기 위해 실을 연결할 때 생긴 실 꼬리와 함께 묶을 수 있다.

이 단계에서는 칼라가 자기 멋대로 움직이고 이리저리 말릴 수도 있지만 걱정하지 않아도 된다. 프로젝트 마지막 단계에서 물에 담그고 블로킹하면 해결된다.

## 소매

편물의 겉면이 보이는 상태에서 진동 중심에서 시작해, 바탕실과 2mm 바늘을 사용해서 진동을 균등하게 나눠 36코를 줍는다. 코를 원통뜨기로 배열한 후, 1번째 코(처음으로 주운 코)에 스티치 마커 A를 건다.
**1~2단:** 바탕실로 [겉2, 2코 걸러뜨기]를 단 끝까지 반복
**3~4단:** 배색실로 [2코 걸러뜨기, 겉2]를 단 끝까지 반복
**5~6단:** 바탕실을 사용해서, 바탕실 코를 겉뜨기, 배색실 코를 걸러뜨기
**7~46단:** 3~6단을 10회 더 반복 (총 40단)
배색실을 자른다.
**47단:** 모든 코 안뜨기
**48단:** 겉1, ssk 코줄임, 단 끝에 3코 남을 때까지 겉뜨기, 왼코줄임, 겉1 (총 34코)
**49단:** 모든 코 안뜨기
**50단:** 48단을 반복 (총 32코)
안뜨기로 2코 모아뜨기 코막음 기법으로 모든 코를 코막음한다.
2번째 소매도 동일하게 뜬다.

## 마무리

이 프로젝트에서는 작업의 완성도를 높이기 위해 블로킹이 특히 중요하다. 잠옷 상의를 물에 담근다. 말릴 때는 곰 인형이 입었을 때의 형태로 말려야 한다. 단춧구멍과 단추 단이 겹치도록 배치하고, 뜨는 동안 만든 접히는 단을 따라 칼라를 접는다. 상의를 잡아당기지 말고, 밑단과 칼라 끝부분만 몇 개의 핀으로 고정한다. 완전히 마른 후에는, 자투리 실로 표시해

두었던 위치에 단추를 단다.

돗바늘과 바탕실을 사용해서, 칼라가 어깨 솔기 부분에 고정되도록 조심스럽게 몇 땀 떠서 고정할 수도 있다. 이렇게 하면 인형을 오래 가지고 놀아도 칼라가 항상 단정하게 유지된다!

## 잠옷 바지

무슈의 파자마 바지는 허리의 고무단으로 시작해 위에서 아래로 내려 뜬다. 세로 스트라이프를 만들기 위해 또 걸러뜨기 기법을 사용할 것이다.

대체 케이블 코잡기 기법(레슨 15 참고)을 사용해서, 바탕실과 2mm 바늘로 78코 만든다.
1~5단: [겉1, 안1]을 단 끝까지 반복
6단: [겉2, kfb 코늘림]을 단 끝까지 반복 (총 104코)

### 배색뜨기 시작

7~8단: 배색실로 [겉2, 2코 걸러뜨기]를 단 끝까지 반복
9~10단: 바탕실로 바탕실 코를 겉뜨기, 배색실 코를 걸러뜨기
11~50단: 7~10단을 10회 더 반복 (총 40단)
51단 (꼬리 구멍): 배색실로 [겉2, 2코 걸러뜨기] 5회, 겉2, 1코 걸러뜨기, 실을 편물 앞으로 가져와 다음 코를 안뜨기하듯이 걸러뜨기, 실을 편물 뒤로 가져와 *안뜨기하듯이 1코 걸러뜨기, 이전의 걸러뜨기한 코를 방금 걸러뜨기한 코 위로 덮어씌우기*, *~*를 5회 더 반복해서 6코 코막음, 마지막으로 걸러뜨기한 코를 왼손 바늘로 다시 옮기기, 편물 뒤집기, 실을 편물 뒤로 가져와 케이블 코잡기 기법으로 7코 만들기, 편물 뒤집기, 실을 편물 뒤로 가져와 안뜨기하듯이 1코 걸러뜨기, 마지막으로 코잡기한 코를 덮어씌우기, 마지막으로 걸러뜨기한 코를 다시 왼손 바늘로 옮기기, 겉1, 2코 걸러뜨기, [겉2, 2코 걸러뜨기]를 단 끝까지 반복
52단: 배색실로 [겉2, 2코 걸러뜨기] 5회, 겉2, 1코 걸러뜨기, 겉7, 2코 걸러뜨기, [겉2, 2코 걸러뜨기]를 단 끝까지 반복
53~54단: 바탕실로 [2코 걸러뜨기, 겉2]를 단 끝까지 반복
55~74단: 7~10단을 5회 더 반복 (총 20단)

### 왼쪽 다리

현재 단 시작점에서 원통뜨기를 시작한다.
세팅 1단: 배색실로 [겉2, 2코 걸러뜨기] 6회, 겉2, 다음 52코를 홀더에 옮겨 쉼코로 둔다. 2코 걸러뜨기, [겉2, 2코 걸러뜨기]를 반복해 단에 남은 24코를 뜬다. (작업 중인 바늘에 총 52코)
세팅 2단: 배색실로 [겉2, 2코 걸러뜨기]를 단 끝까지 반복한다.

1번째 코에 스티치 마커 A를 건다. (단 시작은 다리 바깥쪽에 있다)

1~2단: 바탕실로 단 끝까지 바탕실 코를 겉뜨기, 배색실 코를 걸러뜨기
3~4단: 배색실로 단 끝까지 배색실 코를 겉뜨기, 바탕실 코를 걸러뜨기
5~6단: 바탕실로 단 끝까지 바탕실 코를 겉뜨기, 배색실 코를 걸러뜨기
7~26단: 3~6단을 5회 더 반복
배색실을 자른다.
27단: 모든 코 안뜨기
28단: 겉1, ssk 코줄임, 단 끝에 3코 남을 때까지 겉뜨기, 왼코줄임, 겉1 (총 50코)
29단: 모든 코 안뜨기
30단: 28단을 반복 (총 48코)

안뜨기로 2코 모아뜨기 코막음 기법으로 모든 코를 코막음한다. 바탕실을 자르고, 마지막 코에 통과시키고 실 꼬리를 정리한다. 배색실 실 꼬리도 정리한다.

### 오른쪽 다리

세팅 1단: 꼬리 구멍이 보이는 상태에서, 남은 52코를 바늘에 옮기고, 코들의 오른쪽 끝에서 시작해, 배색실로 나중에 가랑이의 작은 구멍을 막기에 충분한 길이로 실을 남기고 [2코 걸러뜨기, 겉2]를 단 끝까지 반복한다. 1번째 코에 스티치 마커 A를 건다. (단 시작은 다리 안쪽에 있다)
세팅 2단: 배색실로 [2코 걸러뜨기, 겉2]를 단 끝까지 반복한다.

바탕실을 연결해서 1~2단부터 왼쪽 다리와 동일하게 뜬다.

실 꼬리들로 가랑이의 구멍을 막는다. 실 꼬리를 편물 안면으로 가져와 함께 묶는다.

### 마무리

남아있는 실 끝을 정리한다.

잠옷 바지를 적셔서 평평하게 놓고 말린다.

# Hazel

헤이즐

―

## 다람쥐

### 키

18cm

### 실

John Arbon Textiles, Knit by Numbers 4ply (유기농 방식으로 재배된 포크랜드 메리노울 100%, 400m, 100g)

**바탕실:** "117" 색상, 약 20g (80m)

**주둥이와 발에 사용할 배색실:** "120" 색상, 약 5g (20m)

혹은 핑거링 굵기의 바탕실 약 20g (80m), 배색실 5g (20m)

**시작하기 전에 챙겨 두기:** 귀를 뜰 바탕실 4m 2개

### 바늘

2mm 바늘, 귀를 뜰 같은 호수 여분의 바늘

### 부자재

6mm 짙은 갈색 인형눈

눈, 꼬리 위치를 표시할 배색실 자투리 4개

### 주의

원한다면, 마지막 귀 부분과 꼬리를 뜰 때 바탕실에 모헤어 실 1가닥을 더해 뜬다. 약간 더 복슬복슬한 질감을 줄 수 있다.

## 시작하기
레슨 1~5 참고

배색실을 사용해서 일반코잡기 방법으로, 4코 만든다.

바늘을 재배치해 원통으로 뜬다.
1단: 모든 코 겉뜨기
2단: kfb 코늘림 4회 (총 8코)
3단: 모든 코 겉뜨기
1번째 코에 스티치 마커 A를 건다.
4단: 겉1, kfb 코늘림 2회, 겉1, kfb 코늘림 4회 (총 14코 = 주둥이 위쪽 6코 / 아래쪽 8코)
5단: 모든 코 겉뜨기
6단: 겉1, kfb 코늘림 4회, 단 끝까지 겉뜨기 (총 18코 = 10코 / 8코)
7단: 바탕실을 연결해서 배색실과 함께 잡고, 모든 코 겉뜨기
8단: 배색실을 자르고, 바탕실로 모든 코 겉뜨기
9단: kfb 코늘림 3회, 겉4, kfb 코늘림 4회, 단 끝에 1코 남을 때까지 겉뜨기, kfb 코늘림 (총 26코 = 16코 / 10코)
10단: 모든 코 겉뜨기
11단: kfb 코늘림 4회, 겉8, kfb 코늘림 4회, 단 끝까지 겉뜨기 (총 34코 = 24코 / 10코)
12~13단: 모든 코 겉뜨기
14단 (눈 위치 표시): 겉8, 1번째 자투리 실을 마지막으로 겉뜨기한 코에 통과시켜 느슨하게 묶기, 겉9, 2번째 자투리 실을 마지막으로 겉뜨기한 코에 통과시켜 느슨하게 묶기, 단 끝까지 겉뜨기
15단: 겉24, kfb 코늘림 3회, 겉4, kfb 코늘림 3회 (총 40코 = 24코 / 16코)
16단: kfb 코늘림 4회, 겉16, kfb 코늘림 4회, 단 끝까지 겉뜨기 (총 48코 = 32코 / 16코)
17단: 모든 코 겉뜨기

## 머리 모양 만들기
레슨 6 참고

### 되돌아뜨기 - 섹션 1

*주의: 이제 레슨 6의 상황 1을 할 차례다. (바늘비우기와 바늘비우기 코를 소모하는 코줄임)*

**코 세팅하기**: 처음 32코를 작업 중인 바늘에 두고 마지막 16코는 홀더에 옮겨 쉼코로 둔다. 1번째 코에 스티치 마커 A를 건다.

다음과 같이 편물을 앞뒤로 뒤집어가며 평면뜨기한다.
1단 (겉면): 겉20, 편물 뒤집기
2단: 바늘비우기, 안8, 편물 뒤집기
3단: 바늘비우기, 겉, 왼코줄임, 겉1, 편물 뒤집기
4단: 바늘비우기, 안10, ssp 코줄임, 안1, 편물 뒤집기
5단: 바늘비우기, 겉12, 왼코줄임, 겉1, 편물 뒤집기
6단: 바늘비우기, 안14, ssp 코줄임, 안1, 편물 뒤집기

작업 중인 실이 있는 곳에서 시작해서, 다시 다음과 같이 원통뜨기한다.
*주의: 겉면에서 두 번 몇 코를 안뜨기할 것이다. 이것은 나중에 귀를 뜨기 위해 코를 주워야 할 부분으로, 겉면에 안뜨기 코가 나타나는 두 구역의 시작이다. 이 안뜨기 코들을 잘 확인하고, 놓치지 않도록 주의한다.*
1단: 바늘비우기, 겉2, 안2, 겉8, 안2, 겉2, 왼코줄임, 단 끝까지 겉뜨기 (총 48코 + 바늘비우기 = 머리 위쪽 32코 + 바늘비우기 / 목 16코)

### 되돌아뜨기 - 섹션 2

이 섹션에서는, 편물 겉면에 안뜨기 코로 이루어진 두 구역을 계속 만들어 나가게 된다. 이 구역은 겉면에서는 안뜨기 코, 안면에서는 겉뜨기 코로 구성된다. 흔히 않은 구조이므로, 천천히 정확하게 도안대로 작업하며 이 안뜨기 코들을 놓치지 않도록 한다. 또한 4단(안면)은 겉뜨기 코로 시작하므로 1번째 코를 뜰 때 실을 편물 앞에 두고 감아야 바늘비우기 코가 만들어진다는 점도 유의한다. 5단(겉면)은 안뜨기 코로 시작하므로 1번째 코를 뜰 때 실을 편물 뒤에 두고 감아야 바늘비우기 코가 만들어진다.

*이제 레슨 6의 상황 1을 할 차례다. (바늘비우기와 바늘비우기 코를 소모하는 코줄임)*

**코 세팅하기**: 처음 32코와 남아있는 바늘비우기 코를 작업 중인 바늘에 두고 마지막 16코는 홀더에 옮겨 쉼코로 둔다. 1번째 코에 스티치 마커 A를 건다.

다음과 같이 편물을 앞뒤로 뒤집어가며 평면뜨기한다.
1단 (겉면): 겉7, 겉뜨기하듯이 1코 걸러뜨기, 바늘비우기 코를 겉뜨기, 걸러뜨기한 코를 겉뜨기한 코 위로 덮어씌우기, 겉뜨기 꼬아뜨기 1, 겉1, 안2, 겉7, 편물 뒤집기
2단: 바늘비우기, 안6, 편물 뒤집기
3단: 바늘비우기, 겉6, 왼코줄임, 안1, 편물 뒤집기
4단: 바늘비우기, 겉1, 안7, ssp 코줄임, 겉1, 편물 뒤집기
5단: 바늘비우기, 안1, 겉8, 안1, ssp 코줄임, 겉1, 편물 뒤집기
6단: 바늘비우기, 안1, 겉2, 안8, 겉1, 왼코줄임, 안1, 편물 뒤집기

작업 중인 실이 있는 곳에서 시작해서, 다시 다음과 같이 원통뜨기한다.
1단: 바늘비우기, 겉1, 안2, 겉8, 안2, 겉1, 왼코줄임, 겉8, ssk 코줄임, 단 끝에 2코 남을 때까지 겉뜨기, 왼코줄임 (총 46코 + 바늘비우기 = 머리

위쪽 32코 + 바늘비우기 / 목 14코)

이제 안뜨기 섹션을 완성했다.

## 되돌아뜨기 - 섹션 3

*주의: 이제 레슨 6의 상황 2를 할 차례다. (바늘비우기가 아닌, 실제 코를 소모하는 코줄임)*

**코 세팅하기:** 처음 32코와 남아있는 바늘비우기 코를 작업 중인 바늘에 두고 마지막 14코는 홀더에 옮겨 쉼코로 둔다. 1번째 코에 스티치 마커 A를 건다.

다음과 같이 편물을 앞뒤로 뒤집어가며 평면뜨기한다.
**1단 (겉면):** 겉8, 겉뜨기하듯이 1코 걸러뜨기, 바늘비우기 코를 겉뜨기, 걸러뜨기한 코를 겉뜨기한 코 위로 덮어씌우기, 겉뜨기 꼬아뜨기 1, 겉7, 왼코줄임, 겉1, 편물 뒤집기 (머리 위쪽 총 31코)
**2단:** 안4, ssp 코줄임, 안1, 편물 뒤집기 (총 30코)
**3단:** 겉5, 왼코줄임, 겉1, 편물 뒤집기 (총 29코)
**4단:** 안6, ssp 코줄임, 안1, 편물 뒤집기 (총 28코)
**5단:** 겉7, 왼코줄임, 겉1, 편물 뒤집기 (총 27코)
**6단:** 안8, ssp 코줄임, 안1, 편물 뒤집기 (총 26코)
**7단:** 겉9, 왼코줄임, 겉1, 편물 뒤집기 (총 25코)
**8단:** 안10, ssp 코줄임, 안1, 편물 뒤집기 (총 24코)
**9단:** 겉11, 왼코줄임, 겉1, 편물 뒤집기 (총 23코)
**10단:** 안12, ssp 코줄임, 안1, 편물 뒤집기 (총 22코)
**11단:** 겉13, 왼코줄임, 겉1, 편물 뒤집기 (총 21코)
**12단:** 안14, ssp 코줄임, 안1, 편물 뒤집기 (총 20코)

작업 중인 실이 있는 곳에서 시작해서, 다시 다음과 같이 원통뜨기한다.
**1단:** 겉15, 왼코줄임, 겉2, ssk 코줄임 3회, 왼코줄임 3회, 겉1 (총 27코 = 머리 뒤쪽 19코 / 목 8코)

## 되돌아뜨기 - 섹션 4

*주의: 이제 레슨 6의 상황 1을 할 차례다. (바늘비우기와 바늘비우기 코를 소모하는 코줄임)*

**코 세팅하기:** 처음 19코를 작업 중인 바늘에 두고 마지막 8코는 홀더에 옮겨 쉼코로 둔다. 1번째 코에 스티치 마커 A를 건다.

다음과 같이 편물을 앞뒤로 뒤집어가며 평면뜨기한다.
**1단 (겉면):** 겉뜨기 꼬아뜨기 1, ssk 코줄임, 겉12, 편물 뒤집기 (머리 뒤쪽 총 18코)

**2단:** 바늘비우기, 안10, 편물 뒤집기
**3단:** 바늘비우기, 겉10, 왼코줄임, 겉1, 편물 뒤집기
**4단:** 바늘비우기, 안12, ssp 코줄임, 안1, 편물 뒤집기

작업 중인 실이 있는 곳에서 시작해서, 다시 다음과 같이 원통뜨기한다.
**1단:** 바늘비우기, 겉14, 왼코줄임, 단 끝까지 겉뜨기 (총 26코 + 바늘비우기 = 머리 뒤쪽 18코 + 바늘비우기 / 목 8코)

## 되돌아뜨기 - 섹션 5

*주의: 이제 레슨 6의 상황 1을 할 차례다. (바늘비우기와 바늘비우기 코를 소모하는 코줄임)*

**코 세팅하기:** 처음 18코와 남아있는 바늘비우기 코를 작업 중인 바늘에 두고 마지막 8코는 홀더에 옮겨 쉼코로 둔다. 1번째 코에 스티치 마커 A를 건다.

다음과 같이 편물을 앞뒤로 뒤집어가며 평면뜨기한다.
**1단 (겉면):** 겉뜨기 꼬아뜨기 1, 겉뜨기하듯이 1코 걸러뜨기, 바늘비우기 코를 겉뜨기, 걸러뜨기한 코를 겉뜨기한 코 위로 덮어씌우기, 겉뜨기 꼬아뜨기 1, 겉11, 편물 뒤집기
**2단:** 바늘비우기, 안10, 편물 뒤집기
**3단:** 바늘비우기, 겉10, 왼코줄임, 겉1, 편물 뒤집기
**4단:** 바늘비우기, 안12, ssp 코줄임, 안1, 편물 뒤집기

작업 중인 실이 있는 곳에서 시작해서, 다시 다음과 같이 원통뜨기한다.
**1단:** 바늘비우기, 겉14, 왼코줄임, 단 끝까지 겉뜨기 (총 26코 + 바늘비우기 = 머리 뒤쪽 18코 + 바늘비우기 / 목 8코 )
**2단:** 겉뜨기 꼬아뜨기 1, 겉뜨기하듯이 1코 걸러뜨기, 바늘비우기 코를 겉뜨기, 걸러뜨기한 코를 겉뜨기한 코 위로 덮어씌우기, 겉뜨기 꼬아뜨기 1, 단 끝까지 겉뜨기 (총 26코 = 18코 / 8코)
**3단:** 겉1, ssk 코줄임 4회, 왼코줄임 4회, 단 끝까지 겉뜨기 (총 18코 = 10코 / 8코)

얼굴 표정과 귀를 추가하는 동안 바늘에서 코가 빠지지 않도록 주의한다.

## 얼굴 표정 추가하기
레슨 7 참고

먼저, 코잡기한 실 꼬리를 머리 안쪽으로 가져와 정리한다. 색상을 바꾼 부분의 실 꼬리도 동일한 방식으로 정리한다.
그 다음, 눈을 붙이거나 자수로 수놓고, 코와 입도 자수로 표현한다. 입 모양(미소)는 주둥이 끝의 밝은 색 부분에 수놓는 것이 좋다.

## 귀 만들기

머리 모양을 만들면서 만든 안뜨기 코 기둥을 사용해서 귀를 뜨기 위한 코를 주울 것이다. 바늘을 안뜨기 코 아래로 넣어 고리를 들어 올리는 방식이다. 이 단계에서는 고리들이 아직 완전한 '코'처럼 보이지 않고, 바늘 위에 서로 바짝 붙어 있을 수 있다. 하지만 1단을 뜨고 나면, 이 고리들은 정식 코 형태를 갖추게 된다. 지금 중요한 것은 각 귀에 필요한 정확한 수의 고리를 만드는 것이다. 총 12코 = 귀 바깥쪽(머리 위쪽 방향) 6코 / 귀 안쪽(코 방향) 6코. 각 귀마다, 귀 안쪽부터 뜰 수 있도록 원통뜨기로 코를 배열한다.

### 왼쪽 귀

12코를 주워서 하단의 그림을 참고해 코를 배열하고 원통뜨기를 시작한다. 1번째 코에 스티치 마커 A를 건다.

미리 챙겨둔 바탕실 1개를 연결해서 다음과 같이 진행한다.
1단: 모든 코 겉뜨기
2단: [겉2, kfb 코늘림 2회, 겉2] 2회 (총 16코)
3단: 모든 코 겉뜨기
4단: [겉3, kfb 코늘림 2회, 겉3] 2회 (총 20코)
5단: 모든 코 겉뜨기
6단: [겉4, kfb 코늘림 2회, 겉4] 2회 (총 24코)
7단: 모든 코 겉뜨기
8단: [겉5, kfb 코늘림 2회, 겉5] 2회 (총 28코)
9단: 모든 코 겉뜨기
10단: [겉1, ssk 코줄임 3회, 왼코줄임 3회, 겉1] 2회 (총 16코)
11단: 모든 코 겉뜨기
12단: [겉2, ssk 코줄임, 왼코줄임, 겉2] 2회 (총 12코)
13단: [겉1, ssk 코줄임, 왼코줄임, 겉1] 2회 (총 8코)
14단: [ssk 코줄임, 왼코줄임] 2회 (총 4코)
15단: [겉뜨기하듯이 1코 걸러뜨기, 겉1, 걸러뜨기한 코를 겉뜨기한 코 위로 덮어씌우기] 2회 (총 2코)

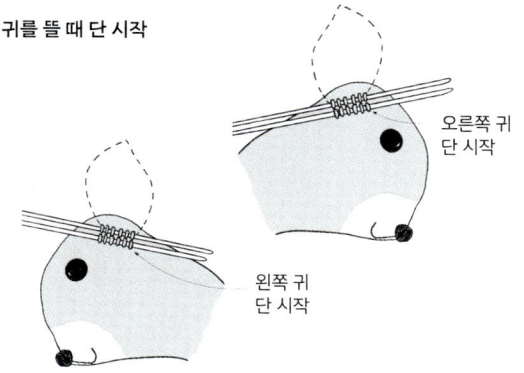

귀를 뜰 때 단 시작
오른쪽 귀 단 시작
왼쪽 귀 단 시작

실을 자르고, 돗바늘을 사용해 바늘에 있는 코들에 실을 꿰어 통과시키고 단단히 당긴다. 귀의 안쪽은 자연스럽게 오목한 형태를 가지게 된다. 필요하다면 손가락으로 귀가 더 오목해지게 모양을 잡는다.
실 꼬리는 귀를 통과시켜 작품의 안쪽으로 가져간다. 귀의 시작 부분에서 남긴 실 꼬리도 안쪽으로 가져가 함께 묶는다.

### 오른쪽 귀

12코를 주워서 왼쪽의 그림을 참고해 바늘을 재배치해 원통으로 뜬다. 1번째 코에 스티치 마커 A를 건다.

미리 준비한 바탕실을 연결해서 왼쪽 귀 1단부터 동일하게 진행한다.

## 목과 어깨 모양 만들기

이제 바늘에 총 18코 (뒤판 10코 / 앞판 8코) 있다. 다람쥐 인형의 머리가 아래로 향하고 등이 보이는 상태에서, 스티치 마커 A로 표시한 곳에서 단을 원형뜨기한다.

1단: 겉뜨기 꼬아뜨기 1, 단 끝까지 겉뜨기
2단: 겉1, kfb 코늘림, 겉6, kfb 코늘림, 단 끝까지 겉뜨기 (총 20코 = 뒤판 12코 / 앞판 8코)

3단: [겉2, kfb 코늘림] 4회, 단 끝까지 kfb 코늘림을 반복 (총 32코 = 16코 / 16코)
4단 (부분적인 단): 단 끝에 3코 남을 때까지 겉뜨기, 다음 코에 스티치 마커 A를 다시 건다. 이곳이 새로운 단 시작이 되고, 그에 따라 바늘을 재배치하고 필요한 경우 코 분배를 다시 조정한다.
5단: 모든 코 겉뜨기
6단: [겉3, kfb 코늘림]을 단 끝까지 반복 (총 40코)
7단: 모든 코 겉뜨기
8단: [겉4, kfb 코늘림]을 단 끝까지 반복 (총 48코)
9단: 모든 코 겉뜨기
10단: [겉5, kfb 코늘림]을 단 끝까지 반복 (총 56코)
11~18단: 모든 코 겉뜨기 (총 8단)

## 팔 만들기
레슨 8~11 + 4 참고

다람쥐 인형의 고개가 아래로 향하고 등이 보이는 상태에서, 현재 단 시작점에서 원통뜨기를 시작한다.

### 왼쪽 팔

세팅 1단: 단의 첫 8코를 겉뜨기, 다음 40코를 홀더에 옮겨 쉼코로 둔다. 감아코잡기 방법으로 2코 만든다. 스티치 마커 A를 걸고 2코 만든다. 단의 마지막 8코를 겉뜨기한다. (총 20코)
세팅 2단: 다시 스티치 마커 A를 만날 때까지 겉뜨기한다. 다음 코에 스티치 마커 A를 옮긴다. 이곳이 새로운 단 시작이 되고, 그에 따라 바늘을 재배치하고 필요한 경우 코 분배를 다시 조정한다.

1단: 모든 코 겉뜨기
2단: 겉6, 왼코줄임, 겉4, ssk 코줄임, 단 끝까지 겉뜨기 (총 18코)
3단: 모든 코 겉뜨기
4단: 겉5, 왼코줄임, 겉4, ssk 코줄임, 단 끝까지 겉뜨기 (총 16코)
5~10단: 모든 코 겉뜨기 (총 6단)
11단: 겉5, 왼코줄임, 겉2, ssk 코줄임, 단 끝까지 겉뜨기 (총 14코)
12단: 모든 코 겉뜨기
13단: 겉4, 왼코줄임, 겉2, ssk 코줄임, 단 끝까지 겉뜨기 (총 12코)
14단: 모든 코 겉뜨기
15단: 겉3, 왼코줄임, 겉2, ssk 코줄임, 단 끝까지 겉뜨기 (총 10코)
16단: 모든 코 겉뜨기
17단: 겉2, 왼코줄임, 겉2, ssk 코줄임, 단 끝까지 겉뜨기 (총 8코)
18단 (부분적인 단): 겉2, 다음 코에 스티치 마커 A 옮기기
이곳이 새로운 단 시작이 되고, 그에 따라 바늘을 재배치하고 필요한 경우 코 분배를 다시 조정한다.
19단: 배색실을 연결해서 바탕실과 함께 잡고, 모든 코 겉뜨기
20단: 바탕실을 자르고, 배색실로만 모든 코 겉뜨기
21~26단: 모든 코 겉뜨기 (총 6단)

실을 자르고 메리야스잇기 기법을 사용해 손을 마무리한다. 실 꼬리는 편물 안쪽으로 가져간다. 색상 변경 부분에서 나온 2개의 실 꼬리도 동일한 방식으로 정리한다. 팔을 뒤집은 다음, 실 꼬리들을 같은 위치에 모아서 함께 묶는다.

### 오른쪽 팔

세팅 1단: 다람쥐 인형의 고개가 아래로 향하고 등이 보이는 상태에서 처음 12코를 홀더에 옮겨 쉼코로 두고, 다음 16코를 다시 작업 중인 바늘에 옮긴다. 마지막 12코를 홀더에 옮겨 쉼코로 둔다. (총 16코)
세팅 2단: 작업 중인 바늘의 오른쪽 끝에 있는 코에서 시작해서, (나중에 작은 구멍이 있으면 막을 수 있게 충분히 실 꼬리를 남기고) 실을 연결해, 16코를 겉뜨기한다. 감아코잡기 방법으로 2코 만든다. 스티치 마커 A를 걸고 2코 만든다. (총 20코)
세팅 3단: 바늘을 재배열해 원통으로 이어 스티치 마커 A를 다시 만날 때까지 겉뜨기한다. 스티치 마커 A를 제거하고 다음 코에 스티치 마커 A를 건다. 이곳이 새로운 단 시작이 되고, 그에 따라 바늘을 재배치하고 필요한 경우 코 분배를 다시 조정한다.

그 후에 1단부터 왼쪽 팔과 동일하게 뜬다.

## 몸통 만들기
레슨 12 참고

남아있는 24코를 작업 중인 바늘로 다시 옮긴다. 다람쥐 인형의 고개가 아래로 향하고 등이 보이는 상태에서, 왼쪽 진동 가운데에 실을 연결해 원형뜨기한다.
세팅 단: 3코 줍고 뒤판 12코를 겉뜨기한다. 6코 줍고 앞판 12코를 겉뜨기한다. 3코 줍는다. (총 36코 = 뒤판 18코 / 앞판 18코)

1번째 코(처음 주운 코)에 스티치 마커 A를 건다.
1~3단: 모든 코 겉뜨기
4단: 겉18, 스티치 마커 B 걸기, 겉18
5단: 겉4, kfb 코늘림, 스티치 마커 B 5코 전까지 겉뜨기, kfb 코늘림, 겉4, 스티치 마커 B, 겉4, kfb 코늘림, 단 끝에 5코 남을 때까지 겉뜨기, kfb 코늘림, 겉4 (총 40코 = 뒤판 20코 / 앞판 20코)
6단: 모든 코 겉뜨기
7단: 겉4, kfb 코늘림, 스티치 마커 B 5코 전까지 겉뜨기, kfb 코늘림, 겉4, 스티치 마커 B, 단 끝까지 겉뜨기 (총 42코 = 22코 / 20코)
8단: 모든 코 겉뜨기
9~10단: 7~8단을 반복 (총 44코 = 24코 / 20코)

**11~22단**: 5~10단을 2회 반복 (총 60코 = 36코 / 24코)
**23~25단**: 5~7단을 반복 (총 66코 = 40코 / 26코)
**26단 (꼬리 위치 표시)**: 겉23, 마지막으로 뜬 6코에 자투리 실을 걸어 두기, 단 끝까지 겉뜨기
**27~31단**: 모든 코 겉뜨기
**32단 (꼬리 위치 표시)**: 겉23, 마지막으로 뜬 6코에 2번째 자투리 실을 걸어 두기, 단 끝까지 겉뜨기
**33~34단**: 모든 코 겉뜨기

## 엉덩이 모양 만들기

스티치 마커 B를 제거한다.

되돌아뜨기 단 주의: 이제 레슨 6의 상황 2의 특별한 경우가 되었다. (46쪽 참고)

코 세팅하기: 처음 40코를 작업 중인 바늘에 두고 마지막 26코는 홀더에 옮겨 쉼코로 둔다. 1번째 코에 스티치 마커 A를 건다.

다음과 같이 편물을 앞뒤로 뒤집어가며 평면뜨기한다.
**1단 (겉면)**: 겉20, 스티치 마커 B 걸기, 겉2, 왼코줄임, 겉1, 편물 뒤집기 (엉덩이 총 39코)
**2단**: 스티치 마커를 지나 2코까지 안뜨기, ssp 코줄임, 안1, 편물 뒤집기 (총 38코)
**3단**: 진행 중 스티치 마커 B를 제거하며, 구멍 1코 전까지 겉뜨기, 왼코줄임, 겉1, 편물 뒤집기 (총 37코)
**4단**: 구멍 1코 전까지 안뜨기, ssp 코줄임, 안1, 편물 뒤집기 (총 36코)

3~4단을 4회 더 반복한다. (총 28코)

작업 중인 실이 있는 곳에서 시작해서, 다시 다음과 같이 원통뜨기한다.
**1단**: 구멍 1코 전까지 겉뜨기, 왼코줄임, 단 끝까지 겉뜨기 (총 53코 = 뒤판 27코 / 앞판 26코)
**2단**: 겉4, ssk 코줄임, 단 끝까지 겉뜨기 (총 52코 = 26코 / 26코)

지금까지 생긴 실 꼬리를 정리한다.

## 다리 만들기
레슨 13 참고

다람쥐 인형의 머리가 아래를 향하고 등이 보이는 상태로 현재 단 시작점에서 원통뜨기를 시작한다.

## 왼쪽 다리

**세팅 1단**: 단의 첫 11코를 겉뜨기, 다음 4코를 다음과 같이 코막음한다. 겉뜨기하듯이 1코 걸러뜨기, 겉1, 걸러뜨기한 코를 겉뜨기한 코 위로 덮어씌운다. *겉1, 이전 코를 겉뜨기한 코 위로 덮어씌우기*, *~*를 2회 더 반복한다. 겉21, 다음 4코를 이전과 동일한 방식으로 코막음한다. 단의 마지막 10코를 겉뜨기한다. (작업 중인 바늘에 총 44코)
**세팅 2단**: 단의 첫 11코를 겉뜨기, 다음 22코를 홀더에 옮겨 쉼코로 둔다. 마지막 11코를 겉뜨기한다. (총 22코)

1번째 코에 스티치 마커 A를 건다. (단 시작은 다리 바깥쪽에 있다)
**1단**: 모든 코 겉뜨기
**2단**: 겉1, ssk 코줄임, 단 끝에 3코 남을 때까지 겉뜨기, 왼코줄임, 겉1 (총 20코)
**3단**: 모든 코 겉뜨기
**4~9단**: 2~3단을 3회 더 반복 (총 14코)
**10단**: 모든 코 겉뜨기
**11~12단**: 2~3단을 반복 (총 12코)
**13단**: 모든 코 겉뜨기
**14단**: [겉1, ssk 코줄임, 왼코줄임, 겉1] 2회 (총 8코)
**15단**: 배색실을 연결해서 바탕실과 함께 잡고, 모든 코 겉뜨기
**16단**: 바탕실을 자르고, 배색실로만 모든 코 겉뜨기
**17단**: 겉1, kfb 코늘림 2회, 단 끝까지 겉뜨기 (총 10코 = 발 뒤쪽 6코 / 발 앞쪽 4코)
**18단**: 모든 코 겉뜨기
**19단**: 겉1, kfb 코늘림, 겉2, kfb 코늘림, 단 끝까지 겉뜨기 (총 12코 = 8코 / 4코)
**20단**: 모든 코 겉뜨기
**21단**: 겉1, kfb 코늘림, 겉4, kfb 코늘림, 단 끝까지 겉뜨기 (총 14코 = 10코 / 4코)
**22단**: 모든 코 겉뜨기

## 뒤꿈치 모양 만들기
되돌아뜨기 단 주의: 이제 레슨 6의 상황 2를 할 차례다. (바늘비우기가 아닌, 실제 코를 소모하는 코줄임)

코 세팅하기: 첫 10코를 작업 중인 바늘에 두고, 마지막 4코를 홀더에 옮겨 쉼코로 둔다. 1번째 코에 스티치 마커 A를 건다.

다음과 같이 편물을 앞뒤로 뒤집어가며 평면뜨기한다.
**1단 (겉면)**: 겉6, 왼코줄임, 편물 뒤집기 (뒤꿈치 총 9코)

2단: 안3, ssp 코줄임, 편물 뒤집기 (총 8코)
3단: 겉3, 왼코줄임, 편물 뒤집기 (총 7코)
4단: 안3, ssp 코줄임, 편물 뒤집기 (총 6코)

작업 중인 실이 있는 곳에서 시작해서, 다시 다음과 같이 원통뜨기한다.
1단: 겉3, 왼코줄임, 단 끝까지 겉뜨기 (총 9코 = 뒤쪽 5코 / 앞쪽 4코)
2단: 겉뜨기하듯이 1코 걸러뜨기, 겉1, 걸러뜨기한 코를 겉뜨기한 코 위로 덮어씌우기, 겉뜨기 꼬아뜨기 1, 단 끝까지 겉뜨기 (총 8코 = 4코 / 4코)

**발 마무리**
1~4단: 모든 코 겉뜨기

실을 자르고 메리야스잇기 기법으로 발 구멍을 막는다. 실 꼬리를 편물 안쪽으로 가져온다. 색상 변경한 곳에 있는 2개의 실 꼬리도 동일한 방식으로 편물 안으로 가져와, 다리를 안쪽이 바깥으로 나오게 뒤집어서 실 꼬리들을 같은 위치에 모아서 함께 묶는다.

**오른쪽 다리**

세팅 단: 다람쥐 인형의 머리가 아래를 향하고 등이 보이는 상태에서, 마지막 22코를 다시 바늘로 옮긴다. 그 후에 코들의 오른쪽 끝에 실을 연결해 겉뜨기로 22코 뜬다.

바늘을 재배치해 원통으로 뜬다. 1번째 코에 스티치 마커 A를 건다. (단 시작은 다리 안쪽에 있다)
1단: 모든 코 겉뜨기
2단: 겉8, 왼코줄임, 겉2, ssk 코줄임, 단 끝까지 겉뜨기 (총 20코)
3단: 모든 코 겉뜨기
4단: 겉7, 왼코줄임, 겉2, ssk 코줄임, 단 끝까지 겉뜨기 (총 18코)
5단: 모든 코 겉뜨기
6단: 겉6, 왼코줄임, 겉2, ssk 코줄임, 단 끝까지 겉뜨기 (총 16코)
7단: 모든 코 겉뜨기
8단: 겉5, 왼코줄임, 겉2, ssk 코줄임, 단 끝까지 겉뜨기 (총 14코)
9~10단: 모든 코 겉뜨기
11단: 겉4, 왼코줄임, 겉2, ssk 코줄임, 단 끝까지 겉뜨기 (총 12코)
12~13단: 모든 코 겉뜨기

그 후에 왼쪽 다리 14단부터 동일하게 뜬다.

오른쪽 다리에서는 시작할 때 연결한 실 꼬리도 정리한다.

## 꼬리 추가하기

다람쥐 인형의 꼬리는 구불구불한 산길처럼 생겼으며, 3개의 곡선 구간과 그 사이에 4개의 직선 구간이 있다.

꼬리를 만들기 시작하려면 작업 중인 바늘에 18코를 만들어야 한다. 다음과 같이 진행한다.
먼저 하단의 그림을 참고해서 표시한 1번째 6코 세트의 1번째 코에 스티치 마커 A를 건다. 이 1번째 세트를 작업 중인 바늘에 옮기고, 그 후에 위로 올라가며 표시된 코 사이의 단에서 (겉뜨기로 뜨지 않고) 3코 줍는다. 표시된 2번째 6코 세트를 작업 중인 바늘에 옮기고, 그 후에 아래로 내려가며 표시된 코 사이의 단에서 (겉뜨기로 뜨지 않고) 3코 줍는다. 이제 다시 스티치 마커 A로 돌아왔고, 작업 중인 바늘에 총 18코 있다. 자투리 실을 제거한다.

원통뜨기로 코를 재배열해 스티치 마커 A에 실을 연결한다.
1단: 모든 코 겉뜨기
2단 (부분적인 단): 단 끝에 2코 남을 때까지 겉뜨기, 다음 코에 스티치 마커 A 옮기기
이곳이 새로운 단 시작이 되고, 그에 따라 바늘을 재배치하고 필요한 경우 코 분배를 다시 조정한다.

이제 작업 중인 바늘에 총 18코 있다. (꼬리 아래쪽 10코 / 꼬리 위쪽 8코)

1단: 겉11, kfb 코늘림, 단 끝에 2코 남을 때까지 겉뜨기, kfb 코늘림, 겉1 (총 20코 = 10코 / 10코)
2단: kfb 코늘림 10회, 단 끝까지 겉뜨기 (총 30코 = 20코 / 10코)
3단: 모든 코 겉뜨기

**꼬리 시작하기**

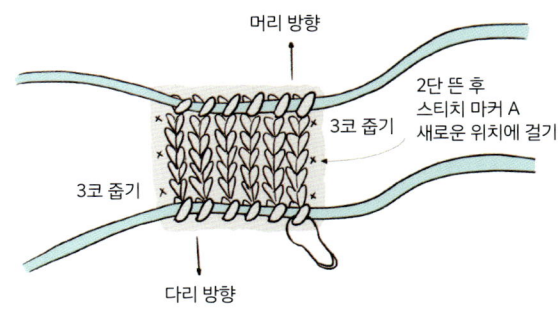

### 1번째 꼬리 되돌아뜨기: 되돌아뜨기 섹션 1개

주의: 이제 레슨 6의 상황 2를 할 차례다. (바늘비우기가 아닌, 실제 코를 소모하는 코줄임)

**코 세팅하기:** 처음 20코를 작업 중인 바늘에 두고, 마지막 10코를 홀더에 옮겨 쉼코로 둔다. 1번째 코에 스티치 마커 A를 건다.

다음과 같이 편물을 앞뒤로 뒤집어가며 평면뜨기한다.
**1단 (겉면):** 겉12, 편물 뒤집기
**2단:** 안4, 편물 뒤집기
**3단:** 겉3, 왼코줄임, 편물 뒤집기 (꼬리 아래쪽에 총 19코 있음)
**4단:** 안3, ssp 코줄임, 편물 뒤집기 (총 18코)
이어지는 단 끝부분에 있는 겉1 / 안1 코를 빼먹지 않도록 주의해야 한다.
**5단:** 겉3, 왼코줄임, 겉1, 편물 뒤집기 (총 17코)
**6단:** 안4, ssp 코줄임, 안1, 편물 뒤집기 (총 16코)
**7단:** 겉5, 왼코줄임, 겉1, 편물 뒤집기 (총 15코)
**8단:** 안6, ssp코줄임, 안1, 편물 뒤집기 (총 14코)

작업 중인 실이 있는 곳에서 시작해서, 다시 다음과 같이 원통뜨기한다.
**1단:** 겉7, 왼코줄임, 단 끝까지 겉뜨기 (총 23코 = 꼬리 아래쪽 13코 / 꼬리 위쪽 10코)
**2단:** 겉2, ssk 코줄임, 겉10, kfb 코늘림, 단 끝에 2코 남을 때까지 겉뜨기, kfb 코늘림, 겉1 (총 24코 = 12코 / 12코)

**1단:** 겉1, kfb 코늘림, 겉8, kfb 코늘림, 겉1, 스티치 마커 B 걸기, 단 끝까지 겉뜨기 (총 26코 = 꼬리 아래쪽 14코 / 꼬리 위쪽 12코)
**2단:** 모든 코 겉뜨기
**3단:** 겉1, kfb 코늘림, 스티치 마커 B 2코 전까지 겉뜨기, kfb코늘림, 겉1, 스티치 마커 B, 단 끝까지 겉뜨기 (총 28코 = 16코 / 12코)
**4단:** 모든 코 겉뜨기
**5~12단:** 3~4단을 4회 더 반복 (총 36코 = 24코 / 12코)

### 2번째 꼬리 되돌아뜨기: 되돌아뜨기 섹션 2개

#### 되돌아뜨기 - 섹션 1
스티치 마커 B를 제거한다.

주의: 이제 레슨 6의 상황 1을 할 차례다. (바늘비우기와 바늘비우기 코를 소모하는 코줄임)

**코 세팅하기:** 처음 24코를 작업 중인 바늘에 두고, 마지막 12코를 홀더에 옮겨 쉼코로 둔다. 1번째 코에 스티치 마커 A를 건다.

다음과 같이 편물을 앞뒤로 뒤집어가며 평면뜨기한다.
**1단 (겉면)**: 겉15, 편물 뒤집기
**2단**: 바늘비우기, 안6, 편물 뒤집기
**3단**: 바늘비우기, 겉6, 왼코줄임, 겉1, 편물 뒤집기
**4단**: 바늘비우기, 안8, ssp 코줄임, 안1, 편물 뒤집기
**5단**: 바늘비우기, 겉10, 왼코줄임, 겉1, 편물 뒤집기
**6단**: 바늘비우기, 안12, ssp 코줄임, 안1, 편물 뒤집기

작업 중인 실이 있는 곳에서 시작해서, 다시 다음과 같이 원통뜨기한다.
**1단**: 바늘비우기, 겉14, 왼코줄임, 단 끝까지 겉뜨기 (총 36코 + 바늘비우기 = 꼬리 아래쪽 24코 + 바늘비우기 / 꼬리 위쪽 12코)

### 되돌아뜨기 - 섹션 2
*주의: 이제 레슨 6의 상황 1을 할 차례다. (바늘비우기와 바늘비우기 코를 소모하는 코줄임)*

**코 세팅하기**: 처음 24코와 남아있는 바늘비우기 코를 작업 중인 바늘에 두고 마지막 12코를 홀더에 옮겨 쉼코로 둔다. 1번째 코에 스티치 마커 A를 건다.

다음과 같이 편물을 앞뒤로 뒤집어가며 평면뜨기한다.
**1단 (겉면)**: 겉4, 겉뜨기하듯이 1코 걸러뜨기, 바늘비우기 코를 겉뜨기, 걸러뜨기한 코를 겉뜨기한 코 위로 덮어씌우기, 겉뜨기 꼬아뜨기 1, 겉9, 편물 뒤집기
**2단**: 바늘비우기, 안6, 편물 뒤집기
**3단**: 바늘비우기, 겉6, 왼코줄임, 겉1, 편물 뒤집기
**4단**: 바늘비우기, 안8, ssp 코줄임, 안1, 편물 뒤집기
**5단**: 바늘비우기, 겉10, 왼코줄임, 겉1, 편물 뒤집기
**6단**: 바늘비우기, 안12, ssp 코줄임, 안1, 편물 뒤집기

작업 중인 실이 있는 곳에서 시작해서, 다시 다음과 같이 원통뜨기한다.
**1단**: 바늘비우기, 겉14, 왼코줄임, 단 끝까지 겉뜨기 (총 36코 + 바늘비우기 = 꼬리 아래쪽 24코 + 바늘비우기 / 꼬리 위쪽 12코)
**2단**: 겉4, 겉뜨기하듯이 1코 걸러뜨기, 바늘비우기 코를 겉뜨기, 걸러뜨기한 코를 겉뜨기한 코 위로 덮어씌우기, 겉뜨기 꼬아뜨기 1, 단 끝까지 겉뜨기 (총 36코 = 24코 / 12코)

**1단**: 겉1, ssk 코줄임, 겉18, 왼코줄임, 겉1, 스티치 마커 B 걸기, 겉1, kfb 코늘림, 단 끝에 2코 남을 때까지 겉뜨기, kfb 코늘림, 겉1 (총 36코 = 꼬리 아래쪽 22코 / 꼬리 위쪽 14코)
**2단**: 모든 코 겉뜨기
**3단**: 겉1, ssk 코줄임, 스티치 마커 B 3코 전까지 겉뜨기, 왼코줄임, 겉1, 스티치 마커 B, 겉1, kfb 코늘림, 단 끝에 2코 남을 때까지 겉뜨기, kfb 코늘림, 겉1 (총 36코 = 20코 / 16코)

### 3번째 꼬리 되돌아뜨기 단 세팅하기

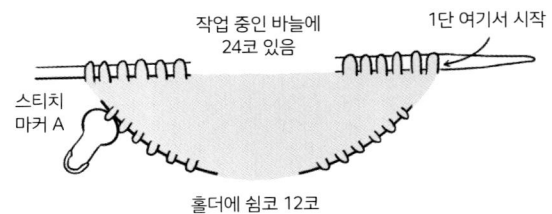

**4단**: 모든 코 겉뜨기
**5~12단**: 3~4단을 4회 더 반복 (총 36코 = 12코 / 24코)
**13단**: 모든 코 겉뜨기

### 3번째 꼬리 되돌아뜨기: 되돌아뜨기 섹션 5개

### 되돌아뜨기 - 섹션 1
스티치 마커 B를 제거한다. 1번째 코에 스티치 마커 A를 건다.

*주의: 이제 레슨 6의 상황 1을 할 차례다. (바늘비우기와 바늘비우기 코를 소모하는 코줄임)*

이번에는 되돌아뜨기를 단의 마지막 24코를 사용해서 작업한다.
**세팅 단 (부분적인 단)**: 단의 첫 12코를 겉뜨기하고 다음과 같이 코를 세팅한다. 작업 중인 바늘에 단의 마지막 24코, 단의 첫 12코는 홀더에 쉼코로 있다. (상단 그림 참고)
다음과 같이 편물을 앞뒤로 뒤집어가며 평면뜨기한다.
**1단 (겉면)**: 겉15, 편물 뒤집기
**2단**: 바늘비우기, 안6, 편물 뒤집기
**3단**: 바늘비우기, 겉6, 왼코줄임, 겉1, 편물 뒤집기
**4단**: 바늘비우기, 안8, ssp 코줄임, 안1, 편물 뒤집기
**5단**: 바늘비우기, 겉10, 왼코줄임, 겉1, 편물 뒤집기
**6단**: 바늘비우기, 안12, ssp 코줄임, 안1, 편물 뒤집기

작업 중인 실이 있는 곳에서 시작해서, 다시 스티치 마커 A를 만날 때까지 다음과 같이 진행한다.
바늘비우기, 겉14, 왼코줄임, 겉4 (총 36코 + 바늘비우기 = 꼬리 아래쪽 12코 / 꼬리 위쪽 24코 + 바늘비우기)

다음과 같이 다시 원통뜨기로 진행한다.
**1단**: 겉16, 겉뜨기하듯이 1코 걸러뜨기, 바늘비우기 코를 겉뜨기, 걸러뜨

기한 코를 겉뜨기한 코 위로 덮어씌우기, 겉뜨기 꼬아뜨기 1, 단 끝까지 겉뜨기 (총 36코 = 12코 / 24코)

## 되돌아뜨기 - 섹션 2-5
세팅단에서 시작해서 되돌아뜨기 섹션 1을 4회 더 반복한다.
다음과 같이 마무리한다.
**1단**: [겉4, 왼코줄임]을 단 끝까지 반복 (총 30코)
**2단**: 모든 코 겉뜨기
**3단**: [겉3, 왼코줄임]을 단 끝까지 반복 (총 24코)
**4단**: 모든 코 겉뜨기
**5단**: [겉2, 왼코줄임]을 단 끝까지 반복 (총 18코)
**6단**: 모든 코 겉뜨기
**7단**: [겉1, 왼코줄임]을 단 끝까지 반복 (총 12코)
**8단**: 모든 코 겉뜨기
**9단**: [왼코줄임]을 단 끝까지 반복 (총 6코)
**10단**: 모든 코 겉뜨기

실 꼬리를 약 30cm 정도 남기고 실을 자르고, 돗바늘을 사용해서 바늘의 코에 통과시킨다. 지금 당기지 않는다. 솜을 넣은 후 구멍을 막고 실을 정리할 것이다.

## 세탁, 솜넣기, 구멍 막기
레슨 14 참고

작은 다람쥐 인형에게 목욕을 시킵니다. 꼬리는 중심을 잡는 역할을 하니 조심히 씻어 주세요!

다람쥐 인형이 완전히 마르면 솜을 넣는다.

먼저 꼬리에 솜을 넣는다. 편물의 형태를 최대한 살릴 수 있도록 단단히 채운다. 그 후에, 마지막 코들에 미리 실을 꿰어 두었던 끝부분을 잡아당겨 꼬리 끝의 구멍을 막는다. 돗바늘을 사용해 실 끝을 꼬리를 통과시켜 작품 안쪽으로 가져간다. 꼬리는 길고 구불구불하기 때문에, 이 작업은 여러 단계로 나누어야 할 수도 있다. 필요할 때마다 바늘을 꺼내 다시 끼워서 진행한다. 이 과정을 꼬리의 밑부분까지 도달할 때까지 반복한다. 또한 꼬리를 시작할 때 남긴 실 꼬리도 안쪽으로 가져가 2개의 실 꼬리를 함께 묶는다. 이 매듭은 작품의 안면 표면 가까이에 묶도록 하고, 풀리지 않게 2번 묶는다. 매듭 지은 후 실은 짧게 남기고 자른다. 더 단단하게 고정하고 싶다면, 꼬리 밑부분에 별도의 실을 사용해 한 줄 꿰매 보강해도 좋다.

다람쥐의 나머지 부분에도 솜을 넣는다. 레슨 14를 참고한다.

마지막 남은 구멍은 돗바늘과 바탕실의 별도 실로 막는다.

# 헤이즐의 옷

## 실

**바탕실**: John Arbon Textiles, Yarnadelic (포크랜드 코리데일 울 100%, 83m 25g), "Ordinary Joe" 색상, 약 10g
**배색실**: John Arbon Textiles, Knit by Numbers 4ply (유기농 방식으로 재배된 포크랜드 메리노울 100%, 100m, 25g), "120" 색상, 약 8g

혹은 핑거링 굵기 실 약 18g (65m), 바탕실 10g (33m), 배색실 8g (32m)

## 바늘

75코를 평면뜨기로 뜰 수 있을 만큼 충분히 긴 2mm 바늘, 그리고 접히는 단을 뜨기 위한 같은 호수의 여분 바늘
긴 줄바늘을 사용하는 경우, 드레스의 뒷부분 스트랩을 메리야스잇기할 때 사용할 같은 호수의 장갑바늘 2개

## 부자재

안전핀 2개, 드레스를 잠글 8mm 단추 4개

## 드레스

헤이즐의 드레스는 평면뜨기로, 아래쪽부터 위쪽으로 뜨며 접히는 단으로 시작한다. 배색무늬는 스트라이프와 걸러뜨기를 이용해 만들며, 뜨는 중간에 단춧구멍도 함께 만든다. 그 후에 앞판 윗부분을 뜨고, 어깨 스트랩을 떠서 뒤판에 붙인다.

*주의: 바탕실과 배색실이 헷갈린다면, 처음 몇 단과 접히는 단을 바탕실로 떴다는 것을 기억한다.*

일반코잡기 방법을 사용해서, 바탕실로 75코 만든다. 이때 실 끝은 평소보다 2배 정도 길게 남겨야 한다. (약 2미터 정도)
1번째 단이 안면이라는 것을 주의하며, 평면뜨기로 진행한다.
**1단 (안면)**: 실을 편물 앞에 두고 1코 걸러뜨기, 겉2, 단 끝에 3코 남을 때까지 안뜨기, 겉3
**2단**: 실을 편물 앞에 두고 1코 걸러뜨기, 단 끝까지 겉뜨기
**3~4단**: 1~2단을 반복
**5단 (접히는 단)**: 실을 편물 앞에 두고 1코 걸러뜨기, 단 끝까지 겉뜨기

## 배색뜨기 시작

레슨 17 참고

주의: 걸러뜨기할 때, 편물에 걸려 있는 실은 항상 작품의 안면에 있어야 한다. 겉면 단에서는 실을 뒤쪽에 두고, 안면 단에서는 실을 앞쪽에 둔다.

특별한 설명이 필요한 단을 제외하면, 대부분의 단에서는 현재 사용 중인 실의 색과 같은 색상의 코는 겉뜨기 또는 안뜨기(겉면 단인지 안면 단인지에 따라 다름)로 뜨고, 나머지 색상의 코는 그냥 걸러뜨기하면 된다.

**1단 (겉면)**: 배색실로 겉3, [겉3, 3코 걸러뜨기]를 6코 남을 때까지 반복, 겉6

**2단**: 배색실로 겉3, 단 끝에 3코 남을 때까지 배색실 코를 안뜨기, 바탕실 코를 걸러뜨기, 겉3

**3단**: 바탕실로 겉3, 단 끝에 3코 남을 때까지 바탕실 코를 겉뜨기, 배색실 코를 걸러뜨기, 겉3

**4단**: 바탕실로 겉3, 단 끝에 3코 남을 때까지 바탕실 코를 안뜨기, 배색실 코를 걸러뜨기, 겉3

**5~6단**: 배색실로 1~2단을 반복

드레스의 겉면이 보이는 상태에서, 편물을 뒤집어서 코를 잡은 가장자리가 위쪽으로 오게 한다. 코잡기할 때 남긴 실과 여분의 2mm 바늘을 사용해, 겉면에서 작업하면서 1번째 코와 마지막 코를 제외한 각 코마다 1코씩 총 73코를 줍는다.

편물을 반으로 접어 안면끼리 마주 보게 한다. 이때 드레스의 배색뜨기 부분이 보이도록 두고, 여분 바늘은 메인 바늘 뒤쪽에 평행하게 둔다. 그 후에, 바탕실을 사용해서 2세트의 코를 다음과 같이 연결한다.

주의: 이 연결 단을 작업하는 동안 배색실은 편물의 뒤쪽에 둔다. 배색실이 2겹의 편물 사이에 끼이지 않도록 주의하며, 나중에 오른쪽 끝에서 다시 사용할 수 있도록 매달려 있게 한다. 코잡기할 때 남긴 실 꼬리는 이제 더 이상 필요하지 않으니, 이번 기회에 2겹의 편물 사이에 숨겨 정리한다.

**7단 (연결 단)**: 바탕실로 메인 바늘의 1번째 코를 겉뜨기한다. 메인 바늘에서 1코와 여분 바늘에서 1코를 함께 겉뜨기, 이 작업을, 메인 바늘에 1코만 남고 여분 바늘의 모든 코를 다 사용할 때까지 반복한다. 마지막 1코는 겉뜨기한다.

편물을 접고 나면, 단 끝부분에 은은한 물결무늬가 생긴다.

**8단 (코줄임 단)**: 바탕실로 겉3, ssp 코줄임, 안1, [3코 걸러뜨기, 안3]을 단 끝에 9코 남을 때까지 반복, 3코 걸러뜨기, 안1, 안뜨기로 2코 모아뜨기, 겉3 (총 73코)

**9단**: 배색실로 겉3, 2코 걸러뜨기, 겉3, [3코 걸러뜨기, 겉3]을 단 끝에 5코 남을 때까지 반복, 2코 걸러뜨기, 겉3

**10단**: 배색실로 겉3, 단 끝에 3코 남을 때까지 배색실 코를 안뜨기, 바탕실 코를 걸러뜨기, 겉3

**11단**: 바탕실로 겉3, 단 끝에 3코 남을 때까지 바탕실 코를 겉뜨기, 배색실 코를 걸러뜨기, 겉3

**12단**: 바탕실로 겉3, 단 끝에 3코 남을 때까지 바탕실 코를 안뜨기, 배색실 코를 걸러뜨기, 겉3

**13단**: 배색실로 겉3, 단 끝에 3코 남을 때까지 배색실 코를 겉뜨기, 바탕실 코를 걸러뜨기, 겉3

**14단**: 배색실로 겉3, 단 끝에 3코 남을 때까지 배색실 코를 안뜨기, 바탕실 코를 걸러뜨기, 겉3

**15단 (코줄임 단)**: 바탕실로 겉3, 왼코줄임, 단 끝에 5코 남을 때까지 겉뜨기, ssk 코줄임, 겉3 (총 71코)

**16단**: 바탕실로 겉3, 1코 걸러뜨기, 안3, [3코 걸러뜨기, 안3]을 단 끝에 4코 남을 때까지 반복, 1코 걸러뜨기, 겉3

**17단**: 배색실로 겉4, 3코 걸러뜨기, [겉3, 3코 걸러뜨기]를 단 끝에 4코 남을 때까지 반복, 겉4

**18~22단**: 10~14단을 반복

**23단 (코줄임과 단춧구멍 단)**: 바탕실로 겉3, 왼코줄임, 단 끝에 5코 남을 때까지 겉뜨기, ssk 코줄임, 왼코줄임, 바늘비우기, 겉1 (총 69코) 편물을 뒤집기 전에, 이번 단의 2번째 코에 자투리 실로 단추 위치를 표시한다.

**24단**: 바탕실로 겉3, 3코 걸러뜨기, [안3, 3코 걸러뜨기]를 단 끝에 3코 남을 때까지 반복, 겉3

**25단**: 배색실로 겉6, [3코 걸러뜨기, 겉3]을 단 끝에 3코 남을 때까지 반복, 겉3

**26~30단**: 10~14단을 반복

**31단 (코줄임과 단춧구멍 단)**: 바탕실로 23단을 반복 (총 67코)

**32단**: 바탕실로 겉3, 안2, 3코 걸러뜨기, [안3, 3코 걸러뜨기]를 단 끝에 5코 남을 때까지 반복, 안2, 겉3

**33단**: 배색실로 겉3, 2코 걸러뜨기, 겉3, [3코 걸러뜨기, 겉3]을 단 끝에 5코 남을 때까지 반복, 2코 걸러뜨기, 겉3

**34~38단**: 10~14단을 반복

**39단 (코줄임과 단춧구멍 단)**: 바탕실로 23단을 반복 (총 65코)

**40단**: 바탕실로 겉3, 1코 걸러뜨기, 안3, [3코 걸러뜨기, 안3]을 단 끝에 4코 남을 때까지 반복, 1코 걸러뜨기, 겉3

**41단**: 배색실로 겉4, 3코 걸러뜨기, [겉3, 3코 걸러뜨기]를 단 끝에 4코 남을 때까지 반복, 겉4

**42~46단**: 10~14단을 반복

**47단 (코줄임과 단춧구멍 단)**: 바탕실로 23단을 반복 (총 63코)

**48단**: 바탕실로 겉3, 3코 걸러뜨기, [안3, 3코 걸러뜨기]를 단 끝에 3코 남을 때까지 반복, 겉3

**49단**: 배색실로 겉6, [3코 걸러뜨기, 겉3]을 단 끝에 3코 남을 때까지 반복, 겉3

**50단**: 배색실로 겉3, 단 끝에 3코 남을 때까지 배색실 코를 안뜨기, 바탕실 코를 걸러뜨기, 겉3

**51~52단**: 11~12단을 반복

53단: 배색실로 겉3, 단 끝에 3코 남을 때까지 배색실 코를 겉뜨기, 바탕실 코를 걸러뜨기, 겉3

이제 드레스 뒤판의 코를 코막음할 것이다. 편물의 안면을 보면서, 배색실을 사용해 체인 코막음 기법으로 안뜨기하며 19코를 코막음한다. (이 방법은 레스 19에서 설명된 것과 같지만, 겉뜨기 대신 안뜨기로 작업한다.) 이 작업을 왼손 바늘에 43코, 오른손 바늘에 1코가 남을 때까지 진행한다. 오른손 바늘에 남은 마지막 1코를 다시 왼손 바늘로 옮긴다. (총 44코가 왼손 바늘에 있게 된다) 배색실은 자르지 않는다.

편물의 겉면을 보면서, 바탕실을 사용해 체인 코막음 기법으로 겉뜨기하며 19코를 코막음한다. 이 작업을 왼손 바늘에 24코, 오른손 바늘에 1코가 남을 때까지 진행한다. 오른손 바늘의 마지막 1코를 다시 왼손 바늘로 옮긴다. (총 25코)

바탕실을 자르지 않는다. 이제 편물의 안면을 보면서, 배색실로 겉2, [배색실 코는 안뜨기, 바탕실 코는 걸러뜨기]를 단 끝에 2코 남을 때까지 반복한다. 겉뜨기 2코를 뜬다.

## 앞판 상의

남은 25코를 사용해서 다음과 같이 진행한다.
1단 (겉면): 바탕실로 모든 코 겉뜨기
2단: 바탕실로 겉2, 안3, [3코 걸러뜨기, 안3]를 단 끝에 2코 남을 때까지 반복, 겉2
3단: 배색실로 겉2, 3코 걸러뜨기, [겉3, 3코 걸러뜨기]를 단 끝에 2코 남을 때까지 반복, 겉2
4단: 배색실로 겉2, 단 끝에 2코 남을 때까지 배색실 코를 안뜨기, 바탕실 코를 걸러뜨기, 겉2
5단: 바탕실로 겉2, 단 끝에 2코 남을 때까지 바탕실 코를 겉뜨기, 배색실 코를 걸러뜨기, 겉2
6단: 바탕실로 겉2, 단 끝에 2코 남을 때까지 바탕실 코를 안뜨기, 배색실 코를 걸러뜨기, 겉2
7단: 배색실로 겉2, 단 끝에 2코 남을 때까지 배색실 코를 겉뜨기, 바탕실 코를 걸러뜨기, 겉2
8단: 배색실로 겉2, 단 끝에 2코 남을 때까지 배색실 코를 안뜨기, 바탕실 코를 걸러뜨기, 겉2
9단: 바탕실로 모든 코 겉뜨기
10단: 바탕실로 겉2, 3코 걸러뜨기, [안3, 3코 걸러뜨기]를 단 끝에 2코 남을 때까지 반복, 겉2
11단: 배색실로 겉5 [3코 걸러뜨기, 겉3]을 단 끝에 2코 남을 때까지 반복, 겉2
12단: 배색실로 겉2, 단 끝에 2코 남을 때까지 배색실 코를 안뜨기, 바탕실 코를 걸러뜨기, 겉2

13~16단: 5~8단을 반복
17~24단: 1~8단을 반복

## 스트랩

### 오른쪽 스트랩
세팅 단 (겉면): 바탕실로 단 끝에 5코 남을 때까지 겉뜨기한다.
그 후에 마지막 5코를 사용해서 평면뜨기한다. 남은 20코는 홀더에 쉼코로 둔다.
1단 (겉면): 겉3, 왼코줄임 (총 4코)
2단: 안4
3단: 겉2, 왼코줄임 (총 3코)
이 3코를 장갑바늘에 옮겨 다음과 같이 아이코드로 진행한다.
*겉3, 코를 바늘의 오른쪽 끝으로 밀어 옮기기*, *~*를 아이코드가 약 6cm 혹은 드레스 뒤판에서 교차해 붙일 수 있을 만큼 길어질 때까지 반복한다. 이제 헤이즐에게 입혀볼 시간이다. 3코는 안전핀에 옮겨 쉼코로 둔다.

실을 자르는데, 나중에 드레스 뒤판에 스트랩을 메리야스잇기할 수 있을 만큼 충분히 길게 남겨둔다.

### 왼쪽 스트랩
왼쪽 스트랩 5코(앞판 윗부분의 반대쪽 가장자리에 있는 코들)를 작업 중인 바늘에 다시 옮긴다. 나머지 15코는 쉼코 상태로 그대로 둔다.
배색실을 사용해서, 다음과 같이 진행한다.
1단 (겉면): ssk 코줄임, 겉3 (총 4코)
2단: 안4
3단: ssk 코줄임, 겉2 (총 3코)
이 3코를 장갑바늘에 옮기고, 오른쪽 스트랩과 동일한 길이로 아이코드

### 추가로 코줍기

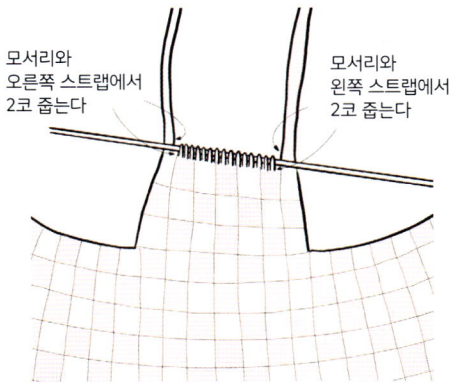

### 스트랩 위치 잡기

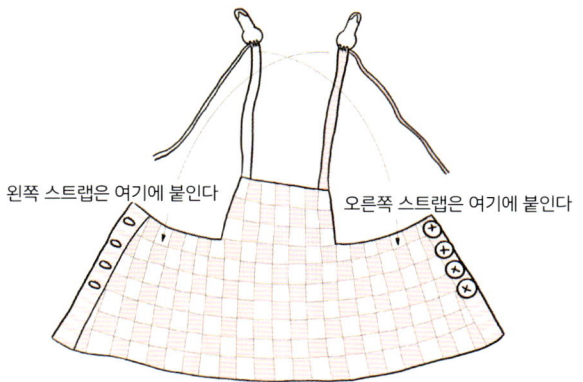

왼쪽 스트랩은 여기에 붙인다
오른쪽 스트랩은 여기에 붙인다

### 스트랩 붙이기

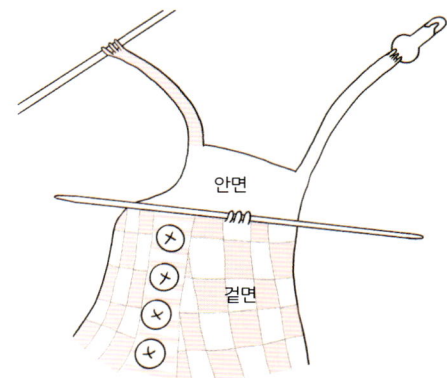

안면
겉면

를 뜬다. 3코를 안전핀에 옮겨 쉼코로 둔다.

실을 자르는데, 나중에 드레스 뒤판에 스트랩을 메리야스잇기할 수 있을 만큼 충분히 길게 남겨둔다.

### 앞판 윗부분 위쪽 코막음하기
남아있는 15코를 작업 중인 바늘에 다시 옮긴다.

편물의 겉면이 보이는 상태에서, 남아있는 코들과 (배색실로 뜬) 왼쪽 스트랩 사이에서 추가로 2코를 주워야 한다. (91쪽 그림 참고) 1번째 코는 앞판 윗부분과 스트랩이 만나는 모서리에서, 2번째 코는 스트랩 약간 위쪽에서 줍는다.

이 2코를 왼손 바늘에 옮긴다. (작업 중인 바늘에 총 17코) 배색실을 연결하고, 체인 코막음 기법을 사용해 모든 코를 코막음한다. 오른쪽 스트랩에 도달하면, 왼쪽과 마찬가지로 추가로 2코를 주워서 왼손 바늘에 옮긴 후, 동일한 방식으로 코막음한다.

실을 자른다. 필요하다면, 양쪽 끝의 실을 사용해 앞판 윗부분과 스트랩이 연결되는 부분의 연결 부위를 정돈한다. 그 후에 실 꼬리를 정리한다.

남은 자투리 실로 단추를 꿰맨다.

### 뒤판에 스트랩 붙이기
왼쪽 스트랩은 단춧구멍 단 오른쪽에 있는 1번째 바탕실 사각형에, 코막음 단 바로 아래에 붙인다. 드레스의 아래쪽을 아래로 향하게 두고, 겉면이 보이는 상태에서 해당 사각형을 찾는다. (상단 그림 참고) 장갑바늘을 사용해서 이 사각형의 3코에서 각 코의 오른쪽 다리를 들어 올려 3코를 줍는다. 왼쪽 스트랩의 3코는 다른 장갑바늘에 준비해 둔다. 양쪽 바늘을 나란히 들고, 2세트의 3코를 메리야스잇기 기법으로 연결한다. 실 끝을 정리한다.

오른쪽 스트랩은 단추 단 왼쪽에 있는 1번째 바탕실 사각형에, 코막음 단 바로 아래에 붙인다. 동일한 방식으로 사각형을 찾고, 왼쪽 스트랩에서 했던 것과 동일하게 스트랩의 코들과 주운 코들을 메리야스잇기 기법으로 연결한다.

### 마무리
남아있는 실 끝을 모두 정리한다.

드레스를 물에 담가 적신 후, 단추를 풀어 평평하게 펼쳐 말린다. 밑단을 평평하게 눌러준다.
스트랩 때문에 앞판 윗부분은 완전히 평평하게 펴지지는 않는다.

# Forrest

포레스트

—

## 들소

### 키

27cm

### 실

Magpie Fibers, Solo Fingering (수퍼워시 메리노울 100%, 397m, 115g)

바탕실: "Evil Beaver" 색상, 약 40g (138m)
배색실: 주둥이 "Saturday Night Beaver" 색상, 약 2g (7m), 뿔 "Stagbunny" 색상, 약 4 m (4 yds), 발굽 "Bad and Bougie", 약 5g (17m)

혹은 모두 핑거링 굵기의 실로, 바탕실 약 40g (138m), 주둥이 밝은 색상 실 2g (7m), 뿔 밝은 베이지 색상 실 약 4m, 발굽 진핑크 색상 실 5g (17m)

**시작하기 전에 미리 챙겨 두기:** 귀를 뜰 바탕실 3m 2개

### 바늘

2mm 바늘 1세트, 귀를 뜨기 위한 같은 호수의 여분 바늘 1세트, 머리카락을 만들기 위해 같은 호수의 코바늘

### 부자재

7.5mm 짙은 갈색 인형눈

눈, 뿔, 귀, 꼬리 위치 표시를 위한 대비되는 색상의 자투리 실 7개

### 주의

실을 대체할 경우, 매끄럽고 코의 모양이 잘 드러나며 뜨기 쉬운, 너무 복슬복슬하지 않은 실을 선택한다.

처음 3개의 되돌아뜨기 섹션이 더디게 작업하게 되므로 들소 인형을 만들 때는 인내심이 조금 더 필요하다. 그의 두꺼운 머리카락은 코바늘로 사슬코를 만들어서 표현한다. 또한, 뿔은 매우 작으므로 솜을 채울 때는 젓가락을 준비해 작업을 더 쉽게 진행할 수 있도록 한다.

## 시작하기
### 레슨 1~5 참고

주둥이 색상 실을 사용해서 일반코잡기 방법으로, 4코 만든다. 다음과 같이 편물을 앞뒤로 뒤집어가며 평면뜨기한다.

**1단 (겉면):** 겉1, kfb 코늘림 2회, 겉1 (총 6코)
**2단:** 모든 코 안뜨기
**3단:** 겉2, kfb 코늘림 2회, 겉2 (총 8코)

이제 원통뜨기를 시작할 것이다. 편물의 겉면이 보이는 상태에서, 작업 중인 실로 다음과 같이 코줍기한다. 왼쪽 가장자리에서 1코, 코잡기한 코 바로 위 가장자리를 따라 4코, 오른쪽 가장자리에서 1코. (하단 그림 참고)

코를 주울 때 어려움이 있다면 코바늘을 사용해도 좋다. 특히 마지막 코는 조금 까다로울 수 있다.

이제 작업 중인 바늘에 총 14코가 있게 된다. 마지막으로 주운 코 바로 다음 코에 스티치 마커 A를 건다. 이곳이 단의 시작이 된다. 바늘을 재배치해 원통으로 뜬다.

그 후에 다음과 같이 진행한다.
**1단:** 겉8, 겉2, kfb 코늘림 2회, 겉2 (총 16코)
**2단:** 모든 코 겉뜨기
**3단:** [겉2, kfb 코늘림 4회, 겉2] 2회 (총 24코)
**4단:** 모든 코 겉뜨기
**5단:** [겉4, kfb 코늘림 4회, 겉4] 2회 (총 32코)
**6단:** 모든 코 겉뜨기
**7단:** 겉2, ssk 코줄임 3회, 왼코줄임 3회, 겉2, ssk 코줄임 4회, 왼코줄임 4회 (총 18코)
**8단:** 바탕실을 연결해서 주둥이 색상 실과 함께 잡고, 모든 코 겉뜨기
**9단:** 주둥이 색상 실을 자르고, 바탕실로만 모든 코 겉뜨기
**10단:** kfb 코늘림 3회, 겉4, kfb 코늘림 3회, 단 끝까지 겉뜨기 (총 24코)
**11단:** 겉16, 스티치 마커 B 걸기, 겉8
**12단:** 겉1, kfb 코늘림, 스티치 마커 B 2코 전까지 겉뜨기, kfb 코늘림, 겉1, 스티치 마커 B, 겉1, kfb 코늘림, 단 끝에 2코 남을 때까지 겉뜨기, kfb 코늘림, 겉1 (총 28코 = 머리 위쪽 18코 / 목 10코)
**13단:** 모든 코 겉뜨기
**14단:** 겉1, kfb 코늘림, 스티치 마커 B 2코 전까지 겉뜨기, kfb 코늘림, 겉1, 스티치 마커 B, 단 끝까지 겉뜨기 (총 30코 = 20코 / 10코)
**15단:** 모든 코 겉뜨기
**16단:** 스티치 마커 B까지 겉뜨기, 스티치 마커 B, 겉1, kfb 코늘림, 단 끝에 2코 남을 때까지 겉뜨기, kfb 코늘림, 겉1 (총 32코 = 20코 / 12코)
**17단:** 모든 코 겉뜨기
**18단:** kfb 코늘림 4회, 겉12, kfb 코늘림 4회, 스티치 마커 B, 겉1, kfb 늘림, 2코 남을 때까지 겉뜨기, kfb 코늘림, 겉1 (총 42코 = 28코 / 14코)
**19단:** 모든 코 겉뜨기
**20단 (눈 위치 표시):** 겉9, 1번째 자투리 실을 마지막으로 겉뜨기한 코에 통과시켜 느슨하게 묶기, 겉11, 2번째 자투리 실을 마지막으로 겉뜨기한 코에 통과시켜 느슨하게 묶기, 단 끝까지 겉뜨기
**21단:** 스티치 마커 B까지 겉뜨기, 스티치 마커 B, 겉1, kfb 코늘림, 단 끝에 2코 남을 때까지 겉뜨기, kfb 코늘림, 겉1 (총 44코 = 28코 / 16코)
**22단:** 겉10, kfb 코늘림 8회, 겉10, 스티치 마커 B, 단 끝까지 겉뜨기 (총 52코 = 36코 / 16코)
**23단:** 21단을 반복 (총 54코 = 36코 / 18코)
**24단 (뿔 위치 표시):** 겉9, 1번째 자투리 실을 마지막으로 겉뜨기한 3코에 통과시켜 걸어 두기, 겉21, 2번째 자투리 실을 마지막으로 겉뜨기한 3코에 통과시켜 걸어 두기, 단 끝까지 겉뜨기
**25단 (뿔 위치 표시):** 겉9, 이전 단에서 사용한 자투리 실 한쪽 끝을 들어 마지막으로 겉뜨기한 3코에 통과시키기, 겉21, 이전 단에서 사용한 자투리 실 다른쪽 끝을 들어 마지막으로 겉뜨기한 3코에 통과시키기, 단 끝까지 겉뜨기

## 머리 모양 만들기
### 레슨 6 참고

들소 머리 꼭대기에 풍성한 털을 만들어 주기 위해, 바늘과 같은 호수의 코바늘을 사용해서 짧은 사슬코를 만들고, 이를 편물에 넣어준다. (95쪽 그림 참고)

**지시 사항에 "사슬코를 만든다"라고 쓰여있을 때마다, 다음과 같이 진행한다.**
**1단계:** 코바늘을 단 끝에 있는 다음 코의 아래 코에 넣고, 작업 중인 실을 코바늘로 걸어서 그 코를 통과해 고리를 끌어당긴다. 이때 실은 안면에서 겉면으로 끌어올린다.
**2단계:** 이제 코바늘에 걸려있는 1번째 고리부터 시작해서, 사슬코를 13코 더 만든다. 사슬코를 만들 때는 작업 중인 실을 뜨개질 중인 바늘 뒤쪽에 둔 채로, 2개의 대바늘 사이에서 코바늘로 실을 건다. 사슬코를 만드는 동안에는 대바늘은 편물에 걸린 그대로 둔다.

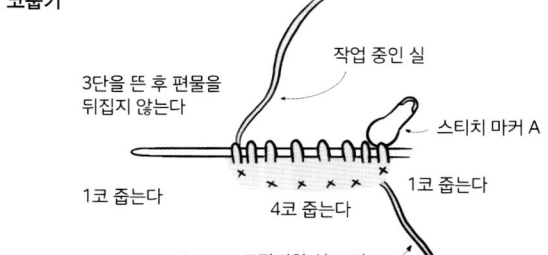

**코줍기**

## 스트랩 붙이기

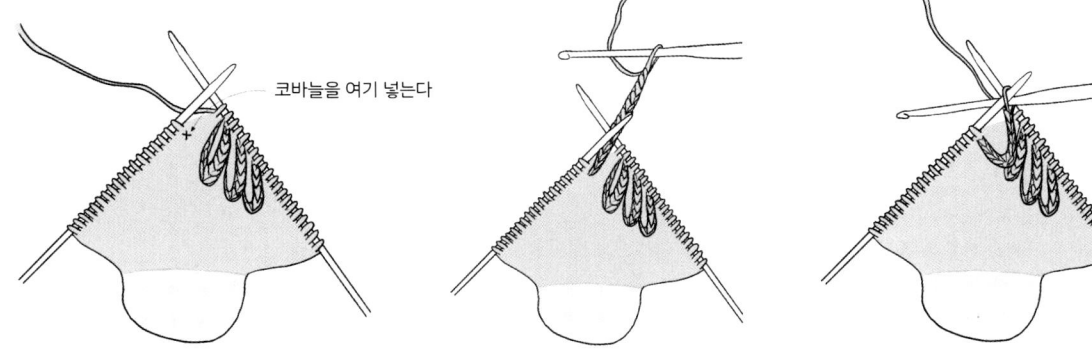

코바늘을 여기 넣는다

**3단계:** 마지막 사슬코를 코바늘에서 왼손 바늘로 옮긴다. 그 후에 대바늘을 다시 잡고, 실을 편물 뒤에 두고 방금 옮긴 코를 안뜨기하듯이 오른손 바늘로 옮긴다. 다음 코를 겉뜨기 꼬아뜨기로 뜬다. 걸러뜨기한 코를 방금 겉뜨기한 코 위로 덮어씌운다.

각 "사슬코 만들기" 과정(3단계로 이루어짐)이 끝날 때마다, 최소한 겉뜨기 1코를 뜨거나, 코줄임 작업을 하게 된다. 사슬은 되돌아뜨기 섹션 1, 2, 3에서 만들 것이다. 이 과정을 진행할 때는 사슬코 사이에 있는 겉뜨기 코를 단단하게 떠 주는 것이 중요하다. 또한, 모든 안뜨기 단도 단단하게 떠서 사슬코가 편물 앞쪽으로 잘 "밀려 나오도록" 만들어 준다.

이 부분은 꽤 까다롭고 인내심이 필요한 구간이다. 이 섹션들에서는 2개의 사슬 사이에 겉뜨기 1코를 깜빡하거나, 사슬 끝에 꼭 해야 하는 "겉뜨기 꼬아뜨기 1, 걸러뜨기한 코를 겉뜨기한 코 위로 덮어씌우기"를 빠뜨리는 실수도 쉽게 일어날 수 있다. 다음 단계로 넘어가기 전에 2개의 사슬 사이에 겉뜨기 코가 제대로 들어갔는지, 그리고 덮어씌우기가 확실히 이루어졌는지를 점검하는 데 시간을 조금 투자하는 것이 실수를 줄이는 좋은 방법이다. 그래도 이 도안은 꽤 융통성이 있는 편이라, 만약 어디선가 실수를 해서 코가 하나 더 생겼다면, 다음 되돌아뜨기 섹션으로 넘어가기 전에 코줄임을 1번 더 해서 콧수를 맞춰 주는 식으로 살짝 '꼼수'를 써도 괜찮다.

### 되돌아뜨기 - 섹션 1

스티치 마커 B를 제거한다.

주의: 이제 레슨 6의 상황 1을 할 차례다. (바늘비우기와 바늘비우기 코를 소모하는 코줄임)

**코 세팅하기:** 처음 36코를 작업 중인 바늘에 두고 마지막 18코는 홀더에 옮겨 쉼코로 둔다. 1번째 코에 스티치 마커 A를 건다.

다음과 같이 편물을 앞뒤로 뒤집어가며 평면뜨기한다.
**1단 (겉면):** 겉10, [사슬코 만들기, 겉1] 8회, 편물 뒤집기
**2단:** 바늘비우기, 안16, 편물 뒤집기
**3단:** 바늘비우기, 겉1, [사슬코 만들기, 겉1] 7회, 사슬코 만들기, 왼코줄임, 겉1, 편물 뒤집기
**4단:** 바늘비우기, 안18, ssp 코줄임, 안1, 편물 뒤집기
**5단:** 바늘비우기, 겉2, [사슬코 만들기, 겉1] 8회, 겉2, 왼코줄임, 겉1, 편물 뒤집기
**6단:** 바늘비우기, 안22, ssp 코줄임, 안1, 편물 뒤집기

작업 중인 실이 있는 곳에서 시작해서, 다시 다음과 같이 원통뜨기한다.
**1단:** 바늘비우기, 겉5, [사슬코 만들기, 겉1] 7회, 사슬코 만들기, 겉4, 왼코줄임, 단 끝까지 겉뜨기 (총 54코 + 바늘비우기 = 머리 위쪽 36코 + 바늘비우기 / 목 8코)
**2단 (귀 위치 표시):** 겉5, 겉뜨기하듯이 1코 걸러뜨기, 바늘비우기 코를 겉뜨기, 걸러뜨기한 코를 겉뜨기한 코 위로 덮어씌우기, 겉뜨기 꼬아뜨기 1, 겉1, 자투리 실을 마지막으로 겉뜨기한 3코에 통과시켜 걸어 두기, 겉23, 2번째 자투리 실을 마지막으로 겉뜨기한 3코에 통과시켜 걸어 두기, 단 끝까지 겉뜨기 (총 54코 = 36코 / 18코)

### 되돌아뜨기 - 섹션 2

주의: 이제 레슨 6의 상황 1을 할 차례다. (바늘비우기와 바늘비우기 코를 소모하는 코줄임)

**코 세팅하기:** 처음 36코를 작업 중인 바늘에 두고 마지막 18코는 홀더에 옮겨 쉼코로 둔다. 1번째 코에 스티치 마커 A를 건다.

다음과 같이 편물을 앞뒤로 뒤집어가며 평면뜨기한다.
**1단 (겉면):** 겉10, [사슬코 만들기, 겉1] 8회, 편물 뒤집기
**2단:** 바늘비우기, 안16, 편물 뒤집기

3단: 바늘비우기, 겉1 [사슬코 만들기, 겉1] 7회, 사슬 1코 만들기, 왼코줄임, 겉1, 편물 뒤집기
4단: 바늘비우기, 안18, ssp 코줄임, 안1, 편물 뒤집기
5단: 바늘비우기, 겉2, [사슬코 만들기, 겉1] 8회, 겉2, 왼코줄임, 겉1, 편물 뒤집기
6단: 바늘비우기, 안22, ssp 코줄임, 안1, 편물 뒤집기

작업 중인 실이 있는 곳에서 시작해서, 다시 다음과 같이 원통뜨기한다.
1단: 바늘비우기, 겉5, [사슬코 만들기, 겉1] 7회, 사슬 만들기, 겉4, 왼코줄임, 단 끝까지 겉뜨기 (총 54코 + 바늘비우기 = 머리 위쪽 36코 + 바늘비우기 / 목 8코)
2단: 겉5, 겉뜨기하듯이 1코 걸러뜨기, 바늘비우기 코를 겉뜨기, 걸러뜨기한 코를 겉뜨기한 코 위로 덮어씌우기, 겉뜨기 꼬아뜨기 1, 단 끝까지 겉뜨기 (총 54코 = 36코 / 18코)

## 되돌아뜨기 - 섹션 3

주의: 이제 레슨 6의 상황 1을 할 차례다. (바늘비우기와 바늘비우기 코를 소모하는 코줄임)

코 세팅하기: 처음 36코를 작업 중인 바늘에 두고 마지막 18코는 홀더에 옮겨 쉼코로 둔다. 1번째 코에 스티치 마커 A를 건다.

다음과 같이 편물을 앞뒤로 뒤집어가며 평면뜨기한다.
1단 (겉면): 겉12, [사슬코 만들기, 겉1] 6회, 편물 뒤집기
2단: 바늘비우기, 안12, 편물 뒤집기
3단: 바늘비우기, 겉1, [사슬코 만들기, 겉1] 5회, 사슬 1코 만들기, 왼코줄임, 겉1, 편물 뒤집기
4단: 바늘비우기, 안14, ssp 코줄임, 안1, 편물 뒤집기

작업 중인 실이 있는 곳에서 시작해서, 다시 다음과 같이 원통뜨기한다.
1단: 바늘비우기, 겉16, 왼코줄임, 단 끝까지 겉뜨기 (총 54코 + 바늘비우기 = 머리 뒤쪽 36코 + 바늘비우기 / 목 8코 )

## 되돌아뜨기 - 섹션 4

주의: 이제 레슨 6의 상황 2를 할 차례다. (바늘비우기가 아닌, 실제 코를 소모하는 코줄임)

코 세팅하기: 처음 36코와 남아있는 바늘비우기 코를 작업 중인 바늘에 두고 마지막 18코는 홀더에 옮겨 쉼코로 둔다. 1번째 코에 스티치 마커 A를 건다.

다음과 같이 편물을 앞뒤로 뒤집어가며 평면뜨기한다.
1단 (겉면): 겉9, 겉뜨기하듯이 1코 걸러뜨기, 바늘비우기 코를 겉뜨기, 걸러뜨기한 코를 겉뜨기한 코 위로 덮어씌우기, 겉뜨기 꼬아뜨기 1, 겉10, 왼코줄임, 겉1, 편물 뒤집기 (머리 뒤쪽 총 35코)
2단: 안8, ssp 코줄임, 안1, 편물 뒤집기 (총 34코)
3단: 겉9, 왼코줄임, 겉1, 편물 뒤집기 (총 33코)
4단: 안10, ssp 코줄임, 안1, 편물 뒤집기 (총 32코)
5단: 겉11, 왼코줄임, 겉1, 편물 뒤집기 (총 31코)
6단: 안12, ssp 코줄임, 안1, 편물 뒤집기 (총 30코)
7단: 겉13, 왼코줄임, 겉1, 편물 뒤집기 (총 29코)
8단: 안14, ssp 코줄임, 안1, 편물 뒤집기 (총 28코)
9단: 겉15, 왼코줄임, 겉1, 편물 뒤집기 (총 27코)
10단: 안16, ssp 코줄임, 안1, 편물 뒤집기 (총 26코)
11단: 겉17, 왼코줄임, 겉1, 편물 뒤집기 (총 25코)
12단: 안18, ssp 코줄임, 안1, 편물 뒤집기 (총 24코)

작업 중인 실이 있는 곳에서 시작해서, 다시 다음과 같이 원통뜨기한다.
1단: 겉19, 왼코줄임, 겉2, ssk 코줄임 4회, 왼코줄임 4회, 겉1 (총 33코 = 머리 뒤쪽 23코 / 목 10코)

## 되돌아뜨기 - 섹션 5

주의: 이제 레슨 6의 상황 2를 할 차례다. (바늘비우기가 아닌, 실제 코를 소모하는 코줄임)

코 세팅하기: 처음 23코를 작업 중인 바늘에 두고 마지막 10코는 홀더에 옮겨 쉼코로 둔다. 1번째 코에 스티치 마커 A를 건다.

다음과 같이 편물을 앞뒤로 뒤집어가며 평면뜨기한다.
1단 (겉면): 겉뜨기 꼬아뜨기 1, ssk 코줄임, 겉13, 왼코줄임, 겉1, 편물 뒤집기 (머리 뒤쪽 총 21코)
2단: 안10, ssp 코줄임, 안1, 편물 뒤집기 (총 20코)
3단: 겉11, 왼코줄임, 겉1, 편물 뒤집기 (총 19코)
4단: 안12, ssp 코줄임, 안1, 편물 뒤집기 (총 18코)

작업 중인 실이 있는 곳에서 시작해서, 다시 다음과 같이 원통뜨기한다.
1단: 겉13, 왼코줄임, 겉2, ssk 코줄임, 단 끝에 3코 남을 때까지 겉뜨기, 왼코줄임, 겉1 (총 25코 = 머리 뒤쪽 17코 / 목 8코)

## 되돌아뜨기 - 섹션 6

주의: 이제 레슨 6의 상황 1을 할 차례다. (바늘비우기와 바늘비우기 코를 소모하는 코줄임)

코 세팅하기: 처음 17코를 작업 중인 바늘에 두고 마지막 8코는 홀더에

옮겨 쉼코로 둔다. 1번째 코에 스티치 마커 A를 건다.

다음과 같이 편물을 앞뒤로 뒤집어가며 평면뜨기한다.
**1단 (겉면)**: 겉뜨기 꼬아뜨기 1, ssk 코줄임, 겉10, 편물 뒤집기 (머리 뒤쪽 총 16코)
**2단**: 바늘비우기, 안8, 편물 뒤집기
**3단**: 바늘비우기, 겉8, 왼코줄임, 겉1, 편물 뒤집기
**4단**: 바늘비우기, 안10, ssp 코줄임, 안1, 편물 뒤집기

작업 중인 실이 있는 곳에서 시작해서, 다시 다음과 같이 원통뜨기한다.
**1단**: 바늘비우기, 겉12, 왼코줄임, 단 끝까지 겉뜨기 (총 24코 + 바늘비우기 = 머리 뒤쪽 16코 + 바늘비우기 / 목 8코)
**2단**: 겉뜨기 꼬아뜨기 1, 겉뜨기하듯이 1코 걸러뜨기, 바늘비우기 코를 겉뜨기, 걸러뜨기한 코를 겉뜨기한 코 위로 덮어씌우기, 겉뜨기 꼬아뜨기 1, 단 끝까지 겉뜨기 (총 24코 = 16코 / 8코)

얼굴 표정과 귀를 추가하는 동안 바늘에서 코가 빠지지 않도록 주의한다.

## 얼굴 표정 추가하기
레슨 7 참고

먼저 코잡기한 실 꼬리를 편물 안쪽으로 가져와 숨기고 정리한다. 색상 변경한 곳의 실 꼬리도 동일하게 작업한다.

눈을 붙이거나 수놓는다. 콧구멍과 미소를 수놓는다.

## 뿔 만들기

### 왼쪽 뿔
왼쪽 뿔을 위해 표시한 6코 세트를 작업 중인 바늘에 옮기고, 자투리 실은 제거한다. 들소 인형의 머리가 위를 향하고 앞면이 보이는 상태에서, 원통뜨기로 코와 바늘을 배열한다. 오른쪽부터 단을 시작한다. (98쪽의 그림 참고) 1번째 코에 스티치 마커 A를 건다.

실을 연결해서 다음과 같이 진행한다.
**1~5단**: 모든 코 겉뜨기
**6단 (부분적인 단)**: 겉4, 다음 코에 스티치 마커 A 옮기기
이곳이 새로운 단 시작이 되고, 그에 따라 바늘을 재배치하고 필요한 경우 코 분배를 다시 조정한다.
**7단**: 겉1, kfb 코늘림, 단 끝까지 겉뜨기 (총 7코)
**8단**: 모든 코 겉뜨기
**9단**: kfb 코늘림, 겉2, kfb 코늘림, 단 끝까지 겉뜨기 (총 9코)
**10단**: 모든 코 겉뜨기
이곳이 새로운 단 시작이 되고, 그에 따라 바늘을 재배치하고 필요한 경

**뿔 단 시작**

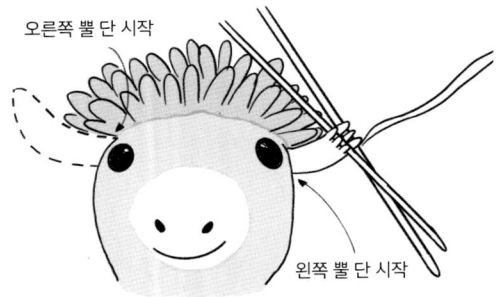

우 코 분배를 다시 조정한다.
이제 다음과 같이 되돌아뜨기 2단을 뜬다.
**1단 (겉면)**: 겉3, 왼코줄임, 편물 뒤집기 (총 8코)
**2단**: 안1, ssp 코줄임, 편물 뒤집기 (총 7코)

이제 다음과 같이 다시 원통뜨기한다.
**1단**: 겉1, 왼코줄임, ssk 코줄임, 겉1 (총 5코)
**2단**: ssk 코줄임, 겉3 (총 4코)

잠시 멈추고 뿔에 솜을 넣는다. 아주 소량의 솜을 뿔 맨 위, 입구 바로 앞쪽에 올려두고 젓가락을 이용해 안쪽으로 천천히 밀어 넣는다. 뿔의 각도가 잘 살아나도록 이 과정을 반복해 솜을 충분히 채운다. 솜이 충분히 들어갔다면, 다음과 같이 뿔 마무리 작업을 진행한다.

**3단**: 겉2, ssk 코줄임 (총 3코)
**4단**: 겉뜨기하듯이 1코 걸러뜨기, 겉뜨기 꼬아뜨기 1, 걸러뜨기한 코를 겉뜨기한 코 위로 덮어씌우기, 마지막 코를 뜨지 않는다. (총 2코)

실을 자르고, 돗바늘에 실을 끼워 바늘에 남아있는 코들에 실을 통과시킨 뒤 단단히 당겨서 조인다. 실 꼬리는 뿔을 통과시켜 편물 안쪽으로 가져온다. 또한 뿔 시작 부분에서 나온 실 꼬리도 편물 안쪽으로 가져와 함께 묶는다.

**오른쪽 뿔**

오른쪽 뿔을 위해 표시한 6코 세트를 작업 중인 바늘에 옮기고, 자투리 실은 제거한다. 들소 인형의 머리가 위를 향하고 앞면이 보이는 상태에서, 바늘을 재배치해 원통으로 뜬다. 오른쪽부터 단을 시작한다. (상단 그림 참고) 1번째 코에 스티치 마커 A를 건다.

**1~5단**: 모든 코 겉뜨기

**6단 (부분적인 단)**: 겉2, 다음 코에 스티치 마커 A를 옮긴다. 이곳이 새로운 단 시작이 되고, 그에 따라 바늘을 재배치하고 필요한 경우 코 분배를 다시 조정한다.

그 후에 7단부터 왼쪽 뿔과 동일하게 뜬다.

## 귀 만들기

표시한 3코 중 1세트를 작업 중인 바늘에 옮긴다. 그 후에, 머리 뒤쪽 방향으로 마주 보게 표시한 3코를 더 줍는다.

자투리 실을 제거한다. 바늘을 재배치해 원통으로 뜬다. 귀는 대칭이므로 어느 쪽에서 시작해도 괜찮다. 1번째 코에 스티치 마커 A를 건다.

미리 준비한 바탕실 1개를 연결해서 다음과 같이 진행한다.
**1단**: 모든 코 겉뜨기
**2단**: [겉1, kfb 코늘림, 겉1] 2회 (총 8코)
**3단**: 모든 코 겉뜨기
**4단**: [겉1, kfb 코늘림 2회, 겉1] 2회 (총 12코)
**5~9단**: 모든 코 겉뜨기 (총 5단)
**10단**: [겉1, ssk 코줄임, 왼코줄임, 겉1] 2회 (총 8코)
**11단**: [ssk 코줄임, 왼코줄임] 2회 (총 4코)

실을 자르고, 돗바늘에 실을 끼워 바늘에 남아있는 코들에 실을 통과시킨 뒤 단단히 당겨서 조인다. 실 꼬리는 귀를 통과시켜 편물 안쪽으로 가져온다. 또한 귀 시작 부분에서 나온 실 꼬리도 편물 안쪽으로 가져와 함께 묶는다.

2번째 귀도 동일한 방식으로 뜬다.

## 목과 어깨 모양 만들기

바늘에 총 24코가 (앞판 16코 / 뒤판 8코) 있다. 들소 인형의 머리가 아래를 향하고 등이 보이는 상태에서, 스티치 마커 A로 표시한 현재 단 시작점에서 원통뜨기를 시작한다.

**1단**: 겉뜨기 꼬아뜨기 1, 단 끝까지 겉뜨기
**2단**: 겉16, [겉1, kfb 코늘림] 4회 (총 28코)
**3단**: 모든 코 겉뜨기
**4단**: 겉16, [겉2, kfb 코늘림] 4회 (총 32코)
**5단 (부분적인 단)**: 단 끝에 3코 남을 때까지 겉뜨기, 다음 코에 스티치 마커 A 옮기기
이곳이 새로운 단 시작이 되고, 그에 따라 바늘을 재배치하고 필요한 경우 코 분배를 다시 조정한다.

6단: 모든 코 겉뜨기
7단: [겉1, kfb 코늘림]을 단 끝까지 반복 (총 48코)
8단: 모든 코 겉뜨기
9단: [겉5, kfb 코늘림]을 단 끝까지 반복 (총 56코)
10단: 모든 코 겉뜨기
11단: [겉6, kfb 코늘림]을 단 끝까지 반복 (총 64코)
12단: 모든 코 겉뜨기
13단: [겉7, kfb 코늘림]을 단 끝까지 반복 (총 72코)
14단: 모든 코 겉뜨기
15단: [겉8, kfb 코늘림]을 단 끝까지 반복 (총 80코)
16단: 모든 코 겉뜨기
17단: [겉9, kfb 코늘림]을 단 끝까지 반복 (총 88코)
18~28단: 모든 코 겉뜨기 (총 11단)

## 팔 만들기
레슨 8~11 + 4 참고

들소 인형의 머리가 아래를 향하고 등이 보이는 상태에서, 현재 단 시작점에서 원통뜨기를 시작한다.

### 왼쪽 팔

세팅 1단: 단의 첫 12코를 겉뜨기, 다음 64코를 홀더에 옮겨 쉼코로 둔다. 감아코잡기 방법으로 2코 만든다. 스티치 마커 A를 걸고 2코 만든다. 단의 마지막 12코를 겉뜨기한다. (총 28코)
세팅 2단: 스티치 마커 A를 다시 만날 때까지 겉뜨기한다. 스티치 마커 A를 제거하고, 다음 코에 다시 건다. 이곳이 새로운 단 시작이 되고, 그에 따라 바늘을 재배치하고 필요한 경우 코 분배를 다시 조정한다.

1단: 모든 코 겉뜨기
2단: 겉10, 왼코줄임, 겉4, ssk 코줄임, 단 끝까지 겉뜨기 (총 26코)
3~5단: 모든 코 겉뜨기 (총 3단)
6단: 겉9, 왼코줄임, 겉4, ssk 코줄임, 단 끝까지 겉뜨기 (총 24코)
7~11단: 모든 코 겉뜨기 (총 5단)
12단: 겉8, 왼코줄임, 겉4, ssk 코줄임, 단 끝까지 겉뜨기 (총 22코)
13~15단: 모든 코 겉뜨기 (총 3단)
16단: 겉7, 왼코줄임, 겉4, ssk 코줄임, 단 끝까지 겉뜨기 (총 20코)
17~30단: 모든 코 겉뜨기 (총 14단)
31단: 겉6, 왼코줄임, 겉4, ssk 코줄임, 단 끝까지 겉뜨기 (총 18코)
32단: 모든 코 겉뜨기
33단: 겉5, 왼코줄임, 겉4, ssk 코줄임, 단 끝까지 겉뜨기 (총 16코)
34단: 모든 코 겉뜨기
35단: 겉4, 왼코줄임, 겉4, ssk 코줄임, 단 끝까지 겉뜨기 (총 14코)
36단: 모든 코 겉뜨기
37단 (부분적인 단): 겉4, 다음 코에 스티치 마커 A 옮기기
이곳이 새로운 단 시작이 되고, 그에 따라 바늘을 재배치하고 필요한 경우 코 분배를 다시 조정한다. 그 후에 38단을 뜬다.
38단: 발굽 색상을 연결해서 바탕실과 함께 잡고, 모든 코 겉뜨기
39단: 바탕실을 자르고, 발굽 색상 실로만 모든 코 겉뜨기
40~44단: 모든 코 겉뜨기 (총 5단)
45단: [겉1, ssk 코줄임, 겉1, 왼코줄임, 겉1] 2회 반복 (총 10코)

실을 자르고, 남은 코들을 메리야스잇기 기법으로 이어서 발굽 부분을 마무리한다. 그 후에, 실 꼬리는 편물 안쪽으로 넣어준다. 색상이 바뀐 지점에 남아있는 2개의 실 꼬리도 동일한 방식으로 정리한다. 팔을 뒤집어서 안쪽이 보이게 한 후, 2개의 실 꼬리를 같은 위치에 모아 단단히 묶어 정리한다.

### 오른쪽 팔

세팅 1단: 들소 인형의 머리가 아래를 향하고 등이 보이는 상태에서, 단의 처음 20코를 홀더에 옮겨 쉼코로 둔다. 다음 24코를 작업 중인 바늘에 다시 옮긴다. 마지막 20코를 홀더에 옮겨 쉼코로 둔다. (총 24코).
세팅 2단: 작업 중인 바늘의 오른쪽 끝에서 시작해, (나중에 작은 구멍을 막을 수 있을 만큼 실 꼬리를 충분히 남기고) 실을 연결해서 24코를 겉뜨기한다. 감아코잡기 방법으로 2코 만든다. 스티치 마커 A를 걸고 2코 만든다. (총 28코)
세팅 3단: 바늘을 재배치해 원통으로 뜬다. 스티치 마커 A를 다시 만날 때까지 겉뜨기한다. 스티치 마커 A를 제거하고 다음 코에 다시 건다. 이곳이 새로운 단 시작이 되고, 그에 따라 바늘을 재배치하고 필요한 경우 코 분배를 다시 조정한다.

그 후에 1단부터 왼쪽 팔과 동일하게 뜬다.

## 몸통 만들기
레슨 12 참고

남아있는 40코를 작업 중인 바늘로 다시 옮긴다. 들소 인형의 머리가 아래를 향하고 등이 보이는 상태에서, 왼쪽 진동 가운데에 실을 연결해 다음과 같이 진행한다.

세팅 단: 3코 줍고 뒤판 20코를 겉뜨기한다. 6코 줍고 앞판 20코를 겉뜨기한다. 3코 줍는다. (총 52코 = 뒤판 26코 / 앞판 26코)

1번째 코(처음 주운 코)에 스티치 마커 A를 건다.
1단: 겉26, 스티치 마커 B 걸기, 겉26
2단: 겉2, kfb 코늘림, 스티치 마커 B 3코 전까지 겉뜨기, kfb 코늘림, 겉2, 스티치 마커 B, 단 끝까지 겉뜨기 (총 54코 = 뒤판 28코 / 앞판 26코)

**3~5단**: 모든 코 겉뜨기 (총 3단)
**6~45단**: 2~5단을 10회 더 반복 (총 74코 = 48코 / 26코)
**46단**: 2단을 반복 (총 76코 = 50코 / 26코)
**47단 (꼬리 위치 표시)**: 겉27, 마지막으로 뜬 4코에 자투리 실을 걸어 두기, 단 끝까지 겉뜨기
**48단**: 모든 코 겉뜨기

## 엉덩이 모양 만들기

스티치 마커 B를 제거한다.

*되돌아뜨기 단 주의: 이제 레슨 6의 상황 2의 특별한 경우가 되었다. (46쪽 참고)*

**코 세팅하기**: 처음 50코를 작업 중인 바늘에 두고 마지막 26코는 홀더에 옮겨 쉼코로 둔다. 1번째 코에 스티치 마커 A를 건다.

다음과 같이 편물을 앞뒤로 뒤집어가며 평면뜨기한다.
**1단 (겉면)**: 겉25, 스티치 마커 B 걸기, 겉3, 왼코줄임, 겉1, 편물 뒤집기 (엉덩이 총 49코)
**2단**: 스티치 마커 B를 지나 3코까지 안뜨기, ssp 코줄임, 안1, 편물 뒤집기 (총 48코)
**3단**: 진행 중 스티치 마커 B를 제거하며, 구멍 1코 전까지 겉뜨기, 왼코줄임, 겉1, 편물 뒤집기 (총 47코)
**4단**: 구멍 1코 전까지 안뜨기, ssp 코줄임, 안1, 편물 뒤집기 (총 46코)
3~4단을 7회 더 반복한다. (총 32코)

작업 중인 실이 있는 곳에서 시작해서, 다시 다음과 같이 원통뜨기한다.
**1단**: 구멍 1코 전까지 겉뜨기, 왼코줄임, 단 끝까지 겉뜨기 (총 57코 = 뒤판 31코 / 앞판 26코)
**2단**: 겉뜨기 꼬아뜨기 1, 겉1, ssk 코줄임, 단 끝까지 겉뜨기 (총 56코 = 30코 / 26코)

지금까지 생긴 실 꼬리를 정리한다.

## 다리 만들기
레슨 13 참고

들소 인형의 머리가 아래를 향하고 등이 보이는 상태에서, 현재 단 시작점에서 원통뜨기를 시작한다.

### 왼쪽 다리

**세팅 1단**: 단의 첫 12코를 겉뜨기, 다음 6코를 다음과 같이 코막음한다. 겉뜨기하듯이 1코 걸러뜨기, 겉1, 걸러뜨기한 코를 겉뜨기한 코 위로 덮어씌운다. *겉1, 이전 코를 겉뜨기한 코 위로 덮어씌우기*, *~*를 4회 더 반복한다. 겉21, 이전에 했던 방식으로 다음 6코를 코막음한다. 단의 마지막 9코를 겉뜨기한다. (작업 중인 바늘에 총 44코)
**세팅 2단**: 단의 첫 12코를 겉뜨기, 다음 22코를 홀더에 옮겨 쉼코로 둔다. 단의 마지막 10코를 겉뜨기한다. (총 22코)

1번째 코에 스티치 마커 A를 건다. (단 시작은 다리 바깥쪽에 있다)
**1~5단**: 모든 코 겉뜨기
**6단**: 겉2, ssk 코줄임, 단 끝에 4코 남을 때까지 겉뜨기, 왼코줄임, 겉2 (총 20코)
**7~11단**: 모든 코 겉뜨기 (총 5단)
**12단**: 6단을 반복 (총 18코)
**13~26단**: 모든 코 겉뜨기 (총 14단)
**27단**: 6단을 반복 (총 16코)
**28단**: 모든 코 겉뜨기
**29단**: 6단을 반복 (총 14코)
**30단**: 발굽 색상 실을 연결해서 바탕실과 함께 잡고, 모든 코 겉뜨기
**31단**: 바탕실을 자르고, 발굽 색상 실로만 겉8, 스티치 마커 B 걸기, 겉6
**32단**: 겉1, kfb 코늘림, 스티치 마커 B 2코 전까지 겉뜨기, kfb 코늘림, 겉1, 스티치 마커 B, 겉1, kfb 코늘림, 단 끝까지 겉뜨기 (총 17코 = 발굽 뒤쪽 10코 / 발굽 앞쪽 7코)
**33단**: 스티치 마커 B까지 겉뜨기, 스티치 마커 B, 겉1, kfb 코늘림, 단 끝까지 겉뜨기 (총 18코 = 10코 / 8코)
**34단**: 32단을 반복 (총 21코 = 12코 / 9코)
**35단**: 33단을 반복 (총 22코 = 12코 / 10코)
**36단**: 겉1, kfb 코늘림, 스티치 마커 B 2코 전까지 겉뜨기, kfb 코늘림, 겉1, 스티치 마커 B, 단 끝에 3코 남을 때까지 겉뜨기, 왼코줄임, 겉1 (총 23코 = 14코 / 9코)
**37단**: 단 끝에 3코 남을 때까지 겉뜨기, 왼코줄임, 겉1 (총 22코 = 14코 / 8코)
**38단**: 36단을 반복 (총 23코 = 16코 / 7코)
**39단**: 37단을 반복 (총 22코 = 16코 / 6코)

## 뒤꿈치 모양 만들기
스티치 마커 B를 제거한다.

*되돌아뜨기 단 주의: 이제 레슨 6의 상황 2를 할 차례다. (바늘비우기가 아닌, 실제 코를 소모하는 코줄임)*

**코 세팅하기**: 처음 16코를 작업 중인 바늘에 두고, 마지막 6코를 홀더에 옮겨 쉼코로 둔다. 1번째 코에 스티치 마커 A를 건다.
다음과 같이 편물을 앞뒤로 뒤집어가며 평면뜨기한다.
**1단 (겉면)**: 겉9, 왼코줄임, 편물 뒤집기 (뒤꿈치 총 15코)
**2단**: 안3, ssp 코줄임, 편물 뒤집기 (총 14코)

3단: 겉3, 왼코줄임, 편물 뒤집기 (총 13코)
4단: 안3, ssp 코줄임, 편물 뒤집기 (총 12코)
3~4단을 1회 더 반복한다. (총 10코)
작업 중인 실이 있는 곳에서 시작해서, 다시 다음과 같이 원통뜨기한다.
1단: 겉3, 왼코줄임, 단 끝까지 겉뜨기 (총 15코 = 뒤쪽 9코 / 앞쪽 6코)
2단: 겉뜨기 꼬아뜨기 1, 겉1, ssk 코줄임, 단 끝까지 겉뜨기 (총 14코 = 8코 / 6코)

## 발굽 마무리하기

1단: 겉1, ssk 코줄임, 겉2, 왼코줄임, 단 끝까지 겉뜨기 (총 12코 = 6코 / 6코)
2단: [겉1, ssk 코줄임, 왼코줄임, 겉1]을 2회 반복 (총 8코 = 4코 / 4코)

실을 자르고, 남은 코들을 메리야스잇기 기법으로 이어서 발굽 부분을 마무리한다. 실 꼬리는 편물 안쪽으로 가져온다. 색상이 바뀐 지점에 남아있는 2개의 실 꼬리도 동일한 방식으로 정리한다. 다리를 뒤집어서 안쪽이 보이게 한 후, 2개의 실 꼬리를 같은 위치에 모아 단단히 묶어 정리한다.

## 오른쪽 다리

세팅 단: 들소 인형의 머리가 아래를 향하고 등이 보이는 상태에서, 마지막 22코를 다시 바늘로 옮긴다, 그 후에 코의 오른쪽 끝에서 시작해, 실을 연결해서 22코 겉뜨기한다.

바늘을 재배치해 원통으로 뜬다. 1번째 코에 스티치 마커 A를 건다. (단 시작은 다리 안쪽에 있다)
1~5단: 모든 코 겉뜨기
6단: 겉8, 왼코줄임, 겉4, ssk 코줄임, 단 끝까지 겉뜨기 (총 20코)
7~11단: 모든 코 겉뜨기 (총 5단)
12단: 겉7, 왼코줄임, 겉4, ssk 코줄임, 단 끝까지 겉뜨기 (총 18코)
13~26단: 모든 코 겉뜨기 (총 14단)
27단: 겉6, 왼코줄임, 겉4, ssk 코줄임, 단 끝까지 겉뜨기 (총 16코)
28단: 모든 코 겉뜨기
29단: 겉5, 왼코줄임, 겉4, ssk 코줄임, 단 끝까지 겉뜨기 (총 14코)
30단: 발굽 색상 실을 연결해서 바탕실과 함께 잡고, 모든 코 겉뜨기
31단: 바탕실을 자르고, 발굽 색상 실로만 겉8, 스티치 마커 B를 걸기, 겉6
32단: 겉1, kfb 코늘림, 스티치 마커 B 2코 전까지 겉뜨기, kfb 코늘림, 겉1, 스티치 마커 B, 겉4, kfb 코늘림, 겉1 (총 17코 = 발굽 뒤쪽 10코 / 발굽 앞쪽 7코)
33단: 스티치 마커 B까지 겉뜨기, 스티치 마커 B, 겉5, kfb 코늘림, 겉1 (총 18코 = 10코 / 8코)
34단: 겉1, kfb 코늘림, 스티치 마커 B 2코 전까지 겉뜨기, kfb 코늘림, 겉1, 스티치 마커 B, 겉6, kfb 코늘림, 겉1 (총 21코 = 12코 / 9코)
35단: 스티치 마커 B까지 겉뜨기, 스티치 마커 B, 겉7, kfb 코늘림, 겉1 (총 22코 = 12코 / 10코)
36단: 겉1, kfb 코늘림, 스티치 마커 B 2코 전까지 겉뜨기, kfb 코늘림, 겉1, 스티치 마커 B, 겉1, ssk 코줄임, 단 끝까지 겉뜨기 (총 23코 = 14코 / 9코)
37단: 스티치 마커 B까지 겉뜨기, 스티치 마커 B, 겉1, ssk 코줄임, 단 끝까지 겉뜨기 (총 22코 = 14코 / 8코)
38단: 36단을 반복 (총 23코 = 16코 / 7코)
39단: 37단을 반복 (총 22코 = 16코 / 6코)

그 후에, '뒤꿈치 모양 만들기'부터 왼쪽 다리와 동일하게 뜬다. 오른쪽 다리에서는 시작할 때 연결했던 실 꼬리도 정리한다.

## 꼬리 추가하기

표시한 4코를 진행할 장갑바늘에 옮기고 자투리 실을 제거한다.

들소 인형의 머리가 아래를 향하고 등이 보이는 상태에서, 오른쪽에서 실을 연결해 다음과 같이 아이코드로 진행한다.
*겉4, 코를 바늘의 오른쪽 끝으로 밀어 옮기기*, *~*를 18회 더 반복한다.

*주의: 겉면 단에서 항상 작업 중인 실을 뒤에서 가져와 코를 뜬다.*

코를 재배치해 원통으로 뜬다. 1번째 코에 스티치 마커 A를 건다.
1~2단: 모든 코 겉뜨기
3단: [겉1, kfb 코늘림] 2회 (총 6코)
4단: 모든 코 겉뜨기
5단: [kfb 코늘림, 겉2] 2회 (총 8코)
6단: 모든 코 겉뜨기
7단: 단 끝까지 kfb 코늘림 반복 (총 16코)
8~9단: 모든 코 겉뜨기
10단: [겉2, 왼코줄임] 4회 (총 12코)
11단: 모든 코 겉뜨기
12단: [ssk 코줄임, 겉2, 왼코줄임] 2회 (총 8코)
13단: 모든 코 겉뜨기
14단: 단 끝까지 왼코줄임 반복 (총 4코)

실을 자르고, 돗바늘에 실을 끼워 바늘에 남아있는 코들에 실을 통과시킨 뒤 단단히 조인다. 실 꼬리는 꼬리를 통과시켜 편물 안쪽으로 가져온다. 꼬리 시작 부분에서 나온 실 꼬리도 편물 안쪽으로 가져와 함께 묶는다. 이 매듭은 작품의 안쪽 표면에 최대한 가깝게 만들고, 더 튼튼하게 고정하기 위해 1번 더 묶는다.

매듭 이후에는 실 끝을 짧게 남기고 잘라 정리한다.

## 세탁, 솜 넣기, 구멍 막기
레슨 14 참고

들소 인형을 목욕시킵니다. 특히 꼬불꼬불한 털들은 세탁이 꼭 필요하답니다!

털이 완전히 마른 후에 솜을 채운다. 레슨 14를 참고한다.

마지막 남은 부분은 돗바늘과 별도의 바탕색 실을 따로 사용해 꿰매서 마무리한다.

## 포레스트의 옷

### 실

Magpie Fibers, Solo Fingering (수퍼워시 메리노울 100% wool, 397m, 115g)
조끼: "Saturday Night Beaver" 색상, 약 18g
바지: "Evil Beaver" 색상, 약 15g

혹은 2가지 색상의 핑거링 굵기 실 약 18g (62m), 15g (52m)

### 바늘

2mm, 2.75mm, 꽈배기바늘
긴 줄바늘을 사용하는 경우, 어깨를 메리야스잇기할 때 사용할 같은 호수의 장갑바늘 2개

### 부자재

조끼를 여밀 8mm 단추 4개, 스티치 마커 6개

### 조끼

포레스트의 단추 조끼는 밑단의 고무단부터 시작해서 위쪽으로 뜬다. 몸통 부분을 암홀까지 뜨며, 앞판 양쪽에는 케이블 무늬가 들어간다. 그 후에는 뒤판과 앞판을 따로 떠서 어깨를 잇는다. 마지막으로 작은 겹단 칼라를 뜨고, 단추를 달아 마무리한다.

### 스페셜 무늬

The right twist (RT교차뜨기): 왼코줄임하는데 왼손 바늘에서 코를 빼지 않고, 1번째 코를 다시 겉뜨기하고, 2코 모두 왼손 바늘에서 빼낸다.

### 스페셜 약어

C4B 교차뜨기: 꽈배기바늘에 2코 옮겨 편물 뒤에 두고 겉2, 꽈배기바늘의 2코 겉뜨기
C4F 교차뜨기: 꽈배기바늘에 2코 옮겨 편물 앞에 두고 겉2, 꽈배기바늘의 2코 겉뜨기

### 몸통

일반코잡기 방법으로 2mm 바늘을 사용해서 88코 만든다.
다음과 같이 편물을 앞뒤로 뒤집어가며 평면뜨기한다.

**1단 (안면)**: [안1, 겉1] 2회, 안3, [겉2, 안2]를 단 끝에 9코 남을 때까지 반복, 겉2, 안3, [겉1, 안1] 2회
**2단**: [겉1, 안1] 2회, 겉3, [안2, 겉2]를 9코 남을 때까지 반복, 안2, 겉3, [안1, 겉1] 2회
**3~4단**: 1~2단을 반복
**5단**: 1단을 반복

2.75mm 바늘로 바꾼다.

주의: 다음 단에서는 각 섹션을 구분하기 위해 스티치 마커를 걸어 표시한다 (앞판 2개의 케이블과 뒤판의 케이블 고무단 섹션). 겉면을 기준으로 봤을 때, 첫 2개의 스티치 마커와 마지막 2개의 스티치 마커는 앞판의 케이블을 표시하고 가운데 2개의 마커는 뒤판의 케이블 고무단을 구분해준다. 일반적으로는 이미 만들어진 무늬를 따라, 겉뜨기 코는 겉뜨기로, 안뜨기 코는 안뜨기로 뜨면 된다. 하지만 케이블과 케이블 고무단 부분에서는 무늬를 만들기 위해 특정 단에서 추가 지시 사항이 있다. 그런 경우에는 텍스트에서 굵은 글씨로 표시된 부분이 있으니, 해당 부분에 주의를 기울인다.

**6단**: [겉1, 안1] 2회, 겉1, 안2, 스티치 마커 걸기, **C4B 교차뜨기, C4F 교차뜨기**, 스티치 마커 걸기, 안2, 겉2, 스티치 마커 걸기, [안2, 겉2] 12회, 안2, 스티치 마커 걸기, 겉2, 안2, 스티치 마커 걸기, **C4B 교차뜨기, C4F 교차뜨기**, 스티치 마커 걸기, 안2, 겉, [안1, 겉1] 2회
**7단**: [안1, 겉1] 2회, 안1, 겉2, 스티치 마커, **안8**, 스티치 마커, 겉2, 안2, 스티치 마커, [겉2, 안2]를 다음 스티치 마커 2코 전까지 반복, 겉2, 스티치 마커, 안2, 겉2, 스티치 마커, **안8**, 스티치 마커, 겉2, 안1, [겉1, 안1] 2회
**8단 (단춧구멍 단)**: 겉1, 안1, 바늘비우기, 안뜨기로 2코 모아뜨기, 겉1, 안2, 스티치 마커, **겉8**, 스티치 마커, 안2, 겉2, 스티치 마커, **[안2, RT]**를 다음 스티치 마커 2코 전까지 반복, 안2, 스티치 마커, 겉2, 안2, 스티치 마커, **겉8**, 스티치 마커, 안2, 겉, [안1, 겉1] 2회
자투리 실로 단 끝에서 3번째 코에 단추 위치를 표시한다.
**9단**: 7단을 반복
**10단**: [겉1, 안1] 2회, 겉1, 안2, 스티치 마커, **C4B 교차뜨기, C4F 교차뜨기**, 스티치 마커, 안2, 겉2, 스티치 마커, **[안2, 겉2]**를 다음 스티치 마커 2

코 전까지 반복, 안2, 스티치 마커, 겉2, 스티치 마커, C4B 교차뜨기, C4F 교차뜨기, 스티치 마커, 안2, 걸1, [안1, 걸1] 2회

**11단**: 7단을 반복

**12단**: [걸1, 안1] 2회, 걸1, 안2, 스티치 마커, **겉8**, 스티치 마커, 안2, 겉2, 스티치 마커, [안2, RT]를 다음 스티치 마커 2코 전까지 반복, 안2, 스티치 마커, 겉2, 안2, 스티치 마커, **겉8**, 스티치 마커, 안2, 걸1, [안1, 걸1] 2회

**13단**: 7단을 반복

**14단**: [걸1, 안1] 2회, 걸1, 안2, 스티치, 겉8, 스티치 마커, 안2, 겉2, 스티치 마커, **[안2, 겉2]**를 다음 스티치 마커 2코 전까지 반복, 안2, 스티치 마커, 겉2, 안2, 스티치 마커, 겉8, 스티치 마커, 안2, 걸1, [안1, 걸1] 2회

**15단**: [안1, 걸1] 2회, 안1, 겉2, 스티치 마커, **안2, 겉4, 안2**, 스티치 마커, 겉2, 안2, 스티치 마커, [겉2, 안2]를 다음 스티치 마커 2코 전까지 반복, 겉2, 스티치 마커, 안2, 겉2, 스티치 마커, **안2, 겉4, 안2**, 스티치 마커, 겉2, 안1, [걸1, 안1] 2회

**16단**: 12단을 반복

**17단**: 15단을 반복

**18단 (단춧구멍 단)**: 겉1, 안1, 바늘비우기, 안뜨기로 2코 모아뜨기, 겉1, 안2, 스티치 마커, **겉8**, 스티치 마커, 안2, 겉2, 스티치 마커, [안2, 겉2]를 다음 스티치 마커 2코 전까지 반복, 안2, 스티치 마커, 겉2, 안2, 스티치 마커, **겉8**, 스티치 마커, 안2, 걸1, [안1, 걸1] 2회

자투리 실로 단 끝에서 3번째 코에 단추 위치를 표시한다.

**19단**: 15단을 반복

**20단**: 12단을 반복

**21단**: 15단을 반복

**22단**: 14단을 반복

**23단**: 7단을 반복

## 오른쪽 앞판

조끼의 겉면이 보이는 상태에서, 오른쪽 앞판은 단의 첫 22코를 사용해서 평면뜨기한다.

**1단 (겉면)**: 겉1, 안1] 2회, 걸1, 안2, 스티치 마커, **C4B 교차뜨기, C4F 교차뜨기**, 스티치 마커, 안2, 겉2, 스티치 마커 제거, 겉1, 실을 편물 앞에 두고 1코 걸러뜨기, 겉1, 스티치 마커를 제자리에 둔 채로 남아있는 66코를 홀더에 옮겨 쉼코로 두고, 편물 뒤집기 (총 22코)

**2단**: 실을 편물 앞에 두고 1코 걸러뜨기, 겉1, 실을 편물 앞에 두고 1코 걸러뜨기, 안2, 겉2, 스티치 마커, **안8**, 스티치 마커, 겉2, 안1, [걸1, 안1] 2회

**3단**: [걸1, 안1] 2회, 걸1, 안2, 스티치 마커, **겉8**, 스티치 마커, 안2, 겉1, 실을 편물 앞에 두고 1코 걸러뜨기, 겉1

**4단**: 2단을 반복

**5단 (단춧구멍 단)**: 겉1, 안1, 바늘비우기, 안뜨기로 2코 모아뜨기, 겉1, 안2, 스티치 마커, **C4B 교차뜨기, C4F 교차뜨기**, 스티치 마커, 안2, 겉

1, 실을 편물 앞에 두고 1코 걸러뜨기, 겉1

**6~9단**: 2~3단을 2회 반복

이제부터 앞판 케이블을 고무뜨기 무늬로 변경한다.

**10단**: 실을 편물 앞에 두고 1코 걸러뜨기, 겉1, 실을 편물 앞에 두고 1코 걸러뜨기, 안2, 겉2, 스티치 마커 제거, [안2, 걸1] 2회, 안2, 스티치 마커 제거, 겉2, 안1, [걸1, 안1] 2회

**11단**: [걸1, 안1] 2회, 걸1, 안2, [겉2, 안1] 2회, 안2, 겉3, 실을 편물 앞에 두고 1코 걸러뜨기, 겉1

**12단**: 실을 편물 앞에 두고 1코 걸러뜨기, 겉1, 실을 편물 앞에 두고 1코 걸러뜨기, 안2, 겉2, [안2, 걸1] 2회, 안2, 겉2, 안1, [걸1, 안1] 2회

**13단**: 11단을 반복

**14단**: 12단을 반복

**15단 (단춧구멍 단)**: 겉1, 안1, 바늘비우기, 안뜨기로 2코 모아뜨기, 겉1, 안2, [겉2, 안1] 2회, 안2, 겉3, 실을 편물 앞에 두고 1코 걸러뜨기, 겉1

**16단**: 12단을 반복

**17~18단**: 11~12단을 반복

**19단**: [걸1, 안1] 2회, ssk 코줄임, 안1, [겉2, 안1] 2회, 안2, 겉3, 실을 편물 앞에 두고 1코 걸러뜨기, 겉1 (총 21코)

**20단**: 실을 편물 앞에 두고 1코 걸러뜨기, 겉1, 실을 편물 앞에 두고 1코

걸러뜨기, 안2, 겉, [안2, 겉] 2회, 안2, [겉1, 안1] 3회
**21단**: [겉1, 안1] 2회, ssk 코줄임, [겉2, 안1] 2회, 겉2, 안2, 겉3, 실을 편물 앞에 두고 1코 걸러뜨기, 겉1 (총 20코)
**22단**: 실을 편물 앞에 두고 1코 걸러뜨기, 겉1, 실을 편물 앞에 두고 1코 걸러뜨기, 안2, 겉, [안2, 겉] 2회, 안3, [겉1, 안1] 2회
**23단**: [겉1, 안1] 2회, ssk 코줄임, 겉1, [안1, 겉2] 2회, 안2, 겉3, 실을 편물 앞에 두고 1코 걸러뜨기, 겉1 (총 19코)
**24단**: 실을 편물 앞에 두고 1코 걸러뜨기, 겉1, 실을 편물 앞에 두고 1코 걸러뜨기, 안2, 겉, [안2, 겉1] 2회, 안2, [겉1, 안1] 2회

이후에 칼라를 뜨는 데 사용할 수 있도록 약 15m 정도 남기고, 실을 자른다. 그 실은 나중에 사용할 때까지 작은 실뭉치로 말아 둔다. 19코를 홀더에 옮겨 쉼코로 둔다.

## 왼쪽 앞판

조끼의 겉면이 보이는 상태에서, 단의 첫 44코(조끼 뒤판)을 홀더에 옮겨 쉼코로 둔다. 왼쪽 앞판 마지막 22코를 작업 중인 바늘에 옮기는데, 스티치 마커는 제자리에 둔다.

바늘에 있는 22코의 오른쪽 끝에 실을 연결해 평면뜨기한다.
**1단 (겉면)**: 겉1, 실을 편물 앞에 두고 1코 걸러뜨기, 겉1, 스티치 마커 제거, 겉2, 안2, 스티치 마커, **C4B 교차뜨기**, **C4F 교차뜨기**, 스티치 마커, 안2, 겉, [안1, 겉1] 2회
**2단**: [안1, 겉1] 2회, 안1, 겉2, 스티치 마커, **안8**, 스티치 마커, 겉2, 안2, 실을 편물 앞에 두고 1코 걸러뜨기, 겉1, 실을 편물 앞에 두고 1코 걸러뜨기
**3단**: 겉1, 실을 편물 앞에 두고 1코 걸러뜨기, 겉3, 안2, 스티치 마커, **겉8**, 스티치 마커, 안2, 겉, [안1, 겉1] 2회
**4단**: 2단을 반복
**5단 (단춧구멍 위치 표시)**: 겉1, 실을 편물 앞에 두고 1코 걸러뜨기, 겉3, 안2, 스티치 마커, **C4B 교차뜨기**, **C4F 교차뜨기**, 스티치 마커, 안2, 겉1, [안1, 겉1] 2회, 자투리 실로 끝에서 3번째 코를 표시
**6~9단**: 2~3단을 2회 반복
이제부터 앞판 케이블을 고무뜨기 무늬로 변경한다.
**10단**: [안1, 겉1] 2회, 안1, 겉2, 스티치 마커 제거, [안2, 겉1] 2회, 안2, 스티치 마커 제거, 겉2, 안2, 실을 편물 앞에 두고 1코 걸러뜨기, 겉1, 실을 편물 앞에 두고 1코 걸러뜨기
**11단**: 겉1, 실을 편물 앞에 두고 1코 걸러뜨기, 겉3, 안2, [겉2, 안1] 2회, 겉2, 안2, 겉1, [안1, 겉1] 2회
**12단**: [안1, 겉1] 2회, 안1, 겉2, [안2, 겉1] 2회, 안2, 겉2, 안2, 실을 편물 앞에 두고 1코 걸러뜨기, 겉1, 실을 편물 앞에 두고 1코 걸러뜨기
**13단**: 11단을 반복
**14단**: 12단을 반복
**15단 (단춧구멍 위치 표시)**: 11단을 반복하고 자투리 실로 끝에서 3번째 코를 표시
**16단**: 12단을 반복
**17~18단**: 11~12단을 반복
**19단**: 겉1, 실을 편물 앞에 두고 1코 걸러뜨기, 겉3, 안2, [겉2, 안1] 2회, 겉2, 안1, 왼코줄임, [안1, 겉1] 2회 (총 21코)
**20단**: [안1, 겉1] 3회, [안2, 겉1] 2회, 안2, 겉2, 안2, 실을 편물 앞에 두고 1코 걸러뜨기, 겉1, 실을 편물 앞에 두고 1코 걸러뜨기
**21단**: 겉1, 실을 편물 앞에 두고 1코 걸러뜨기, 겉3, 안2, [겉2, 안1] 2회, 겉2, 왼코줄임, [안1, 겉1] 2회 (총 20코)
**22단**: [안1, 겉1] 2회, 안1, [안2, 겉1] 2회, 안2, 겉2, 안2, 실을 편물 앞에 두고 1코 걸러뜨기, 겉1, 실을 편물 앞에 두고 1코 걸러뜨기
**23단**: 겉1, 실을 편물 앞에 두고 1코 걸러뜨기, 겉3, 안2, [겉2, 안1] 2회, 겉1, 왼코줄임, [안1, 겉1] 2회 (총 19코)
**24단**: [안1, 겉1] 2회, [안2, 겉1] 2회, 안2, 겉2, 안2, 실을 편물 앞에 두고 1코 걸러뜨기, 겉1, 실을 편물 앞에 두고 1코 걸러뜨기

약 40cm 정도 남기고, 실을 자른다. 19코를 홀더에 옮겨 쉼코로 둔다.

## 뒤판

남아있는 44코를 작업 중인 바늘에 옮긴다. 조끼의 겉면이 보이는 상태에서 오른쪽에 실을 연결해 평면뜨기한다.
**1단 (겉면)**: 겉1, 실을 편물 앞에 두고 1코 걸러뜨기, 겉1, **[RT, 안2]**를 단 끝에 5코 남을 때까지 반복, RT, 겉, 실을 편물 앞에 두고 1코 걸러뜨기, 겉1
**2단**: 실을 편물 앞에 두고 1코 걸러뜨기, 겉1, 실을 편물 앞에 두고 1코 걸러뜨기, **[안2, 겉2]**를 단 끝에 5코 남을 때까지 반복, 안2, 실을 편물 앞에 두고 1코 걸러뜨기, 겉1, 실을 편물 앞에 두고 1코 걸러뜨기
**3단**: 겉1, 실을 편물 앞에 두고 1코 걸러뜨기, 겉1, **[겉2, 안2]**를 단 끝에 5코 남을 때까지 반복, 겉2, 겉1, 실을 편물 앞에 두고 1코 걸러뜨기, 겉1
**4단**: 2단을 반복
**5~24단**: 1~4단을 5회 더 반복

약 40cm 정도 남기고, 실을 자른다. 44코를 홀더에 옮겨 쉼코로 둔다.

**오른쪽 어깨 연결하기**

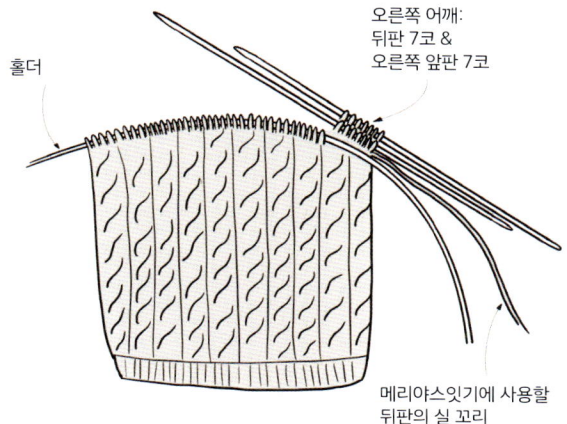

**왼쪽 어깨 연결하기**

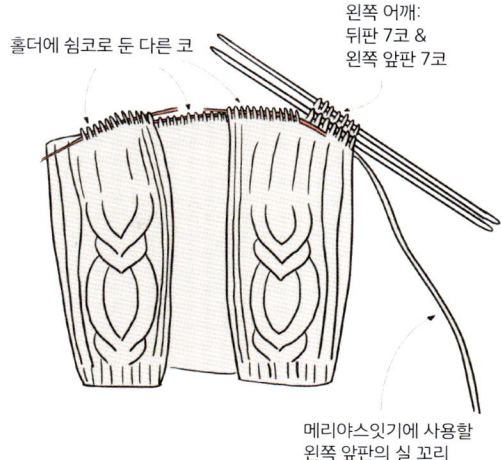

## 어깨 연결하기

### 오른쪽 어깨
조끼의 뒤판이 보이고 밑단이 아래로 향하도록 한 상태에서, 오른쪽 앞판을 뒤판에 맞댄다. 이때 안면끼리 마주 보도록 배치한다. (왼쪽 상단 그림 참고)

오른쪽 앞판 어깨 부분의 바깥쪽 7코를 장갑바늘에 옮긴다. 뒤판 7코도 동일한 방식으로 다른 장갑바늘에 옮긴다. 2개의 바늘을 나란히 평행하게 잡고, 뒤판에서 남겨둔 실 끝을 사용해 2세트의 7코를 메리야스잇기 기법으로 연결한다. (레슨 10 참고)

### 왼쪽 어깨
조끼의 뒤판이 보이고 밑단이 아래로 향하도록 한 상태에서, 왼쪽 앞판을 뒤판에 맞댄다. 이때 안면끼리 마주 보도록 배치한다. (오른쪽 상단 그림 참고)

왼쪽 앞판 어깨 부분의 바깥쪽 7코를 장갑바늘에 옮긴다. 뒤판 7코도 동일한 방식으로 다른 장갑바늘에 옮긴다. 2개의 바늘을 나란히 평행하게 잡고, 왼쪽 앞판에서 남겨둔 실 끝을 사용해 2세트의 7코를 메리야스잇기 기법으로 연결한다. 실 끝은 그대로 둔다.

### 칼라
남은 모든 코를 2.75mm 바늘로 옮긴다. 오른쪽 앞판 12코, 뒤판 30코, 왼쪽 앞판 12코 (총 54코).

조끼의 겉면이 보이는 상태에서 오른쪽 앞판에서 남겨두었던 오른쪽 작은 실뭉치를 사용해 평면뜨기한다.
주의: 세팅 1단에서, 조끼의 겉면에서 작업하지만 이 부분은 칼라의 안면이 될 것이다.

**세팅 1단 (겉면):** [겉1, 안1] 2회, [겉2, 안1] 2회, 겉2, 어깨 솔기에서 1코 줍기, [겉2, 안2] 7회, 겉2, 어깨 솔기에서 1코 줍기, [안1, 겉2] 2회, [안1, 겉1] 2회 (총 56코)

**세팅 2단:** [안1, 겉1] 2회, [안2, 겉1] 2회, 안3, [겉2, 겉2] 7회, 안3, [안2, 겉1] 2회, 안2, [겉1, 안1] 2회

**1단 (겉면):** [겉1, 안1] 2회, [겉2, 안1] 2회, 겉5, [안2, 겉2] 7회, 겉3, [안1, 겉2] 2회, [안1, 겉1] 2회

**2단:** [안1, 겉1] 2회, [안2, 겉1] 2회, 안3, [겉2, 겉2] 7회, 안3, [안2, 겉1] 2회, 안2, [겉1, 안1] 2회

**3~12단:** 1~2단을 5회 더 반복

왼코줄임 코막음 기법을 사용해서 모든 코를 코막음한다. (레슨 19 참고) 왼쪽 앞판과 뒤판에서 남겨둔 실 끝은 어깨와 칼라가 만나는 지점에 생길 수 있는 구멍을 메우는 데 사용하고, 그 후 실을 안쪽으로 정리한다.

### 마무리
자투리 실을 가이드로 삼아 단추를 꿰맨다.

남아있는 실 끝은 모두 안쪽으로 정리한다.

조끼를 물에 충분히 적셔서 헹군 뒤, 편물의 겉면이 보이도록 펼쳐서 말

린다. 앞판의 케이블 양쪽에 있는 안뜨기 단들은 무늬가 잘 드러나고 코가 자연스럽게 풀어지도록, 살짝만 늘려준다. 단, 어느 정도 두께감을 유지할 수 있도록 너무 세게 늘리지 않도록 주의한다. 칼라는 접어서 가장자리가 케이블 고무단 위를 덮도록 정리한 뒤, 그 위치에 고정핀으로 고정해 두고 그대로 말린다.

## 바지

포레스트의 바지는 허리에서 시작해 위에서 아래로 뜬다.

일반코잡기 방법으로, 바지에 사용할 색상 실과 2.75mm 바늘을 사용해서 48코를 만든다.

바늘을 재배치해 원통으로 뜬다. 1번째 코에 스티치 마커 A를 건다.
**1단**: [겉2, 안1]을 단 끝까지 반복
**2단**: [안1, 겉1, 안1]을 단 끝까지 반복
**3~4단**: 1~2단을 반복
**5단**: [겉1, kfb 코늘림, 안1]을 단 끝까지 반복 (총 64코)
**6단**: [안1, 겉1, 안2]을 단 끝까지 반복
**7단**: [겉3, 안1]을 단 끝까지 반복
**8단**: [안1, 겉1, 안2]를 단 끝까지 반복
**9~36단**: 7~8단을 14회 더 반복
**37단 (꼬리 구멍 만들기, 레슨 18 참고)**: [겉3, 안1] 3회, 실을 편물 앞으로 가져와 다음 코를 안뜨기하듯이 걸러뜨기, 실을 편물 뒤로 가져와 *안뜨기하듯이 1코 걸러뜨기, 이전의 걸러뜨기한 코를 방금 걸러뜨기한 코 위로 덮어씌우기*, *~*를 3회 더 반복해 4코 코막음, 마지막으로 걸러뜨기한 코를 왼손 바늘로 옮기기, 편물 뒤집기, 실을 편물 뒤로 가져와 케이블 코잡기로 5코 만들기, 편물 뒤집기, 실을 편물 뒤로 가져와 안뜨기하듯이 1코 걸러뜨기, 마지막으로 만든 코를 덮어씌우기, 마지막으로 걸러뜨기한 코를 왼손 바늘로 다시 옮기기, 겉1, 안1, [겉3, 안1]을 단 끝까지 반복
**38단**: 8단을 반복
**39~44단**: 7~8단을 3회 더 반복

## 왼쪽 다리

현재 단 시작점에서 원통뜨기한다.
**세팅 1단**: [겉3, 안1]을 4회 반복한다. 다음 32코를 홀더에 옮겨 쉼코로 두고 [겉3, 안1]을 4회 반복한다. (작업 중인 바늘에 총 32코)
**세팅 2단**: [안1, 겉1, 안2]를 단 끝까지 반복한다.
1번째 코에 스티치 마커 A를 건다. (단 시작은 다리 바깥쪽에 있다)

**1단**: [겉3, 안1]을 단 끝까지 반복
**2단**: [안1, 겉1, 안2]를 단 끝까지 반복

**3~16단**: 1~2단을 7회 더 반복

2mm 바늘로 바꿔 레슨 16에서 설명한 대로 고무뜨기하면서 모든 코 코막음하는데, [안1, 겉1] 구간과 (겉뜨기로 뜨게 될) 안2 구간을 번갈아 진행한다.

실을 자른다, 마지막 코에 통과시키고 실 끝을 정리한다.

## 오른쪽 다리

**세팅 1단**: 꼬리 구멍이 보이는 상태에서, 남은 32코를 2.75mm 바늘로 옮겨, 오른쪽 끝에서 시작해서, 실을 연결해 [겉3, 안1]을 단 끝까지 반복한다. 바늘을 재배치해 원통으로 뜬다. 1번째 코에 스티치 마커 A를 건다. (단 시작은 다리 안쪽에 있다)
**세팅 2단**: [안1, 겉1, 안2]를 단 끝까지 반복

그 후에 1단부터 시작해서 왼쪽 다리와 동일하게 뜬다.

실을 자르고, 실 끝은 안쪽으로 정리한다. 가랑이 부분에 남아있는 실 끝은 작은 구멍이 있다면 그 부분을 막는 데 사용하고, 그 후 역시 안쪽으로 잘 숨겨 마무리한다.

## 마무리

남아있는 실 꼬리를 정리한다.

바지를 충분히 적셔서 헹군 뒤, 고무뜨기 무늬가 늘어나지 않도록 주의하면서 평평하게 펼쳐 말린다.

# Agi
아지
—
## 양

### 키
20cm

### 실

**바탕실:** Tukuwool, Fingering (100% Finnish wool, 200m, 50g), "Sake" 색상, 약 25g (100m)

**발굽 배색실:** Magpie Fibers, Solo Fingering (수퍼워시 메리노울 100%, 397m, 115g), "Ghost Town" 색상, 약 5g (20m)

혹은 핑거링 굵기의 바탕실 약 25g (100m), 발굽 배색실 약 5g (20m)

**시작하기 전에 미리 챙겨 두기:** 귀를 뜰 실 2m 2개

### 바늘
2mm, 귀를 뜰 같은 호수의 바늘

### 부자재
6mm 짙은 갈색 인형눈

눈, 귀, 꼬리 위치를 표시할 대비되는 색상의 자투리 실 4개

## 시작하기
레슨 1~3 + 5 참고

일반코잡기 방법으로, 4코 만든다.

바늘을 재배치해 원통으로 뜬다.
**1단**: kfb 코늘림 4회 (총 8코)
**2단**: 모든 코 겉뜨기
1번째 코에 스티치 마커 A를 건다.
**3단**: kfb 코늘림 4회, 겉1, kfb 코늘림 2회, 겉1 (총 14코 = 주둥이 위쪽 8코 / 주둥이 아래쪽 6코)
**4단**: 모든 코 겉뜨기
**5단**: 겉2, kfb 코늘림 4회, 겉4, kfb 코늘림 2회, 겉2 (총 20코 = 12코 / 8코)
**6~8단**: 모든 코 겉뜨기 (총 3단)
**9단**: 겉1, kfb 코늘림, 겉8, kfb 코늘림, 단 끝까지 겉뜨기 (총 22코 = 14코 / 8코)
**10단**: 모든 코 겉뜨기
**11단**: 겉1, kfb 코늘림, 겉10, kfb 코늘림, 단 끝까지 겉뜨기 (총 24코 = 16코 / 8코)
**12단**: 모든 코 겉뜨기
**13단**: 겉1, kfb 코늘림, 겉12, kfb 코늘림, 겉2, kfb 코늘림, 단 끝에 2코 남을 때까지 겉뜨기, kfb 코늘림, 겉1 (총 28코 = 18코 / 10코)
**14단**: 모든 코 겉뜨기
**15단**: 겉3, kfb 코늘림 3회, 겉6, kfb 코늘림 3회, 겉4, kfb 코늘림, 단 끝에 2코 남을 때까지 겉뜨기, kfb 코늘림, 겉1 (총 36코 = 24코 / 12코)
**16단**: 모든 코 겉뜨기
**17단 (눈 위치 표시)**: 겉6, 마지막으로 겉뜨기한 코에 1번째 자투리 실을 통과시켜 느슨하게 묶기, 겉13, 2번째 자투리 실을 마지막으로 겉뜨기한 코에 통과시켜 느슨하게 묶기, 단 끝까지 겉뜨기
**18단**: 모든 코 겉뜨기
**19단**: 겉4, kfb 코늘림 3회, 겉10, kfb 코늘림 3회, 겉4, kfb 코늘림 2회, 단 끝에 2코 남을 때까지 겉뜨기, kfb 코늘림 2회 (총 46코 = 30코 / 16코)
**20단 (귀 위치 표시)**: 겉8, 마지막으로 겉뜨기한 코에 1번째 자투리 실을 통과시켜 느슨하게 묶기, 겉15, 2번째 자투리 실을 마지막으로 겉뜨기한 코에 통과시켜 느슨하게 묶기, 단 끝까지 겉뜨기

## 머리 모양 만들기
레슨 6 참고

되돌아뜨기 처음 4개의 섹션은 머리 윗부분에 약간의 곡선을 더하기 위해 부분적으로 가터뜨기를 뜬다. 이때 안면에서 겉뜨기를 하거나 겉면에서 안뜨기를 하는 경우가 가끔 있는데, 이런 평소와 다른 단을 놓치지 않도록, 그리고 단이 시작될 때 빠지기 쉬운 바늘비우기 코를 빼먹지 않도록 각 섹션마다 지시 사항에 쓰여있다.

### 되돌아뜨기 - 섹션 1

*주의: 이제 레슨 6의 상황 1을 할 차례다. (바늘비우기와 바늘비우기 코를 소모하는 코줄임)*

**코 세팅하기**: 처음 30코를 작업 중인 바늘에 두고 마지막 16코는 홀더에 옮겨 쉼코로 둔다. 1번째 코에 스티치 마커 A를 건다.

이 섹션에서는, 안면 단을 뜰 때 매단 겉뜨기할 것이다. 각 단 시작에서 바늘비우기 코를 만들기 위해서, 실을 편물 앞에 두고, 겉뜨기를 시작한다.

다음과 같이 편물을 앞뒤로 뒤집어가며 평면뜨기한다.
**1단 (겉면)**: 겉18, 편물 뒤집기
**2단**: 바늘비우기, 겉6, 편물 뒤집기
**3단**: 바늘비우기, 겉6, 왼코줄임, 겉1, 편물 뒤집기
**4단**: 바늘비우기, 겉8, 왼코줄임, 겉1, 편물 뒤집기
**5단**: 바늘비우기, 겉10, 왼코줄임, 겉1, 편물 뒤집기
**6단**: 바늘비우기, 겉12, 왼코줄임, 겉1, 편물 뒤집기

작업 중인 실이 있는 곳에서 시작해서, 다시 다음과 같이 원통뜨기한다.
**1단**: 바늘비우기, 겉14, 왼코줄임, 단 끝까지 겉뜨기 (총 46코 + 바늘비우기 = 머리 위쪽 30코 + 바늘비우기 / 목 16코)

### 되돌아뜨기 - 섹션 2

*주의: 이제 레슨 6의 상황 1을 할 차례다. (바늘비우기와 바늘비우기 코를 소모하는 코줄임)*

**코 세팅하기**: 처음 30코와 남아있는 바늘비우기 코를 작업 중인 바늘에 두고 마지막 16코는 홀더에 옮겨 쉼코로 둔다. 1번째 코에 스티치 마커 A를 건다.

이 섹션에서는 1단 시작을 제외하고, 겉면 단을 뜰 때 매 단 안뜨기할 것이다. 각 단 시작에서 바늘비우기 코를 만들기 위해서, 실을 편물 뒤에 두고, 안뜨기를 시작한다.

다음과 같이 편물을 앞뒤로 뒤집어가며 평면뜨기한다.
**1단 (겉면)**: 겉7, 겉뜨기하듯이 1코 걸러뜨기, 바늘비우기 코를 겉뜨기, 걸러뜨기한 코를 겉뜨기한 코 위로 덮어씌우기, 안뜨기 꼬아뜨기 1, 안9, 편물 뒤집기
**2단**: 바늘비우기, 안6, 편물 뒤집기

**3단:** 바늘비우기, 안6, ssp 코줄임, 안1, 편물 뒤집기
**4단:** 바늘비우기, 안8, ssp 코줄임, 안1, 편물 뒤집기
**5단:** 바늘비우기, 안10, ssp 코줄임, 안1, 편물 뒤집기
**6단:** 바늘비우기, 안12, ssp 코줄임, 안1, 편물 뒤집기

아래 1단 시작에서, 겉면에서 안뜨기할 것이다. 바늘비우기 코를 만들기 위해서, 실을 편물 뒤에 두고, 안뜨기를 시작한다.

작업 중인 실이 있는 곳에서 시작해서, 다시 다음과 같이 원통뜨기한다.
**1단:** 바늘비우기, 안14, ssp 코줄임, 겉, ssk 코줄임, 단 끝에 2코 남을 때까지 겉뜨기, 왼코줄임 (총 44코 + 바늘비우기 = 머리 위쪽 30코 + 바늘비우기 / 목 14코)

## 되돌아뜨기 - 섹션 3

*주의: 이제 레슨 6의 상황 1을 할 차례다. (바늘비우기와 바늘비우기 코를 소모하는 코줄임)*

**코 세팅하기:** 처음 30코와 남아있는 바늘비우기 코를 작업 중인 바늘에 두고 마지막 14코는 홀더에 옮겨 쉼코로 둔다. 1번째 코에 스티치 마커 A를 건다.

이 섹션에서는, 안면 단을 뜰 때 매 단 겉뜨기할 것이다. 각 단 시작에서 바늘비우기 코를 만들기 위해서, 실을 편물 앞에 두고, 겉뜨기를 시작한다.

4단과 6단에서, 편물을 뒤집기 전에 마지막 코를 안뜨기한다. 이 안뜨기 2코를 놓치지 않도록 주의한다.

다음과 같이 편물을 앞뒤로 뒤집어가며 평면뜨기한다.
**1단 (겉면):** 겉7, 겉뜨기하듯이 1코 걸러뜨기, 바늘비우기 코를 겉뜨기, 걸러뜨기한 코를 겉뜨기한 코 위로 덮어씌우기, 겉뜨기 꼬아뜨기 1, 겉9, 편물 뒤집기
**2단:** 바늘비우기, 겉6, 편물 뒤집기
**3단:** 바늘비우기, 겉6, 왼코줄임, 겉1, 편물 뒤집기
**4단:** 바늘비우기, 겉8, 왼코줄임, 안1, 편물 뒤집기
**5단:** 바늘비우기, 겉10, 왼코줄임, 겉1, 편물 뒤집기
**6단:** 바늘비우기, 겉12, 왼코줄임, 안1, 편물 뒤집기

작업 중인 실이 있는 곳에서 시작해서, 다시 다음과 같이 원통뜨기한다.
**1단:** 바늘비우기, 겉14, 왼코줄임, 겉, ssk 코줄임, 단 끝에 2코 남을 때까지 겉뜨기, 왼코줄임 (총 42코 + 바늘비우기 = 머리 위쪽 30코 + 바늘비우기 / 목 12코)

## 되돌아뜨기 - 섹션 4

*주의: 이제 레슨 6의 상황 2를 할 차례다. (바늘비우기가 아닌, 실제 코를 소모하는 코줄임)*

**코 세팅하기:** 처음 30코와 남아있는 바늘비우기 코를 작업 중인 바늘에 두고 마지막 12코는 홀더에 옮겨 쉼코로 둔다. 1번째 코에 스티치 마커 A를 건다.

이 섹션에서는 1단 시작을 제외하고, 겉면 단을 뜰 때 매 단 안뜨기할 것이다.

다음과 같이 편물을 앞뒤로 뒤집어가며 평면뜨기한다.
**1단 (겉면):** 겉7, 겉뜨기하듯이 1코 걸러뜨기, 바늘비우기 코를 겉뜨기, 걸러뜨기한 코를 겉뜨기한 코 위로 덮어씌우기, 안뜨기 꼬아뜨기 1, 안9, 편물 뒤집기
**2단:** 안6, 편물 뒤집기
**3단:** 안5, ssp 코줄임, 안1, 편물 뒤집기 (머리 위쪽 총 29코)
**4단:** 안6, ssp 코줄임, 안1, 편물 뒤집기 (총 28코)
**5단:** 안7, ssp 코줄임, 안1, 편물 뒤집기 (총 27코)
**6단:** 안8, ssp 코줄임, 안1, 편물 뒤집기 (총 26코)

아래 1단 시작에서, 겉면에서 안뜨기할 것이다.
작업 중인 실이 있는 곳에서 시작해서, 다시 다음과 같이 원통뜨기한다.
**1단:** 안9, ssp 코줄임, 겉, ssk 코줄임, 단 끝에 2코 남을 때까지 겉뜨기, 왼코줄임 (총 35코 = 머리 뒤쪽 25코 / 목 10코)

## 되돌아뜨기 - 섹션 5

*주의: 이제 레슨 6의 상황 2를 할 차례다. (바늘비우기가 아닌, 실제 코를 소모하는 코줄임)*

**코 세팅하기:** 처음 25코를 작업 중인 바늘에 두고 마지막 10코는 홀더에 옮겨 쉼코로 둔다. 1번째 코에 스티치 마커 A를 건다.

이제 다시 정상적으로 작업을 진행한다. 겉면에서는 겉뜨기, 안면에서는 안뜨기로 뜬다.

다음과 같이 편물을 앞뒤로 뒤집어가며 평면뜨기한다.
**1단 (겉면):** 겉7, ssk 코줄임, 겉8, 편물 뒤집기 (머리 뒤쪽 총 24코)
**2단:** 안8, 편물 뒤집기
**3단:** 겉7, 왼코줄임, 겉1, 편물 뒤집기 (총 23코)
**4단:** 안8, ssp 코줄임, 안1, 편물 뒤집기 (총 22코)
**5단:** 겉9, 왼코줄임, 겉1, 편물 뒤집기 (총 21코)

6단: 안10, ssp 코줄임, 안1, 편물 뒤집기 (총 20코)
7단: 겉11, 왼코줄임, 겉1, 편물 뒤집기 (총 19코)
8단: 안12, ssp 코줄임, 안1, 편물 뒤집기 (총 18코)

작업 중인 실이 있는 곳에서 시작해서, 다시 다음과 같이 원통뜨기한다.
1단: 겉13, 왼코줄임, 겉1, ssk 코줄임, 단 끝에 2코 남을 때까지 겉뜨기, 왼코줄임 (총 25코 = 머리 뒤쪽 17코 / 목 8코)

## 되돌아뜨기 - 섹션 6

주의: 이제 레슨 6의 상황 1을 할 차례다. (바늘비우기와 바늘비우기 코를 소모하는 코줄임)

**코 세팅하기:** 처음 17코를 작업 중인 바늘에 두고 마지막 8코는 홀더에 옮겨 쉼코로 둔다. 1번째 코에 스티치 마커 A를 건다.

다음과 같이 편물을 앞뒤로 뒤집어가며 평면뜨기한다.
1단 (겉면): 겉뜨기 꼬아뜨기 1, ssk 코줄임, 겉10, 편물 뒤집기 (머리 뒤쪽 총 16코)
2단: 바늘비우기, 안8, 편물 뒤집기
3단: 바늘비우기, 겉8, 왼코줄임, 겉1, 편물 뒤집기
4단: 바늘비우기, 안10, ssp 코줄임, 안1, 편물 뒤집기

작업 중인 실이 있는 곳에서 시작해서, 다시 다음과 같이 원통뜨기한다.
1단: 바늘비우기, 겉12, 왼코줄임, 단 끝까지 겉뜨기 (총 24코 + 바늘비우기 = 머리 뒤쪽 16코 + 바늘비우기 / 목 8코)

## 되돌아뜨기 - 섹션7

주의: 이제 레슨 6의 상황 2를 할 차례다. (바늘비우기가 아닌, 실제 코를 소모하는 코줄임)

**코 세팅하기:** 처음 16코와 남아있는 바늘비우기 코를 작업 중인 바늘에 두고 마지막 8코는 홀더에 옮겨 쉼코로 둔다. 1번째 코에 스티치 마커 A를 건다.

다음과 같이 편물을 앞뒤로 뒤집어가며 평면뜨기한다.
1단 (겉면): 겉뜨기 꼬아뜨기 1, 겉뜨기하듯이 1코 걸러뜨기, 바늘비우기 코를 겉뜨기, 걸러뜨기한 코를 겉뜨기한 코 위로 덮어씌우기, 겉뜨기 꼬아뜨기 1, 겉9, 편물 뒤집기
2단: 안8, 편물 뒤집기
3단: 겉7, 왼코줄임, 겉1, 편물 뒤집기 (머리 뒤쪽 총 15코)
4단: 안8, ssp 코줄임, 안1, 편물 뒤집기 (총 14코)

작업 중인 실이 있는 곳에서 시작해서, 다시 다음과 같이 원통뜨기한다.
1단: 겉9, 왼코줄임, 단 끝까지 겉뜨기 (총 21코 = 머리 뒤쪽 13코 / 목 8코)
2단: 겉뜨기 꼬아뜨기 1, ssk 코줄임, 단 끝까지 겉뜨기 (총 20코 = 12코 / 8코)

얼굴에 표정과 귀를 추가하는 동안 바늘에서 코가 빠지지 않도록 주의한다.

## 얼굴 표정 추가하기
레슨 7 참고

먼저, 코잡기한 실 끝을 머리 안쪽으로 가져와 정리한다.

눈을 붙이거나 수놓는다. 코와 미소를 수놓는다. 코끝을 강조하기 위해, 코잡기하고 작업을 시작했던 지점에 작은 사선 2줄을 수놓는다. 입 부분은 작은 세로선을 하나 수놓고, 그 밑부분에서 시작되는 작은 곡선을 양쪽에 하나씩 더해준다.

## 귀 만들기

머리 옆쪽에 표시해 둔 코를 기준으로 삼는다. 표시된 코 바로 뒤에서 시작해 가터뜨기 부분을 따라 3코를 줍고, 그 아래에서 다시 3코를 더 주워 총 6코를 만든다. (하단 그림 참고) 이렇게 3코씩 2세트를 주운 후에는 자투리 실을 제거한다. 바늘을 재배치해 원통으로 뜬다. 귀는 대칭이기 때문에 어느 쪽에서 시작해도 상관없다. 1번째 코에 스티치 마커 A를 건다.

시작하기 전에 미리 챙겨놓은 바탕실 중 1개를 연결해서 다음과 같이 진행한다.
1단: 모든 코 겉뜨기 (총 6코)
2단: [겉1, kfb 코늘림, 겉1] 2회 (총 8코)

**귀 코줍기**

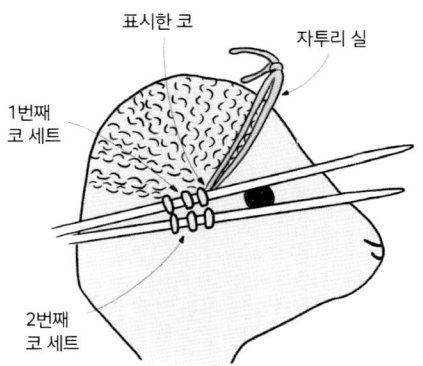

3단: 모든 코 겉뜨기
4단: [겉1, kfb 코늘림 2회, 겉1] 2회 (총 12코)
5~9단: 모든 코 겉뜨기 (총 5단)
10단: [겉1, ssk 코줄임, 왼코줄임, 겉1] 2회 (총 8코)
11단: [ssk 코줄임, 왼코줄임] 2회 (총 4코)

실을 잘라서 돗바늘에 꿰어 바늘에 걸려있는 코에 실을 통과시킨 다음, 실을 단단히 당겨서 조인다. 실 꼬리는 귀를 통과시켜 편물 안쪽으로 가져온다. 또한 귀 시작 부분에서 나온 실 꼬리도 편물 안쪽으로 가져와 함께 묶는다.

2번째 귀도 동일한 방식으로 뜬다.

## 목과 어깨 모양 만들기

바늘에 총 20코 (앞판 12코 / 뒤판 8코) 있다. 양 인형의 머리가 아래로 향하고 등이 보이는 상태에서, 스티치 마커 A로 표시한 현재 단 시작점에서 원통뜨기를 시작한다.

1단: 겉뜨기 꼬아뜨기 1, 겉1, ssk 코줄임 2회, 왼코줄임 2회, 단 끝까지 겉뜨기 (총 16코 = 뒤판 8코 / 앞판 8코)
2단: 모든 코 겉뜨기

3단: kfb 코늘림을 단 끝까지 반복 (총 32코)
4단 (부분적인 단): 단 끝에 3코 남을 때까지 겉뜨기, 다음 코에 스티치 마커 A를 다시 걸기. 이곳이 새로운 단 시작이 되고 그에 따라 바늘을 재배치하고 필요한 경우 코 분배를 다시 조정한다.
5단: 모든 코 겉뜨기
6단: [겉1, kfb 코늘림]을 단 끝까지 반복 (총 48코)
7~8단: 모든 코 겉뜨기
9단: [겉5, kfb 코늘림]을 단 끝까지 반복 (총 56코)
10~11단: 모든 코 겉뜨기
12단: [겉6, kfb 코늘림]을 단 끝까지 반복 (총 64코)
13~18단: 모든 코 겉뜨기 (총 6단)

## 팔 만들기

레슨 8~11 + 4 참고

양 인형의 머리가 아래를 향하고 등이 보이는 상태에서, 현재 단 시작점에서 원통뜨기를 시작한다.

### 왼쪽 팔

세팅 1단: 단의 첫 7코를 겉뜨기, 다음 50코를 홀더에 옮겨 쉼코로 둔다. 감아코잡기 방법으로 2코 만든다. 스티치 마커 A를 걸고 2코 만든다. 단

의 마지막 7코를 겉뜨기한다. (총 18코)
세팅 2단: 스티치 마커 A를 다시 만날 때까지 겉뜨기한다. 다음 코에 스티치 마커 A를 옮긴다. 이곳이 새로운 단 시작이 되고, 그에 따라 바늘을 재배치하고 필요한 경우 코 분배를 다시 조정한다.

1~2단: 모든 코 겉뜨기
3단: 겉5, 왼코줄임, 겉4, ssk 코줄임, 단 끝까지 겉뜨기 (총 16코)
4~26단: 모든 코 겉뜨기 (총 23단)
27단: [왼코줄임]을 단 끝까지 반복 (총 8코)
28단 (부분적인 단): 겉2, 다음 코에 스티치 마커 A 옮기기
이곳이 새로운 단 시작이 되고, 그에 따라 바늘을 재배치하고 필요한 경우 코 분배를 다시 조정한다.
29단: 발굽 색상 실을 연결해서 바탕실과 함께 잡고, 모든 코 겉뜨기
30단: 바탕실을 자르고, 발굽 색상 실로만 모든 코 겉뜨기
31단: [겉1, kfb 코늘림 2회, 겉1] 2회 (총 12코)
32~36단: 모든 코 겉뜨기 (총 5단)
37단: [ssk 코줄임, 겉2, 왼코줄임] 2회 (총 8코)

실을 자르고 메리야스잇기 기법으로 발굽 부분을 마무리한다. 실 꼬리는 편물 안쪽으로 가져온다. 색이 바뀐 지점에서 남아있는 2개의 실 꼬리도 동일한 방식으로 안쪽으로 가져온다. 작은 양 인형의 "손목" 부분은 아주 얇고, 발굽은 더 넓기 때문에 팔을 끝까지 완전히 뒤집는 것은 어렵다. 힘들어지기 시작하는 지점에서 멈추고, 안쪽에서 실 3가닥을 모아 묶는다.

## 오른쪽 팔

세팅 1단: 양 인형의 머리가 아래를 향하고 등이 보이는 상태에서 첫 18코를 홀더에 옮겨 쉼코로 두고, 다음 14코를 다시 작업 중인 바늘에 옮긴다. 마지막 18코를 홀더에 옮겨 쉼코로 둔다. (총 14코)
세팅 2단: 작업 중인 바늘의 오른쪽 끝에 있는 코에서 시작해서, (나중에 작은 구멍이 있으면 막을 수 있게 실 꼬리를 충분히 남기고) 실을 연결해 14코를 겉뜨기한다. 감아코잡기 방법으로 2코 만든다. 스티치 마커 A를 걸고 2코 만든다. (총 18코)
세팅 3단: 바늘을 재배치해 원통으로 뜬다. 스티치 마커 A를 다시 만날 때까지 겉뜨기한다. 스티치 마커 A를 제거하고 다음 코에 스티치 마커 A를 다시 건다. 이곳이 새로운 단 시작이 되고, 그에 따라 바늘을 재배치하고 필요한 경우 코 분배를 다시 조정한다.

그 후에 1단부터 왼쪽 팔과 동일하게 뜬다.

## 몸통 만들기
레슨 12 참고

남아있는 36코를 작업 중인 바늘로 다시 옮긴다. 양 인형의 머리가 아래를 향하고 등이 보이는 상태에서, 왼쪽 진동 가운데에 실을 연결해 원통뜨기한다.
세팅 단: 3코 줍고 뒤판 18코를 겉뜨기한다. 6코 줍고 앞판 18코를 겉뜨기한다. 3코 줍는다. (총 48코 = 뒤판 24코 / 앞판 24코)

1번째 코(처음 주운 코)에 스티치 마커 A를 건다.

1단: 모든 코 겉뜨기
2단: 겉24, 스티치 마커 B를 걸기, 겉24
3단: 겉4, kfb 코늘림, 스티치 마커 B 5코 전까지 겉뜨기, kfb 코늘림, 겉4, 스티치 마커 B, 단 끝까지 겉뜨기 (총 50코 = 뒤판 26코 / 앞판 24코)
4~7단: 모든 코 겉뜨기 (총 4단)
8단: 겉4, kfb 코늘림, 스티치 마커 B 5코 전까지 겉뜨기, kfb 코늘림, 겉4, 스티치 마커 B, 겉4, kfb 코늘림, 단 끝에 5코 남을 때까지 겉뜨기, kfb 코늘림, 겉4 (총 54코 = 28코 / 26코)
9~12단: 모든 코 겉뜨기 (총 4단)
13~32단: 3~12단을 2회 반복 (총 66코 = 36코 / 28코)
33단: 겉4, kfb 코늘림, 스티치 마커 B 5코 전까지 겉뜨기, kfb 코늘림, 겉4, 스티치 마커 B, 겉4, ssk 코줄임, 단 끝에 6코 남을 때까지 겉뜨기, 왼코줄임, 겉4 (총 66코 = 38코 / 28코)
34단: 모든 코 겉뜨기

## 엉덩이 모양 만들기

스티치 마커 B를 제거한다.

되돌아뜨기 단 주의: 이제 레슨 6의 상황 2 중 특별한 경우가 되었다. (46쪽 참고)

코 세팅하기: 처음 38코를 작업 중인 바늘에 두고 마지막 28코는 홀더에 옮겨 쉼코로 둔다. 1번째 코에 스티치 마커 A를 건다.

다음과 같이 편물을 앞뒤로 뒤집어가며 평면뜨기한다.
1단 (겉면): 겉19, 스티치 마커 걸기, 겉2, 왼코줄임, 겉1, 편물 뒤집기 (엉덩이 총 37코)
2단: 스티치 마커를 지나 2코까지 안뜨기, ssp 코줄임, 안1, 편물 뒤집기 (총 36코)
3단: 진행 중 스티치 마커를 제거하며, 구멍 1코 전까지 겉뜨기, 왼코줄임, 겉1, 편물 뒤집기 (총 35코)
4단: 구멍 1코 전까지 안뜨기, ssp 코줄임, 안1, 편물 뒤집기 (총 34코)

3~4단을 5회 더 반복한다. (총 24코)

작업 중인 실이 있는 곳에서 시작해서, 다시 다음과 같이 원통뜨기한다.

1단: 구멍 1코 전까지 겉뜨기, 왼코줄임, 겉5, ssk 코줄임, 단 끝에 6코 남을 때까지 겉뜨기, 왼코줄임, 겉4 (총 49코 = 뒤판 23코 / 앞판 26코)
2단: 겉1, ssk 코줄임, 겉24, ssk 코줄임, 단 끝에 6코 남을 때까지 겉뜨기, 왼코줄임, 겉4 (총 46코 = 22코 / 24코)

지금까지 생긴 실 꼬리를 정리한다.

## 다리 만들기
레슨 13 참고

양 인형의 머리가 아래를 향하고 등이 보이는 상태에서, 현재 단 시작점에서 원통뜨기를 시작한다.

### 왼쪽 다리

세팅 1단: 단의 첫 8코를 겉뜨기, 다음 6코를 다음과 같이 코막음한다. 겉뜨기하듯이 1코 걸러뜨기, 겉1, 걸러뜨기한 코를 겉뜨기한 코 위로 덮어씌운다. *겉1, 이전 코를 겉뜨기한 코 위로 덮어씌우기*, *~*를 4회 더 반복한다. 겉16, 같은 방식으로 다음 6코를 코막음한다. 단의 마지막 8코를 겉뜨기한다. (작업 중인 바늘에 총 34코)
세팅 2단: 단의 첫 8코를 겉뜨기, 다음 17코를 홀더에 옮겨 쉼코로 둔다. 단의 마지막 9코를 겉뜨기한다. (총 17코)

1번째 코에 스티치 마커 A를 건다. (단 시작은 다리 바깥쪽에 있다)

1단: 6코 남을 때까지 겉뜨기, 왼코줄임, 겉4 (총16코)
2~21단: 모든 코 겉뜨기 (총 20단)
22단: 겉2, ssk 코줄임, 단 끝에 4코 남을 때까지 겉뜨기, 왼코줄임, 겉2 (총 14코)
23단: 모든 코 겉뜨기
24~25단: 22~23단을 반복 (총 12코)
26단: [겉1, ssk 코줄임, 왼코줄임, 겉1] 2회 (총 8코)
27단: 발굽 색상 실을 연결해서 바탕실과 함께 잡고 모든 코 겉뜨기
28단: 바탕실을 자르고, 발굽 색상 실로만 모든 코 겉뜨기
29단: [겉1, kfb 코늘림 2회, 겉1] 2회 (총 12코 = 발굽 뒤쪽 6코 / 발굽 앞쪽 6코)
30단: 겉6, 스티치 마커 B 걸기, 겉6
31단: 겉1, kfb 코늘림, 스티치 마커 B 2코 전까지 겉뜨기, kfb 코늘림, 겉1, 스티치 마커 B, 단 끝까지 겉뜨기 (총 14코 = 8코 / 6코)
32단: 모든 코 겉뜨기
33~36단: 31~32단을 2회 반복 (총 18코 = 12코 / 6코)
37단: 모든 코 겉뜨기

### 뒤꿈치 모양 만들기
스티치 마커 B를 제거한다.

되돌아뜨기 단 주의: 이제 레슨 6의 상황 2를 할 차례다. (바늘비우기가 아닌, 실제 코를 소모하는 코줄임)

코 세팅하기: 처음 12코를 작업 중인 바늘에 두고, 마지막 6코를 홀더에 옮겨 쉼코로 둔다. 1번째 코에 스티치 마커 A를 건다.

다음과 같이 편물을 앞뒤로 뒤집어가며 평면뜨기한다.
1단 (겉면): 겉7, 왼코줄임, 편물 뒤집기 (뒤꿈치 총 11코)
2단: 안3, ssp 코줄임, 편물 뒤집기 (총 10코)
3단: 겉3, 왼코줄임, 편물 뒤집기 (총 9코)
4단: 안3, ssp 코줄임, 편물 뒤집기 (총 8코)

작업 중인 실이 있는 곳에서 시작해서, 다시 다음과 같이 원통뜨기한다.
1단: 겉3, 왼코줄임, 단 끝까지 겉뜨기 (총 13코 = 뒤쪽 7코 / 앞쪽 6코)
2단: 겉뜨기 꼬아뜨기 1, ssk 코줄임, 단 끝까지 겉뜨기 (총 12코 = 6코 / 6코)

### 발굽 마무리하기
1단: 모든 코 겉뜨기
2단: 겉1, ssk 코줄임, 단 끝에 3코 남을 때까지 겉뜨기, 왼코줄임, 겉1 (총 10코)

실을 자르고, 남은 코들을 메리야스잇기 기법으로 이어서 발굽 부분을 마무리한다. 실 꼬리는 편물 안쪽으로 가져온다. 색이 바뀐 지점에 남아있는 2개의 실 꼬리도 동일한 방식으로 정리한다. 팔과 같이 다리를 끝까지 완전히 뒤집는 것은 어려울 수 있으니, 발목 부분까지 뒤집은 후 멈추고, 안쪽에서 실 3가닥을 모아 묶어 정리한다.

### 오른쪽 다리

세팅 단: 양 인형의 머리가 아래를 향하고 등이 보이는 상태에서, 마지막 17코를 다시 바늘로 옮긴다. 그 후에 코 오른쪽 끝에서 시작해서 실을 연결해 겉뜨기로 17코 뜬다.

바늘을 재배치해 원통으로 뜬다. 1번째 코에 스티치 마커 A를 건다. (단 시작은 다리 안쪽에 있다)

다음과 같이 진행한다.
1단: 겉12, ssk 코줄임, 단 끝까지 겉뜨기 (총 16코)
2~21단: 모든 코 겉뜨기 (총 20단)
22단: 겉4, 왼코줄임, 겉4, ssk 코줄임, 단 끝까지 겉뜨기 (총 14코)

**23단:** 모든 코 겉뜨기
**24단:** 겉3, 왼코줄임, 겉4, ssk 코줄임, 단 끝까지 겉뜨기 (총 12코)
**25단:** 모든 코 겉뜨기
그 후에 왼쪽 다리 26단부터 '뒤꿈치 모양 만들기'까지 동일하게 뜬다. 계속해서 다음과 같이 진행한다.

### 발굽 마무리하기
**1단:** 모든 코 겉뜨기
**2단:** 겉3, 왼코줄임, 겉2, ssk 코줄임, 겉3 (총 10코)

왼쪽 다리와 동일한 방식으로 실 꼬리를 정리한다. 오른쪽 다리에서는 시작할 때 연결한 실 꼬리도 정리한다.

## 세탁, 솜 넣기, 구멍 막기
레슨 14 참고

양을 목욕시킨다. 아직 털이 곱슬곱슬하진 않지만 그래도 기분이 좋아져요! 털은 나중에 곱슬하게 만들어 줍니다.

건조가 끝나면 솜을 채운다. 레슨 14를 참고한다.

마지막 남은 구멍은 돗바늘과 미리 준비해 둔 별도의 바탕실을 사용해 마무리한다.

# 아지의 옷

### 실

**바탕실:** Tuku wool, Fingering (100% Finnish wool, 200m, 50g), "Sake" 색상, 약 40g - 드레스 17g, 조끼 18g, 가방 5g
**스트라이프 & 세로선 배색실:** Magpie Fibers, Solo Fingering (수퍼워시 메리노울 100%, 397m / 115g), "Ghost Town" 색상, 약 5g

혹은 핑거링 굵기 바탕실 약 40g (160m), 배색실 약 5g (18m)

### 바늘

2.75mm, 54코를 평면뜨기로 뜰 수 있을 만큼 충분히 긴 2mm 바늘, 긴 줄바늘을 사용하는 경우, 드레스와 가방 스트랩을 메리야스잇기할 때 사용할 같은 호수의 장갑바늘 2개
드레스에 세로선을 더하고 조끼에 단추 고리를 뜨고, 가방을 여밀 스트랩을 만들 때 사용할 2mm 코바늘

### 부자재

8mm 단추 3개, 조끼를 잠글 단추 1개, 드레스에 장식할 단추 2개(선택 사항)

### 드레스

아지의 드레스는 밑단에서부터 위로 떠 올라가는 방식이다. 허리에서 뒤판 코를 코막음하고, 그 후에 앞판 상의를 뜨고 등 뒤에서 교차해 연결할 2개의 어깨 스트랩을 따로 뜬다.

일반코잡기 방법으로, 바탕실과 2.75mm 바늘을 사용해 80코를 만든다.

바늘을 재배치해 원통으로 뜬다. 1번째 코에 스티치 마커 A를 건다.

**1단:** 모든 코 안뜨기
**2단:** 모든 코 겉뜨기
**3단:** 모든 코 안뜨기
**4단:** [겉7, 안1]을 단 끝까지 반복
**5~7단:** 4단을 3회 더 반복
**8단:** 배색실을 연결해서, 4단을 반복
다음에 배색실을 사용하게 될 때까지, 편물 안쪽에 걸어 둔다. 나중에 다시 사용할 때는 1번째 코를 뜰 때 실을 너무 세게 잡아당기지 않도록 주의한다.
**9~15단:** 바탕실로 [겉7, 안1]을 단 끝까지 반복 (총 7단)
**16단:** 배색실로 [겉7, 안1]을 단 끝까지 반복
**17~32단:** 9~16단을 2회 반복 (총 16단)
**33~35단:** 바탕실로 [겉7, 안1]을 단 끝까지 반복 (총 3단)
**36단:** 바탕실로 [겉2, 중심 3코 모아뜨기, 겉2, 안1]을 단 끝까지 반복 (총 60코)
**37단:** 바탕실로 [겉5, 안1]을 단 끝까지 반복
**38단:** 바탕실로 [겉1, 중심 3코 모아뜨기, 겉1, 안1]을 단 끝까지 반복 (총 40코)
**39단:** 2mm 바늘로 바꿔, 배색실로 모든 코 겉뜨기

그 후에 배색실을 사용해서 안뜨기로 2코 모아뜨기 코막음 기법(레슨 19 참고)으로 단의 첫 20코(드레스 뒤판)을 코막음한다. (총 20코 남음) 배색실을 자르고 나중에 드레스 앞판을 마무리할 때 사용할 수 있게 실 꼬리는 그대로 둔다.

### 앞판 상의

남아있는 20코를 평면뜨기로 작업할 것이다. 드레스의 아랫부분이 아래로 향하고 뒤판이 보이는 상태에서, 바탕실과 2mm 바늘을 사용해 다음

과 같이 진행한다.

**1단 (안면)**: 실을 편물 앞에 두고 1코 걸러뜨기, 겉1, 실을 편물 앞에 두고 1코 걸러뜨기, 단 끝에 3코 남을 때까지 안뜨기, 실을 편물 앞에 두고 1코 걸러뜨기, 겉1, 실을 편물 앞에 두고 1코 걸러뜨기

**2단**: 겉1, 실을 편물 앞에 두고 1코 걸러뜨기, 겉1, 단 끝에 3코 남을 때까지 겉뜨기, 겉1, 실을 편물 앞에 두고 1코 걸러뜨기, 겉1

**3~14단**: 1~2단을 6회 더 반복

**15단**: 1단을 반복

## 1번째 스트랩

처음 5코를 사용해서 작업할 것이다. 나머지 15코는 홀더에 옮겨 쉼코로 둔다.

작업중인 실이 있는 곳에서 시작해, 평면뜨기로 진행한다.

**1단 (겉면)**: 겉1, 실을 편물 앞에 두고 1코 걸러뜨기, 겉3
**2단**: 안2, 실을 편물 앞에 두고 1코 걸러뜨기, 겉1, 실을 편물 앞에 두고 1코 걸러뜨기

어깨 스트랩이 약 9cm 길이가 될 때까지, 또는 아지의 등에서 교차해 드레스 뒤판에 연결할 수 있을 만큼 길어질 때까지 1~2단을 반복해서 뜬다. 이제 피팅 타임이다!

안뜨기로 2코 모아뜨기 코막음 기법으로 코막음한다. 나중에 스트랩을 꿰매기 충분할 만큼 실을 남기고 자른 뒤, 그 실을 마지막 코에 꿰어 통과시켜 마무리한다.

## 2번째 스트랩

남아있는 15코로 다시 돌아온다. 편물의 겉면이 보이는 상태에서, 1번째 스트랩 아래 부분과 살아있는 코 사이에서 1코 주워, 왼손 바늘에 놓는다. (오른쪽 상단 그림 참고, 총 16코)

바탕실을 연결해서 안뜨기로 2코 모아뜨기 코막음 기법으로 11코 코막음한다. (레슨 19 참고, 5코 남음)

그 후에 마지막 5코를 사용해서 평면뜨기한다.

**1단 (겉면)**: 겉3, 실을 편물 앞에 두고 1코 걸러뜨기, 겉1
**2단**: 실을 편물 앞에 두고 1코 걸러뜨기, 겉1, 실을 편물 앞에 두고 1코 걸러뜨기, 안2

스트랩의 길이가 1번째 스트랩과 같아질 때까지 1~2단을 반복한다. 1번째 스트랩과 동일한 방식으로 코막음한다. 나중에 스트랩을 꿰매기 충분할 만큼 실을 남기고 자른 뒤, 그 실을 마지막 코에 꿰어 통과시켜 마무리한다.

**2번째 스트랩 만들기**

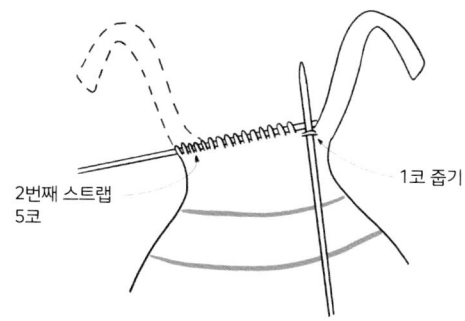

2번째 스트랩과 앞판이 연결되는 지점의 실 꼬리를 정리한다. 필요하다면 이 기회에 연결 부위를 더 매끈하게 다듬어도 좋다. 뒤판의 코막음한 가장자리에서 남은 실도 정리하면서, 허리선이 자연스럽게 이어지도록 마무리한다.

스트랩을 등 뒤에서 교차시킨 뒤, 허리선과 1번째 스트라이프 사이에 고정해 꿰맨다. 좌우 대칭이 되도록 겉뜨기 기둥을 기준 삼아 위치를 맞추면 좋다. 원한다면 스트랩을 고정한 부분에 작은 장식 단추 2개를 달아도 좋다.

## 세로선 만들기

2mm 코바늘(또는 드레스 밑단을 떴던 바늘보다 0.75mm 작은 코바늘)을 사용해서, 드레스를 뜨는 동안 만들어 두었던 안뜨기 기둥을 따라 사슬뜨기를 하며 세로선을 만든다. (116쪽 그림 참고)

총 10개의 선을 만들기 위해, 배색실을 각각 약 80cm 길이로 잘라 미리 준비한다.

먼저 작업할 안뜨기 기둥 하나를 선택한다. 필요하다면 뜨개 편물을 가로로 살짝 늘려서 칼림을 더 뚜렷하게 만들어 준다. 드레스 안쪽에 실 1가닥을 넣고, 작업할 안뜨기 기둥 뒤로 위치시킨다. 드레스를 가로로 들고 작업하는 것을 추천한다. 밑단 쪽에는 사슬을 뜨기 위해 바늘로 편물을 통과시켜 겉면으로 끌어낼 실을 두고, 반대편에는 살짝 잡아줄 수 있을 만큼의 실 끝만 남겨둔다. 실의 양 끝을 한 손에 하나씩 잡고 작업하면, 텐션을 잘 조절하면서 실을 끌어내기에 훨씬 수월하다.

### 세로선 추가하기

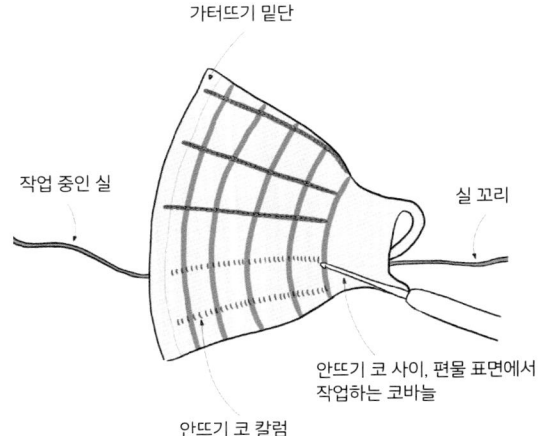

허리선(앞판에서는 마지막 배색실 스트라이프 바로 아래, 뒤판에서는 코막음한 가장자리 아래)에서 시작해 작업하는데, 먼저 코바늘을 안뜨기 2코 사이 공간에 넣고, 작업 중인 실을 겉면으로 끌어내 1번째 고리를 만든다. (코바늘에 고리 1개) 다음 안뜨기 2코 사이 공간에 바늘을 넣고 2번째 고리를 끌어낸다. (코바늘에 고리 2개) 이제 2번째 고리를 1번째 고리 안으로 빼내 사슬코를 만든다. (코바늘에 고리 1개만 남음)

이 과정을 반복한다. 다음 안뜨기 코들 사이 공간에 바늘을 넣고 고리를 끌어낸 뒤, 그것을 이전 고리 안으로 통과시켜 사슬을 만든다. 이 작업을 드레스 밑단까지 계속한다. 선의 길이는 취향에 따라 드레스의 완전한 밑단까지 이어지도록 하거나, 가터뜨기 가장자리 중간까지만 내려도 좋다. 마지막 고리를 만든 뒤에는, 이번에는 남은 실을 전부 겉면으로 당겨 빼서 마지막 사슬코를 고정시킨다. 돗바늘을 사용해 이 실 꼬리는 다시 편물 안쪽으로 넣는다. 드레스를 안쪽이 보이도록 뒤집은 후, 방금 작업한 사슬 라인에 해당하는 안면의 겉뜨기 기둥을 따라 실 끝을 약 2.5cm 정도 감춘다. 그리고 실을 잘라 마무리한다.

이 과정을 모든 세로선에 반복한다.

처음에는 사슬 뜨기를 '어림짐작'해 진행할 수 있지만, 몇 번 해 보면 바늘 아래에서 실을 더 쉽게 찾게 되고, 고리를 더 직관적으로 끌어올릴 수 있게 된다. 새로운 사슬 코를 만들 때마다 실을 살짝 당겨서 최대한 텐션과 간격을 일정하게 해 코를 뜬다. 이 작업을 마치는 데 약간의 인내가 필요하지만, 하다 보면 점점 더 빠르게 할 수 있을 것이다.

### 마무리

남은 실 꼬리가 있는지 꼼꼼히 확인해 모두 정리한다.

그 후에 드레스를 물에 담가 충분히 적신 후, 평평하게 펴서 말려준다. 건조하는 동안 밑단이 말리는(curl) 것이 걱정된다면, 핀으로 밑단을 살짝 고정해 주면 말림을 방지할 수 있다.

## 루피 조끼

아지의 조끼는 밑단부터 위로 작업하며, 특별한 루프 스티치를 사용한다. 몸통을 작업한 후, 앞판과 뒤판을 따로 떠서 어깨를 연결하고, 작은 칼라를 만든 뒤, 마지막으로 단추 고리를 코바늘로 뜬다.

### 루프 스티치

이 특별한 무늬는 각 코를 2번 반복하여 고리를 만든 후, 새로운 코 중 하나를 2번째 코 위로 넘겨 루프를 고정한다. 전체 콧수는 늘어나지 않는다.
**1단계:** 일반적인 코를 뜨는 것처럼 시작하지만, 코를 마무리하면서 바늘에서 빼지 않고 왼손 바늘에 그대로 남겨 둔다.
**2단계:** 바늘 사이의 실을 뒤에서 앞으로 가져온 후, 엄지손가락에 실을 감아 루프를 만들고, 다시 바늘 사이의 실을 뒤로 가져온다.
**3단계:** 엄지손가락에 루프를 계속 두고, 동일한 코를 다시 겉뜨기하고 이번에는 왼손 바늘에서 빼낸다.
**4단계:** 오른손 바늘의 1번째 코 위로 2번째 코를 덮어씌운다. 이 과정은 코막음하는 것처럼 진행된다. 이때, 루프를 더 편하게 작업할 수 있도록 엄지손가락에서 루프를 뗄 수도 있지만, 루프가 풀리지 않게 엄지손가락으로 계속 잡고 있어야 한다.

### 루프 스티치 만들기

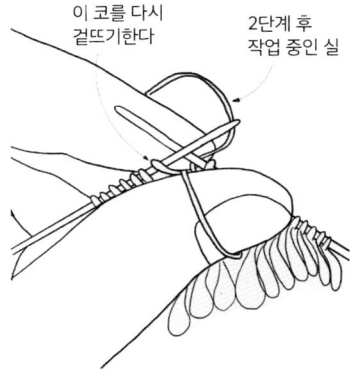

## 메인 몸통

일반코잡기 방법으로 바탕실과 2mm 바늘을 사용해서, 54코 만든다. 1번째 단은 안면 단이 될 것이다.
다음과 같이 편물을 앞뒤로 뒤집어가며 평면뜨기한다.

**1단 (안면):** 모든 코 겉뜨기
**2단:** [루프 스티치]를 단 끝까지 반복
**3~14단:** 1~2단을 6회 더 반복
**15단:** 겉6, 왼코줄임, 겉10, 왼코줄임, 겉14, 왼코줄임, 겉10, 왼코줄임, 겉6 (총 50코)
**16단:** [루프 스티치]를 단 끝까지 반복
**17~20단:** 1~2단을 2회 반복

## 왼쪽 앞판

조끼의 안면이 보이는 상태에서, 단의 처음 12코를 사용해서 다음과 같이 왼쪽 앞판을 진행한다.

**1단 (안면):** 겉12, 나머지 38코를 홀더에 옮겨 쉼코로 두기, 편물 뒤집기
**2단:** [루프 스티치]를 단 끝까지 반복
**3단:** 겉5, 왼코줄임, 단 끝까지 겉뜨기 (총 11코)
**4단:** 2단을 반복
**5단:** 모든 코 겉뜨기
**6단:** 2단을 반복
**7단:** 겉4, 왼코줄임, 단 끝까지 겉뜨기 (총 10코)
**8~10단:** 4~6단을 반복
**11단:** 겉3, 왼코줄임, 단 끝까지 겉뜨기 (총 9코)
**12~14단:** 4~6단을 반복
**15~16단:** 5~6단을 반복

약 130cm 정도 남기고 실을 자른다. 남은 왼쪽 앞판 9코는 홀더에 옮겨 쉼코로 둔다.

## 뒤판

조끼의 안면이 보이는 상태에서, 다음 26코를 작업 중인 바늘에 옮기고, 마지막 12코는 홀더에 옮겨 쉼코로 둔다.
오른쪽에서 바탕실을 연결해 다음과 같이 진행한다.

**1단 (안면):** 모든 코 겉뜨기
**2단:** [루프 스티치]를 단 끝까지 반복
**3단:** 겉5, 왼코줄임, 단 끝에 7코 남을 때까지 겉뜨기, 왼코줄임, 겉5 (총 24코)
**4단:** 2단을 반복
**5~12단:** 1~4단을 2회 반복 (총 20코)
**13~16단:** 1~2단을 2회 반복

약 40cm 정도 남기고 실을 자른다. 남은 뒤판 20코는 홀더에 옮겨 쉼코로 둔다.

## 오른쪽 앞판

조끼의 안면이 보이는 상태에서, 남은 12코를 작업 중인 바늘에 옮긴다.
오른쪽에서 바탕실을 연결해 다음과 같이 진행한다.

**1단 (안면):** 모든 코 겉뜨기
**2단:** [루프 스티치]를 단 끝까지 반복
**3단:** 겉5, 왼코줄임, 단 끝까지 겉뜨기 (총 11코)
**4단:** 2단을 반복
**5~12단:** 1~4단을 2회 반복 (총 9코)
**13~16단:** 1~2단을 2회 반복

약 40cm 정도 남기고 실을 자른다.

## 어깨 연결하기

### 오른쪽 어깨
뒤판 20코를 장갑바늘에 옮기고, 오른쪽 앞판 9코도 다른 장갑바늘에 옮긴다. 2개의 바늘을 평행하게 들고, 편물의 안면이 서로 마주 보도록 한다. 조끼의 뒤판이 보이는 상태에서, 오른쪽 앞판의 실 꼬리를 사용해 바깥쪽 끝에서 시작하여 뒤판의 3코와 오른쪽 앞판의 3코를 메리야스잇기한다. (메리야스잇기 방법은 레슨 10 참고) 메리야스잇기하며 실을 당길 때 루프를 걸지 않도록 주의한다. 실 꼬리는 지금은 그대로 둔다.

오른쪽 앞판의 남은 6코는 홀더에 옮겨 쉼코로 두고, 뒤판의 남은 17코는 장갑바늘에 그대로 둔다.

### 왼쪽 어깨
왼쪽 앞판 9코를 장갑바늘에 옮긴다. 뒤판의 바늘과 평행하게 들고, 편물의 안면이 서로 마주 보도록 한다. 조끼의 앞판이 보이는 상태에서, 뒤판의 실 꼬리를 사용해 바깥쪽 끝에서 시작하여 뒤판의 3코와 왼쪽 앞판의 3코를 메리야스잇기한다 실 꼬리는 지금은 그대로 둔다.

이제 왼쪽 앞판에 6코, 뒤판에 14코가 남아있다.

### 칼라
남아있는 26코를 작업 중인 바늘에 옮긴다. 조끼의 안면이 보이는 상태에서, 오른쪽 끝에서 시작해 왼쪽 앞판에서 나온 긴 실 꼬리를 사용해서 다음과 같이 진행한다.
주의: 어깨 연결 부위에서 남겨둔 실 끝이 나오면, 작업 중인 실과 함께 2~3코를 같이 뜬다. 이렇게 하면 칼라와 어깨 사이의 연결 부위가 더 단단하게 마무리된다.
**1단 (안면)**: 모든 코 겉뜨기
**2단**: 모든 코 겉뜨기

안면에서 작업하면서, 체인 코막음 기법으로 모든 코 코막음한다. (레슨 19 참고)

### 단추 고리
단추 고리는 실 꼬리를 사용해 칼라를 잠글 수 있는 고리 형태로 코바늘로 만든다. 코막음을 마친 칼라 모서리 부분에 코바늘을 겉면에서 안면으로 넣고, 실 끝을 끌어당겨 1번째 사슬코를 만든다. 그 후에 사슬뜨기로 약 10코를 만든다. 단추 크기에 따라 콧수를 조절한다.
고리를 닫기 위해, 시작했던 동일한 지점에 코바늘을 다시 넣고, 고리 하나를 끌어당긴 후 마지막 사슬코에 통과시킨다. 실 끝을 돗바늘에 꿰어 몇 바늘 꿰매 고리를 제자리에 고정한다. 실 끝을 정리하고 칼라의 반대쪽 끝에 작은 단추 하나를 단다.

### 마무리
남아있는 모든 실 꼬리를 정리한다.

조끼를 물에 적신 후, 평평한 곳에 펴서 말린다.

## 크로스 백

아지의 가방은 평평한 바닥에서 시작한다. 바닥을 만든 후, 바닥 가장자리에서 코를 주워 원통으로 몸통을 뜬다. 윗부분 근처에서는 코바늘 스트랩을 끼울 수 있도록 아일렛 단을 만든다. 아이코드 스트랩은 따로 떠서 나중에 연결한다.

바탕실과 2mm 바늘을 사용해서, 일반코잡기 방법으로 8코 만든다.
다음과 같이 편물을 앞뒤로 뒤집어가며 평면뜨기한다.
**1~2단**: [겉1, 안1]을 단 끝까지 반복
**3~4단**: [안1, 겉1]을 단 끝까지 반복
**5~20단**: 1~4단을 4회 더 반복

이제 원통뜨기를 한다. (119쪽 그림 참고)

**세팅 단**: 1번째 코에 스티치 마커 A를 건다. 겉8, 1번째 긴 가장자리를 따라 10코를 줍고 코잡기 시작 부분(바닥의 짧은 가장자리)를 따라 8코를 줍는다. 2번째 긴 가장자리를 따라 10코를 줍는다. (총 36코)
다시 스티치 마커 A로 돌아왔다.
**부분적인 단**: 스티치 마커 A를 제거한다. 겉4, 다음 코에 스티치 마커 A를 다시 건다. 이곳이 새로운 단 시작이 된다.

바늘을 재배치해 원통뜨기로 다음과 같이 진행한다.
**1단**: 겉3, kfb 코늘림 2회, 겉8, kfb 코늘림 2회, 겉6, kfb 코늘림 2회, 겉8, kfb 코늘림 2회, 겉3 (총 44코)
**2단**: 모든 코 안뜨기
**3단**: 모든 코 겉뜨기
**4단**: 2단을 반복
**5~8단**: [겉뜨기 꼬아뜨기 1, 안1]을 단 끝까지 반복 (총 4단)
**9단**: 모든 코 겉뜨기
**10단**: 모든 코 안뜨기
**11~12단**: 9~10단을 반복
**13~20단**: 5~12단을 반복
**21~24단**: 5~8단을 반복
**25단**: 모든 코 겉뜨기
다음과 같이 아일렛을 만든다.
**26단**: *겉1, [왼코줄임, 바늘비우기, 겉1] 3회, 겉2, [겉1, 바늘비우기, 왼

**원통뜨기 코 세팅하기**

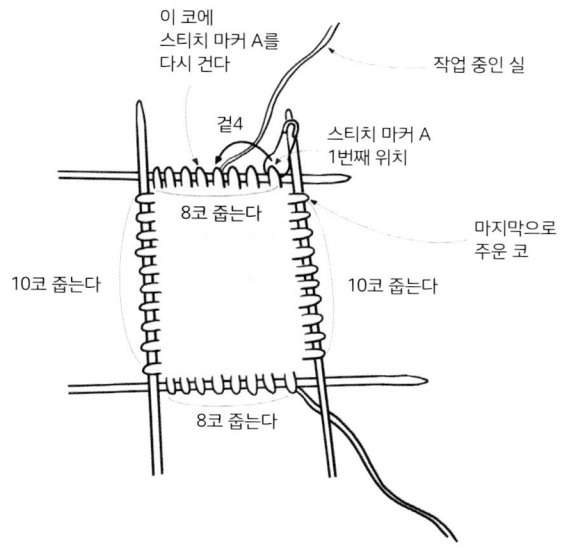

주의: 항상 겉면에서만 뜨며, 작업 중인 실은 편물의 뒤쪽에서 나온다.

스트랩을 연결할 수 있을 만큼의 실 꼬리를 남기고 실을 자르고, 바늘에 꿰어 바늘 위의 코에 통과시켜 마무리한다. 남긴 실 꼬리를 사용해 스트랩을 가방의 양쪽에 몇 땀 작게 꿰매 고정한다.

**마무리**

실 끝을 정리한다.

가방을 물에 적신 후, 바닥이 평평하게 유지되도록 몇 개의 핀으로 고정한 상태에서 세워 말린다.

코줄임] 3회, 겉1*, *~*를 1회 반복
**27단**: 모든 코 안뜨기
**28단**: 모든 코 겉뜨기

체인 코막음 기법으로 모든 코를 코막음한다.

**가방을 여밀 코바늘 스트랩 만들기**

가방을 여미는 스트랩은 코바늘을 사용해 사슬뜨기로 약 30cm 길이로 만든다. 스트랩 양쪽 끝의 실 꼬리를 정리하려면, 꼬리를 스트랩 안쪽으로 넣었다가 약 2.5cm 지점에서 다시 꺼낸 뒤 짧게 잘라낸다. 이렇게 하면 스트랩 끝이 약간 단단해져 아일렛에 끼우기 쉬워진다.

완성된 스트랩은 단 시작에서 4번째 아일렛에서 시작해 아일렛에 끼워 넣는다. 스트랩을 다 끼운 후에는 양쪽 끝에 매듭을 지어 빠지지 않도록 고정한다.

**아이코드 스트랩 만들기**

일반 코잡기 방법으로 장갑바늘에 3코 만든다. 이때 스트랩을 나중에 가방에 연결할 수 있도록 실 끝을 길게 남긴다. 다음과 같이 아이코드를 뜬다.
*겉3, 코를 바늘의 오른쪽 끝으로 밀어 옮기기*, *~*를 아이코드 스트랩의 길이가 약 18cm가 될 때까지 반복한다.

# Tino

티노

—

늑대

### 키

25cm

### 실

De Rerum Natura, Ulysse (메리노울 100%, 185m, 50g), "Granit" 색상, 약 40g (148m)

혹은 스포츠 굵기의 실 40g (148m)

**시작하기 전에 미리 챙겨 두기: 귀를 뜰 실 3m 2개**

### 바늘

2.5mm, 귀를 뜰 같은 호수의 바늘

### 부자재

6mm 짙은 갈색 인형눈

눈, 귀, 꼬리 위치를 표시할 대비되는 색상의 자투리 실 5개

## 시작하기
레슨 1~3 + 5 참고

일반코잡기 방법으로, 4코 만든다.

코를 배열해서 원통으로 잇고, 다음과 같이 진행한다.
1단: kfb 코늘림 4회 (총 8코)
2단: 모든 코 겉뜨기
1번째 코에 스티치 마커 A를 건다.
3단: 겉1, kfb 코늘림 2회, 겉1, kfb 코늘림 4회 (총 14코 = 주둥이 위쪽 6코 / 주둥이 아래쪽 8코)
4단: 모든 코 겉뜨기
5단: 겉7, kfb 코늘림, 단 끝에 2코 남을 때까지 겉뜨기, kfb 코늘림, 겉1 (총 16코 = 6코 / 10코)
6~14단: 모든 코 겉뜨기 (총 9단)
15단: 겉6, 스티치 마커 B 걸기, 겉10
16단: kfb 코늘림, 스티치 마커 B 1코 전까지 겉뜨기, kfb 코늘림, 스티치 마커 B, 단 끝까지 겉뜨기 (총 18코 = 8코 / 10코)
17단: 모든 코 겉뜨기
18~19단: 16~17단을 반복 (총 20코 = 10코 / 10코)
20단: kfb 코늘림 3회, 겉4, kfb 코늘림 3회, 스티치 마커 B, 단 끝까지 겉뜨기 (총 26코 = 16코 / 10코)
21단 (눈 위치 표시): 겉5, 마지막으로 겉뜨기한 코에 1번째 자투리 실을 통과시켜 느슨하게 묶기, 겉7, 마지막으로 겉뜨기한 코에 2번째 자투리 실을 통과시켜 느슨하게 묶기, 단 끝까지 겉뜨기
22단: kfb 코늘림 4회, 겉8, kfb 코늘림 4회, 스티치 마커 B, 단 끝까지 겉뜨기 (총 34코 = 24코 / 10코)
23단: 모든 코 겉뜨기
24단: 스티치 마커 B까지 겉뜨기, 스티치 마커 B, kfb 코늘림 3회, 겉4, kfb 코늘림 3회 (총 40코 = 24코 / 16코)
25단: kfb 코늘림 4회, 겉16, kfb 코늘림 4회, 스티치 마커 B, 단 끝까지 겉뜨기 (총 48코 = 32코 / 16코)
26단 (귀 위치 표시): 겉14, 마지막으로 겉뜨기한 8코에 1번째 자투리 실을 걸어 두기, 겉12, 마지막으로 겉뜨기한 8코에 2번째 자투리 실을 걸어 두기, 단 끝까지 겉뜨기
27단 (귀 위치 표시): 겉14, 전 단에서 사용한 자투리 실의 한쪽 끝을 들어 마지막으로 뜬 8코에 통과시키기, 겉12, 전 단에서 사용한 다른 자투리 실의 한쪽 끝을 들어 마지막으로 뜬 8코에 통과시키기, 단 끝까지 겉뜨기
28단: 모든 코 겉뜨기

## 머리 모양 만들기
레슨 6 참고

스티치 마커 B를 제거한다.
### 되돌아뜨기 - 섹션 1

주의: 이제 레슨 6의 상황 1을 할 차례다. (바늘비우기와 바늘비우기 코를 소모하는 코줄임)

**코 세팅하기**: 처음 32코를 작업 중인 바늘에 두고 마지막 16코는 홀더에 옮겨 쉼코로 둔다. 1번째 코에 스티치 마커 A를 건다.

다음과 같이 편물을 앞뒤로 뒤집어가며 평면뜨기한다.
1단 (겉면): 겉19, 편물 뒤집기
2단: 바늘비우기, 안6, 편물 뒤집기
3단: 바늘비우기, 겉6, 왼코줄임, 겉1, 편물 뒤집기
4단: 바늘비우기, 안8, ssp 코줄임, 안1, 편물 뒤집기
5단: 바늘비우기, 겉10, 왼코줄임, 겉1, 편물 뒤집기
6단: 바늘비우기, 안12, ssp 코줄임, 안1, 편물 뒤집기

작업 중인 실이 있는 곳에서 시작해서, 다시 다음과 같이 원통뜨기한다.
1단: 바늘비우기, 겉14, 왼코줄임, 단 끝까지 겉뜨기 (총 48코 + 바늘비우기 = 머리 위쪽 32코 + 바늘비우기 / 목 16코)

### 되돌아뜨기 - 섹션 2

주의: 이제 레슨 6의 상황 2를 할 차례다. (바늘비우기가 아닌, 실제 코를 소모하는 코줄임)

**코 세팅하기**: 처음 32코와 남아있는 바늘비우기 코를 작업 중인 바늘에 두고 마지막 16코는 홀더에 옮겨 쉼코로 둔다. 1번째 코에 스티치 마커 A를 건다.

다음과 같이 편물을 앞뒤로 뒤집어가며 평면뜨기한다.
1단 (겉면): 겉8, 겉뜨기하듯이 1코 걸러뜨기, 바늘비우기 코를 겉뜨기, 걸러뜨기한 코를 겉뜨기한 코 위로 덮어씌우기, 겉8, 왼코줄임, 겉1, 편물 뒤집기 (머리 위쪽 총 31코)
2단: 안4, ssp 코줄임, 안1, 편물 뒤집기 (총 30코)
3단: 겉5, 왼코줄임, 겉1, 편물 뒤집기 (총 29코)
4단: 안6, ssp 코줄임, 안1, 편물 뒤집기 (총 28코)
5단: 겉7, 왼코줄임, 겉1, 편물 뒤집기 (총 27코)
6단: 안8, ssp 코줄임, 안1, 편물 뒤집기 (총 26코)
7단: 겉9, 왼코줄임, 겉1, 편물 뒤집기 (총 25코)
8단: 안10, ssp 코줄임, 안1, 편물 뒤집기 (총 24코)
9단: 겉11, 왼코줄임, 겉1, 편물 뒤집기 (총 23코)
10단: 안12, ssp 코줄임, 안1, 편물 뒤집기 (총 22코)
11단: 겉13, 왼코줄임, 겉1, 편물 뒤집기 (총 21코)

12단: 안14, ssp 코줄임, 안1, 편물 뒤집기 (총 20코)
작업 중인 실이 있는 곳에서 시작해서, 다시 다음과 같이 원통뜨기한다.
1단: 겉15, 왼코줄임, 겉3, ssk 코줄임 3회, 왼코줄임 3회, 겉2 (총 29코 = 머리 뒤쪽 19코 / 목 10코)

## 되돌아뜨기 - 섹션 3

주의: 이제 레슨 6의 상황 1을 할 차례다. (바늘비우기와 바늘비우기 코를 소모하는 코줄임)

코 세팅하기: 처음 19코를 작업 중인 바늘에 두고 마지막 10코는 홀더에 옮겨 쉼코로 둔다. 1번째 코에 스티치 마커 A를 건다.

다음과 같이 편물을 앞뒤로 뒤집어가며 평면뜨기한다.
**1단 (겉면)**: 겉뜨기 꼬아뜨기 1, ssk 코줄임, 겉12, 편물 뒤집기 (머리 위쪽 총 18코)
**2단**: 바늘비우기, 안10, 편물 뒤집기
**3단**: 바늘비우기, 겉10, 왼코줄임, 겉1, 편물 뒤집기
**4단**: 바늘비우기, 안12, ssp 코줄임, 안1, 편물 뒤집기

작업 중인 실이 있는 곳에서 시작해서, 다시 다음과 같이 원통뜨기한다.
**1단**: 바늘비우기, 겉14, 왼코줄임, 단 끝까지 겉뜨기 (총 28코 + 바늘비우기 = 머리 뒤쪽 18코 + 바늘비우기 / 목 10코)

## 되돌아뜨기 - 섹션 4

주의: 이제 레슨 6의 상황 1을 할 차례다. (바늘비우기와 바늘비우기 코를 소모하는 코줄임)

코 세팅하기: 처음 18코와 남아있는 바늘비우기 코를 작업 중인 바늘에 두고 마지막 10코는 홀더에 옮겨 쉼코로 둔다. 1번째 코에 스티치 마커 A를 건다.

다음과 같이 편물을 앞뒤로 뒤집어가며 평면뜨기한다.
**1단 (겉면)**: 겉뜨기 꼬아뜨기 1, 겉뜨기하듯이 1코 걸러뜨기, 바늘비우기 코를 겉뜨기, 걸러뜨기한 코를 겉뜨기한 코 위로 덮어씌우기, 겉12, 편물 뒤집기
**2단**: 바늘비우기, 안10, 편물 뒤집기
**3단**: 바늘비우기, 겉10, 왼코줄임, 겉1, 편물 뒤집기
**4단**: 바늘비우기, 안12, ssp 코줄임, 안1, 편물 뒤집기

작업 중인 실이 있는 곳에서 시작해서, 다시 다음과 같이 원통뜨기한다.
**1단**: 바늘비우기, 겉14, 왼코줄임, 단 끝까지 겉뜨기 (총 28코 + 바늘비우기 = 머리 뒤쪽 18코 + 바늘비우기 / 목 10코)

## 되돌아뜨기 - 섹션 5

주의: 이제 레슨 6의 상황 1을 할 차례다. (바늘비우기와 바늘비우기 코를 소모하는 코줄임)

코 세팅하기: 처음 18코와 남아있는 바늘비우기 코를 작업 중인 바늘에 두고 마지막 10코는 홀더에 옮겨 쉼코로 둔다. 1번째 코에 스티치 마커 A를 건다.

다음과 같이 편물을 앞뒤로 뒤집어가며 평면뜨기한다.
**1단 (겉면)**: 겉뜨기 꼬아뜨기 1, 겉뜨기하듯이 1코 걸러뜨기, 바늘비우기 코를 겉뜨기, 걸러뜨기한 코를 겉뜨기한 코 위로 덮어씌우기, 겉12, 편물 뒤집기
**2단**: 바늘비우기, 안10, 편물 뒤집기
**3단**: 바늘비우기, 겉10, 왼코줄임, 겉1, 편물 뒤집기
**4단**: 바늘비우기, 안12, ssp 코줄임, 안1, 편물 뒤집기

작업 중인 실이 있는 곳에서 시작해서, 다시 다음과 같이 원통뜨기한다.
**1단**: 바늘비우기, 겉14, 왼코줄임, 겉1, ssk 코줄임, 단 끝에 2코 남을 때까지 겉뜨기, 왼코줄임 (총 26코 + 바늘비우기 = 머리 뒤쪽 18코 + 바늘비우기 / 목 8코)
**2단**: 겉뜨기 꼬아뜨기 1, 겉뜨기하듯이 1코 걸러뜨기, 바늘비우기 코를 겉뜨기, 걸러뜨기한 코를 겉뜨기한 코 위로 덮어씌우기, 단 끝까지 겉뜨기 (총 26코 = 18코 / 8코)
**3단**: ssk 코줄임 4회, 겉2, 왼코줄임 4회, 단 끝까지 겉뜨기 (총 18코 = 10코 / 8코)

얼굴의 표정과 귀를 추가하는 동안 바늘에서 코가 빠지지 않도록 주의한다.

## 얼굴 표정 추가하기
레슨 7 참고

먼저 코잡기할 때 남긴 실 꼬리를 편물 안쪽으로 가져와서 정리한다.

눈을 붙이거나 자수로 수놓는다. 코와 입도 수놓는다. (123쪽 그림 참고)

코는 먼저 세 땀 정도로 삼각형 모양의 윤곽을 만든다. 이 삼각형은 코끝을 감싸듯이 만들어야 한다. 그 후에 삼각형의 꼭짓점에서 시작해서 위쪽을 덮고 감싸는 방식으로 스티치를 채워 넣는다.

입은 코 바로 아래에서 수직선 하나로 시작한다. 그 다음 이 수직선에서 양쪽으로 곡선을 하나씩 내려 보내듯 수놓는다. 곡선은 주둥이 아래쪽까지 내려가고, 거기서부터 양옆으로 올라가면서 웃는 듯한 표정을 만든다. 우리 늑대는 아주 다정하지만 그래도 늑대는 늑대이기 때문에, 입도

### 얼굴 표정 완성하기

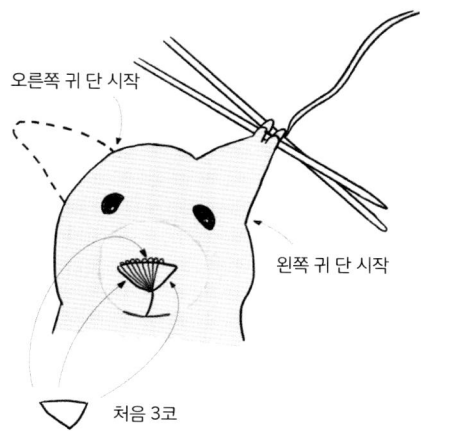

크게 만든다.

입이 활짝 벌어졌을 때 얼마나 클 수 있는지를 보여주기 위해, 곡선을 옆으로 충분히 길게 뻗은 다음 올라가야 한다!

### 귀 만들기

#### 왼쪽 귀

왼쪽 귀를 위해 표시해 둔 16코를 작업 중인 바늘에 옮기고, 자투리 실을 제거한다. 늑대의 머리를 위로 향하게 하고 얼굴이 보이는 상태에서, 바늘을 재배치해 원통으로 뜬다. 이때 단의 시작 지점은 오른쪽에 오도록 한다. (상단 그림 참고) 1번째 코에 스티치 마커 A를 건다.

미리 준비한 실 중 1가닥을 연결해서 다음과 같이 원형뜨기한다.
1단: 모든 코 겉뜨기 (총 16코)
2단: 겉1, ssk 코줄임, 겉3, kfb 코늘림, 겉2, kfb 코늘림, 겉3, 왼코줄임, 겉1 (총 16코)
3단: 겉1, ssk 코줄임, 단 끝에 3코 남을 때까지 겉뜨기, 왼코줄임, 겉1 (총 14코)
4단: 3단을 반복 (총 12코)
5단: 3단을 반복 (총 10코)
6단: 모든 코 겉뜨기
7단: 3단을 반복 (총 8코)
8단: 모든 코 겉뜨기
9단: 겉1, ssk 코줄임, 겉2, 왼코줄임, 겉1 (총 6코)
10단: 겉1, ssk 코줄임, 왼코줄임, 겉1 (총 4코)
11단: ssk 코줄임, 왼코줄임 (총 2코)
실을 잘라서 돗바늘에 꿰고, 바늘에 걸려있는 코들에 그 실을 통과시킨

다음 단단히 잡아당긴다. 실 꼬리는 귀를 통과시켜 편물 안쪽으로 가져온다. 또한 귀 시작 부분에서 나온 실 꼬리도 편물 안쪽으로 가져와 함께 묶는다. 1번째 코에 스티치 마커 A를 건다.

#### 오른쪽 귀

오른쪽 귀를 위해 표시해 둔 16코를 작업 중인 바늘에 옮기고, 자투리 실을 제거한다. 늑대 인형의 머리가 위로 향하고 얼굴이 보이는 상태에서, 바늘을 재배치해 원통으로 뜬다. 이때 단의 시작 지점은 오른쪽에 오도록 한다. (상단 그림 참고)

미리 준비한 별도의 실을 연결해서 다음과 같이 원형뜨기한다.
1단: 모든 코 겉뜨기 (총 16코)
2단: 겉1, kfb 코늘림, 겉3, 왼코줄임, 겉2, ssk코줄임, 겉3, kfb 코늘림, 겉1 (총 16코)
3단: 겉5, 왼코줄임, 겉2, ssk 코줄임, 단 끝까지 겉뜨기 (총 14코)
4단: 겉4, 왼코줄임, 겉2, ssk 코줄임, 단 끝까지 겉뜨기 (총 12코)
5단: 겉3, 왼코줄임, 겉2, ssk 코줄임, 단 끝까지 겉뜨기 (총 10코)
6단: 모든 코 겉뜨기
7단: 겉2, 왼코줄임, 겉2, ssk 코줄임, 단 끝까지 겉뜨기 (총 8코)
8단: 모든 코 겉뜨기
9단: 겉1, 왼코줄임, 겉2, ssk 코줄임, 겉1 (총 6코)
10단: 왼코줄임, 겉2, ssk 코줄임 (총 4코)
11단: 왼코줄임, ssk 코줄임 (총 2코)

실을 자르고 왼쪽 귀와 동일한 방식으로 실 꼬리를 정리한다.

## 목과 어깨 모양 만들기

바늘에 총 18코 (뒤판 10코 / 앞판 8코) 있다. 늑대 인형의 머리가 아래를 향하고 등이 보이는 상태에서, 스티치 마커 A로 표시한 현재 단 시작점에서 원통뜨기를 시작한다.

1단: 겉뜨기 꼬아뜨기 1, 단 끝까지 겉뜨기
2단: 겉1, kfb 코늘림, 겉6, kfb 코늘림, 단 끝까지 겉뜨기 (총 20코 = 뒤판 12코 / 앞판 8코)
3단: [겉2, kfb 코늘림] 4회, 단 끝까지 kfb 코늘림을 반복 (총 32코 = 16코 / 16코)
4단 (부분적인 단): 단 끝에 3코 남을 때까지 겉뜨기, 다음 코에 스티치 마커 A를 다시 건다. 이곳이 새로운 단 시작이 되고, 그에 따라 바늘을 재배치하고 필요한 경우 코 분배를 다시 조정한다.
5단: 모든 코 겉뜨기
6단: [겉1, kfb코늘림]을 단 끝까지 반복 (총 48코)
7단: 모든 코 겉뜨기
8단: [겉5, kfb 코늘림]을 단 끝까지 반복 (총 56코)
9단: 모든 코 겉뜨기
10단: [겉6, kfb 코늘림]을 단 끝까지 반복 (총 64코)
11단: 모든 코 겉뜨기
12단: [겉7, kfb 코늘림]을 단 끝까지 반복 (총 72코)
13~22단: 모든 코 겉뜨기 (총 10단)

## 팔 만들기
레슨 8~11 참고

늑대 인형의 머리가 아래를 향하고 등이 보이는 상태에서, 현재 단 시작점에서 원통뜨기를 시작한다.

### 왼쪽 팔

세팅 1단: 단의 첫 9코를 겉뜨기, 다음 54코를 홀더에 옮겨 쉼코로 둔다. 감아코잡기 방법으로 2코 만든다. 스티치 마커 A를 걸고 2코 만든다. 단의 마지막 9코를 겉뜨기한다. (총 22코)
세팅 2단: 스티치 마커 A를 다시 만날 때까지 겉뜨기한다. 스티치 마커 A를 제거하고 다음 코에 건다. 이곳이 새로운 단 시작이 되고, 그에 따라 바늘을 재배치하고 필요한 경우 코 분배를 다시 조정한다.

1~5단: 모든 코 겉뜨기
6단: 겉7, 왼코줄임, 겉4, ssk 코줄임, 단 끝까지 겉뜨기 (총 20코)
7~11단: 모든 코 겉뜨기 (총 5단)
12단: 겉6, 왼코줄임, 겉4, ssk 코줄임, 단 끝까지 겉뜨기 (총 18코)
13~15단: 모든 코 겉뜨기 (총 3단)
16단: 겉5, 왼코줄임, 겉4, ssk 코줄임, 단 끝까지 겉뜨기 (총 16코)

17~31단: 모든 코 겉뜨기 (총 15단)
32단: 겉1, ssk 코줄임, 겉1, 왼코줄임, 겉4, ssk 코줄임, 겉1, 왼코줄임, 겉1 (총 12코)
33단: 모든 코 겉뜨기
34단: 겉1, kfb 코늘림, 단 끝에 2코 남을 때까지 겉뜨기, kfb 코늘림, 겉1 (총 14코)
35단: 모든 코 겉뜨기
36~39단: 34~35단을 2회 반복 (총 18코)
40단: 겉6, 왼코줄임, 겉2, ssk 코줄임, 단 끝까지 겉뜨기 (총 16코)
41단: 모든 코 겉뜨기
42단: 겉5, 왼코줄임, 겉2, ssk 코줄임, 단 끝까지 겉뜨기 (총 14코)
43단: 모든 코 겉뜨기
44단: [겉1, ssk 코줄임, 겉1, 왼코줄임, 겉1] 2회 (총 10코)
45단: 겉2, 왼코줄임, 겉2, ssk 코줄임, 겉2 (총 8코)
46단: 겉1, 왼코줄임, 겉2, ssk 코줄임, 겉1 (총 6코)

실을 잘라서 메리야스잇기 기법으로 손을 마무리한다. 실꼬리를 편물 안쪽으로 가져온다. 팔을 뒤집어 안쪽이 겉으로 나오게 한 뒤 실 꼬리를 정리한다.

## 오른쪽 팔

세팅 1단: 늑대 인형의 머리가 아래를 향하고 등이 보이는 상태에서, 처음 18코를 홀더에 옮겨 쉼코로 둔다. 다음 18코를 작업 중인 바늘에 옮긴다. 마지막 18코를 홀더에 옮겨 쉼코로 둔다. (총 18코)
세팅 2단: 작업 중인 바늘의 오른쪽 끝에 있는 코에서 시작해서, (나중에 작은 구멍이 있으면 막을 수 있게 실 꼬리를 충분히 남기고) 실을 연결해 18코를 겉뜨기한다. 감아코잡기 방법으로 2코 만든다. 스티치 마커 A를 걸고 2코 만든다. (총 22코)
세팅 3단: 바늘을 재배열해 원통으로 이어 스티치 마커 A를 다시 만날 때까지 겉뜨기한다. 다음 코에 스티치 마커 A를 옮긴다. 이곳이 새로운 단 시작이 되고, 그에 따라 바늘을 재배치하고 필요한 경우 코 분배를 다시 조정한다.

그 후에 1단부터 왼쪽 팔과 동일하게 뜬다.

## 몸통 만들기
레슨 12 참고

남아있는 36코를 작업 중인 바늘로 다시 옮긴다. 늑대 인형의 머리가 아래를 향하고 등이 보이는 상태에서, 왼쪽 진동 가운데에 실을 연결해 다음과 같이 원통뜨기한다.
세팅 단: 3코 줍고 뒤판 18코를 겉뜨기한다. 6코 줍고 앞판 18코를 겉뜨기한다. 3코 줍는다. (총 48코 = 뒤판 24코 / 앞판 24코)

1번째 코(처음 주운 코)에 스티치 마커 A를 건다.
1~5단: 모든 코 겉뜨기
6단: 겉24, 스티치 마커 B 걸기, 겉24
7단: 겉2, kfb 코늘림, 스티치 마커 B 3코 전까지 겉뜨기, kfb 코늘림, 겉2, 스티치 마커 B, 단 끝까지 겉뜨기 (총 50코 = 뒤판 26코 / 앞판 24코)
8~13단: 모든 코 겉뜨기 (총 6단)
14단: 7단을 반복 (총 52코 = 28코 / 24코)
15~20단: 모든 코 겉뜨기 (총 6단)
21단: 겉2, kfb 코늘림, 스티치 마커 B 3코 전까지 겉뜨기, kfb 코늘림, 겉2, 스티치 마커 B, 단 끝까지 겉뜨기 (총 54코 = 30코 / 24코)
22단: 모든 코 겉뜨기
23~38단: 21~22단을 8회 더 반복 (총 70코 = 46코 / 24코)
39단 (꼬리 위치 표시): 겉2, kfb 코늘림, 겉22, 마지막으로 겉뜨기한 4코에 자투리 실을 걸어 두기, 스티치 마커 B 3코 전까지 겉뜨기, kfb 코늘림, 겉2, 스티치 마커 B, 단 끝까지 겉뜨기 (총 72코 = 48코 / 24코)
40단 (꼬리 위치 표시): 겉26, 이전 단에서 사용한 자투리 실 한쪽 끝을 들어 마지막으로 겉뜨기한 4코에 통과시키기, 단 끝까지 겉뜨기

## 엉덩이 모양 만들기

스티치 마커 B를 제거한다.

*되돌아뜨기 단 주의: 이제 레슨 6의 상황 2 중 특별한 경우가 되었다. (46쪽 참고)*

코 세팅하기: 처음 48코를 작업 중인 바늘에 두고 마지막 24코는 홀더에 옮겨 쉼코로 둔다. 1번째 코에 스티치 마커 A를 건다.

다음과 같이 편물을 앞뒤로 뒤집어가며 평면뜨기한다.
1단 (겉면): 겉24, 스티치 마커 걸기, 겉4, 왼코줄임, 겉1, 편물 뒤집기 (엉덩이 총 47코)
2단: 스티치 마커를 지나 4코까지 안뜨기, ssp 코줄임, 안1, 편물 뒤집기 (총 46코)
3단: 진행 중 스티치 마커를 제거하며, 구멍 1코 전까지 겉뜨기, 왼코줄임, 겉1, 편물 뒤집기 (총 45코)
4단: 구멍 1코 전까지 안뜨기, ssp 코줄임, 안1, 편물 뒤집기 (총 44코)
3~4단을 5회 더 반복한다. (총 34코)

작업 중인 실이 있는 곳에서 시작해서, 다시 다음과 같이 원통뜨기한다.
1단: 구멍 1코 전까지 겉뜨기, 왼코줄임, 단 끝까지 겉뜨기 (총 57코 = 뒤판 33코 / 앞판 24코)
2단: 겉4, ssk 코줄임, 단 끝까지 겉뜨기 (총 56코 = 32코 / 24코)

지금까지 생긴 실 꼬리를 정리한다.

## 다리 만들기
레슨 13 참고

늑대 인형의 머리가 아래를 향하고 등이 보이는 상태에서, 현재 단 시작점에서 원통뜨기를 시작한다.

### 왼쪽 다리

**세팅 1단:** 단의 첫 13코를 겉뜨기, 다음 6코를 다음과 같이 코막음한다. 겉뜨기하듯이 1코 걸러뜨기, 겉1, 걸러뜨기한 코를 겉뜨기한 코 위로 덮어씌운다. *겉1, 이전 코를 겉뜨기한 코 위로 덮어씌우기*, *~*를 4회 더 반복한다. 겉21, 같은 방식으로 다음 6코를 코막음한다. 단의 마지막 8코를 겉뜨기한다. (작업 중인 바늘에 총 44코)
**세팅 2단:** 단의 처음 13코를 겉뜨기, 다음 22코를 홀더에 옮겨 쉼코로 둔다. 단의 마지막 9코를 겉뜨기한다. (총 22코)

1번째 코에 스티치 마커 A를 건다. (단 시작은 다리 바깥쪽에 있다)
다음과 같이 진행한다.
**1~5단:** 모든 코 겉뜨기
**6단:** 겉2, ssk 코줄임, 단 끝에 4코 남을 때까지 겉뜨기, 왼코줄임, 겉2 (총 20코)
**7~11단:** 모든 코 겉뜨기 (총 5단)
**12단:** 6단을 반복 (총 18코)
**13~26단:** 모든 코 겉뜨기 (총 14단)
**27단:** 6단을 반복 (총 16코)
**28단:** 모든 코 겉뜨기
**29단:** 겉2, ssk 코줄임, 왼코줄임, 단 끝까지 겉뜨기 (총 14코)
**30단:** 겉8, 스티치 마커 B를 걸기, 겉6
**31단:** 겉1, kfb 코늘림, 스티치 마커 B 2코 전까지 겉뜨기, kfb 코늘림, 겉1, 스티치 마커 B, 단 끝까지 겉뜨기 (총 16코 = 다리 뒤쪽 10코 / 앞쪽 6코)
**32단:** 모든 코 겉뜨기
**33~40단:** 31~32단을 4회 더 반복 (총 24코 = 18코 / 6코)

### 뒤꿈치 모양 만들기

스티치 마커 B를 제거한다.

*되돌아뜨기 단 주의: 이제 레슨 6의 상황 2를 할 차례다. (바늘비우기가 아닌, 실제 코를 소모하는 코줄임)*

**코 세팅하기:** 처음 18코를 작업 중인 바늘에 두고, 마지막 6코를 옮겨 쉼코로 둔다. 1번째 코에 스티치 마커 A를 건다.

다음과 같이 편물을 앞뒤로 뒤집어가며 평면뜨기한다.

**1단 (겉면):** 겉11, 왼코줄임, 편물 뒤집기 (뒤꿈치 총 17코)
**2단:** 안5, ssp 코줄임, 편물 뒤집기 (총 16코)
**3단:** 겉5, 왼코줄임, 편물 뒤집기 (총 15코)
**4단:** 안5, ssp 코줄임, 편물 뒤집기 (총 14코)

3~4단을 1회 더 반복한다. (총 12코)

작업 중인 실이 있는 곳에서 시작해서, 다시 다음과 같이 원통뜨기한다.
**1단:** 겉5, 왼코줄임, 단 끝까지 겉뜨기 (총 17코 = 뒤꿈치 뒤쪽 11코 / 뒤꿈치 앞쪽 6코)
**2단:** 겉2, ssk 코줄임, 단 끝까지 겉뜨기 (총 16코 = 10코 / 6코)

### 발 마무리

**1~4단:** 모든 코 겉뜨기
**5단:** 겉1, ssk 코줄임 2회, 왼코줄임 2회, 단 끝까지 겉뜨기 (총 12코)
**6단:** 모든 코 겉뜨기
**7단:** [겉1, ssk 코줄임, 왼코줄임, 겉1] 2회 (총 8코)

실을 자르고 메리야스잇기 기법으로 손 구멍을 막는다. 실 꼬리를 편물 안으로 가져와, 다리를 안쪽이 바깥으로 나오게 뒤집어서 실 꼬리를 정리한다.

### 오른쪽 다리

**세팅 단:** 늑대 인형의 머리가 아래를 향하고 등이 보이는 상태에서, 마지막 22코를 다시 바늘로 옮긴다. 그 후에 코 오른쪽 끝에서 시작해서 실을 연결해 겉뜨기로 22코 뜬다.

바늘을 재배치해 원통으로 뜬다. 1번째 코에 스티치 마커 A를 건다. (단 시작은 다리 안쪽에 있다)
**1~5단:** 모든 코 겉뜨기
**6단:** 겉9, 왼코줄임, 겉4, ssk 코줄임, 단 끝까지 겉뜨기 (총 20코)
**7~11단:** 모든 코 겉뜨기 (총 5단)
**12단:** 겉8, 왼코줄임, 겉4, ssk 코줄임, 단 끝까지 겉뜨기 (총 18코)
**13~26단:** 모든 코 겉뜨기 (총 14단)
**27단:** 겉7, 왼코줄임, 겉4, ssk 코줄임, 단 끝까지 겉뜨기 (총 16코)

그 후에 왼쪽 다리 28단부터 동일하게 뜬다.

오른쪽 다리에서는 시작할 때 연결한 실 끝도 정리해야 한다.

### 꼬리 추가하기

표시한 8코를 작업 중인 바늘에 옮기고 자투리 실을 제거한다. 바늘을 재배치해 원통으로 뜬다. 꼬리는 대칭형이므로 어느 쪽에서든 시작할 수 있다. 1번째 코에 스티치 마커 A를 건다.

실을 연결해서 다음과 같이 진행한다.
1~2단: 모든 코 겉뜨기
3단: [겉1, kfb 코늘림]을 단 끝까지 반복 (총 12코)
4~7단: 모든 코 겉뜨기 (총 4단)
8단: [겉3, kfb 코늘림]을 단 끝까지 반복 (총 15코)
9~12단: 모든 코 겉뜨기 (총 4단)
13단: [겉4, kfb 코늘림]을 단 끝까지 반복 (총 18코)
14~17단: 모든 코 겉뜨기 (총 4단)
18단: [겉5, kfb 코늘림]을 단 끝까지 반복 (총 21코)
19~22단: 모든 코 겉뜨기 (총 4단)
23단: [겉6, kfb 코늘림]을 단 끝까지 반복 (총 24코)
24~35단: 모든 코 겉뜨기 ( 총 12단)
36단: [겉6, 왼코줄임]을 단 끝까지 반복 (총 21코)
37단: 모든 코 겉뜨기
38단: [겉5, 왼코줄임]을 단 끝까지 반복 (총 18코)
39단: 모든 코 겉뜨기
40단: [겉4, 왼코줄임]을 단 끝까지 반복 (총 15코)
41단: 모든 코 겉뜨기
42단: [겉3, 왼코줄임]을 단 끝까지 반복 (총 12코)
43단: 모든 코 겉뜨기
44단: 단 끝까지 왼코줄임을 반복 (총 6코)

실을 약 25cm 정도 남기고 자른 다음, 돗바늘에 실을 꿰어 바늘에 걸린 코들에 실을 통과시킨다. 아직은 실을 당기지 않는다. 나중에 솜을 채운 뒤에 이 실로 구멍을 닫고 실 꼬리를 정리할 것이다.

## 세탁, 솜 넣기, 구멍 막기
레슨 14 참고

늑대에게 목욕을 시켜주세요. 이 늑대는 늘 작은 양처럼 부드러워지는 게 꿈이었답니다!

완전히 마른 뒤에 솜을 채운다.

먼저 꼬리부터 솜을 채운다. 그 후에 마지막 단의 코들에 미리 통과시켜 두었던 실을 당겨서 꼬리 끝의 구멍을 막는다. 실 꼬리는 귀를 통과시켜 편물 안쪽으로 가져간다. 꼬리 시작 부분에서 나온 실 꼬리도 편물 안쪽으로 가져와 함께 묶는다. 매듭은 작품의 안면 표면에 최대한 가깝게 묶고, 안전을 위해 한 번 더 묶어준다. 매듭 뒤에 실이 조금 남도록 자른다. 더 단단하게 고정하고 싶다면, 꼬리 밑부분에 별도의 실을 사용해 한 줄 꿰매 보강해도 좋다.
늑대의 나머지 부분에도 솜을 채운다. 레슨 14를 참고한다.

마지막 구멍은 돗바늘과 별도의 실을 이용해 마무리한다.

# 티노의 옷

## 실

De Rerum Natura, Ulysse (메리노울 100%, 185m, 50g)
**스웨터**: 바탕실, "Fusain" 색상, 약 18g, 배색실, "Granit" 색상, 약 3g
**바지**: "Granit" 색상, 약 15g
**가방**: "Doré" 색상, 약 10g

혹은 스포트 굵기의 실 3가지 색상 약 18g (67m) / 18g (67m) / 10g (37m)

## 바늘

2mm, 2.75mm, 3.25mm, 2mm 코바늘

## 부자재

가방에 달 8mm 단추 2개

## 스웨터

티노의 스웨터는 목 부분의 고무단부터 시작해서 아래로 내려가며 뜬다. 배색뜨기 요크 부분은 걸러뜨기 기법을 이용해 뜨고, 그 후에 소매를 따로 뜬 뒤, 마지막으로 몸통 나머지 부분을 완성한다.

레슨 15에서 소개된 대체 케이블 코잡기 방법으로, 스웨터의 바탕실과 2.75mm 바늘을 사용해서 36코를 만든다.

바늘을 재배치해 원통으로 뜬다. 1번째 코에 스티치 마커 A를 건다. 그 후에 다음과 같이 진행한다.

**1~3단**: [겉1, 안1]을 단 끝까지 반복

3.25mm 바늘로 바꿔 계속해서 다음과 같이 진행한다.
**4단**: 모든 코 겉뜨기
레슨 17 배색뜨기를 참고한다.

*주의: 배색뜨기하는 동안 모든 걸러뜨기 코는 실을 편물 뒤에 두고 걸러뜨기한다.*

5~6단: 배색실로 [1코 걸러뜨기, 겉1]을 단 끝까지 반복
7단: 바탕실로 [kfb 코늘림, 1코 걸러뜨기]를 단 끝까지 반복 (총 54코)
8단: 바탕실로 [겉2, 1코 걸러뜨기]를 단 끝까지 반복
9~10단: 배색실로 [2코 걸러뜨기, 겉1]을 단 끝까지 반복
11단: 바탕실로 [kfb 코늘림, 겉1, 1코 걸러뜨기]를 단 끝까지 반복 (총 72코)
12단: 바탕실로 [겉3, 1코 걸러뜨기]를 단 끝까지 반복
13단: 바탕실로 모든 코 겉뜨기
14~15단: 배색실로 [1코 걸러뜨기, 겉1, 2코 걸러뜨기]
16단: 바탕실로 [겉1, 1코 걸러뜨기, kfb 코늘림, 겉1]을 단 끝까지 반복 (총 90코)
17단: 바탕실로 [겉1, 1코 걸러뜨기, 겉3]을 끝까지 반복
18~19단: 배색실로 [1코 걸러뜨기, 겉1, 1코 걸러뜨기, 겉2]를 단 끝까지 반복
20~21단: 바탕실로 [겉1, 1코 걸러뜨기, 겉1, 2코 걸러뜨기]를 단 끝까지 반복
22~23단: 18~19단을 반복
24~25단: 20~21단을 반복
26~27단: 18~19단을 반복
28~29단: 바탕실로, [겉3, 2코 걸러뜨기]를 단 끝까지 반복
30~31단: 배색실로 [3코 걸러뜨기, 겉2]를 단 끝까지 반복
32~34단: 바탕실로 모든 코 겉뜨기 (총 3단)

배색실을 자른다.

### 1번째 소매

현재 단 시작점에서 원통뜨기를 시작한다.
**세팅 1단:** 단의 처음 9코를 겉뜨기하고 다음 72코를 홀더에 옮겨 쉼코로 둔다. 감아코잡기 방법으로 2코 만든다. 스티치 마커 A를 걸고 2코 만든다. 단의 마지막 9코를 겉뜨기한다. (총 22코)
**세팅 2단:** 스티치 마커 A를 다시 만날 때까지 겉뜨기, 다음 코에 스티치 마커 A를 옮긴다. 이곳이 새로운 단 시작이 되고, 그에 따라 바늘을 재배치하고 필요한 경우 코 분배를 다시 조정한다.

1~13단: 모든 코 겉뜨기
2.75mm 바늘로 바꿔 계속해서 다음과 같이 진행한다.
14~16단: [겉1, 안1]을 단 끝까지 반복 (총 3단)

고무뜨기하면서 코막음한다. (레슨 16 참고)

실을 자르고 정리한다.

### 2번째 소매

**세팅 1단:** 스웨터의 칼라가 아래를 향하고 1번째 소매가 오른쪽에 있는 상태에서 첫 27코를 홀더에 옮겨 쉼코로 둔다. 다음 18코는 3.25mm 바늘에 다시 옮긴다. 마지막 27코는 그대로 홀더에 남겨 둔다. (총 18코)
**세팅 2단:** 작업 중인 바늘에 있는 코들의 오른쪽 끝에서 시작해 (나중에 생길 수 있는 작은 구멍을 메울 수 있도록 실 끝을 충분히 길게 남기고) 바탕실을 연결한다. 겉뜨기로 18코 뜨고 감아코잡기 방법으로 2코 만든다. 스티치 마커 A를 걸고 2코 만든다. (총 22코)
**세팅 3단:** 바늘을 재배치해 원통으로 뜬다. 스티치 마커 A를 다시 만날 때까지 겉뜨기한다. 다음 코에 스티치 마커 A를 옮긴다. 이곳이 새로운 단 시작이 되고, 그에 따라 바늘을 재배치하고 필요한 경우 코 분배를 다시 조정한다.

그 후에 1단부터 1번째 소매와 동일하게 뜬다.

### 몸통

남은 54코를 3.25mm 바늘에 다시 옮긴다.
스웨터의 칼라가 아래를 향하고 2번째 소매가 왼쪽에 있는 상태에서, 1번째 소매의 암홀 가운데에 바탕실을 연결해 원통뜨기한다.
**세팅 단:** 3코 줍기, 겉27, 2번째 소매 진동을 따라 6코 줍기, 겉27, 3코 줍기 (총 66코)
1번째 코(처음 주운 코)에 스티치 마커 A를 건다.

1~15단: 모든 코 겉뜨기
2.75mm 바늘로 바꿔 계속해서 다음과 같이 진행한다.
16~18단: [겉1, 안1]을 단 끝까지 반복 (총 3단)

고무뜨기하면서 모든 코를 코막음한다. 실을 자르고 정리한다.

**마무리**
남아있는 실 꼬리를 정리한다.

스웨터를 적신다. 평평하게 놓고 말린다.

## 바지

티노의 바지는 허리 고무단부터 시작해 아래로 내려가며 뜨는 방식이다.

대체 케이블 코잡기 방법으로, 바지 색상의 실과 2.75mm 바늘을 사용해서 48코 만든다.

1~3단: [겉1, 안1]을 단 끝까지 반복
4단: [kfb 코늘림, 안1]을 단 끝까지 반복 (총 72코)
5단: 모든 코 겉뜨기
6단: [겉2, 안1]을 단 끝까지 반복
7~22단: 5~6단을 8회 더 반복
23단 (꼬리 구멍 만들기, 레슨 18 참고): 겉15, 실을 편물 앞으로 가져와 다음 코를 안뜨기하듯이 걸러뜨기, 실을 편물 뒤로 가져와 *안뜨기하듯이 1코 걸러뜨기, 이전 걸러뜨기한 코를 방금 걸러뜨기한 코 위로 덮어씌우기*, *~*를 5회 더 반복해서 6코 코막음, 마지막 걸러뜨기 코를 왼손 바늘로 다시 옮기기, 편물 뒤집기, 실을 편물 뒤로 가져와서 케이블 코잡기 방법으로 7코 만들기, 편물 뒤집기, 실을 편물 뒤로 가져와 안뜨기하듯이 1코 걸러뜨기, 마지막으로 만든 코를 걸러뜨기한 코 위로 덮어씌우기, 마지막 걸러뜨기 코를 왼손 바늘로 다시 옮기기, 단 끝까지 겉뜨기
24단: [겉2, 안1]을 단 끝까지 반복
25~30단: 5~6단을 3회 더 반복

### 왼쪽 다리

현재 단 시작점에서 원통뜨기를 시작한다.
세팅 1단: 겉18, 다음 36코를 홀더에 옮겨 쉼코로 두기, 겉18 (작업 중인 바늘에 총 36코)
세팅 2단: [겉2, 안1]을 단 끝까지 반복

1번째 코에 스티치 마커 A를 건다. (단 시작은 다리 바깥쪽에 있다)
1단: 모든 코 겉뜨기
2단: [겉2, 안1]을 단 끝까지 반복

3~20단: 1~2단을 9회 더 반복

2mm 바늘로 바꿔 고무뜨기하면서 모든 코를 코막음한다. 레슨 16에서 설명한 방법대로 진행하는데, 겉뜨기 2코는 안뜨기로, 안뜨기 1코는 겉뜨기로 대체한다. 실을 자르고, 마지막 코에 실을 꿰어 통과시킨 뒤 실 끝을 정리한다.

### 오른쪽 다리

세팅 1단: 허리 부분이 아래를 향하고 꼬리 구멍이 보이는 상태에서, 남은 36코를 2.75mm 바늘에 다시 옮긴다. 그 후에 코의 오른쪽 끝에서 시작해, 실을 연결해서 36코를 겉뜨기한다. 바늘을 재배치해 원통으로 뜬다. 1번째 코에 스티치 마커 A를 건다. (단 시작은 다리 안쪽에 있다)
세팅 2단: [겉2, 안1]을 단 끝까지 반복한다.

그 후에 1단부터 시작해서 왼쪽 다리와 동일하게 뜬다.

실을 자르고 정리한다. 가랑이 부분에 남은 실 꼬리를 사용해 작은 구멍이 있다면 막아주고, 실 꼬리를 정리한다.

**마무리**
남아있는 실 꼬리를 정리한다.

바지를 충분히 적신 뒤, 고무단이 늘어나지 않도록 주의하며 평평하게 펴서 말린다.

## 가방

티노의 가방은 위쪽부터 시작해 원통으로 뜨며, 덮개와 주머니를 위한 코를 표시하면서 만든다. 가방 밑면 구멍을 막고, 덮개와 주머니를 더한 뒤, 마지막으로 스트랩을 붙인다.

일반 코잡기 방법으로, 가방 색상의 실과 2.75mm 바늘을 사용해서 44코 만든다.

바늘을 재배치해 원통으로 뜬다. 1번째 코에 스티치 마커 A를 건다.
1~2단: [겉1, 안1]을 단 끝까지 반복
3단: [안1, 겉1]을 단 끝까지 반복
4단 (덮개 위치 표시): [안1, 겉1]을 2코 남을 때까지 반복, 안1, 마지막으로 겉뜨기한 20코에 자투리 실을 걸어 두기, 겉1
5~6단: [겉1, 안1]을 단 끝까지 반복
7~8단: [안1, 겉1]을 단 끝까지 반복
9~16단: 5~8단을 2회 반복
17~18단: 5~6단을 반복

19단: [안1, 겉1]을 단 끝까지 반복
20단 (주머니 위치 표시): [안1, 겉1] 9회, 마지막으로 겉뜨기한 14코에 자투리실을 걸어 두기, [안1, 겉1]을 단 끝까지 반복
21~24단: 5~8단을 반복
25~26단: 5~6단을 반복

편물을 바늘에 그대로 두고, 안쪽이 바깥으로 나오게 뒤집어 안면에서 작업한다.

단의 첫 3코를 다음과 같이 코막음한다. 겉뜨기하듯이 1코 걸러뜨기, 겉1, 걸러뜨기한 코를 겉뜨기한 코 위로 덮어씌운다. [겉1, 이전 코를 덮어씌우기]를 2회 반복하고 15코를 안뜨기한다.

다음 6코를 다음과 같이 코막음한다. 겉뜨기하듯이 1코 걸러뜨기, 겉1, 걸러뜨기한 코를 겉뜨기한 코 위로 덮어씌운다. [겉1, 이전 코를 덮어씌우기]를 5회 반복하고 15코를 안뜨기한다.

다음 3코를 다음과 같이 코막음한다. 겉뜨기하듯이 1코 걸러뜨기, 겉1, 걸러뜨기한 코를 겉뜨기한 코 위로 덮어씌우기, 겉1, 전 코를 겉뜨기한 코 위로 덮어씌운다. 실을 약 50cm 정도 남기고 자르고, 돗바늘에 실을 꿴다. 그 실을 마지막 코에 통과시킨 뒤, 마지막 코를 바늘에서 빼낸다. (총 32코)

32코를 16코씩 2세트로 나누어 2개의 장갑바늘에 평행하게 들고, 이전 단계에서 남긴 실 꼬리가 있는 오른쪽에서 실을 연결한다. 그 후에 레슨 19에서 설명한 바늘 3개를 이용한 코막음 기법으로 2세트를 연결한다. 실을 약 50cm 정도 남기고 자른 뒤, 돗바늘에 꿰고 마지막 코에 실을 통과시킨다.

이제 가방의 밑면은 부분적으로 닫힌 상태이며, 양쪽 끝에는 아직 열려 있는 부분이 남아있다.

### 가방 밑면 모양 만들기

작업하던 그대로, 안면에서 밑면 중앙 이음선에 수직이 되도록 한쪽 열려 있는 부분을 집어 접는다. 그 후에 남긴 실 꼬리와 돗바늘을 사용해, 열린 부분의 양쪽 가장자리를 서로 꿰매 닫는다. (상단 그림 참고) 실 꼬리를 정리한다. 반대쪽 열려 있는 부분도 같은 방법으로 꿰매 닫고 실 꼬리를 정리한다.

가방을 다시 겉면으로 뒤집는다.

### 주머니 만들기

가방의 입구가 위로 향하고 앞면이 보이는 상태에서, 주머니를 위해 표

**가방 밑면 구멍 막기**

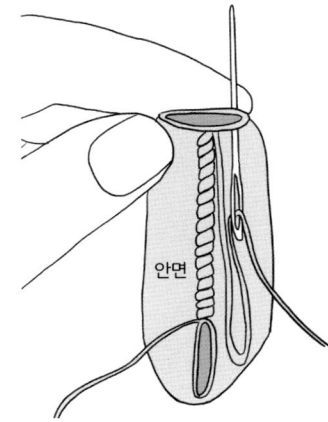

시한 14코를 2.75mm 바늘에 옮긴다. 자투리 실을 제거한다. 나중에 꿰매는 데 사용할 수 있도록 실 꼬리를 약 30cm 정도 남기고 오른쪽에서 실을 연결해서, 다음과 같이 편물을 앞뒤로 뒤집어가며 평면뜨기한다.
1~2단: [겉1, 안1]을 단 끝까지 반복
3~4단: [안1, 겉1]을 단 끝까지 반복
5~6단: 1~2단을 반복
7단 (단추 위치 표시): [안1, 겉1] 2회, 마지막으로 겉뜨기한 코에 자투리 실을 통과시켜 느슨하게 묶기, [안1, 겉1] 3회, 안1, 마지막으로 안뜨기한 코에 자투리 실을 통과시켜 느슨하게 묶기, 겉1, 안1, 겉1
8단: [안1, 겉1]을 단 끝까지 반복
9~12단: 1~4단을 반복
13~14단: 1~2단을 반복

체인 코막음 기법으로 모든 코를 코막음한다. (레슨 19 참고) 실을 약 30cm 정도 남기고 자른다. 실 꼬리를 마지막 코에 통과시킨 뒤, 마지막 코를 바늘에서 빼낸다.

앞서 표시해 둔 자투리 실을 기준점 삼아, 작은 단추 2개를 주머니 앞면에 단다.

그 후에 코막음한 실 꼬리와 주머니 시작할 때 남겨둔 실을 사용해 주머니를 가방 앞면에 꿰맨다. 실 꼬리를 모두 정리해 마무리한다.

## 덮개 만들기

가방의 입구가 아래로 향하고 뒷면이 보이는 상태에서, 덮개를 위해 표시해 둔 20코를 2.75mm 바늘에 옮긴다. 자투리 실을 제거한다. 오른쪽에서 실을 연결한 뒤, 평면뜨기로 다음과 같이 진행한다.
1~2단: [겉1, 안1]을 단 끝까지 반복
3~4단: [안1, 겉1]을 단 끝까지 반복
5~20단: 1~4단을 4회 더 반복

체인 코막음 기법으로 모든 코를 코막음한다.

## 단추 고리 만들기

고리를 만들기 위해, 덮개를 가방 입구 위로 접어 단추 위에 오도록 놓고 위치를 확인한다. 각 단추 바로 위, 덮개의 가장자리에 스티치 마커를 걸어 고리의 위치를 표시한다.

그 후에 겉면에서 안면 방향으로 덮개의 코막음 가장자리에 코바늘을 넣고, 덮개 아래에서 실을 준비한 다음, 1번째 고리를 당겨 편물을 통과시켜 뺀다. 이제 덮개의 겉면에서, 표면을 따라 사슬뜨기로 12코를 더 만든다. 단추 크기에 따라 콧수를 조절한다. 사슬뜨기를 마친 뒤 실을 자르고, 마지막 사슬코를 통과시켜 마무리한다. 그 후에 돗바늘을 이용해 실 끝을 겉면에서 안면으로 덮개를 통과시켜 고리가 시작된 부분에 실을 고정하고, 그 자리에 몇 땀 꿰매어 단단히 고정한다. 마지막으로, 덮개의 안면에서 실 끝을 코막음 가장자리를 따라, 고리 양옆 바닥 쪽으로 몇 땀씩 왔다 갔다 하며 정리한다.

## 스트랩 만들기

일반코잡기 방법으로, 2.75mm 바늘을 사용해서 6코 만든다.
평면뜨기로 진행한다.
1단 (안면): 실을 편물 앞에 두고 1코 걸러뜨기, 겉1, 실을 편물 앞에 두고 2코 걸러뜨기, 겉1, 실을 편물 앞에 두고 1코 걸러뜨기
2단: 겉1, 실을 편물 앞에 두고 1코 걸러뜨기, 겉2, 실을 편물 앞에 두고 1코 걸러뜨기, 겉1

스트랩이 약 20cm가 될 때까지 또는 늑대가 가방을 몸에 가로질러 멜 수 있을 만큼의 길이가 될 때까지 1~2단을 반복한다.

체인 코막음 기법으로 코막음한다. 그 후에 남아있는 실 끝과 돗바늘을 사용해서 가방 양쪽에 스트랩의 양 끝을 몇 땀 꿰매 단단히 고정한다.

## 마무리
남아있는 실 꼬리를 정리한다.

가방을 물에 충분히 적셔 담근 후, 물기를 가볍게 짜내고 바닥이 평평하게 유지되도록 몇 개의 핀으로 고정한 상태에서 세워 놓고 말린다.

# Giorgio

조르지오

—

## 고양이

### 키

19cm

### 실

Union Fibre, Fingering (수퍼워시 메리노울 100% wool, 400m, 100g), "Giorgio", 약 25g (100m)

혹은 핑거링 굵기 실 약 25g (100m)

**시작하기 전에 미리 챙겨 두기:** 귀를 뜰 실 2m 2개

### 바늘

2mm, 귀를 뜰 같은 호수의 바늘, 꼬리를 뜰 2.25mm 바늘

### 부자재

6mm 짙은 갈색 인형눈

눈, 귀, 꼬리 위치를 표시할 대비되는 색상의 자투리 실 5개

## 시작하기
레슨 1~3 + 5 참고

2mm 바늘을 사용해서 일반코잡기 방법으로, 4코 만든다.

바늘을 재배치해 원통으로 뜬다.
1단: kfb 코늘림 4회 (총 8코)
2단: 모든 코 겉뜨기
1번째 코에 스티치 마커 A를 건다.
3단: 겉1, kfb 코늘림 2회, 겉1, kfb 코늘림 4회 (총 14코 = 주둥이 위쪽 6코 / 주둥이 아래쪽 8코)
4단: 모든 코 겉뜨기
5단: 겉2, kfb 코늘림 2회, 겉2, kfb 코늘림 3회, 겉2, kfb 코늘림 3회 (총 22코 = 8코 / 14코)
6단: 모든 코 겉뜨기
7단: 겉8, ssk 코줄임 3회, 겉2, 왼코줄임 3회 (총 16코 = 8코 / 8코)
8단: 겉3, kfb 코늘림 2회, 겉3, kfb 코늘림, 겉6, kfb 코늘림 (총 20코 = 10코 / 10코)
9단: kfb 코늘림 3회, 겉4, kfb 코늘림 3회, 단 끝까지 겉뜨기 (총 26코 = 16코 / 10코)
10단 (눈 위치 표시): 겉5, 마지막으로 겉뜨기한 코에 1번째 자투리 실을 통과시켜 느슨하게 묶기, 겉7, 마지막으로 겉뜨기한 코에 2번째 자투리 실을 통과시켜 느슨하게 묶기, 단 끝까지 겉뜨기
11단: kfb 코늘림 4회, 겉8, kfb 코늘림 4회, 단 끝까지 겉뜨기 (총 34코 = 24코 / 10코)
12단: 모든 코 겉뜨기
13단: kfb 코늘림 4회, 겉16, kfb 코늘림 6회, 겉6, kfb 코늘림 2회 (총 46코 = 32코 / 14코)
14단: 모든 코 겉뜨기

## 머리 모양 만들기
레슨 6 참고

### 되돌아뜨기 - 섹션 1

주의: 이제 레슨 6의 상황 1을 할 차례다. (바늘비우기와 바늘비우기 코를 소모하는 코줄임)

코 세팅하기: 처음 32코를 작업 중인 바늘에 두고 마지막 14코는 홀더에 옮겨 쉼코로 둔다. 1번째 코에 스티치 마커 A를 건다.

다음과 같이 편물을 앞뒤로 뒤집어가며 평면뜨기한다.
1단 (겉면): 겉26, 편물 뒤집기
2단: 바늘비우기, 안20, 편물 뒤집기
3단: 바늘비우기, 겉20, 왼코줄임, 겉1, 편물 뒤집기
4단: 바늘비우기, 안22, ssp 코줄임, 안1, 편물 뒤집기
5단: 바늘비우기, 겉24, 왼코줄임, 겉1, 편물 뒤집기
6단: 바늘비우기, 안26, ssp 코줄임, 안1, 편물 뒤집기

작업 중인 실이 있는 곳에서 시작해서, 원통뜨기한다.
1단 (귀 위치 표시): 바늘비우기, 겉1, 마지막으로 겉뜨기한 9코에 1번째 자투리 실을 걸어 두기, 겉1, 마지막으로 겉뜨기한 9코에 2번째 자투리 실을 걸어 두기, 겉4, 왼코줄임, 단 끝까지 겉뜨기 (총 46코 + 바늘비우기 = 머리 위쪽 32코 + 바늘비우기 / 목 14코)
2단 (귀 위치 표시): 겉뜨기 꼬아뜨기 1, 겉뜨기하듯이 1코 걸러뜨기, 바늘비우기 코를 겉뜨기, 걸러뜨기한 코를 겉뜨기한 코 위로 덮어씌우기, 겉뜨기 꼬아뜨기 1, 겉12, 이전 단에서 사용한 자투리 실 한쪽 끝을 들어 마지막으로 뜬 9코에 통과시키기, 겉11, 이전 단에서 사용한 다른 자투리 실 한쪽 끝을 들어 마지막으로 뜬 9코에 통과시키기, 단 끝까지 겉뜨기 (총 46코 = 32코 / 14코)
3단: 모든 코 겉뜨기

### 되돌아뜨기 - 섹션 2

주의: 이제 레슨 6의 상황 2를 할 차례다. (바늘비우기가 아닌, 실제 코를 소모하는 코줄임)

코 세팅하기: 처음 32코를 작업 중인 바늘에 두고 마지막 14코는 홀더에 옮겨 쉼코로 둔다. 1번째 코에 스티치 마커 A를 건다.

다음과 같이 편물을 앞뒤로 뒤집어가며 평면뜨기한다.
1단 (겉면): 겉18, 왼코줄임, 겉1, 편물 뒤집기 (머리 위쪽 총 31코)
2단: 안6, ssp 코줄임, 안1, 편물 뒤집기 (총 30코)
3단: 겉7, 왼코줄임, 겉1, 편물 뒤집기 (총 29코)
4단: 안8, ssp 코줄임, 안1, 편물 뒤집기 (총 28코)
5단: 겉9, 왼코줄임, 겉1, 편물 뒤집기 (총 27코)
6단: 안10, ssp 코줄임, 안1, 편물 뒤집기 (총 26코)
7단: 겉11, 왼코줄임, 겉1, 편물 뒤집기 (총 25코)
8단: 안12, ssp 코줄임, 안1, 편물 뒤집기 (총 24코)
9단: 겉13, 왼코줄임, 겉1, 편물 뒤집기 (총 23코)
10단: 안14, ssp 코줄임, 안1, 편물 뒤집기 (총 22코)

작업 중인 실이 있는 곳에서 시작해서, 다시 다음과 같이 원통뜨기한다.
1단: 겉15, 왼코줄임, 겉5, ssk 코줄임 2회, 왼코줄임 2회, 겉3 (총 31코 = 머리 뒤쪽 21코 / 목 10코)

## 되돌아뜨기 - 섹션 3

주의: 이제 레슨 6의 상황 1을 할 차례다. (바늘비우기와 바늘비우기 코를 소모하는 코줄임)

**코 세팅하기**: 처음 21코를 작업 중인 바늘에 두고 마지막 10코는 홀더에 옮겨 쉼코로 둔다. 1번째 코에 스티치 마커 A를 건다.

다음과 같이 편물을 앞뒤로 뒤집어가며 평면뜨기한다.
**1단 (겉면)**: 겉뜨기 꼬아뜨기 1, 겉1, ssk 코줄임, 겉13, 편물 뒤집기 (머리 뒤쪽 총 20코)
**2단**: 바늘비우기, 안12, 편물 뒤집기
**3단**: 바늘비우기, 겉12, 왼코줄임, 겉1, 편물 뒤집기
**4단**: 바늘비우기, 안14, ssp 코줄임, 안1, 편물 뒤집기

작업 중인 실이 있는 곳에서 시작해서, 다시 다음과 같이 원통뜨기한다.
**1단**: 바늘비우기, 겉16, 왼코줄임, 겉2, ssk 코줄임, 단 끝에 3코 남을 때까지 겉뜨기, 왼코줄임, 겉1 (총 28코 + 바늘비우기 = 머리 뒤쪽 20코 + 바늘비우기 / 목 8코)

## 되돌아뜨기 - 섹션 4

주의: 이제 레슨 6의 상황 1을 할 차례다. (바늘비우기와 바늘비우기 코를 소모하는 코줄임)

**코 세팅하기**: 처음 20코와 남아있는 바늘비우기 코를 작업 중인 바늘에 두고 마지막 8코는 홀더에 옮겨 쉼코로 둔다. 1번째 코에 스티치 마커 A를 건다.

다음과 같이 편물을 앞뒤로 뒤집어가며 평면뜨기한다.
**1단 (겉면)**: 겉뜨기 꼬아뜨기 1, 겉뜨기하듯이 1코 걸러뜨기, 바늘비우기 코를 겉뜨기, 걸러뜨기한 코를 겉뜨기한 코 위로 덮어씌우기, 겉14, 편물 뒤집기
**2단**: 바늘비우기, 안12, 편물 뒤집기
**3단**: 바늘비우기, 겉12, 왼코줄임, 겉1, 편물 뒤집기
**4단**: 바늘비우기, 안14, ssp 코줄임, 안1, 편물 뒤집기

작업 중인 실이 있는 곳에서 시작해서, 다시 다음과 같이 원통뜨기한다.
**1단**: 바늘비우기, 겉16, 왼코줄임, 단 끝까지 겉뜨기 (총 28코 + 바늘비우기 = 머리 뒤쪽 20코 + 바늘비우기 / 목 8코)
**2단**: 겉1, 겉뜨기하듯이 1코 걸러뜨기, 바늘비우기 코를 겉뜨기, 걸러뜨기한 코를 겉뜨기한 코 위로 덮어씌우기, 단 끝까지 겉뜨기 (총 28코 = 20코 / 8코)
**3단**: ssk 코줄임 4회, 겉4, 왼코줄임 4회, 단 끝까지 겉뜨기 (총 20코 = 12코 / 8코)

얼굴 표정과 귀를 추가하는 동안 바늘에서 코가 빠지지 않도록 주의한다.

## 얼굴 표정 추가하기
레슨 7 참고

먼저, 코잡기할 때 남겨둔 실 꼬리를 편물 안쪽으로 가져가서 정리한다.

그 후에 눈을 붙이거나 수놓는다. 그리고 코와 웃는 입 모양도 수놓는다. 코는 주둥이 윗부분의 평평한 면 바로 아래에 삼각형을 만들 듯 세 땀을 먼저 수놓는다. (하단 그림 참고) 이 삼각형을 바탕으로, 꼭짓점에서 시작해 윗면을 감싸며 채우는 방식으로 스티치를 반복해 삼각형 안을 촘촘히 채워 넣는다.

## 귀 만들기

**왼쪽 귀**
왼쪽 귀를 위해 표시해 둔 18코를 작업 중인 바늘에 옮기고, 자투리 실을 제거한다. 고양이 인형의 머리가 위를 향하고 얼굴이 보이는 상태에서, 바늘을 재배치해 원통으로 뜬다. 단의 시작 지점은 오른쪽에 오도록 배열한다. (하단 그림 참고) 1번째 코에 스티치 마커 A를 건다.

미리 준비한 실 중 1가닥을 연결해서, 다음과 같이 진행한다.
**1단**: 모든 코 겉뜨기 (총 18코)
**2단**: 겉1, ssk 코줄임, 단 끝에 3코 남을 때까지 겉뜨기, 왼코줄임, 겉1 (총 16코)
**3단**: 2단을 반복 (총 14코)
**4단**: 2단을 반복 (총 12코)
**5단**: 2단을 반복 (총 10코)

### 귀 단 시작 & 코 수놓기

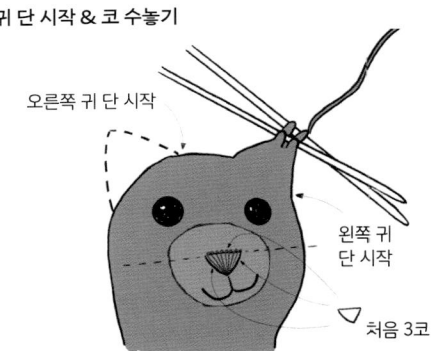

6단: 2단을 반복 (총 8코)
7단: 겉1, ssk 코줄임, 겉2, 왼코줄임, 겉1 (총 6코)
8단: 겉1, ssk 코줄임, 왼코줄임, 겉1 (총 4코)
9단: ssk 코줄임, 왼코줄임 (총 2코)

실을 잘라서 돗바늘에 꿰고, 바늘에 걸려 있는 코에 그 실을 통과시킨 뒤 단단히 잡아당긴다. 실 꼬리는 귀를 통과시켜 편물 안쪽으로 가져온다. 또한 귀 시작 부분에서 나온 실 꼬리도 편물 안쪽으로 가져와 함께 묶는다.

### 오른쪽 귀

표시해 둔 다른 18코 세트를 작업 중인 바늘에 옮기고, 자투리 실을 제거한다. 고양이 인형의 머리가 위를 향하고 얼굴이 보이는 상태에서, 바늘을 재배치해 원통으로 뜬다. 이때 단의 시작 지점은 오른쪽에 오도록 한다. (134쪽 그림 참고) 1번째 코에 스티치 마커 A를 건다.

미리 준비해 둔 다른 실을 연결해서 다음과 같이 진행한다.
1단: 모든 코 겉뜨기 (총 18코)
2단: 겉6, ssk 코줄임, 겉2, 왼코줄임, 단 끝까지 겉뜨기 (총 16코)
3단: 겉5, ssk 코줄임, 겉2, 왼코줄임, 단 끝까지 겉뜨기 (총 14코)
4단: 겉4, ssk 코줄임, 겉2, 왼코줄임, 단 끝까지 겉뜨기 (총 12코)
5단: 겉3, ssk 코줄임, 겉2, 왼코줄임, 단 끝까지 겉뜨기 (총 10코)
6단: 겉2, ssk 코줄임, 겉2, 왼코줄임, 단 끝까지 겉뜨기 (총 8코)

7단: 겉1, 왼코줄임, 겉2, ssk 코줄임, 겉1 (총 6코)
8단: 왼코줄임, 겉2, ssk 코줄임 (총 4코)
9단: 왼코줄임, ssk코줄임 (총 2코)

실을 자르고, 왼쪽 귀와 동일한 방식으로 실 정리한다.

### 목과 어깨 모양 만들기

바늘에 총 20코 (앞판 12코 / 뒤판 8코) 있다. 고양이 인형의 머리가 아래를 향하고 등이 보이는 상태에서, 스티치 마커 A로 표시한 현재 단 시작점에서 원통뜨기를 시작한다.

1단: 겉뜨기 꼬아뜨기 1, 단 끝까지 겉뜨기
2단: [겉2, kfb 코늘림] 4회, 단 끝까지 kfb 코늘림을 반복 (총 32코 = 뒤판 16코 / 앞판 16코)
3단 (부분적인 단): 단 끝에 3코 남을 때까지 겉뜨기, 다음 코에 스티치 마커 A를 옮기기
이곳이 새로운 단 시작이 되고, 그에 따라 바늘을 재배치하고 필요한 경우 코 분배를 다시 조정한다.
4단: [겉3, kfb 코늘림]을 단 끝까지 반복 (총 40코)
5단: 모든 코 겉뜨기
6단: [겉4, kfb 코늘림]을 단 끝까지 반복 (총 48코)

7단: 모든 코 겉뜨기
8단: [겉5, kfb 코늘림]을 단 끝까지 반복 (총 56코)
9단: 모든 코 겉뜨기
10단: [겉6, kfb 코늘림]을 단 끝까지 반복 (총 64코)
11~19단: 모든 코 겉뜨기 (총 9단)

## 팔 만들기
레슨 8~11 참고

고양이 인형의 머리가 아래를 향하고 등이 보이는 상태에서, 현재 단 시작점에서 원통뜨기를 시작한다.

### 왼쪽 팔

세팅 1단: 단의 처음 9코를 겉뜨기, 다음 46코를 홀더에 옮겨 쉼코로 둔다. 감아코잡기 방법으로 2코 만든다. 스티치 마커 A를 걸고 2코 만든다. 단의 마지막 9코를 겉뜨기한다. (총 22코)
세팅 2단: 스티치 마커 A를 다시 만날 때까지 겉뜨기한다. 다음 코에 스티치 마커 A를 옮긴다. 이곳이 새로운 단 시작이 되고, 그에 따라 바늘을 재배치하고 필요한 경우 코 분배를 다시 조정한다.

1단: 모든 코 겉뜨기
2단: 겉7, 왼코줄임, 겉4, ssk 코줄임, 단 끝까지 겉뜨기 (총 20코)
3~4단: 모든 코 겉뜨기
5단: 겉6, 왼코줄임, 겉4, ssk 코줄임, 단 끝까지 겉뜨기 (총 18코)
6~13단: 모든 코 겉뜨기 (총 8단)
14단: 겉5, 왼코줄임, 겉4, ssk 코줄임, 단 끝까지 겉뜨기 (총 16코)
15~16단: 모든 코 겉뜨기
17단: 겉4, 왼코줄임, 겉4, ssk 코줄임, 단 끝까지 겉뜨기 (총 14코)
18~19단: 모든 코 겉뜨기
20단: 겉3, 왼코줄임, 겉4, ssk 코줄임, 단 끝까지 겉뜨기 (총 12코)
21~22단: 모든 코 겉뜨기
23단: 겉2, 왼코줄임, 겉4, ssk 코줄임, 단 끝까지 겉뜨기 (총 10코)
24~26단: 모든 코 겉뜨기 (총 3단)
27단 (부분적인 단): 겉3, 다음 코에 스티치 마커 A 옮기기
이곳이 새로운 단 시작이 되고, 그에 따라 바늘을 재배치하고 필요한 경우 코 분배를 다시 조정한다.
28~33단: 모든 코 겉뜨기 (총 6단)
실을 자르고 메리야스잇기 기법으로 손 구멍을 막는다. 실 꼬리를 편물 안으로 가져와, 팔을 안쪽이 바깥으로 나오게 뒤집어서 실 끝을 정리한다.

### 오른쪽 팔

세팅 1단: 고양이 인형의 머리가 아래를 향하고 등이 보이는 상태에서, 첫 14코를 홀더에 옮겨 쉼코로 두고, 다음 18코를 다시 작업 중인 바늘에 옮긴다. 마지막 14코를 홀더에 옮겨 쉼코로 둔다. (총 18코)
세팅 2단: 작업 중인 바늘의 오른쪽 끝에 있는 코에서 시작해서 (나중에 작은 구멍이 있으면 막을 수 있게 실 꼬리를 충분히 남기고) 실을 연결해, 18코를 겉뜨기한다. 감아코잡기 방법으로 2코 만든다. 스티치 마커 A를 걸고 2코를 만든다. (총 22코)
세팅 3단: 바늘을 재배치해 원통으로 뜬다. 스티치 마커 다시 A를 만날 때까지 겉뜨기한다. 스티치 마커 A를 제거하고 다음 코에 스티치 마커 A를 다시 건다. 이곳이 새로운 단 시작이 되고, 그에 따라 바늘을 재배치하고 필요한 경우 코 분배를 다시 조정한다.

그 후에 1단부터 왼쪽 팔과 동일하게 뜬다.

## 몸통 만들기
레슨 12 참고

남아있는 28코를 작업 중인 바늘로 다시 옮긴다. 고양이 인형의 머리가 아래를 향하고 등이 보이는 상태에서, 왼쪽 진동 가운데에 실을 연결해 다음과 같이 원통뜨기한다.

세팅 단: 3코 줍고 뒤판 14코를 겉뜨기한다. 6코 줍고 앞판 14코를 겉뜨기한다. 3코 줍는다. (총 40코 = 뒤판 20코 / 앞판 20코)

1번째 코(처음 주운 코)에 스티치 마커 A를 건다.

1~5단: 모든 코 겉뜨기
6단: 겉20, 스티치 마커 B 걸기, 겉20
7단: 겉2, kfb 코늘림, 스티치 마커 B 3코 전까지 겉뜨기, kfb 코늘림, 겉2, 스티치 마커 B, 겉2, kfb 코늘림, 단 끝에 3코 남을 때까지 겉뜨기, kfb 코늘림, 겉2 (총 44코 = 뒤판 22코 / 앞판 22코)
8~11단: 모든 코 겉뜨기 (총 4단)
12~16단: 7~11단을 반복 (총 48코 = 24코 / 24코)
17단: 7단을 반복 (총 52코 = 26코 / 26코)
18단: 모든 코 겉뜨기
19단: 겉2, kfb 코늘림, 스티치 마커 B 3코 전까지 겉뜨기, kfb 코늘림, 겉2, 스티치 마커 B, 단 끝까지 겉뜨기 (총 54코 = 28코 / 26코)
20단: 모든 코 겉뜨기
21~32단: 19~20단을 6회 더 반복 (총 66코 = 40코 / 26코)
33단 (꼬리 위치 표시): 겉22, 마지막으로 겉뜨기한 4코에 자투리 실을 걸어 두기, 단 끝까지 겉뜨기
34단 (꼬리 위치 표시): 겉22, 이전 단에서 사용한 자투리 실의 한쪽 끝을 들어 마지막으로 겉뜨기한 4코에 자투리 실을 통과시키기, 단 끝까지 겉뜨기

## 엉덩이 모양 만들기

스티치 마커 B를 제거한다.

되돌아뜨기 단 주의: 이제 레슨 6의 상황 2 중 특별한 경우가 되었다. (46쪽 참고)

**코 세팅하기**: 처음 40코를 작업 중인 바늘에 두고 마지막 26코는 홀더에 옮겨 쉼코로 둔다. 1번째 코에 스티치 마커 A를 건다.

다음과 같이 편물을 앞뒤로 뒤집어가며 평면뜨기한다.
**1단 (겉면)**: 겉20, 스티치 마커 걸기, 겉2, 왼코줄임, 겉1, 편물 뒤집기 (엉덩이 총 39코)
**2단**: 스티치 마커를 지나 2코까지 안뜨기, ssp 코줄임, 안1, 편물 뒤집기 (총 38코)
**3단**: 진행하면서 스티치 마커를 제거하며 구멍 1코 전까지 겉뜨기, 왼코줄임, 겉1, 편물 뒤집기 (총 37코)
**4단**: 구멍 1코 전까지 안뜨기, ssp 코줄임, 안1, 편물 뒤집기 (총 36코)

3~4단을 4회 더 반복한다. (총 28코)

작업 중인 실이 있는 곳에서 시작해서, 다시 다음과 같이 원통뜨기한다.
**1단**: 구멍 1코 전까지 겉뜨기, 왼코줄임, 단 끝까지 겉뜨기 (총 53코 = 뒤판 27코 / 앞판 26코)
**2단**: 겉4, ssk 코줄임, 단 끝까지 겉뜨기 (총 52코 = 26코 / 26코)

지금까지 생긴 실 꼬리를 정리한다.

## 다리 만들기
레슨 13 참고

고양이 인형의 머리가 아래를 향하고 등이 보이는 상태에서, 현재 단 시작점에서 원통뜨기를 시작한다.

### 왼쪽 다리

**세팅 1단**: 단의 첫 10코를 겉뜨기하고 다음 6코를 다음과 같이 코막음한다. 겉뜨기하듯이 1코 걸러뜨기, 겉1, 걸러뜨기한 코를 겉뜨기한 코 위로 덮어씌운다. *겉1, 이전 코를 겉뜨기한 코 위로 덮어씌우기*, *~*를 4회 더 반복한다. 겉19, 같은 방식으로 다음 6코를 코막음한다. 단의 마지막 9코를 겉뜨기한다. (작업 중인 바늘에 총 40코)
**세팅 2단**: 단의 처음 10코를 겉뜨기, 다음 20코를 홀더에 옮겨 쉼코로 둔다. 마지막 10코를 겉뜨기한다. (총 20코)

1번째 코에 스티치 마커 A를 건다. (단 시작은 다리 바깥쪽에 있다).

**1단**: 모든 코 겉뜨기
**2단**: 겉2, ssk 코줄임, 단 끝에 4코 남을 때까지 겉뜨기, 왼코줄임, 겉2 (총 18코)
**3~8단**: 모든 코 겉뜨기 (총 6단)
**9단**: 2단을 반복 (총 16코)
**10~15단**: 모든 코 겉뜨기 (총 6단)
**16단**: 2단을 반복 (총 14코)
**17~18단**: 모든 코 겉뜨기
**19단**: 2단을 반복 (총 12코)
**20~21단**: 모든 코 겉뜨기
**22단**: 2단을 반복 (총 10코)
**23~24단**: 모든 코 겉뜨기
**25단**: 겉2, ssk 코줄임, 단 끝까지 겉뜨기 (총 9코 = 다리 앞쪽 4코 / 다리 뒤쪽 5코)
**26단**: 모든 코 겉뜨기
**27단**: 겉1, kfb 코늘림 2회, 단 끝까지 겉뜨기 (총 11코 = 6코 / 5코)
**28단**: 모든 코 겉뜨기
**29단**: 겉1, kfb 코늘림, 겉2, kfb 코늘림, 단 끝까지 겉뜨기 (총 13코 = 8코 / 5코)
**30단**: 모든 코 겉뜨기
**31단**: 겉1, kfb 코늘림, 겉4, kfb 코늘림, 단 끝까지 겉뜨기 (총 15코 = 10코 / 5코)

### 뒤꿈치 모양 만들기

되돌아뜨기 단 주의: 이제 레슨 6의 상황 2를 할 차례다. (바늘비우기가 아닌, 실제 코를 소모하는 코줄임)

**코 세팅하기**: 처음 10코를 작업 중인 바늘에 두고, 마지막 5코를 홀더에 옮겨 쉼코로 둔다. 1번째 코에 스티치 마커 A를 건다.

다음과 같이 편물을 앞뒤로 뒤집어가며 평면뜨기한다.
**1단 (겉면)**: 겉6, 왼코줄임, 편물 뒤집기 (뒤꿈치 총 9코)
**2단**: 안3, ssp 코줄임, 편물 뒤집기 (총 8코)
**3단**: 겉3, 왼코줄임, 편물 뒤집기 (총 7코)
**4단**: 안3, ssp 코줄임, 편물 뒤집기 (총 6코)

작업 중인 실이 있는 곳에서 시작해서, 다시 다음과 같이 원통뜨기한다.
**1단**: 겉3, 왼코줄임, 단 끝까지 겉뜨기 (10코 = 뒤꿈치 뒤쪽 5코 / 뒤꿈치 앞쪽 5코)
**2단**: 겉뜨기하듯이 1코 걸러뜨기, 겉1, 걸러뜨기한 코를 겉뜨기한 코 위로 덮어씌우기, 겉뜨기 꼬아뜨기 1, 단 끝까지 겉뜨기 (총 9코 = 4코 / 5코)

### 발 마무리하기
1~2단: 모든 코 겉뜨기
3단: 단 끝에 3코 남을 때까지 겉뜨기, 왼코줄임, 겉1 (총 8코)

실을 자르고 메리야스잇기 기법으로 손 구멍을 막는다. 실 꼬리를 편물 안으로 가져와, 다리를 안쪽이 바깥으로 나오게 뒤집어서 실 꼬리를 정리한다.

### 오른쪽 다리

세팅 단: 고양이 인형의 머리가 아래를 향하고 등이 보이는 상태에서, 마지막 20코를 다시 바늘로 옮긴다. 그 후에 코의 오른쪽 끝에서 시작해, 실을 연결해서 20코를 겉뜨기한다.

바늘을 재배치해 원통으로 뜬다. 1번째 코에 스티치 마커 A를 건다. (단 시작은 다리 안쪽에 있다)

1단: 모든 코 겉뜨기
2단: 겉6, 왼코줄임, 겉4, ssk 코줄임, 단 끝까지 겉뜨기 (총 18코)
3~8단: 모든 코 겉뜨기 (총 6단)
9단: 겉5, 왼코줄임, 겉4, ssk 코줄임, 단 끝까지 겉뜨기 (총 16코)
10~15단: 모든 코 겉뜨기 (총 6단)
16단: 겉4, 왼코줄임, 겉4, ssk 코줄임, 단 끝까지 겉뜨기 (총 14코)
17~18단: 모든 코 겉뜨기
19단: 겉3, 왼코줄임, 겉4, ssk 코줄임, 단 끝까지 겉뜨기 (총 12코)
20~21단: 모든 코 겉뜨기
22단: 겉2, 왼코줄임, 겉4, ssk 코줄임, 단 끝까지 겉뜨기 (총 10코)
23~24단: 모든 코 겉뜨기
25단: 겉1, 왼코줄임, 단 끝까지 겉뜨기 (총 9코 = 다리 뒤쪽 4코 / 다리 앞쪽 5코)
26단: 모든 코 겉뜨기

왼쪽 다리 27단부터 '발 마무리하기' 전까지 동일하게 뜬다.

### 발 마무리하기
1~2단: 모든 코 겉뜨기
3단: 겉5, ssk 코줄임, 단 끝까지 겉뜨기 (총 8코)

왼쪽 다리에서 했던 것처럼 구멍을 막고 실 꼬리를 정리한다. 이 다리에서는, 처음 시작할 때 연결한 실 꼬리도 함께 안쪽으로 넣어 정리해야 한다.

### 꼬리 추가하기

2.25mm 바늘로 바꿔 꼬리를 뜬다. 표시한 8코를 작업 중인 바늘에 옮긴다. 바늘을 재배치해 원통으로 뜬다. 꼬리는 원통의 대칭형이므로 어느 쪽에서든 단을 시작할 수 있다. 1번째 코에 스티치 마커 A를 건다.

실을 연결해서 다음과 같이 진행한다.
1~3단: 모든 코 겉뜨기
4단: [겉1, kfb 코늘림]을 단 끝까지 반복 (총 12코)
5~26단: 모든 코 겉뜨기 (총 22단)
27단: [겉4, 왼코줄임] 2회 (총 10코)
28~31단: 모든 코 겉뜨기 (총 4단)
32단: [겉3, 왼코줄임] 2회 (총 8코)
33~36단: 모든 코 겉뜨기 (총 4단)
37단: [겉2, 왼코줄임] 2회 (총 6코)
38~41단: 모든 코 겉뜨기 (총 4단)

실을 약 25cm 정도 남기고 자른 뒤, 돗바늘에 꿰어 바늘에 걸려 있는 코에 실을 통과시킨다. 아직은 실을 당기지 않는다. 솜을 채운 후에 이 실로 구멍을 막고, 실 꼬리를 정리할 예정이다.

### 세탁, 솜 넣기, 구멍 막기
레슨 14 참고

고양이를 목욕시킵니다. 고양이는 이 계획을 그리 달가워하지 않겠지만, 모두 다 고양이 인형을 위한 일이니 조금만 참아달라고 해요!

완전히 마른 후에 속을 채운다.

먼저 꼬리부터 채우는데, 유연함을 유지할 수 있도록 너무 빽빽하게 넣지 않도록 주의한다. 그 후에 마지막 코들에 미리 통과시켜 둔 실을 잡아당겨 꼬리 끝의 구멍을 닫는다. 실 꼬리는 꼬리를 통과시켜 편물 안쪽으로 가져온다. 또한 꼬리 시작 부분에서 나온 실 꼬리도 편물 안쪽으로 가져와 함께 묶는다. 매듭은 작품 안면 표면에 최대한 가까이 지어주고, 안정성을 위해 한 번 더 묶어 이중 매듭을 만든다. 실은 매듭 뒤에 조금만 남기고 잘라준다. 더 단단하게 고정하고 싶다면, 꼬리 밑부분에 별도의 실을 사용해 한 줄 꿰매 보강해도 좋다.

나머지 고양이 몸통도 속을 채운다. 레슨 14를 참고한다. 특히 주둥이는 작더라도 얼굴의 중요한 부분이니, 형태가 잘 살아날 수 있도록 넉넉히 채운다. 마지막 구멍은 돗바늘과 별도의 실을 사용해 막고 마무리한다.

# 조르지오의 옷

## 실

Union Fibre, Fingering (수퍼워시 메리노울 100% wool, 400m, 100g)
**민소매 스웨터**: 색상 A - "Evoke" 색상, 약 8g, 색상 B - "Semiprecious" 색상, 약 6g, 색상 C - "Pollen" 색상, 약 2g, and 색상 D - "Caper" 색상, 약 2g
**바지**: "Giorgio", 약 12g
**가방**: "Shallows", 약 6g

혹은 핑거링 굵기의 6가지 색상 8g (32m), 6g (24m), 2g (8m), 2g (8m), 12g (48m), 6g (24m)

## 바늘

2mm, 2.75mm
매직루프 기법으로 긴 줄바늘을 사용한다면, 민소매 스웨터 어깨를 연결할 때 쓸 2mm 장갑바늘 3개

## 민소매 스웨터

조르지오의 민소매 스웨터는 밑단의 고무단부터 시작해서 위로 뜨는 방식으로 제작한다. 스트라이프와 걸러뜨기 기법을 사용해 배색뜨기 격자 무늬를 만든다. 겨드랑이 부분까지는 몸통 전체를 뜨고, 그 이후에는 앞판과 뒤판을 따로 떠서 어깨를 연결한 다음, 작은 칼라와 진동단을 추가한다.

레슨 15에서 설명한 대체 케이블 코잡기 방법을 사용해서, 색상 A실과 2mm 바늘로 72코를 만든다.

바늘을 재배치해 원통으로 뜬다. 1번째 코에 스티치 마커 A를 건다.
**1~3단**: [겉1, 안1]을 단 끝까지 반복
**4단**: [겉11, kfb 코늘림]을 단 끝까지 반복 (총 78코)

### 배색뜨기 시작

레슨 17 참고

### 주의

3단이 가장 중요한 부분이다. 이 단에서 처음으로 색상을 설정하게 된다. 이 기초 위에 배색뜨기 작업이 이어지며, 차트를 보든, 서술형 지시 사항을 따라가든 그다음부터는 매우 쉽게 뜰 수 있다.

모든 코를 뜨는 단이나, 걸러뜨기 코와 겉뜨기 코의 순서가 자세히 설명된 단(3단과 29단)을 제외하고는, 사용 중인 색상과 같은 색상의 코는 모두 겉뜨기하고, 나머지 색상의 코는 모두 걸러뜨기한다는 점을 기억해야 한다. 차트의 각 줄에는 어떤 색으로 떠야 하는지를 알려주는 작은 사각형 표시가 있다.

차트에는 모든 단이 표시되어 있는데, 이전 단과 반복되는 경우라도 모두 그려져 있다. 하지만 실제 뜬 결과물과는 다르게 보일 수 있다. 완전히 뜨는 한 단과 같은 높이를 만들려면, 걸러뜨기 코를 포함한 두 단이 필요하기 때문이다. 예를 들어, 3단에서 6단까지는 차트에서 보이는 것보다 실제로는 절반 정도의 높이밖에 되지 않는다.

색상 A실로 한 단 전체를 뜬 후, 앞서 설정했던 걸러뜨기 코와 겉뜨기 코의 순서를 다시 설정해야 할 경우(9단, 15단, 22단, 31단), 한두 단 아래의 색상을 참고하면 어떤 코를 뜨고 어떤 코를 걸러뜨기해야 하는지 쉽게 알 수 있다.

강렬한 색상 포인트를 주기 위해 색상 C실과 색상 D실을 나중에 추가하는데, 원하지 않으면 이 색상들은 생략하거나 다른 색으로 대체해도 좋다. 만약 이 색상들을 추가하고 싶지만 실 정리를 줄이고 싶다면, 편물의 안면에서 실 끝을 묶어 정리하면 된다.

이제 차트 1 혹은 서술형 지시 사항 중 선호하는 쪽을 참고해서, 다음과 같이 진행한다.

**1~2단**: 색상 A실로 모든 코 겉뜨기
**3단**: 색상 B실로 *[2코 걸러뜨기, 겉1]을 2회 반복, 2코 걸러뜨기, 겉2, 1코 걸러뜨기, 겉2, 1코 걸러뜨기, 겉1, [1코 걸러뜨기, 겉2] 2회, 2코 걸러뜨기, 겉1, 2코 걸러뜨기, [겉2, 1코 걸러뜨기] 2회, 겉1, [1코 걸러뜨기, 겉2] 2회*, *~* 1회 반복
**4단**: 색상 B실로 색상 B 코를 모두 겉뜨기하고 색상 A 코를 모두 걸러뜨기
**5~6단**: 색상 A실로 색상 A 코를 모두 겉뜨기하고 색상 B 코를 모두 걸러뜨기
**7~18**: 1~6단을 2회 반복
**19~20**: 색상 B실로 색상 B 코를 모두 겉뜨기하고 색상 A 코를 모두 걸러뜨기
**21단**: 색상 A실로 모든 코 겉뜨기
**22단**: 색상 C실로 3단을 반복
**23단**: 색상 C실로 색상 C 코를 모두 겉뜨기하고 색상 A 코를 모두 걸러뜨기
**24~25단**: 색상 A실로 색상 A 코를 모두 겉뜨기하고 색상 C 코를 모두 걸러뜨기
**26~27단**: 색상 C실로 색상 C 코를 모두 겉뜨기하고 색상 A 코를 모두 걸러뜨기

**차트 1 (원통으로 뜬다)**

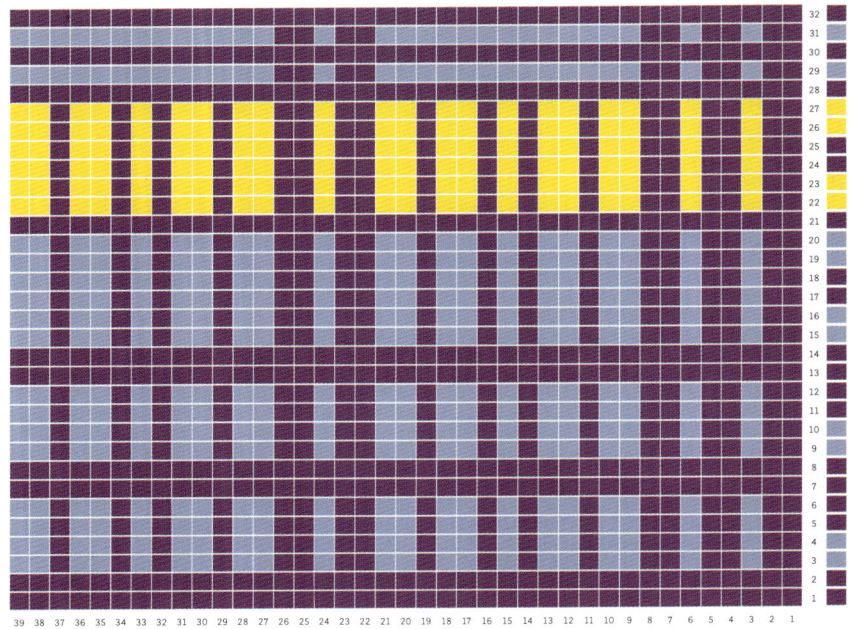

오른쪽에 표시된 현재 사용 중인 색상으로 된 사각형은 겉뜨기하고, 나머지 색상의 사각형은 모두 걸러뜨기한다.

28단: 색상 A실로 모든 코 겉뜨기
29단: 색상 B실로 *[2코 걸러뜨기, 겉1] 2회, 2코 걸러뜨기, 겉13, 2코 걸러뜨기, 겉1, 2코 걸러뜨기, 겉13*, *~* 1회 반복
30단: 색상 A실로 모든 코 겉뜨기
31단: 색상 B실로 29단을 반복
32단: 색상 A실로 모든 코 겉뜨기

## 앞판

단의 처음 39코를 편물을 앞뒤로 뒤집어가며 평면뜨기하고, 다른 39코는 홀더에 옮겨 쉼코로 둔다.

*주의: 어떤 색상을 사용하든, 단의 1번째 코와 마지막 코는 항상 겉뜨기한다.*

현재 단의 시작에서 시작한다. 차트 2 혹은 서술형 지시 사항 중 선호하는 쪽을 참고해서, 다음과 같이 진행한다.

**1단 (겉면):** 색상 B로 겉1, 1코 걸러뜨기, [겉1, 2코 걸러뜨기] 2회, [겉2, 1코 걸러뜨기] 2회, 겉1, [1코 걸러뜨기, 겉2] 2회, 2코 걸러뜨기, 겉1, 2코 걸러뜨기, [겉2, 1코 걸러뜨기] 2회, 겉1, [1코 걸러뜨기, 겉2] 2회

**2단:** 색상 B실로 겉1, 단 끝에 1코 남을 때까지 색상 B 코를 모두 안뜨기 하고 색상 A 코를 모두 걸러뜨기, 겉1
**3단:** 색상 A실로 겉1, 단 끝에 1코 남을 때까지 색상 A 코를 모두 겉뜨기 하고 색상 B 코를 모두 걸러뜨기, 겉1
**4단:** 색상 A실로 겉1, 단 끝에 1코 남을 때까지 색상 A 코를 모두 안뜨기 하고 색상 B 코를 모두 걸러뜨기, 겉1
**5단:** 색상 B실로 겉1, 단 끝에 1코 남을 때까지 색상 B 코를 모두 겉뜨기 하고 색상 A 코를 모두 걸러뜨기, 겉1
**6단:** 색상 B실로 겉1, 단 끝에 1코 남을 때까지 색상 B 코를 모두 안뜨기 하고 색상 A 코를 모두 걸러뜨기, 겉1
**7단:** 색상 A실로 모든 코 겉뜨기
**8단:** 색상 A실로 겉1, 단 끝에 1코 남을 때까지 안뜨기, 겉1
**9~16단:** 1~8단을 반복
**17단:** 색상 D실로 1단을 반복
**18단:** 색상 D실로 겉1, 단 끝에 1코 남을 때까지 색상 D 코를 모두 안뜨기 하고 색상 A 코를 모두 걸러뜨기, 겉1
**19단:** 색상 A실로 겉1, 단 끝에 1코 남을 때까지 색상 A 코를 모두 겉뜨기 하고 색상 D 코를 모두 걸러뜨기, 겉1
**20단:** 색상 A실로 겉1, 단 끝에 1코 남을 때까지 색상 A 코를 모두 안뜨기하고 색상 D 코를 모두 걸러뜨기, 겉1

**차트 2 (평면으로 뜬다)**

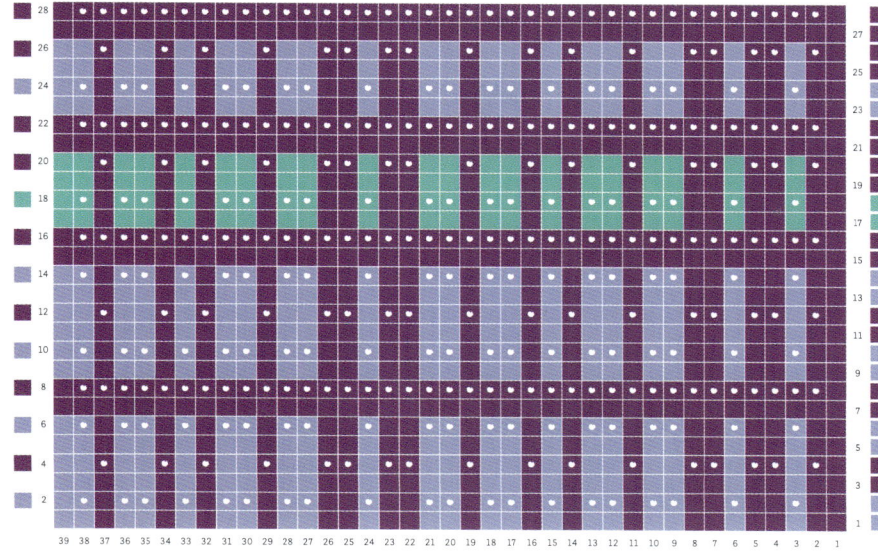

오른쪽에 표시된 현재 사용 중인 색상으로 된 사각형은 겉뜨기/안뜨기하고, 나머지 색상의 사각형은 모두 걸러뜨기한다.

• 안뜨기

**21단**: 색상 A실로 모든 코 겉뜨기
**22단**: 색상 A실로 겉뜨기1, 단 끝에 1코 남을 때까지 안뜨기, 겉1
**23단**: 색상 B실로 1단을 반복
**24단**: 색상 B실로 겉1, 단 끝에 1코 남을 때까지 색상 B 코를 모두 안뜨기하고 색상 A 코를 모두 걸러뜨기, 겉1
**25단**: 색상 A실로 겉1, 단 끝에 1코 남을 때까지 색상 A 코를 모두 겉뜨기하고 색상 B 코를 모두 걸러뜨기, 겉1
**26단**: 색상 A실로 겉1, 단 끝에 1코 남을 때까지 색상 A 코를 모두 안뜨기하고 색상 B 코를 모두 걸러뜨기, 겉1
**27단**: 색상 A실로 모든 코 겉뜨기
**28단**: 색상 A실로 겉1, 단 끝에 1코 남을 때까지 안뜨기, 겉1

실 꼬리를 약 100cm 정도 남기고 자른다. 이 실 꼬리는 나중에 사용할 것이다.

## 뒤판

쉼코로 두었던 뒤 39코를 다시 작업 중인 바늘에 옮기고, 앞판의 39코는 홀더에 옮겨 쉼코로 둔다. 뒤판의 겉면이 보이는 상태에서, 오른쪽에서 시작해 색상 B 실을 연결한 다음, 앞판 윗부분과 동일하게 작업한다.

작업 중인 실은 자르지 않는다.

## 어깨 연결하기

### 오른쪽 어깨

뒤판(방금 작업한 면)이 보이고, 작업 중인 실이 오른쪽에 달려있는 상태에서 뒤판과 앞판의 코를 2개의 바늘에 평행하게 나란히 놓는다. (총 78코 = 뒤판 39코 / 앞판 39코)

3번째 바늘을 사용해서 오른쪽에서 시작해, 레슨 19에서 설명한 바늘 3개를 이용한 코막음 기법으로 2개의 바늘에서 각각 8코씩(총 16코)을 함께 코막음한다. 뒤판과 앞판에 각각 30코씩 남고, 코막음 바늘에는 1코가 남을 때까지 작업한다.

남은 1코를 뒤판 코가 있는 바늘로 옮기고, 뒤판에 9코가 남을 때까지 왼코줄임 코막음 기법(레슨 19 참고)으로 뒤판의 목둘레 부분을 코막음한다. 작업 중인 실은 끊지 말고 그대로 둔다.

## 왼쪽 어깨

스웨터의 앞판이 보이도록 바늘을 재배치한 뒤, 오른쪽 모서리에서 작업을 시작할 수 있도록 준비한다. 앞판 윗부분에서 남긴 실 꼬리를 사용한다.

오른쪽 어깨 때와 마찬가지로 2개의 바늘에 코들을 평행하게 나란히 놓고, 3번째 바늘로 2개의 바늘에서 각각 8코씩을 함께 코막음한다. 앞판에 21코가 남고, 뒤판은 더 이상 코가 남아있지 않고, 코막음 바늘에는 1코가 남을 때까지 작업한다.

마지막 1코를 앞판 코가 있는 바늘로 옮기고, 남은 앞판 목둘레 코들을 모두 왼코줄임 코막음 방법으로 코막음한다. 실 꼬리는 그대로 두고, 나중에 정리한다.

## 칼라

아직 연결된 작업 중인 실을 사용해, 겉면이 보이는 상태에서 코막음된 목둘레를 따라 총 40코를 줍는다. 이때, 양쪽 어깨 이음선에서도 각각 1코씩 꼭 줍는다.

바늘을 재배치해 원통으로 뜬다. 1번째 코에 스티치 마커 A를 건다.
**1~2단**: [겉1, 안1]을 단 끝까지 반복

고무뜨기하면서 모든 코 코막음한다. (레슨 16 참고)

## 소매단

진동 중심에서 시작해 색상 A실을 연결하고, 겉면에서 작업하면서 가터뜨기 가장자리를 따라 진동 둘레에서 총 24코를 줍는다. 이때, 어깨 이음선 부분에서도 반드시 1코를 주워야 해당 부분이 튀어나오지 않는다. 만약 그 부분이 너무 타이트해서 바늘을 넣기 어렵다면, 코바늘을 사용하면 쉽게 코를 주울 수 있다.

바늘을 재배치해 원통으로 뜬다. 1번째 코에 스티치 마커 A를 건다.
**1단**: [겉1, 안1]을 단 끝까지 반복

고무뜨기하면서 모든 코를 코막음한다.

2번째 소매도 동일하게 뜬다.

## 마무리

남아있는 실 끝을 모두 정리한다.

스웨터는 물에 적신 후 평평하게 펴서 말린다.

## 바지

조르지오의 바지는 허리에서 시작해 아래로 떠 내려가는 방식으로 작업한다. 대체 케이블 코잡기 방법으로, 바지에 사용할 색상과 2.75mm 바늘을 사용해서 40코 만든다.

**1~3단**: [겉1, 안1]을 단 끝까지 반복
**4단**: [kfb 코늘림, 안1]을 단 끝까지 반복 (총 60코)
**5단**: [겉2, 안1]을 단 끝까지 반복
**6단**: [겉1, 안2]를 단 끝까지 반복
**7~22단**: 5~6단을 8회 더 반복
**23단 (꼬리 구멍 만들기, 레슨 18 참고)**: [겉2, 안1] 4회, 실을 편물 앞으로 가져와 다음 코를 안뜨기하듯이 걸러뜨기, 실을 편물 뒤로 가져와 *안뜨기하듯이 1코 걸러뜨기, 이전의 걸러뜨기한 코를 최근 걸러뜨기한 코 위로 덮어씌우기*, *~*를 5회 더 반복해 6코 코막음, 마지막으로 걸러뜨기한 코를 다시 왼손 바늘로 옮기기, 편물 뒤집기, 실을 편물 뒤로 가져와 케이블 코잡기 방법으로 7코 만들기, 편물 뒤집기, 실을 편물 뒤로 가져와 안뜨기하듯이 1코 걸러뜨기, 마지막으로 만든 코를 걸러뜨기한 코 위로 덮어씌우기, 마지막으로 걸러뜨기한 코를 다시 왼손 바늘로 옮기기, [겉2, 안1]을 단 끝까지 반복
**24단**: [겉1, 안2]를 단 끝까지 반복
**25~32단**: 5~6단을 4회 더 반복

## 왼쪽 다리

현재 단 시작점에서 원통뜨기를 시작한다.
**세팅 1단**: [겉2, 안1]을 5회 반복한다. 다음 30코를 홀더에 옮겨 쉼코로 둔다. [겉2, 안1]을 5회 반복한다. (작업 중인 바늘에 총 30코)
**세팅 2단**: [겉1, 안2]를 단 끝까지 반복한다.

1번째 코에 스티치 마커 A를 건다. (단 시작은 다리 바깥쪽에 있다)
**1단**: [겉2, 안1]을 단 끝까지 반복
**2단**: [겉1, 안2]를 단 끝까지 반복
**3~12단**: 1~2단을 5회 더 반복

2mm 바늘로 바꿔 고무뜨기하면서 모든 코를 코막음한다. 레슨 16에서 설명한 방법대로 진행하는데, 겉뜨기 1코는 안뜨기로, 안뜨기 2코는 겉뜨기로 대체한다. 실을 자르고, 마지막 코에 실을 꿰어 통과시킨 뒤 실 꼬리를 정리한다.

## 오른쪽 다리

**세팅 1단**: 꼬리 구멍이 보이는 상태에서 남아있는 30코를 다시 2.75mm 바늘에 옮긴다. 코의 오른쪽 끝에 실을 연결해서 [겉2, 안1]을 단 끝까지 반복한다. 바늘을 재배치해 원통으로 뜬다. 1번째 코에 스티치 마커 A를

건다. (단 시작은 다리 안쪽에 있다)
**세팅 2단**: [겉1, 안2]를 단 끝까지 반복한다.

그 후에 1단부터 시작해서 왼쪽 다리와 동일하게 뜬다.

실을 자르고 숨겨 정리한다. 가랑이 부분에 남겨둔 실 끝을 사용해 작은 구멍이 생긴 곳을 막고, 그 실은 안쪽으로 정리한다.

## 마무리
남아있는 실 꼬리를 정리한다.

바지를 물에 충분히 적신 후, 고무단 무늬가 늘어나지 않도록 주의하면서 평평하게 펴서 말린다.

## 토트백

조르지오의 토트백은 위에서 아래로 떠 내려가는 방식으로 작업하며, 바닥은 바늘 3개를 이용한 코막음 기법으로 코막음한다. 이후, 스트랩을 따로 떠서 본체에 연결한다. 일반코잡기 방법으로, 가방에 사용할 색상 실과 2mm 바늘로 40코 만든다.

바늘을 재배치해 원통으로 뜬다.
**1단**: 모든 코 안뜨기
**2단**: 모든 코 겉뜨기
**3단**: 모든 코 안뜨기
**4단**: [안4, 겉1]을 단 끝까지 반복
**5단**: [안3, 겉2]를 단 끝까지 반복
**6단**: [안2, 겉3]을 끝까지 반복
**7단**: [안1, 겉4]를 단 끝까지 반복
**8단**: 모든 코 겉뜨기
**9~32단**: 3~8단을 4회 더 반복
**33단**: 모든 코 안뜨기

40코를 2개의 바늘에 나눠 각각 20코씩 배치한다. 겉면에서 작업하면서, 바늘 3개를 이용한 기법을 사용해 2세트의 코를 연결한다. 실을 자르고, 실 끝을 정리한다.

## 스트랩

일반코잡기 방법으로, 가방에 사용한 색상과 2mm 바늘로 6코 만든다. 다음과 같이 평면뜨기한다.
**1단 (안면)**: [실을 편물 앞에 두고 1코 걸러뜨기, 겉1, 실을 편물 앞에 두고 1코 걸러뜨기] 2회

**2단**: [겉1, 실을 편물 앞에 두고 1코 걸러뜨기, 겉1] 2회

스트랩이 약 18cm 정도 될 때까지 혹은 고양이 인형이 가방을 크로스로 멜 수 있을 때까지 1단과 2단을 반복한다. 체인 코막음 기법(레슨 19 참고)을 사용해 코막음한다.

실을 자르고, 실 끝과 돗바늘을 이용해 스트랩을 가방 양쪽에 몇 땀씩 꿰매 단단히 고정한다.

## 마무리
남아있는 실 꼬리를 모두 정리한다.

가방을 물에 적신 후 말릴 때 무늬가 평평해지고 전체 모양이 사각형 되도록 약간 늘려가며 펴서 말린다.

# Horacio

호라시오

—

## 당나귀

### 키

31cm

### 실

Daughter of a Shepherd, Ram Jam Sport (혼합 품종에서 얻은 울 100%, 169m, 50g)

**바탕실:** "Shade 2 - Mid grey" 색상, 약 35g (118m)

**주둥이에 사용할 배색실:** "Shade 0 - Natural white" 색상, 약 2g (7m)

**발굽과 꼬리 끝에 사용할 배색실:** "Shade 3 - Natural black" 색상, 약 3g (10m)

혹은 동일한 스포츠 굵기의 바탕실 약 35g (118m), 주둥이에 사용할 크리미 화이트 색상 약 2g (7m), 발굽과 꼬리 끝에 사용할 어두운 색상 3g (10m)

**시작하기 전에 미리 챙겨 두기:** 귀를 뜰 바탕실 각 3.5m 2개

### 바늘

2.5mm, 귀를 뜰 동일한 호수의 바늘, 꼬리를 뜰(아이코드) 동일한 호수의 장갑바늘 2개

### 부자재

7.5mm 짙은 갈색 인형눈
눈, 귀, 꼬리 위치를 표시할 대비되는 색상의 자투리 실 5개

## 시작하기
레슨 1~5 참고

주둥이 색상 실을 사용해서 일반코잡기 방법으로, 6코 만든다.

다음과 같이 편물을 앞뒤로 뒤집어가며 평면뜨기한다.
**1단 (겉면):** 모든 코 겉뜨기
**2단:** 모든 코 안뜨기
**3단:** 겉1, kfb 코늘림, 겉2, kfb 코늘림, 겉1, 편물을 뒤집지 않는다. (총 8코)

이제 원통으로 작업을 시작한다. 편물의 겉면이 보이는 상태에서, 작업 중인 실을 사용해 다음과 같이 코를 줍는다. (하단 그림 참고) 왼쪽 가장자리에서 1코, 코잡기한 가장자리를 따라 4코, 오른쪽 가장자리에서 1코.

코를 주울 때 조금 까다로울 수 있으니, 특히 마지막 코나 힘든 부분은 코바늘을 사용하면 훨씬 수월하다.

총 14코가 작업 중인 바늘에 있게 된다. 마지막으로 주운 코 다음의 코에 스티치 마커 A를 건다. 이곳이 단의 시작이 된다. 바늘을 재배치해 원통으로 뜬다.

**1단:** 겉8, kfb 코늘림, 겉4, kfb 코늘림 (총 16코)
**2단:** [겉1, kfb 코늘림] 4회, 단 끝까지 겉뜨기 (총 20코 = 주둥이 위쪽 12코 / 주둥이 아래쪽 8코)
**3단:** 모든 코 겉뜨기
**4단:** [겉2, kfb 코늘림] 4회, 단 끝까지 겉뜨기 (총 24코 = 16코 / 8코)
**5~8단:** 모든 코 겉뜨기 (총 4단)
**9단:** 바탕실을 연결해서 주둥이 색상 실과 함께 잡고, 모든 코 겉뜨기
**10단:** 주둥이 색상 실을 자르고, 바탕실로만 겉16, 스티치 마커 B를 걸기, 겉8
**11단:** 겉1, kfb 코늘림, 스티치 마커 B 2코 전까지 겉뜨기, kfb 코늘림, 겉1, 스티치 마커 B, 단 끝까지 겉뜨기 (총 26코 = 18코 / 8코)
**12단:** 모든 코 겉뜨기
**13단:** 겉1, kfb 코늘림, 스티치 마커 B 2코 전까지 겉뜨기, kfb 코늘림, 겉1, 스티치 마커 B, 겉1, kfb 코늘림, 단 끝에 2코 남을 때까지 겉뜨기, kfb 코늘림, 겉1 (총 30코 = 20코 / 10코)
**14단:** 모든 코 겉뜨기
**15~18단:** 11~14단을 반복 (총 36코 = 24코 / 12코)
**19~25단:** 모든 코 겉뜨기 (총 7단)
**26단 (눈 위치 표시):** 겉7, 마지막으로 겉뜨기한 코에 1번째 자투리 실을 통과시켜 느슨하게 묶기, 겉11, 2번째 자투리 실을 마지막으로 겉뜨기한 코에 통과시켜 느슨하게 묶기, 단 끝까지 겉뜨기
**27단:** 겉4, kfb 코늘림 4회, 겉8, kfb 코늘림 4회, 겉4, 스티치 마커 B, 겉1, kfb 코늘림, 단 끝에 2코 남을 때까지 겉뜨기, kfb 코늘림, 겉1 (총 46코 = 32코 / 14코)
**28~29단:** 모든 코 겉뜨기

## 머리 모양 만들기
레슨 6 참고

스티치 마커 B를 제거한다.

### 되돌아뜨기 - 섹션 1

*주의: 이제 레슨 6의 상황 1을 할 차례다. (바늘비우기와 바늘비우기 코를 소모하는 코줄임)*

**코 세팅하기:** 처음 32코를 작업 중인 바늘에 두고 마지막 14코는 홀더에 옮겨 쉼코로 둔다. 1번째 코에 스티치 마커 A를 건다.

다음과 같이 편물을 앞뒤로 뒤집어가며 평면뜨기한다.
**1단 (겉면):** 겉19, 편물 뒤집기
**2단:** 바늘비우기, 안6, 편물을 뒤집는다.
**3단:** 바늘비우기, 겉6, 왼코줄임, 겉1, 편물 뒤집기
**4단:** 바늘비우기, 안8, ssp 코줄임, 안1, 편물 뒤집기
**5단:** 바늘비우기, 겉10, 왼코줄임, 겉1, 편물 뒤집기
**6단:** 바늘비우기, 안12, ssp 코줄임, 안1, 편물 뒤집기

작업 중인 실이 있는 곳에서 시작해서, 다시 다음과 같이 원통뜨기한다.
**1단 (귀 위치 표시):** 바늘비우기, 겉4, 마지막으로 겉뜨기한 3코에 1번째 자투리 실을 걸어 두기, 겉9, 마지막으로 겉뜨기한 3코에 2번째 자투리 실을 걸어 두기, 겉1, 왼코줄임, 단 끝까지 겉뜨기 (총 46코 + 바늘비우기 = 머리 위쪽 32코 + 바늘비우기 / 목 14코)
**2단 (귀 위치 표시):** 겉8, 겉뜨기하듯이 1코 걸러뜨기, 바늘비우기 코를 겉뜨기, 걸러뜨기한 코를 겉뜨기한 코 위로 덮어씌우기, 겉뜨기 꼬아뜨

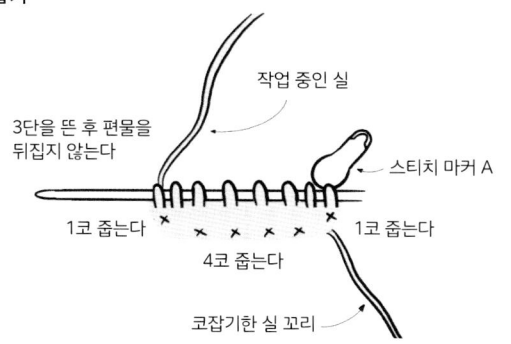

코줍기

3단을 뜬 후 편물을 뒤집지 않는다
작업 중인 실
스티치 마커 A
1코 줍는다
4코 줍는다
1코 줍는다
코잡기한 실 꼬리

145

기 1, 겉3, 이전 단에서 사용한 자투리 실 한쪽 끝을 들어 마지막으로 겉뜨기한 3코에 통과시키기, 겉9, 이전 단에서 사용한 다른 자투리 실 반대편 끝을 들어 마지막으로 겉뜨기한 3코에 통과시키기, 단 끝까지 겉뜨기 (총 46코 = 32코 / 14코)
3단: 모든 코 겉뜨기

## 되돌아뜨기 - 섹션 2

주의: 이제 레슨 6의 상황 2를 할 차례다. (바늘비우기가 아닌, 실제 코를 소모하는 코줄임)

코 세팅하기: 처음 32코를 작업 중인 바늘에 두고 마지막 14코는 홀더에 옮겨 쉼코로 둔다. 1번째 코에 스티치 마커 A를 건다.

다음과 같이 편물을 앞뒤로 뒤집어가며 평면뜨기한다.
1단 (겉면): 겉17, 왼코줄임, 겉1, 편물 뒤집기 (머리 위쪽 총 31코)
2단: 안4, ssp 코줄임, 안1, 편물 뒤집기 (총 30코)
3단: 겉5, 왼코줄임, 겉1, 편물 뒤집기 (총 29코)
4단: 안6, ssp 코줄임, 안1, 편물 뒤집기 (총 28코)
5단: 겉7, 왼코줄임, 겉1, 편물 뒤집기 (총 27코)
6단: 안8, ssp 코줄임, 안1, 편물 뒤집기 (총 26코)
7단: 겉9, 왼코줄임, 겉1, 편물 뒤집기 (총 25코)
8단: 안10, ssp 코줄임, 안1, 편물 뒤집기 (총 24코)
9단: 겉11, 왼코줄임, 겉1, 편물 뒤집기 (총 23코)
10단: 안12, ssp 코줄임, 안1, 편물 뒤집기 (총 22코)
11단: 겉13, 왼코줄임, 겉1, 편물 뒤집기 (총 21코)
12단: 안14, ssp 코줄임, 안1, 편물 뒤집기 (총 20코)

작업 중인 실이 있는 곳에서 시작해서, 다시 다음과 같이 원통뜨기한다.
1단: 겉15, 왼코줄임, 겉2, ssk 코줄임, 단 끝에 3코 남을 때까지 겉뜨기, 왼코줄임, 겉1 (총 31코 = 머리 위쪽 19코 / 목 12코)

## 되돌아뜨기 - 섹션 3

주의: 이제 레슨 6의 상황 1을 할 차례다. (바늘비우기와 바늘비우기 코를 소모하는 코줄임)

코 세팅하기: 처음 19코를 작업 중인 바늘에 두고 마지막 12코는 홀더에 옮겨 쉼코로 둔다. 1번째 코에 스티치 마커 A를 건다.

다음과 같이 편물을 앞뒤로 뒤집어가며 평면뜨기한다.
1단 (겉면): 겉뜨기 꼬아뜨기 1, ssk 코줄임, 겉12, 편물 뒤집기 (머리 뒤쪽 총 18코)
2단: 바늘비우기, 안10, 편물 뒤집기
3단: 바늘비우기, 겉10, 왼코줄임, 겉1, 편물 뒤집기
4단: 바늘비우기, 안12, ssp 코줄임, 안1, 편물 뒤집기

작업 중인 실이 있는 곳에서 시작해서, 다시 다음과 같이 원통뜨기한다.
1단: 바늘비우기, 겉14, 왼코줄임, 단 끝까지 겉뜨기 (총 30코 + 바늘비우기 1코 = 머리 뒤쪽 18코 + 바늘비우기 1코 / 목 12코)

## 되돌아뜨기 - 섹션 4

주의: 이제 레슨 6의 상황 1을 할 차례다. (바늘비우기와 바늘비우기 코를 소모하는 코줄임)

코 세팅하기: 처음 18코와 남아있는 바늘비우기 코를 작업 중인 바늘에 두고 마지막 12코는 홀더에 옮겨 쉼코로 둔다. 1번째 코에 스티치 마커 A를 건다.

다음과 같이 편물을 앞뒤로 뒤집어가며 평면뜨기한다.
1단 (겉면): 겉뜨기 꼬아뜨기 1, 겉뜨기하듯이 1코 걸러뜨기, 바늘비우기 코를 겉뜨기, 걸러뜨기한 코를 겉뜨기한 코 위로 덮어씌우기, 겉뜨기 꼬아뜨기 1, 겉11, 편물 뒤집기
2단: 바늘비우기, 안10, 편물 뒤집기
3단: 바늘비우기, 겉10, 왼코줄임, 겉1, 편물 뒤집기
4단: 바늘비우기, 안12, ssp 코줄임, 안1, 편물 뒤집기

작업 중인 실이 있는 곳에서 시작해서, 다시 다음과 같이 원통뜨기한다.
1단: 바늘비우기, 겉14, 왼코줄임, 단 끝까지 겉뜨기 (총 30코 + 바늘비우기 = 머리 뒤쪽 18코 + 바늘비우기 / 목 12코)

## 되돌아뜨기 - 섹션 5

주의: 이제 레슨 6의 상황 1을 할 차례다. (바늘비우기와 바늘비우기 코를 소모하는 코줄임)

코 세팅하기: 처음 18코과 남아있는 바늘비우기 코를 작업 중인 바늘에 두고 마지막 12코는 홀더에 옮겨 쉼코로 둔다. 1번째 코에 스티치 마커 A를 건다.

다음과 같이 편물을 앞뒤로 뒤집어가며 평면뜨기한다.
1단 (겉면): 겉뜨기 꼬아뜨기 1, 겉뜨기하듯이 1코 걸러뜨기, 바늘비우기 코를 겉뜨기, 걸러뜨기한 코를 겉뜨기한 코 위로 덮어씌우기, 겉뜨기 꼬아뜨기 1, 겉11, 편물 뒤집기
2단: 바늘비우기, 안10, 편물 뒤집기
3단: 바늘비우기, 겉10, 왼코줄임, 겉1, 편물 뒤집기
4단: 바늘비우기, 안12, ssp 코줄임, 안1, 편물 뒤집기

작업 중인 실이 있는 곳에서 시작해서, 다시 다음과 같이 원통뜨기한다.
**1단:** 바늘비우기, 겉14, 왼코줄임, 단 끝까지 겉뜨기 (총 30코 + 바늘비우기 = 머리 뒤쪽 18코 + 바늘비우기 / 목 12코)
**2단:** 겉뜨기 꼬아뜨기 1, 겉뜨기하듯이 1코 걸러뜨기, 바늘비우기 코를 겉뜨기, 걸러뜨기한 코를 겉뜨기한 코 위로 덮어씌우기, 겉뜨기 꼬아뜨기 1, 단 끝까지 겉뜨기 (총 30코 = 18코 / 12코)

얼굴 표정과 귀를 추가하는 동안 바늘에서 코가 빠지지 않도록 주의한다.

## 얼굴 표정 추가하기
레슨 7 참고

먼저, 코잡기 했던 실 꼬리를 머리 안쪽으로 넣고 정리한다. 색상 변경이 있었던 부분들의 실 꼬리도 동일한 방식으로 안쪽으로 정리한다.

눈을 달거나 자수로 수놓는다. 콧구멍과 미소도 자수로 표현한다. 콧구멍은 주둥이의 윗부분 끝 근처, 양쪽 가장자리에서 조금 안쪽으로 위치한다. 미소는 주둥이 아랫부분 끝 근처에 길고 완만한 곡선으로 수놓는다. 당나귀 인형을 정면에서 바라보았을 때, 콧구멍과 미소가 모두 보여야 하며, 미소는 한쪽 콧구멍에서 반대편 콧구멍으로 이어지는 부드러운 곡선 형태가 된다.

## 귀 만들기

표시해 둔 6코 중 1세트를 작업 중인 바늘에 옮기고, 자투리 실은 제거한다. 바늘을 재배치해 원통으로 뜬다. 귀는 좌우 대칭이기 때문에 어느 쪽에서 시작해도 상관없다. 1번째 코에 스티치 마커 A를 단다.

약 20cm 정도 실 끝을 남기고 미리 준비해 둔 바탕실 중 하나를 연결해서 원통뜨기한다.

**1단:** 모든 코 겉뜨기 (총 6코)
**2단:** [겉1, kfb 코늘림, 겉1] 2회 (총 8코)
**3단:** 모든 코 겉뜨기
**4단:** [겉1, kfb 코늘림 2회, 겉1] 2회 (총 12코)
**5~20단:** 모든 코 겉뜨기 (총 16단)
**21단:** [겉1, ssk 코줄임, 왼코줄임, 겉1] 2회 (총 8코)
**22단:** [ssk 코줄임, 왼코줄임] 2회 (총 4코)

실을 자르고, 돗바늘을 사용해 바늘에 걸린 코에 실을 꿰어 통과시킨 다음, 단단히 잡아당겨 조인다. 실 꼬리는 귀를 통과시켜 편물 안쪽으로 가져온다. 아직 실 꼬리를 정리하지 않는다.

**귀 아랫 부분 모양 만들기**

귀 밑부분 모양 만들기 (상단 그림 참고): 귀를 시작할 때 남긴 실 꼬리와 돗바늘을 사용해서, 귀 밑부분을 손으로 집어 양쪽을 몇 땀 꿰매며 고정한다. 이때 양쪽에서 번갈아가며 한 땀씩 꿰매주면, 귀 밑단에 약 1cm 정도의 작은 주름이 생긴다.

꿰맨 실 끝은 귀 안쪽으로 가져가서, 귀 끝에서 남겨두었던 실과 묶어 고정한다.

2번째 귀도 동일한 방식으로 반복한다.

## 목과 어깨 모양 만들기

바늘에 총 30코 (뒤판 18코 / 앞판 12코) 있다. 당나귀 인형의 머리가 아래를 향하고 등이 보이는 상태에서, 스티치 마커 A로 표시한 현재 단 시작점에서 원통뜨기를 시작한다.

**1단**: 겉뜨기 꼬아뜨기 1, 단 끝까지 겉뜨기
**2단**: 겉1, ssk 코줄임, 겉12, 왼코줄임, 단 끝까지 겉뜨기 (총 28코 = 뒤판 16코 / 앞판 12코)
**3단**: 모든 코 겉뜨기
**4단**: 겉16, [겉2, kfb 코늘림] 4회 (총 32코 = 16코 / 16코)
**5단 (부분적인 단)**: 단 끝에 3코 남을 때까지 겉뜨기, 다음 코에 스티치 마커 A 옮기기
이곳이 새로운 단 시작이 되고, 그에 따라 바늘을 재배치하고 필요한 경우 코 분배를 다시 조정한다.
**6단**: 모든 코 겉뜨기
**7단**: [겉1, kfb 코늘림]을 단 끝까지 반복 (총 48코)
**8단**: 모든 코 겉뜨기
**9단**: [겉5, kfb 코늘림]을 단 끝까지 반복 (총 56코)
**10단**: 모든 코 겉뜨기
**11단**: [겉6, kfb 코늘림]을 단 끝까지 반복 (총 64코)
**12단**: 모든 코 겉뜨기
**13단**: [겉7, kfb 코늘림]을 단 끝까지 반복 (총 72코)
**14단**: 모든 코 겉뜨기
**15단**: [겉8, kfb 코늘림]을 단 끝까지 반복 (80코)
**16~23단**: 모든 코 겉뜨기 (총 8단)

## 팔 만들기
레슨 8~11 + 4 참고

당나귀 인형의 머리가 아래를 향하고 등이 보이는 상태에서, 현재 단 시작점에서 원통뜨기를 시작한다.

### 왼쪽 팔

**세팅 1단**: 단의 처음 10코를 겉뜨기, 다음 60코를 홀더에 옮겨 쉼코로 둔다. 감아코잡기 방법으로 2코 만든다. 스티치 마커 A를 걸고 2코 만든다. 단의 마지막 10코를 겉뜨기한다. (총 24코)
**세팅 2단**: 스티치 마커 A를 다시 만날 때까지 겉뜨기, 다음 코에 스티치 마커 A를 옮긴다. 이곳이 새로운 단 시작이 되고, 그에 따라 바늘을 재배치하고 필요한 경우 코 분배를 다시 조정한다.

**1단**: 모든 코 겉뜨기
**2단**: 겉8, 왼코줄임, 겉4, ssk 코줄임, 단 끝까지 겉뜨기 (총 22코)
**3~5단**: 모든 코 겉뜨기 (총 3단)
**6단**: 겉7, 왼코줄임, 겉4, ssk 코줄임, 단 끝까지 겉뜨기 (총 20코)
**7~11단**: 모든 코 겉뜨기 (총 5단)
**12단**: 겉6, 왼코줄임, 겉4, ssk 코줄임, 단 끝까지 겉뜨기 (총 18코)
**13~15단**: 모든 코 겉뜨기 (총 3단)
**16단**: 겉5, 왼코줄임, 겉4, ssk 코줄임, 단 끝까지 겉뜨기 (총 16코)
**17~35단**: 모든 코 겉뜨기 (총 19단)
**36단**: 겉1, ssk 코줄임, 겉2, 왼코줄임, 겉2, ssk 코줄임, 겉2, 왼코줄임, 겉1 (총 12코)
**37단 (부분적인 단)**: 겉4, 다음 코에 스티치 마커 A 옮기기
이곳이 새로운 단 시작이 되고, 그에 따라 바늘을 재배치하고 필요한 경우 코 분배를 다시 조정한다.
**38단**: 발굽 색상 실을 연결해서 바탕실과 함께 잡고, 모든 코 겉뜨기
**39단**: 바탕실을 자르고, 발굽 색상 실로만 모든 코 겉뜨기
**40~43단**: 모든 코 겉뜨기 (총 4단)
**44단**: [겉1, ssk 코줄임, 왼코줄임, 겉1] 2회 (총 8코)

실을 자르고, 메리야스잇기 기법으로 발굽을 닫는다. 실 꼬리를 편물 안쪽으로 가져온다. 색상 변경 시 남겨둔 2가닥의 실 꼬리도 동일한 방식으로 정리한다. 팔을 뒤집은 뒤, 실 끝들을 한곳에 모아 서로 묶어 고정한다.

## 오른쪽 팔

**세팅 1단:** 당나귀 인형의 머리가 아래를 향하고 등이 보이는 상태에서, 처음 20코를 홀더에 옮겨 쉼코로 둔다. 다음 20코를 작업 중인 바늘에 다시 옮기고, 마지막 20코는 홀더에 옮겨 쉼코로 둔다. (총 20코)
**세팅 2단:** 작업 중인 바늘에 있는 코의 오른쪽 끝에서 시작해, (나중에 작은 구멍을 막을 수 있을 만큼 실 꼬리를 충분히 남기고) 실을 연결해서, 겉뜨기로 20코 뜬다. 감아코잡기 방법으로 2코 만든다. 스티치 마커 A를 걸고 2코 만든다. (총 24코).
**세팅 3단:** 바늘을 재배치해 원통뜨기하고 스티치 마커 A를 다시 만날 때까지 겉뜨기한다. 다음 코에 스티치 마커 A를 옮긴다. 이곳이 새로운 단 시작이 되고, 그에 따라 바늘을 재배치하고 필요한 경우 코 분배를 다시 조정한다.

그 후에 1단부터 왼쪽 팔과 동일하게 뜬다.

## 몸통 만들기
레슨 12 참고

남아있는 40코를 작업 중인 바늘로 다시 옮긴다. 당나귀 인형의 머리가 아래를 향하고 등이 보이는 상태에서, 왼쪽 진동 가운데에 실을 연결해 다음과 같이 진행한다.

**세팅 단:** 3코 줍기, 뒤판 20코를 겉뜨기, 6코 줍기, 앞판 20코를 겉뜨기, 3코 줍기 (총 52코 = 뒤판 26코 / 앞판 26코)

1번째 코(처음 주운 코)에 스티치 마커 A를 걸고 원통뜨기한다.
**1~22단:** 모든 코 겉뜨기
**23단:** 겉26, 스티치 마커 B 걸기, 겉26
**24단:** 겉2, kfb 코늘림, 스티치 마커 B 3코 전까지 겉뜨기, kfb 코늘림, 겉2, 스티치 마커 B, 단 끝까지 겉뜨기 (총 54코 = 뒤판 28코 / 앞판 26코)
**25~30단:** 모든 코 겉뜨기 (총 6단)
**31단:** 겉2, kfb 코늘림, 스티치 마커 B 3코 전까지 겉뜨기, kfb 코늘림, 겉2, 스티치 마커 B, 단 끝까지 겉뜨기 (총 56코 = 30 / 26코)
**32단:** 모든 코 겉뜨기
**33~48단:** 31~32단을 8회 더 반복 (총 72코 = 46코 / 26코)
**49단 (꼬리 위치 표시):** 겉2, kfb 코늘림, 겉22, 마지막으로 겉뜨기한 4코에 자투리 실을 걸어 두기, 스티치 마커 B 3코 전까지 겉뜨기, kfb 코늘림, 겉2, 스티치 마커 B, 단 끝까지 겉뜨기 (총 74코 = 48코 / 26코)
**50단:** 모든 코 겉뜨기

## 엉덩이 모양 만들기

스티치 마커 B를 제거한다.

*되돌아뜨기 단 주의: 이제 레슨 6의 상황 2 중 특별한 경우가 되었다. (46쪽 참고)*

**코 세팅하기:** 처음 48코를 작업 중인 바늘에 두고 마지막 26코는 홀더에 옮겨 쉼코로 둔다. 1번째 코에 스티치 마커 A를 건다.

다음과 같이 편물을 앞뒤로 뒤집어가며 평면뜨기한다.
**1단 (겉면):** 겉24, 스티치 마커 걸기, 겉4, 왼코줄임, 겉1, 편물 뒤집기 (엉덩이 총 47코)
**2단:** 스티치 마커를 지나 4코까지 안뜨기, ssp 코줄임, 안1, 편물 뒤집기 (총 46코)
**3단:** 진행 중 스티치 마커를 제거하며, 구멍 1코 전까지 겉뜨기, 왼코줄임, 겉1, 편물 뒤집기 (총 45코)
**4단:** 구멍 1코 전까지 안뜨기, ssp 코줄임, 안1, 편물 뒤집기 (총 44코)
3~4단을 6회 더 반복한다. (총 32코)

작업 중인 실이 있는 곳에서 시작해서, 다시 다음과 같이 원통뜨기한다.
**1단:** 구멍 1코 전까지 겉뜨기, 왼코줄임, 단 끝까지 겉뜨기 (총 57코 = 뒤판 31코 / 앞판 26코)
**2단:** 겉뜨기 꼬아뜨기 1, 겉1, ssk 코줄임, 단 끝까지 겉뜨기 (총 56코 = 30코 / 26코)

지금까지 생긴 실 꼬리를 정리한다.

## 다리 만들기
레슨 13 참고

당나귀 인형의 머리가 아래를 향하고 등이 보이는 상태에서, 현재 단 시작점에서 원통뜨기를 시작한다.

## 왼쪽 다리

**세팅 1단:** 단의 첫 12코를 겉뜨기하고 다음 6코를 다음과 같이 코막음한다. 겉뜨기하듯이 1코 걸러뜨기, 겉1, 걸러뜨기한 코를 겉뜨기한 코 위로 덮어씌운다. *겉1, 이전 코를 덮어씌우기*, *~*를 4회 더 반복한다. 겉21, 같은 방식으로 다음 6코를 코막음한다. 단의 마지막 9코를 겉뜨기한다. (작업중인 바늘에 총 44코)
**세팅 2단:** 단의 첫 12코를 겉뜨기, 다음 22코를 홀더에 옮겨 쉼코로 둔다. 원통으로 뜨면서 단의 마지막 10코를 겉뜨기한다. (총 22코)

1번째 코에 스티치 마커 A를 건다. (단 시작은 다리 바깥쪽에 있다) 원통뜨기한다.

**1~5단:** 모든 코 겉뜨기
**6단:** 겉2, ssk 코줄임, 단 끝에 4코 남을 때까지 겉뜨기, 왼코줄임, 겉2 (총 20코)
**7~11단:** 모든 코 겉뜨기 (총 5단)
**12단:** 6단을 반복 (총 18코)
**13~26단:** 모든 코 겉뜨기 (총 14단)
**27단:** 6단을 반복 (총 16코)
**28단:** 모든 코 겉뜨기
**29단:** 6단을 반복 (총 14코)
**30단:** 발굽 색상 실을 연결해서 바탕실과 함께 잡고, 모든 코 겉뜨기
**31단:** 바탕실을 자르고, 발굽 색상 실로만 겉8, 스티치 마커 B 걸기, 겉6
**32단:** 겉1, kfb 코늘림, 스티치 마커 B 2코 전까지 겉뜨기, kfb 코늘림, 겉1, 스티치 마커 B, 겉1, kfb 코늘림, 단 끝까지 겉뜨기 (총 17코 = 발굽 뒤쪽 10코 / 발굽 앞쪽 7코)
**33단:** 스티치 마커 B까지 겉뜨기, 스티치 마커 B, 겉1, kfb 코늘림, 단 끝까지 겉뜨기 (총 18코 = 10코 / 8코)
**34단:** 32단을 반복 (총 21코 = 12코 / 9코)
**35단:** 33단을 반복 (총 22코 = 12코 / 10코)
**36단:** 겉1, kfb 코늘림, 스티치 마커 B 2코 전까지 겉뜨기, kfb 코늘림, 겉1, 스티치 마커 B, 단 끝에 3코 남을 때까지 겉뜨기, 왼코줄임, 겉1 (총 23코 = 14코 / 9코)
**37단:** 스티치 마커 B까지 겉뜨기, 스티치 마커 B, 단 끝에 3코 남을 때까지 겉뜨기, 왼코줄임, 겉1 (총 22코 = 14코 / 8코)
**38단:** 36단을 반복 (총 23코 = 16코 / 7코)
**39단:** 37단을 반복 (총 22코 = 16코 / 6코)

## 뒤꿈치 모양 만들기

스티치 마커 B를 제거한다.

*되돌아뜨기 단 주의: 이제 레슨 6의 상황 2를 할 차례다. (바늘비우기가 아닌, 실제 코를 소모하는 코줄임)*

**코 세팅하기:** 처음 16코를 작업 중인 바늘에 두고, 마지막 6코를 홀더에 옮겨 쉼코로 둔다. 1번째 코에 스티치 마커 A를 건다.

다음과 같이 편물을 앞뒤로 뒤집어가며 평면뜨기한다.

**1단 (겉면):** 겉9, 왼코줄임, 편물 뒤집기 (뒤꿈치 총 15코)
**2단:** 안3, ssp 코줄임, 편물 뒤집기 (총 14코)
**3단:** 겉3, 왼코줄임, 편물 뒤집기 (총 13코)
**4단:** 안3, ssp코줄임, 편물 뒤집기 (총 12코)
3~4단을 1회 더 반복 (총 10코)

작업 중인 실이 있는 곳에서 시작해서, 다시 다음과 같이 원통뜨기한다.
**1단:** 겉3, 왼코줄임, 단 끝까지 겉뜨기 (총 15코 = 뒤쪽 9코 / 앞쪽 6코)
**2단:** 겉뜨기 꼬아뜨기 1, 겉1, ssk 코줄임, 단 끝까지 겉뜨기 (총 14코 = 8코 / 6코)

## 발굽 마무리하기

**1단:** 겉1, ssk 코줄임, 겉2, 왼코줄임, 단 끝까지 겉뜨기 (총 12코 = 6코 / 6코)
**2단:** [겉1, ssk 코줄임, 왼코줄임, 겉1] 2회 (총 8코 = 4코 / 4코)

실을 자르고, 메리야스잇기 기법으로 발굽을 닫는다. 실 꼬리는 편물 안쪽으로 가져온다. 색상 변경 시 남겨둔 2가닥의 실 끝도 동일한 방식으로 정리한다. 다리를 뒤집은 뒤, 실 끝들을 한 곳에 모아 서로 묶어 고정한다.

## 오른쪽 다리

**세팅 단:** 당나귀 인형의 머리가 아래를 향하고 등이 보이는 상태에서, 마지막 22코를 다시 바늘로 옮긴다. 그 후에 오른쪽 끝에서 실을 연결해 겉뜨기로 22코 뜬다.

바늘을 재배치해 원통으로 뜬다. 1번째 코에 스티치 마커 A를 건다. (단 시작은 다리 안쪽에 있다)

**1~5단:** 모든 코 겉뜨기
**6단:** 겉8, 왼코줄임, 겉4, ssk 코줄임, 단 끝까지 겉뜨기 (총 20코)
**7~11단:** 모든 코 겉뜨기 (총 5단)
**12단:** 겉7, 왼코줄임, 겉4, ssk 코줄임, 단 끝까지 겉뜨기 (총 18코)
**13~26단:** 모든 코 겉뜨기 (총 14단)
**27단:** 겉6, 왼코줄임, 겉4, ssk 코줄임, 단 끝까지 겉뜨기 (총 16코)
**28단:** 모든 코 겉뜨기
**29단:** 겉5, 왼코줄임, 겉4, ss코줄임, 단 끝까지 겉뜨기 (총 14코)
**30단:** 발굽 색상 실을 연결해서 바탕실과 함께 잡고 모든 코 겉뜨기
**31단:** 바탕실을 자르고, 발굽 색상 실로만 겉8, 스티치 마커 B 걸기, 겉6
**32단:** 겉1, kfb 코늘림, 스티치 마커 B 2코 전까지 겉뜨기, kfb 코늘림, 겉1, 스티치 마커 B, 겉4, kfb 코늘림, 겉1 (17코 = 발굽 뒤쪽 10코 / 발굽 앞쪽 7코)
**33단:** 스티치 마커 B까지 겉뜨기, 스티치 마커 B, 겉5, kfb 코늘림, 겉1 (총 18코 = 10코 / 8코)
**34단:** 겉1, kfb 코늘림, 스티치 마커 B 2코 전까지 겉뜨기, kfb 코늘림, 겉1, 스티치 마커 B, 겉6, kfb 코늘림, 겉1 (총 21코 = 12코 / 9코)
**35단:** 스티치 마커 B까지 겉뜨기, 스티치 마커 B, 겉7, kfb 코늘림, 겉1 (총 22코 = 12코 / 10코)
**36단:** 겉1, kfb 코늘림, 스티치 마커 B 2코 전까지 겉뜨기, kfb 코늘림, 겉1, 스티치 마커 B, 겉1, ssk 코줄임, 단 끝까지 겉뜨기 (총 23코 = 14코 / 9코)

37단: 스티치 마커 B까지 겉뜨기, 스티치 마커 B, 겉1, ssk 코줄임, 단 끝까지 겉뜨기 (총 22코 = 14코 / 8코)
38단: 36단을 반복 (총 23코 = 16코 / 7코)
39단: 367을 반복 (총 22코 = 16코 / 6코)

그 후에 왼쪽 다리 '뒤꿈치 모양 만들기'부터 동일하게 뜬다. 오른쪽 다리에서 시작할 때 연결한 실 꼬리도 정리해야 한다.

## 꼬리 추가하기

표시한 4코를 장갑바늘에 옮기고 자투리 실을 제거한다.

당나귀 인형의 머리가 아래로 향하고, 등이 보이는 상태에서, 오른쪽에 실을 연결하고 아이코드를 다음과 같이 뜬다. *겉4, 코를 바늘의 오른쪽 끝으로 밀어 옮기기*, *~*를 18번 더 반복한다.

주의: 단이 끝나면 편물을 뒤집지 말고, 항상 코를 바늘의 오른쪽 끝으로 밀어 옮긴다. 그렇게 해야 매번 겉면에서 뜨게 되며, 작업하는 실도 항상 편물 뒤쪽에서 온다.

바늘을 재배치해 원통으로 뜬다. 1번째 코에 스티치 마커 A를 건다.
1단: 후에 꼬리 안쪽으로 정리할 수 있을 만큼 실 꼬리를 충분히 남기고 꼬리 끝 색상의 실을 연결해서 바탕실과 함께 잡고, 모든 코 겉뜨기
2단: 바탕실을 자르고, 꼬리 끝 색상 실로만 모든 코 겉뜨기
3단: [겉1, kfb 코늘림] 2회 (총 6코)
4단: 모든 코 겉뜨기
5단: [kfb 코늘림, 겉2] 2회 (총 8코)
6단: 모든 코 겉뜨기
7단: 단 끝까지 kfb 코늘림을 반복 (총 16코)
8~9단: 모든 코 겉뜨기
10단: [겉2, 왼코줄임] 4회 (총 12코)
11단: 모든 코 겉뜨기
12단: [ssk 코줄임, 겉2, 왼코줄임] 2회 (총 8코)
13단: 모든 코 겉뜨기
14단: 단 끝까지 왼코줄임을 반복 (총 4코)

실을 끊고, 돗바늘에 실을 꿰어 바늘에 걸린 코들에 통과시킨 후 단단히 당겨 조인다. 실 꼬리는 꼬리를 통과시켜 편물 안쪽으로 가져온다. 또한 꼬리 시작 부분에서 나온 실 꼬리도 편물 안쪽으로 가져와 함께 묶는다. 이 매듭은 작품의 안면 표면 가까이에 위치하도록 최대한 밀착시켜 묶고, 안정성을 위해 한 번 더 묶어 이중 매듭을 만든다. 매듭 뒤에는 실을 짧게 남기고 잘라 마무리한다.

## 세탁, 솜 넣기, 구멍 막기
레슨 14 참고

당나귀 인형에게 목욕을 시켜 투박하면서도 자연스러운 매력이 잘 드러나게 해주세요!

완전히 마른 후에는 솜을 채운다. 레슨 14를 참고한다.

마지막으로 남은 구멍은 돗바늘과 바탕실 1가닥을 사용해 꿰매어 마무리한다.

# 호라시오의 옷

### 실

Daughter of a Shepherd, Ram Jam Sport (혼합 품종에서 얻은 울 100%, 169m, 50g)
**멜빵바지**: "November Sky 1A" 색상, 약 24g
**비니**: "Shade 3 - Natural black" 색상, 약 5g
**백팩**: 바탕실-"Shade 0 - Natural white" 색상, 약 8g, 배색실-"Golden Hour 0" 색상, 약 6g

혹은 동일한 스포츠 굵기의 실 4가지 색상 약 24g (81m), 5g (17m), 8g (27m), 6g (21m) + 가방을 여밀 아이코드 스트랩을 만들, 팩백 바탕실과 같은 색상의 핑거링 굵기 실 소량

### 바늘

백팩 스트랩과 아이코드, 그리고 멜빵바지의 주머니 시작 부분을 뜨는 데 사용할 2mm 장갑바늘

2.75mm, 멜빵바지의 가랑이 부분을 메리야스잇기 기법으로 마감할 때와 멜빵 스트랩을 뜰 때 사용할 2.75mm 장갑바늘

### 부자재

안전핀 2개, 멜빵바지를 여밀 8mm 단추 2개

## 멜빵바지

호라시오의 멜빵바지는 허리 아래부터 뜨기 시작하며, 주머니 부분은 따로 표시해 둔다. 그 후에 앞판, 뒤판, 멜빵 순서로 코를 주워서 뜬다. 마지막으로 앞주머니를 단다.

일반코잡기 방법으로 멜빵바지 색상 실과 2.75mm 바늘을 사용해서 60코를 만든다. 1번째 코와 31번째 코에 스티치 마커를 건다. 스티치 마커는 나중에 앞판 상의를 뜰 때 기준점 역할을 한다.

바늘을 재배치해 원통으로 뜬다. 1번째 코에 스티치 마커 A를 건다.
**1~22단**: 모든 코 겉뜨기
**23단**: [겉4, kfb 코늘림, 겉20, kfb 코늘림, 겉4] 2회 (총 64코)
**24~25단**: 모든 코 겉뜨기
**26단**: [겉4, kfb 코늘림, 겉22, kfb 코늘림, 겉4] 2회 (총 68코)
**27~28단**: 모든 코 겉뜨기
**29단 (뒤판과 앞판에서 주머니 위치 표시)**: 겉14, 마지막으로 뜬 8코에 자투리 실을 걸어 두기, 겉14, 마지막으로 뜬 8코에 다른 자투리 실을 걸어 두기, 겉20, 마지막으로 뜬 14코에 또 다른 자투리 실을 걸어 두기, 마지막 20코 겉뜨기, 마지막으로 뜬 14코에 또 다른 자투리 실을 걸어 두기
**30~32단**: 모든 코 겉뜨기 (총 3단)
**33단 (꼬리 구멍 만들기, 레슨 18 참고)**: 겉15, 실을 편물 앞으로 가져와 다음 코를 안뜨기하듯이 걸러뜨기, 실을 편물 뒤로 가져와 *안뜨기하듯이 1코 걸러뜨기, 이전 걸러뜨기한 코를 최근 걸러뜨기한 코 위로 덮어씌우기* *~*를 3회 더 반복해서 4코 코막음, 마지막으로 걸러뜨기한 코를 왼손 바늘로 다시 옮기기, 편물 뒤집기, 실을 편물 뒤로 가져와 케이블 코잡기 방법으로 5코 만들기, 편물 뒤집기, 실을 편물 뒤로 가져와 안뜨기하듯이 1코 걸러뜨기, 마지막으로 만든 코를 그 위로 덮어씌우기, 마지막으로 걸러뜨기한 코를 왼손 바늘로 다시 옮기기, 단 끝까지 겉뜨기
**34~46단**: 모든 코 겉뜨기 (총 13단)

## 왼쪽 다리

현재 단 시작점에서 원통뜨기를 시작한다.
**세팅 단**: 단의 첫 14코를 겉뜨기, 다음 40코를 홀더에 옮겨 쉼코로 둔다. 단의 마지막 14코를 겉뜨기한다. (작업 중인 바늘에 총 28코)

1번째 코에 스티치 마커 A를 건다. (단 시작은 다리 바깥쪽에 있다) 원통뜨기한다.
**1~22단**: 모든 코 겉뜨기

안뜨기로 2코 모아뜨기 코막음 기법으로 모든 코를 코막음한다. (레슨 19 참고) 실을 자르고, 마지막 코에 실을 꿰어 통과시킨 뒤 실 꼬리를 정리한다.

## 오른쪽 다리

**세팅 1단**: 꼬리 구멍이 보이는 상태에서 첫 6코를 자투리 실에 옮겨 쉼코로 둔다. 다음 28코를 바늘에 다시 옮기고, 마지막 6코를 또 다른 자투리 실에 옮겨 쉼코로 둔다. (작업 중인 바늘에 총 28코)
**세팅 2단**: 작업 중인 바늘에 있는 코의 오른쪽 끝에서 시작해 나중에 가랑이 코를 메리야스잇기 기법으로 이을 만큼 충분히 길게 남기고 실을 연결해서, 겉뜨기로 28코 뜬다. 바늘을 재배치해 원통으로 뜬다.

1번째 코에 스티치 마커 A를 건다. (단 시작은 다리 안쪽에 있다)
그 후에 1단부터 시작해서 왼쪽 다리와 동일하게 뜬다.

자투리 실에 쉼코로 둔 각각 6코씩의 2세트를 2개의 장갑바늘에 옮긴다. 오른쪽 다리를 시작할 때 남겨둔 실 꼬리를 사용해 가랑이 부분의 트임을 메리야스잇기로 연결한다. (레슨 10 참고) 실 꼬리를 정리한다.

## 뒤판 주머니

양쪽 주머니 모두 동일한 방식으로 작업한다. 주머니를 만들기 위해 코를 주울 위치를 표시하기 위해 대비되는 색상의 자투리 실로 작업 섹션을 구분한다. (153쪽의 1번째 그림 참고)

멜빵바지의 다리가 위를 향하고 꼬리 구멍이 보이도록 정리한다. 표시된 8코 중 1세트를 2mm 바늘에 옮긴다. 표시된 8코에서 자투리 실을 제거한다.

**세팅 단**: 표시된 코의 오른쪽에서 시작하여, 주머니의 안면에서 실을 연결하고 모든 코를 안뜨기한다.

2.75mm 바늘로 바꾸고 평면뜨기한다.
*주의: 주머니를 뜨는 동안, 자투리 실은 매 단마다 정리할 수도 있고 작업을 마친 후 한 번에 제거할 수도 있다.*
**1단 (겉면)**: 멜빵바지의 다리가 아래로 향한 상태에서 실을 편물 앞으로 가져와 오른쪽에 표시된 코 기둥의 오른쪽에서 왼쪽으로 오른손 바늘을 넣어 1코 주워 왼손 바늘로 실을 편물 앞으로 가져와 안뜨기로 2코 모아뜨기
**2단**: 이제 멜빵바지의 다리가 위로 향한 상태에서 실을 편물 뒤로 가져와 오른쪽에 표시된 코 기둥의 오른쪽에서 왼쪽으로 오른손 바늘을 넣어 1코 줍고 왼손 바늘에 옮기기, 실을 편물 뒤로 가져와 안뜨기로 2코 모아뜨기, 단 끝까지 안뜨기
**3~14단**: 1~2단을 6회 더 반복
**15단**: 1단을 1회 반복
멜빵바지의 다리가 위로 향한 상태에서, 실을 편물 뒤로 가져와 오른손 바늘 끝을 사용해 오른쪽에 있는 코 기둥에서 마지막 1코를 주워 왼손

**뒤판 주머니 코 표시하기**

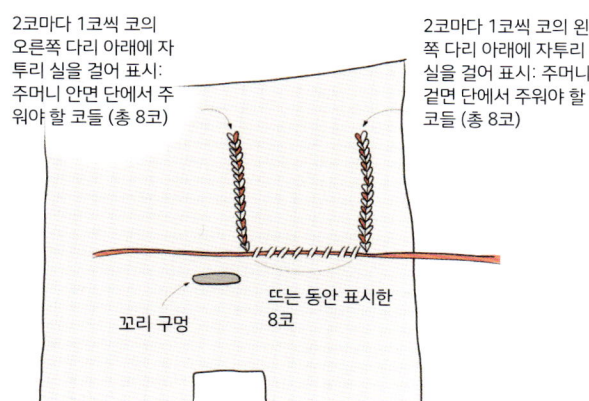

2코마다 1코씩 코의 오른쪽 다리 아래에 자투리 실을 걸어 표시: 주머니 안면 단에서 주워야 할 코들 (총 8코)

2코마다 1코씩 코의 왼쪽 다리 아래에 자투리 실을 걸어 표시: 주머니 겉면 단에서 주워야 할 코들 (총 8코)

꼬리 구멍

뜨는 동안 표시한 8코

**앞판 주머니 코 표시하기**

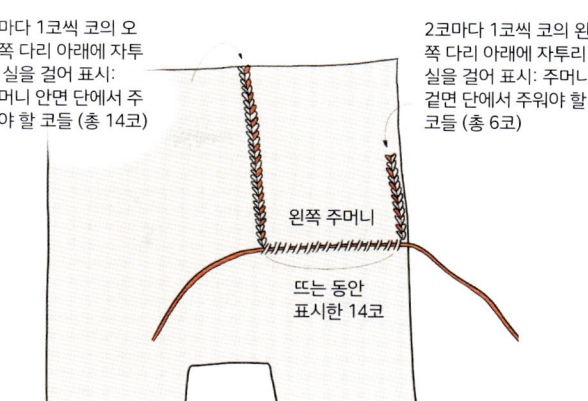

코마다 1코씩 코의 오른쪽 다리 아래에 자투리 실을 걸어 표시: 주머니 안면 단에서 주워야 할 코들 (총 14코)

2코마다 1코씩 코의 왼쪽 다리 아래에 자투리 실을 걸어 표시: 주머니 겉면 단에서 주워야 할 코들 (총 6코)

왼쪽 주머니

뜨는 동안 표시한 14코

바늘에 옮긴다. 실을 편물 앞으로 가져와 안뜨기로 2코 모아뜨기 코막음 기법으로 모든 코를 코막음한다. 실 꼬리는 편물 안쪽으로 넣어 정리한다.

동일한 방법으로 2번째 뒤판 주머니도 만든다.

## 앞판 주머니

작업할 섹션을 구분하기 위해 대비되는 색상의 자투리 실을 사용해서, 왼쪽 주머니 그림(오른쪽 상단 그림 참고)처럼 주울 코를 표시한다. 오른쪽 주머니는 이와 대칭되게 표시하며, 다리 바깥쪽 부분에 6코, 멜빵바지 중앙 쪽으로 14코를 표시한다.

*주의: 14코 중 마지막 코는 코잡기한 가장자리 바로 아래에서 주워야 한다.*

### 왼쪽 주머니

멜빵바지의 다리가 위로 향한 상태에서, 왼쪽 앞판 주머니를 위해 표시한 14코를 2mm 바늘에 옮긴다. 표시된 14코에서 자투리 실을 제거한다.

**세팅 단**: 이 코의 오른쪽에서 시작해서 주머니의 안면에서 작업하며, 실을 연결해서 모든 코 안뜨기한다.

2.75mm 바늘로 바꿔 평면뜨기한다.
**1단 (겉면)**: 멜빵바지의 다리가 아래로 향한 상태에서, 실을 편물 앞으로 가져와 오른쪽에 표시된 코 기둥의 오른쪽에서 왼쪽으로 오른손 바늘을 넣어 1코 줍고 왼손 바늘에 옮기기, 실을 편물 뒤로 가져와 왼코줄임, 단 끝까지 걸뜨기
**2단**: 이제 멜빵바지의 다리가 위로 향한 상태에서 실을 편물 뒤로 가져와 오른쪽에 표시된 코 기둥의 오른쪽에서 왼쪽으로 오른손 바늘을 넣어 1코 줍고 왼손 바늘에 옮기기, 실을 편물 앞으로 가져와 안뜨기로 2코 모아뜨기, 단 끝까지 안뜨기
**3~12단**: 1~2단을 5회 더 반복

이제부터는 주머니의 모양을 만들면서, 멜빵바지 중앙 쪽에만 주머니 옆선을 붙인다. 주머니 안면을 뜰 때만 코를 주워 연결한다.

**13단 (겉면)**: 겉1, 실을 편물 앞에 두고 1코 걸러뜨기, 겉1, ssk 코줄임, 단 끝까지 겉뜨기 (총 13코)
**14단**: 이제 멜빵바지의 다리가 위로 향한 상태에서 실을 편물 뒤로 가져와 오른쪽에 표시된 코 기둥의 오른쪽에서 왼쪽으로 오른손 바늘을 넣어 1코 줍고 왼손 바늘에 옮기기, 실을 편물 앞으로 가져와 안뜨기로 2코 모아뜨기, 단 끝에 3코 남을 때까지 안뜨기, 실을 편물 앞에 두고 1코 걸러뜨기, 겉1, 실을 편물 앞에 두고 1코 걸러뜨기
**15~28단**: 13~14단을 7회 더 반복 (총 6코)

실을 자르고 6코를 홀더에 옮겨 쉼코로 둔다. 실 끝은 그대로 두고, 앞판 상의 작업이 끝난 후에 정리한다.

## 오른쪽 주머니

왼쪽 주머니와 동일하게 세팅 단부터 12단까지 작업한다. 그다음, 이전과 마찬가지로 주머니의 모양을 만들면서 멜빵바지 중앙 쪽에만 주머니 옆선을 붙인다.

**13단 (겉면):** 멜빵바지의 다리가 아래로 향한 상태에서 실을 편물 앞으로 가져와 오른쪽에 표시된 코 기둥의 오른쪽에서 왼쪽으로 오른손 바늘을 넣어 1코 줍고 왼손 바늘에 옮기기, 실을 편물 뒤로 가져와 왼코줄임, 단 끝에 5코 남을 때까지 겉뜨기, 왼코줄임, 겉1, 실을 편물 앞에 두고 1코 걸러뜨기, 겉1 (총 13코)

**14단:** 실을 편물 앞에 두고 1코 걸러뜨기, 겉1, 실을 편물 앞에 두고 1코 걸러뜨기, 단 끝까지 안뜨기

**15~28단:** 13~14단을 7회 더 반복 (총 6코)

실을 자르고 6코를 홀더에 옮겨 쉼코로 둔다. 실 끝은 그대로 두고, 앞판 상의 작업이 끝난 후에 정리한다.

## 앞판 상의

멜빵바지의 다리가 아래로 향하고 앞판이 보이는 상태에서, 코잡기할 때 표시해 둔 스티치 마커들을 기준으로 앞판과 뒤판의 경계를 확인할 수 있다.

겉면 기준으로 앞판 가장자리(스티치 마커가 있는 지점)에서 시작해 실을 연결하고 허리선을 따라 다음과 같이 코를 줍는다. (오른쪽 상단 그림 참고) 마커와 왼쪽 주머니 위쪽 사이에서 6코, 왼쪽 주머니 위에서 6코, 2개의 주머니 사이에서 6코, 오른쪽 주머니 위에서 6코, 오른쪽 주머니 위쪽과 2번째 마커 사이에서 6코 줍는다. (총 30코)

**세팅 단 (안면):** 실을 편물 앞에 두고 1코 걸러뜨기한다. 겉1, 실을 편물 앞에 두고 1코 걸러뜨기한다. 안3, 오른쪽 주머니 6코를 여분 바늘에 옮기고, 작업 중인 바늘과 평행하게 든다. *오른손 바늘 끝을 사용해 여분 바늘에서 1코를 왼손 바늘로 옮긴 뒤, 다음 코와 함께 안뜨기로 모아뜨기*, *~*를 오른쪽 주머니 6코를 모두 사용할 때까지 반복한다. 안6, 왼쪽 주머니 6코를 여분 바늘에 옮기고, 오른쪽 주머니와 동일한 방식으로 연결한다. 안3, 실을 편물 앞에 두고 1코 걸러뜨기한다. 겉1, 실을 편물 앞에 두고 1코 걸러뜨기한다. (총 30코)

평면뜨기한다.

**1단 (겉면):** 겉1, 실을 편물 앞에 두고 1코 걸러뜨기, 겉1, ssk 코줄임, 단 끝에 5코 남을 때까지 겉뜨기, 왼코줄임, 겉1, 실을 편물 앞에 두고 1코 걸러뜨기, 겉1 (총 28코)

**2단:** 실을 편물 앞에 두고 1코 걸러뜨기, 겉1, 실을 편물 앞에 두고 1코 걸러뜨기, 단 끝에 3코 남을 때까지 안뜨기, 실을 편물 앞에 두고 1코 걸러뜨기, 겉1, 실을 편물 앞에 두고 1코 걸러뜨기

## 앞판 상의 코줍기

6코씩 5번 줄인다

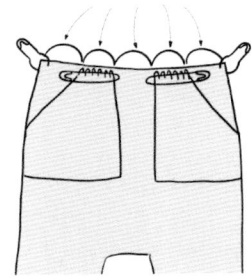

**3~4단:** 1~2단을 반복 (총 26코)

**5단 (주머니 위치 표시):** 겉1, 실을 편물 앞에 두고 1코 걸러뜨기, 겉1, ssk 코줄임, 겉14, 마지막으로 겉뜨기한 12코에 자투리 실을 통과시키기, 겉2, 왼코줄임, 겉1, 실을 편물 앞에 두고 1코 걸러뜨기, 겉1 (총 24코)

**6단:** 2단을 반복

**7~10단:** 1~2단을 2회 반복 (총 20코)

**11단:** 겉1, 실을 편물 앞에 두고 1코 걸러뜨기, 단 끝에 2코 남을 때까지 겉뜨기, 실을 편물 앞에 두고 1코 걸러뜨기, 겉1

**12단:** 실을 편물 앞에 두고 1코 걸러뜨기, 겉1, 실을 편물 앞에 두고 1코 걸러뜨기, 단 끝에 3코 남을 때까지 안뜨기, 실을 편물 앞에 두고 1코 걸러뜨기, 겉1, 실을 편물 앞에 두고 1코 걸러뜨기

**13~26단:** 11~12단을 6회 더 반복

왼코줄임 코막음 기법으로 모든 코를 코막음한다. (레슨 19 참고) 실 꼬리를 정리한다.

## 뒤판과 스트랩

멜빵바지의 다리가 아래로 향하고 뒤판이 보이는 상태에서 겉면에서 작업한다. 코들의 오른쪽 끝에 실을 연결하고 허리선을 따라 30코를 줍는다. 양쪽 끝이 앞판 상의에 정확히 닿도록 하며 평면뜨기한다.

**1단 (안면):** 실을 편물 앞에 두고 1코 걸러뜨기, 겉1, 실을 편물 앞에 두고 1코 걸러뜨기, 단 끝에 3코 남을 때까지 안뜨기, 실을 편물 앞에 두고 1코 걸러뜨기, 겉1, 실을 편물 앞에 두고 1코 걸러뜨기

**2단:** 겉1, 실을 편물 앞에 두고 1코 걸러뜨기, 겉1, ssk 코줄임, 단 끝에 5코 남을 때까지 겉뜨기, 왼코줄임, 겉1, 실을 편물 앞에 두고 1코 걸러뜨기, 겉1 (총 28코)

**3단:** 실을 편물 앞에 두고 1코 걸러뜨기, 겉1, 실을 편물 앞에 두고 1코 걸러뜨기, 단 끝에 3코 남을 때까지 안뜨기, 실을 편물 앞에 두고 1코 걸러뜨기, 겉1, 실을 편물 앞에 두고 1코 걸러뜨기

4~19단: 2~3단을 8회 더 반복 (총 12코)

### 오른쪽 스트랩
단의 처음 6코를 사용해서 작업하는데, 다른 6코는 홀더에 옮겨 쉼코로 둔다.

1단 (겉면): [겉1, 실을 편물 앞에 두고 1코 걸러뜨기, 겉1] 2회
2단: [실을 편물 앞에 두고 1코 걸러뜨기, 겉1, 실을 편물 앞에 두고 1코 걸러뜨기] 2회
3~34단: 1~2단을 16회 더 반복

이제 피팅 시간이다. 단춧구멍을 만들기 전에 당나귀 인형에게 멜빵바지를 입혀 멜빵 길이를 확인한다. 이 단계에서 멜빵은 앞판 상의 모서리, 단추가 달릴 위치까지 닿아야 한다. 닿지 않는다면 1~2단을 1번 더 반복해서 길이를 늘린다.

35단 (단춧구멍): 겉2, 바늘비우기, 왼코줄임, 실을 편물 앞에 두고 1코 걸러뜨기, 겉1
36단: 실을 편물 앞에 두고 1코 걸러뜨기, 겉1, 안3, 실을 편물 앞에 두고 1코 걸러뜨기
37~38단: 1~2단을 반복

왼코줄임 코막음 기법으로 모든 코를 코막음한다.

### 왼쪽 스트랩
멜빵바지의 다리가 아래로 향하고 뒤판이 보이는 상태에서, 마지막 6코를 작업 중인 바늘에 옮기고, 코의 오른쪽에 실을 연결해서 1단부터 오른쪽 스트랩과 동일하게 뜬다.

### 앞판 상의 주머니를 위한 코 표시

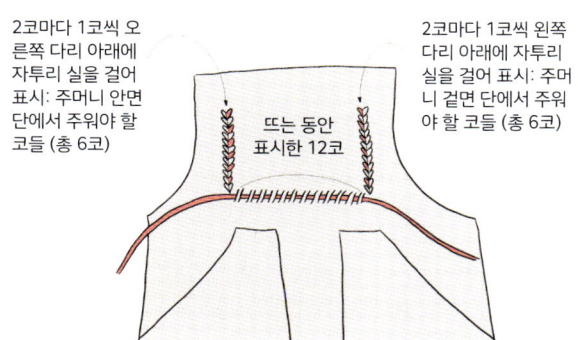

2코마다 1코씩 오른쪽 다리 아래에 자투리 실을 걸어 표시: 주머니 안면 단에서 주워야 할 코들 (총 6코)

또는 동안 표시한 12코

2코마다 1코씩 왼쪽 다리 아래에 자투리 실을 걸어 표시: 주머니 겉면 단에서 주워야 할 코들 (총 6코)

### 앞판 상의 주머니
다른 주머니에서 했던 것처럼, 주머니를 만들기 위해 코를 주울 위치를 표시할 때 대비되는 색상의 자투리 실로 작업할 영역을 구분한다. (왼쪽 하단 그림 참고)

멜빵바지의 다리가 위로 향하고 앞판이 보이는 상태에서, 표시된 12코를 2mm 바늘에 옮긴다. 표시된 12코에서 자투리 실을 제거한다.

세팅 단: 이 코의 오른쪽에서 시작해서 주머니의 안면에서 작업하며, 실을 연결해서 모든 코 안뜨기한다.

2.75mm 바늘로 바꿔 평면뜨기한다.
1단 (겉면): 멜빵바지의 다리가 아래로 향한 상태에서 실을 편물 앞으로 가져와 오른쪽에 표시된 코 기둥의 오른쪽에서 왼쪽으로 오른손 바늘을 넣어 1코 줍고 왼손 바늘에 옮기기, 실을 편물 뒤로 가져와 왼코줄임, 단 끝까지 겉뜨기
2단: 이제 멜빵바지의 다리가 위로 향한 상태에서 실을 편물 뒤로 가져와 오른쪽에 표시된 코 기둥의 오른쪽에서 왼쪽으로 오른손 바늘을 넣어 1코 줍고 왼손 바늘에 옮기기, 실을 편물 앞으로 가져와 안뜨기로 2코 모

아뜨기, 단 끝까지 안뜨기
**3~10단**: 1~2단을 4회 더 반복
**11단**: 1단을 1회 반복
멜빵바지의 다리가 위로 향한 상태에서 실을 편물 뒤로 가져온다. 오른손 바늘 끝을 오른쪽에 표시된 코 기둥의 오른쪽에서 왼쪽으로 오른손 바늘을 넣어 1코 줍고 왼손 바늘로 옮긴다. 실을 편물 앞으로 가져와 안뜨기로 2코 모아뜨기 코막음 기법으로 모든 코를 코막음한다.

## 마무리
앞판 상의에 작은 단추 2개를 꿰맨다.

남아있는 실 꼬리를 정리한다. 멜빵바지를 물에 담가 충분히 적신 후, 평평한 곳에 펴서 말린다.

## 비니

호라시오의 비니는 머리 위쪽부터 아래로 내려뜨며, 귀를 위한 구멍을 만들고 폼폼을 단다.

비니에 사용할 색상의 실과 2.75mm 바늘을 사용해서, 왼손 바늘에 시작 매듭으로 시작한다.

**1단 (겉면)**: 시작 매듭에 [겉1, 안1, 겉1] (총 3코)
**2단**: 모든 코 안뜨기
**3단**: 단 끝까지 kfb 코늘림을 반복 (총 6코)

편물을 뒤집지 않는다, 바늘을 재배열해 원통으로 뜬다. 1번째 코에 스티치 마커 A를 건다.

**1단**: 모든 코 겉뜨기
**2단**: 단 끝까지 kfb 코늘림을 반복 (총 12코)
**3단**: 모든 코 겉뜨기
**4단**: [겉1, kfb 코늘림]을 단 끝까지 반복 (총 18코)
**5단**: 모든 코 겉뜨기
**6단**: [겉1, kfb 코늘림]을 단 끝까지 반복 (총 27코)
**7단**: 모든 코 겉뜨기
**8단**: [겉2, kfb 코늘림]을 단 끝까지 반복 (총 36코)
**9단**: 모든 코 겉뜨기
**10단 (귀를 위한 구멍)**: 겉8, [실을 편물 앞으로 가져와 다음 코를 안뜨기하듯이 걸러뜨기, 실을 편물 뒤로 가져와 *안뜨기하듯이 1코 걸러뜨기, 이전 걸러뜨기한 코를 그 위로 덮어씌우기*, *~*를 3회 더 반복해서 4코 코막음, 마지막으로 걸러뜨기한 코를 왼손 바늘로 옮기고 편물 뒤집기, 실을 편물 뒤로 가져와 케이블 코잡기 방법으로 5코 만들기, 편물 뒤집기, 실을 편물 뒤로 가져와 안뜨기하듯이 1코 걸러뜨기, 마지막으로 코잡기한 코를 그 위로 덮어씌우기, 마지막으로 걸러뜨기한 코를 왼손 바늘로 옮기기], 겉8. [ ]를 1회 더 반복, 겉12
**11~13단**: [겉뜨기 꼬아뜨기 1, 안1]을 단 끝까지 반복 (총 3단)

고무뜨기하면서 모든 코를 코막음한다. (레슨 16 참고) 실 꼬리를 정리한다.

## 마무리
작은 폼폼을 단다. 폼폼 메이커 세트 중 가장 작은 사이즈(보통 지름 3.5cm 또는 1.4인치)에 해당하는 것을 사용하고, 실 가닥을 충분히 잘라 다듬으면 이 비니에 잘 어울리는 크기의 폼폼을 만들 수 있다. 폼폼의 중심을 묶고 비니에 단단히 고정할 때는 더 튼튼한 실을 사용하는 것이 좋다.

남아있는 실 꼬리를 정리한다.

호라시오는 귀 사이 간격이 더 좁은 쪽을 앞쪽으로 해서 비니를 착용한다.

## 백팩

호라시오의 가방은 마이터드 스퀘어(mitered square)로 시작한다. 이후 코를 주워서 옆면을 뜨고, 스트라이프와 걸러뜨기를 이용해 배색뜨기를 완성한다. 마지막으로, 스트랩과 가방을 여밀 끈을 만든다.

일반코잡기 방법으로, 가방을 뜰 바탕실과 2.75mm 바늘을 사용해서 26코 만든다.
다음과 같이 편물을 앞뒤로 뒤집어가며 평면뜨기한다.
**1단**: 겉13, 스티치 마커 걸기, 겉13
**2단**: 스티치 마커 2코 남을 때까지 겉뜨기, ssk 코줄임, 스티치 마커, 왼코줄임, 단 끝까지 겉뜨기 (총 24코)
**3단**: 모든 코 겉뜨기
**4~23단**: 2~3단을 10회 더 반복 (총 4코)
**24단**: ssk 코줄임, 왼코줄임 (총 2코)
**25단**: 겉2

체인 코막음 기법으로 이 2코를 코막음한다. (레슨 19 참고)
실 꼬리를 정리한다.

이제 원통뜨기한다. 바탕실을 다시 연결해서 한쪽 모서리에서 시작해, 사각형 둘레를 따라 각 모서리에서 1코씩, 각 변을 따라서 12코씩 총 52코 줍는다. (총 52코)

1번째 코(처음 주운 코)에 스티치 마커 A를 건다.
**1단**: [겉1, kfb 코늘림, 겉10, kfb 코늘림] 4회 (총 60코)
**2단**: 모든 코 겉뜨기

레슨 17 배색뜨기를 참고한다.
3~4단: 배색실을 연결해서, 모든 코 겉뜨기
5~6단: 바탕실로 [겉2, 1코 걸러뜨기]를 단 끝까지 반복
7~8단: 배색실로 [2코 걸러뜨기, 겉1]을 단 끝까지 반복
9~10단: 바탕실로 [겉2, 1코 걸러뜨기]를 단 끝까지 반복
11~34단: 3~10단을 3회 더 반복
35~36단: 3~4단을 반복
배색실을 자르고 계속해서 바탕실을 사용해 다음과 같이 진행한다.
37단: 모든 코 겉뜨기
38단 (스트랩 위치 표시): 겉7, 마지막으로 겉뜨기한 3코에 자투리 실을 통과시키기, 겉4, 마지막으로 겉뜨기한 3코에 또 다른 자투리 실을 통과시키기, 단 끝까지 겉뜨기
39~40단: 모든 코 겉뜨기
41단 (아일렛 단): [겉3, 왼코줄임, 바늘비우기]를 단 끝까지 반복
42단: 모든 코 안뜨기
43단: 모든 코 겉뜨기
44단: 모든 코 안뜨기
체인 코막음 기법으로 모든 코를 코막음한다.

## 스트랩 만들기

가방의 바닥이 위로 향한 상태에서, 표시된 3코 중 1세트를 2mm 장갑바늘에 옮긴다. 오른쪽 끝에 실을 연결해 다음과 같이 아이코드를 뜬다. *겉3, 코를 오른손 바늘 끝으로 밀어 옮기기*, *~*를 아이코드가 약 14cm 길이가 될 때까지 반복한다.

실을 자르고, 남은 실을 바늘 위의 3코에 통과시켜 고정한 다음, 가방의 아래 모서리에 스트랩을 단단히 연결한다.

2번째 스트랩도 동일한 방법으로 작업한다.

## 가방을 여밀 끈 만들기

핑거링 굵기 실과 2mm 장갑바늘을 사용해서 3코 아이코드를 약 30cm 길이로 뜬다. 양쪽 실꼬리를 정리할 때는, 실꼬리를 아이코드 안으로 넣고 약 2.5cm 정도 더 안쪽에서 꺼낸 뒤 짧게 자른다. 이렇게 하면 끝부분이 약간 단단해져 아이렛(구멍)에 끼우기 쉬워진다.

아이코드를 스트랩 반대쪽 옆면에 있는 아일렛부터 끼워 넣는다. 코드를 다 끼운 후, 양쪽 끝에 매듭을 지어 빠지지 않도록 고정한다.

## 마무리

남아있는 실 꼬리를 정리한다.

가방을 물에 담가 충분히 적신 후, 바닥이 평평하게 유지되도록 몇 개의 핀으로 고정한 상태로 세워서 말린다.

# Alphonse & Mira

알퐁스 & 미라

—

## 돼지

### 키

20cm

### 실

Annabel Williams, Darwin 4ply (포크랜드울 포크랜드울 100%, 400m, 100g)

**바탕실:** "Teaberry" 색상 약 25g (100m)
**발굽에 사용할 배색실:** "Cinnamon" 색상, 약 5g (20m)

혹은 핑거링 굵기 바탕실 약 25g (100m), 배색실 약 5g (20m)

**시작하기 전에 미리 챙겨 두기:** 귀를 뜰 바탕실 3m 2개

### 바늘

2mm, 귀를 뜰 같은 호수의 바늘, 꼬리(아이코드)를 뜰 같은 호수의 장갑바늘 2개

### 부자재

6mm 짙은 갈색 인형눈

눈, 귀, 꼬리 위치를 표시할 대비되는 색상의 자투리 실 5개

PS: 미라의 사진은 167쪽에 있다!

**코줍기**

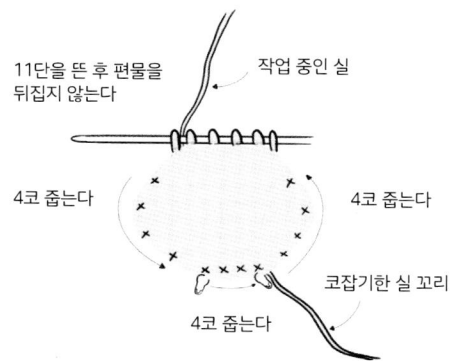

**부분적인 세팅 단 뜨기**

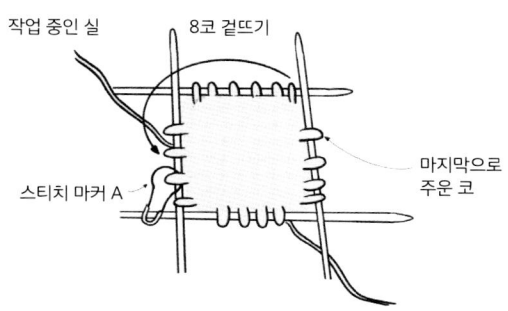

## 시작하기
레슨 1~3 + 5 참고

일반코잡기 방법으로, 4코 만든다. 1번째 코와 4번째 코에 스티치 마커를 건다.

다음과 같이 편물을 앞뒤로 뒤집어가며 평면뜨기한다.
**1단 (겉면):** 겉1, kfb 코늘림 2회, 겉1 (총 6코)
**2단:** 겉1, 단 끝에 1코 남을 때까지 안뜨기, 겉1
**3단:** 겉1, kfb 코늘림, 겉2, kfb 코늘림, 겉1 (총 8코)
**4단:** 2단을 반복
**5단:** 겉1, kfb 코늘림, 겉4, kfb 코늘림, 겉1 (총 10코)
**6단:** 2단을 반복
**7단:** 모든 코 겉뜨기
**8단:** 2단을 반복
**9단:** 겉1, ssk 코줄임, 겉4, 왼코줄임, 겉1 (총 8코)
**10단:** 2단을 반복
**11단:** 겉1, ssk 코줄임, 겉2, 왼코줄임, 겉1, 편물을 뒤집지 않는다. (총 6코)

작업 중인 실을 사용해서 다음과 같이 코줍기한다. (왼쪽 상단 그림 참고) 1번째 면을 따라 (가터뜨기 가장자리에서) 4코, 코잡기한 코 바로 위 코잡기한 가장자리를 따라 4코 (각 스티치 마커마다 1코, 스티치 마커 사이에는 2코), 3번째 면을 따라 (가장자리에서) 4코 줍는다. 3번째 면을 따라 코를 주울 때, 코잡기한 실 꼬리를 주워올리지 않도록 주의한다.

모든 코를 주운 후, 스티치 마커를 제거한다. 작업 중인 바늘에는 18코가 있다. 원통뜨기한다.
**부분적인 세팅 단 (겉면):** 겉8, 다음 코에 스티치 마커 A를 건다. (오른쪽 상단 그림 참고) 이곳이 새로운 단 시작이 되고, 그에 따라 바늘을 재배치하고 필요한 경우 코 분배를 다시 조정한다.

**1~4단:** 모든 코 겉뜨기
**5단:** 겉8, 스티치 마커 B 걸기, 단 끝까지 겉뜨기 (총 18코 = 코 위쪽 8코 / 코 아래쪽 10코)
**6단:** 스티치 마커 B까지 kfb 코늘림을 반복, 스티치 마커 B, 겉1, kfb 코늘림, 단 끝에 2코 남을 때까지 겉뜨기, kfb 코늘림, 겉1 (총 28코 = 16코 / 12코)
**7단:** 모든 코 겉뜨기
**8단:** 스티치 마커 B까지 [겉1, kfb 코늘림]을 반복, 스티치 마커 B, [겉2, kfb 코늘림]을 단 끝까지 반복 (총 40코 = 24코 / 16코)
**9단 (눈 위치 표시):** 겉5, 마지막으로 겉뜨기한 코에 1번째 자투리 실을 통과시켜 느슨하게 묶기, 겉15, 2번째 자투리 실을 마지막으로 겉뜨기한 코에 통과시켜 느슨하게 묶기, 단 끝까지 겉뜨기
**10단:** 겉1, kfb 코늘림, 스티치 마커 B 2코 전까지 겉뜨기, kfb 코늘림, 겉1, 스티치 마커 B, 단 끝까지 겉뜨기 (총 42코 = 26코 / 16코)
**11단:** 모든 코 겉뜨기
**12~15단:** 10~11단을 2회 더 반복 (총 46코 = 30코 / 16코)

## 머리 모양 만들기
레슨 6 참고

스티치 마커 B를 제거한다.

### 되돌아뜨기 - 섹션 1

주의: 이제 레슨 6의 상황 1을 할 차례다. (바늘비우기와 바늘비우기 코를 소모하는 코줄임)

**코 세팅하기:** 처음 30코를 작업 중인 바늘에 옮기고, 마지막 16코는 홀더에 옮겨 쉼코로 둔다. 1번째 코에 스티치 마커 A를 건다.

다음과 같이 편물을 앞뒤로 뒤집어가며 평면뜨기한다.
**1단 (겉면):** 겉24, 편물 뒤집기
**2단:** 바늘비우기, 안18, 편물 뒤집기
**3단:** 바늘비우기, 겉18, 왼코줄임, 겉1, 편물 뒤집기
**4단:** 바늘비우기, 안20, ssp 코줄임, 안1, 편물 뒤집기
**5단:** 바늘비우기, 겉22, 왼코줄임, 겉1, 편물 뒤집기
**6단:** 바늘비우기, 안24, ssp 코줄임, 안1, 편물 뒤집기

작업 중인 실이 있는 곳에서 시작해서, 다시 다음과 같이 원통뜨기한다.
**1단 (귀 위치 표시):** 바늘비우기, 겉6, 마지막으로 겉뜨기한 4코에 1번째 자투리 실을 걸어 두기, 겉18, 마지막으로 겉뜨기한 4코에 2번째 자투리 실을 통과시켜 걸어 두기, 겉2, 왼코줄임, 단 끝까지 겉뜨기 (총 46코 + 바늘비우기 = 머리 위쪽 30코 + 바늘비우기 / 목 16코)
**2단 (귀 위치 표시):** 겉뜨기 꼬아뜨기 1, 겉뜨기하듯이 1코 걸러뜨기, 바늘비우기 코를 겉뜨기, 걸러뜨기한 코를 겉뜨기한 코 위로 덮어씌우기, 겉뜨기 꼬아뜨기 1, 겉5, 이전 단에서 사용한 자투리 실 한쪽 끝을 들어 마지막으로 겉뜨기한 4코에 통과시키기, 겉18, 이전 단에서 사용한 다른 자투리 실 반대편 끝을 들어 마지막으로 겉뜨기한 4코에 통과시키기, 단 끝까지 겉뜨기 (총 46코 = 30코 / 16코)
**3단:** 모든 코 겉뜨기

## 되돌아뜨기 - 섹션 2

*주의: 이제 레슨 6의 상황 2를 할 차례다. (바늘비우기가 아닌, 실제 코를 소모하는 코줄임)*

**코 세팅하기:** 처음 30코를 작업 중인 바늘에 옮기고, 마지막 16코는 홀더에 옮겨 쉼코로 둔다. 1번째 코에 스티치 마커 A를 건다.

다음과 같이 편물을 앞뒤로 뒤집어가며 평면뜨기한다.
**1단 (겉면):** 겉17, 왼코줄임, 겉1, 편물 뒤집기 (머리 위쪽 총 29코)
**2단:** 안6, ssp 코줄임, 안1, 편물 뒤집기 (총 28코)
**3단:** 겉7, 왼코줄임, 겉1, 편물 뒤집기 (총 27코)
**4단:** 안8, ssp 코줄임, 안1, 편물 뒤집기 (총 26코)
**5단:** 겉9, 왼코줄임, 겉1, 편물 뒤집기 (총 25코)
**6단:** 안10, ssp 코줄임, 안1, 편물 뒤집기 (총 24코)
**7단:** 겉11, 왼코줄임, 겉1, 편물 뒤집기 (총 23코)
**8단:** 안12, ssp 코줄임, 안1, 편물 뒤집기 (총 22코)
**9단:** 겉13, 왼코줄임, 겉1, 편물 뒤집기 (총 21코)
**10단:** 안14, ssp 코줄임, 안1, 편물 뒤집기 (총 20코)

작업 중인 실이 있는 곳에서 시작해서, 다음과 같이 다시 원통뜨기한다.
**1단:** 겉15, 왼코줄임, 겉2, ssk 코줄임, 단 끝에 3코 남을 때까지 겉뜨기, 왼코줄임, 겉1 (총 33코 = 머리 뒤쪽 19코 / 목 14코)

## 되돌아뜨기 - 섹션 3

*주의: 이제 레슨 6의 상황 1을 할 차례다. (바늘비우기와 바늘비우기 코를 소모하는 코줄임)*

**코 세팅하기:** 처음 19코를 작업 중인 바늘에 옮기고, 마지막 14코는 홀더에 옮겨 쉼코로 둔다. 1번째 코에 스티치 마커 A를 건다.

다음과 같이 편물을 앞뒤로 뒤집어가며 평면뜨기한다.
**1단 (겉면):** 겉뜨기 꼬아뜨기 1, ssk 코줄임, 겉12, 편물 뒤집기 (총 18코)
**2단:** 바늘비우기, 안10, 편물 뒤집기
**3단:** 바늘비우기, 겉10, 왼코줄임, 겉1, 편물 뒤집기
**4단:** 바늘비우기, 안12, ssp 코줄임, 안1, 편물 뒤집기

작업 중인 실이 있는 곳에서 시작해서, 다시 다음과 같이 원통뜨기한다.
**1단:** 바늘비우기, 겉14, 왼코줄임, 겉2, ssk 코줄임, 단 끝에 3코 남을 때까지 겉뜨기, 왼코줄임, 겉1 (총 30코 + 바늘비우기 = 머리 뒤쪽 18코 + 바늘비우기 / 목 12코)

## 되돌아뜨기 - 섹션 4

*주의: 이제 레슨 6의 상황 1을 할 차례다. (바늘비우기와 바늘비우기 코를 소모하는 코줄임)*

**코 세팅하기:** 처음 18코와 남아있는 바늘비우기 코를 작업 중인 바늘에 옮기고, 마지막 12코는 홀더에 옮겨 쉼코로 둔다. 1번째 코에 스티치 마커 A를 건다.

다음과 같이 편물을 앞뒤로 뒤집어가며 평면뜨기한다.
**1단 (겉면):** 겉뜨기 꼬아뜨기 1, 겉뜨기하듯이 1코 걸러뜨기, 바늘비우기 코를 겉뜨기, 걸러뜨기한 코를 겉뜨기한 코 위로 덮어씌우기, 겉뜨기 꼬아뜨기 1, 겉11, 편물 뒤집기
**2단:** 바늘비우기, 안10, 편물 뒤집기
**3단:** 바늘비우기, 겉10, 왼코줄임, 겉1, 편물 뒤집기
**4단:** 바늘비우기, 안12, ssp 코줄임, 안1, 편물 뒤집기

작업 중인 실이 있는 곳에서 시작해서, 다시 다음과 같이 원통뜨기한다.
**1단:** 바늘비우기, 겉14, 왼코줄임, 단 끝까지 겉뜨기 (총 30코 + 바늘비우기 = 머리 뒤쪽 18코 + 바늘비우기 / 목 12코)
**2단:** 겉뜨기 꼬아뜨기 1, 겉뜨기하듯이 1코 걸러뜨기, 바늘비우기 코를 겉뜨기, 걸러뜨기한 코를 겉뜨기한 코 위로 덮어씌우기, 겉뜨기 꼬아뜨기 1, 단 끝까지 겉뜨기 (총 30코 = 18코 / 12코)

얼굴 표정과 귀를 추가하는 동안 바늘에서 코가 빠지지 않도록 주의한다.

## 얼굴 표정 추가하기
레슨 7 참고

먼저 코잡기한 실 꼬리를 편물 안쪽으로 가져와 숨긴다.

눈을 달거나 자수로 수놓는다. 콧구멍과 웃는 입도 자수로 수놓는다. 웃는 입은 주둥이 아래쪽에 위치시킨다. 주둥이를 뜰 때 8단에서 만든 눈에 띄는 코늘림 단이 보일 것이다. 이를 기준으로 삼아 그 바로 위에 웃는 입을 수놓는다.

## 귀 만들기

### 왼쪽 귀
표시해 둔 8코를 작업 중인 바늘에 옮기고, 자투리 실은 제거한다. 돼지 인형의 머리가 위를 향하고 얼굴이 보이는 상태에서, 바늘을 재배치해 원통으로 뜬다. 단의 시작이 오른쪽에 오도록 한다.(오른쪽 그림 참조) 1번째 코에 스티치 마커 A를 건다.

미리 준비한 바탕실 중 하나를 연결해서 다음과 같이 진행한다.
1단: 모든 코 겉뜨기 (총 8코)
2단: [겉1, kfb 코늘림을 2회 반복, 겉1] 2회 (총 12코)
3단: 모든 코 겉뜨기
4단: 겉1, kfb 코늘림, 단 끝에 2코 남을 때까지 겉뜨기, kfb 코늘림, 겉1 (총 14코)
5단: 모든 코 겉뜨기
6단: [겉1, kfb 코늘림, 겉3, kfb 코늘림, 겉1] 2회 (총 18코)
7단: 모든 코 겉뜨기
8단: 겉1, ssk 코줄임, 단 끝에 3코 남을 때까지 겉뜨기, 왼코줄임, 겉1 (총 16코)
9단: 모든 코 겉뜨기
10단: 겉6, kfb 코늘림, 겉2, kfb 코늘림, 단 끝까지 겉뜨기 (총 18코)
11단: 모든 코 겉뜨기
12단: 8단을 반복 (총 16코)
13단: 모든 코 겉뜨기
14단: [겉1, ssk 코줄임, 겉2, 왼코줄임, 겉1] 2회 (총 12코)
15단: [겉1, ssk 코줄임, 왼코줄임, 겉1] 2회 (총 8코)
16단: 겉1, 왼코줄임, 겉2, ssk 코줄임, 겉1 (총 6코)
17단: 겉1, 왼코줄임, ssk 코줄임, 겉1 (총 4코)

실을 자르고, 바늘에 실을 꿰어 남아있는 코들에 통과시킨다. 실 꼬리는 귀를 통과시켜 편물 안쪽으로 가져온다. 또한 귀 시작 부분에서 나온 실 꼬리도 편물 안쪽으로 가져와 함께 묶는다.

## 귀 단 시작

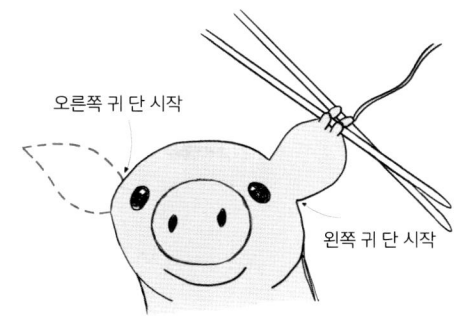

오른쪽 귀 단 시작

왼쪽 귀 단 시작

### 오른쪽 귀
표시해 둔 나머지 8코를 작업 중인 바늘에 옮기고, 자투리 실은 제거한다. 돼지 인형의 머리가 위를 향하고 얼굴이 보이는 상태에서, 바늘을 재배치해 원통으로 뜬다. 단의 시작이 오른쪽에 오도록 한다. (상단 그림 참조) 1번째 코에 스티치 마커 A를 건다.

미리 준비한 다른 실을 연결해서 다음과 같이 진행한다.
1단: 모든 코 겉뜨기(총 8코)
2단: [겉1, kfb 코늘림 2회, 겉1] 2회 (총 12코)
3단: 모든 코 겉뜨기
4단: 겉4, kfb 코늘림, 겉2, kfb 코늘림, 단 끝까지 겉뜨기 (총 14코)
5단: 모든 코 겉뜨기
6단: [겉1, kfb 코늘림, 겉3, kfb 코늘림, 겉1] 2회 (총 18코)
7단: 모든 코 겉뜨기
8단: 겉6, 왼코줄임, 겉2, ssk 코줄임, 단 끝까지 겉뜨기 (총 16코)
9단: 모든 코 겉뜨기
10단: 겉1, kfb 코늘림, 단 끝에 2코 남을 때까지 겉뜨기, kfb 코늘림, 겉1 (총 18코)
11단: 모든 코 겉뜨기
12단: 8단을 반복 (총 16코)

그 후에 13단부터 왼쪽 귀와 동일하게 작업한다.

## 목과 어깨 모양 만들기

바늘에 총 30코 (뒤판 18코 / 앞판 12코) 있다. 돼지 인형의 머리가 아래를 향하고 등이 보이는 상태에서 스티치 마커로 표시한 현재 단 시작점에서 원통뜨기를 시작한다.

1단: 겉뜨기 꼬아뜨기 1, ssk 코줄임, 겉12, 왼코줄임, 단 끝까지 겉뜨기 (총 28코 = 뒤판 16코 / 앞판 12코)

2단: 겉16, [겉2, kfb 코늘림]을 단 끝까지 반복 (총 32코 = 16코 / 16코)
3단 (부분적인 단): 단 끝에 3코 남을 때까지 겉뜨기, 다음 코에 스티치 마커 A 옮기기
이곳이 새로운 단 시작이 되고, 그에 따라 바늘을 재배치하고 필요한 경우 코 분배를 다시 조정한다.
4단: 모든 코 겉뜨기
5단: [겉3, kfb 코늘림]을 단 끝까지 반복 (총 40코)
6~7단: 모든 코 겉뜨기
8단: [겉4, kfb 코늘림]을 단 끝까지 반복 (총 48코)
9~10단: 모든 코 겉뜨기
11단: [겉5, kfb 코늘림]을 단 끝까지 반복 (총 56코)
12~13단: 모든 코 겉뜨기
14단: [겉6, kfb 코늘림]을 단 끝까지 반복 (총 64코)
15~18단: 모든 코 겉뜨기 (총 4단)

## 팔 만들기
레슨 8~11 + 4 참고

돼지 인형의 머리가 아래를 향하고 등이 보이는 상태에서, 현재 단 시작점에서 원통뜨기를 시작한다.

### 왼쪽 팔

세팅 1단: 단의 첫 8코를 겉뜨기, 다음 48코를 홀더에 옮겨 쉼코로 둔다. 감아코잡기 방법으로 2코 만들고 스티치 마커 A를 건다. 2코를 만들고 단의 마지막 8코를 겉뜨기한다. (총 20코)
세팅 2단: 스티치 마커 A를 다시 만날 때까지 겉뜨기한다. 다음 코에 스티치 마커 A를 옮긴다. 이곳이 새로운 단 시작이 되고, 그에 따라 바늘을 재배치하고 필요한 경우 코 분배를 다시 조정한다.

원통뜨기로 진행한다.
1~2단: 모든 코 겉뜨기
3단: 겉6, 왼코줄임, 겉4, ssk 코줄임, 단 끝까지 겉뜨기 (총 18코)
4단: 모든 코 겉뜨기
5단: 겉5, 왼코줄임, 겉4, ssk 코줄임, 단 끝까지 겉뜨기 (총 16코)
6~25단: 모든 코 겉뜨기 (총 20단)
26단 (부분적인 단): 겉4, 다음 코에 스티치 마커 A 옮기기
이곳이 새로운 단 시작이 되고, 그에 따라 바늘을 재배치하고 필요한 경우 코 분배를 다시 조정한다.
27단: 발굽 색상 실을 연결해서 바탕실과 함께 잡고, 모든 코 겉뜨기
28단: 바탕실을 자르고, 발굽 색상 실로만 모든 코 겉뜨기
29~30단: 모든 코 겉뜨기

### 1번째 손가락
**세팅 단:** 단의 첫 4코를 겉뜨기, 다음 8코를 자투리 실에 옮겨 쉼코로 둔다. 단의 마지막 4코를 겉뜨기한다. (작업 중인 바늘에 총 8코)

**1~2단:** 모든 코 겉뜨기

실을 약 1미터 정도 남기고 자른다. 그 남은 실로 손가락 끝을 메리야스 잇기로 마무리한다. 그 후에 돗바늘을 사용해 실을 손가락 끝에서 시작하여 손가락 밑부분까지 통과시킨다. 그러면 다음 손가락을 뜨기 좋은 위치로 실이 나올 것이다. (하단 그림 참고)

### 2번째 손가락
남은 8코를 작업 중인 바늘에 다시 옮기고, 자투리 실을 제거한다.

1번째 손가락의 실 꼬리를 사용해서, 다음과 같이 원통뜨기한다.
**1~3단:** 모든 코 겉뜨기

손가락 끝은 메리야스잇기로 마무리한다. 필요하다면, 손가락 사이의 구멍을 막기 위해 남은 실을 이용해 돗바늘로 몇 땀 떠서 막는다. 그 후에 실 꼬리를 편물 안쪽으로 가져온다. 색이 바뀌는 부분에 남은 2개의 실 꼬리도 동일하게 정리한다. 팔을 뒤집어서 안쪽이 보이게 하고, 실 끝들을 한 곳에 모은 다음 서로 묶어 고정한다.

### 오른쪽 팔
**세팅 1단:** 돼지 인형의 머리가 아래를 향하고 등이 보이는 상태에서, 첫 16코를 홀더에 옮겨 쉼코로 둔다. 다음 16코를 다시 작업 중인 바늘에 옮긴다. 마지막 16코를 홀더에 옮겨 쉼코로 둔다. (총 16코)
**세팅 2단:** 작업 중인 바늘의 오른쪽 끝에 있는 코에서 시작해서, (나중에 작은 구멍이 있으면 막을 수 있게 충분히 실 끝을 남기고) 실을 연결해 16코를 겉뜨기한다. 감아코잡기 방법으로 2코 만들고 스티치 마커 A를 건다. 2코 만든다. (총 20코)
**세팅 3단:** 바늘을 바늘을 재배치해 원통으로 뜬다. 스티치 마커 A를 만날 때까지 겉뜨기한다. 스티치 마커 A를 제거하고 다음 코에 스티치 마커 A를 건다. 이곳이 새로운 단 시작이 되고, 그에 따라 바늘을 재배치하고 필요한 경우 코 분배를 다시 조정한다.

그 후에 1단부터 왼쪽 팔과 동일하게 뜬다.

## 몸통 만들기
레슨 12 참고

남아있는 32코를 작업 중인 바늘로 다시 옮긴다. 돼지 인형의 머리가 아래를 향하고 등이 보이는 상태에서, 왼쪽 진동 가운데에 실을 연결해 원통뜨기한다.
**세팅 단:** 3코 줍기, 뒤판 16코를 겉뜨기, 6코 줍기, 앞판 16코를 겉뜨기, 3코 줍기 (총 44코 = 뒤판 22코 / 앞판 22코)

1번째 코(처음 주운 코)에 스티치 마커 A를 건다.
**1~4단:** 모든 코 겉뜨기
**5단:** [겉10, kfb 코늘림]을 단 끝까지 반복 (총 48코)
**6~9단:** 모든 코 겉뜨기 (총 4단)
**10단:** [겉7, kfb 코늘림]을 단 끝까지 반복 (총 54코)
**11~14:** 모든 코 겉뜨기 (총 4단)
**15단:** [겉8, kfb 코늘림]을 단 끝까지 반복 (총 60코)
**16~18단:** 모든 코 겉뜨기 (총 3단)
**19단:** 겉30, 스티치 마커 B를 걸기, 단 끝까지 겉뜨기 (총 60코 = 뒤판 30코 / 앞판 30코)
**20단:** 겉4, kfb 코늘림, 스티치 마커 B 5코 전까지 겉뜨기, kfb 코늘림, 겉4, 스티치 마커 B, 단 끝까지 겉뜨기 (총 62코 = 32코 / 30코)
**21~22단:** 모든 코 겉뜨기
**23~28단:** 20~22단을 2회 반복 (총 66코 = 36코 / 30코)
**29단:** 20단을 반복 (총 68코 = 38코 / 30코)
**30단:** 모든 코 겉뜨기
**31단 (꼬리 위치 표시):** 겉21, 마지막으로 겉뜨기한 4코에 자투리 실을 걸어 두기, 단 끝까지 겉뜨기
**32~34단:** 20~22단을 반복 (총 70코 = 40코 / 30코)
**35단:** 모든 코 겉뜨기

**1번째 손가락 마무리하기**

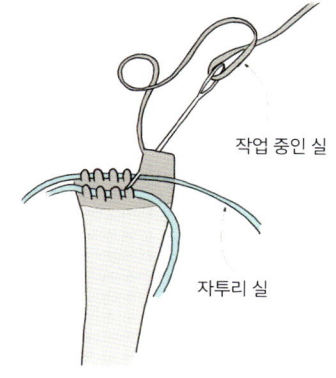

작업 중인 실
자투리 실

163

## 엉덩이 모양 만들기

스티치 마커 B를 제거한다.

되돌아뜨기 단 주의: 이제 레슨 6의 상황 2 중 특별한 경우가 되었다. (46쪽 참고)

**코 세팅하기:** 처음 40코를 작업 중인 바늘에 두고 마지막 30코는 홀더에 옮겨 쉼코로 둔다. 1번째 코에 스티치 마커 A를 건다.

다음과 같이 편물을 앞뒤로 뒤집어가며 평면뜨기한다.
**1단 (겉면):** 겉20, 스티치 마커 걸기, 겉2, 왼코줄임, 겉1, 편물 뒤집기 (엉덩이 총 39코)
**2단:** 스티치 마커를 지나 2코까지 안뜨기, ssp 코줄임, 안1, 편물 뒤집기 (총 38코)
**3단:** 진행 중 스티치 마커를 제거하며 구멍 1코 전까지 겉뜨기, 왼코줄임, 겉1, 편물 뒤집기 (총 37코)
**4단:** 구멍 1코 전까지 안뜨기, ssp 코줄임, 안1, 편물 뒤집기 (총 36코)
3~4단을 4회 더 반복한다. (총 28코)

작업 중인 실이 있는 곳에서 시작해서, 다시 다음과 같이 원통뜨기한다.
**1단:** 구멍 1코 전까지 겉뜨기, 왼코줄임, 겉8, ssk 코줄임, 단 끝에 6코 남을 때까지 겉뜨기, 왼코줄임, 겉4 (총 55코 = 뒤판 27코 / 앞판 28코)
**2단:** 겉뜨기 꼬아뜨기 1, 겉3, ssk 코줄임, 단 끝까지 겉뜨기 (총 54코 = 26코 / 28코)

지금까지 생긴 실 꼬리를 정리한다.

## 다리 만들기
### 레슨 13 참고

돼지 인형의 머리가 아래를 향하고 등이 보이는 상태에서, 현재 단 시작점에서 원통뜨기를 시작한다.

### 왼쪽 다리

**세팅 1단:** 단의 첫 11코를 겉뜨기, 다음 4코를 다음과 같이 코막음한다. 겉뜨기하듯이 1코 걸러뜨기한다. 겉1, 걸러뜨기한 코를 겉뜨기한 코 위로 덮어씌운다. *겉1, 이전 코를 덮어씌우기*, *~*를 2회 더 반복한다. 겉22, 다음 4코를 전과 동일한 방식으로 코막음한다. 단의 마지막 11코를 겉뜨기한다. (작업 중인 바늘에 총 46코)
**세팅 2단:** 단의 첫 11코를 겉뜨기, 다음 23코를 홀더에 옮겨 쉼코로 둔다. 마지막 12코를 겉뜨기한다. (총 23코)

1번째 코에 스티치 마커 A를 건다. (단 시작은 다리 바깥쪽에 있다)
**1단:** 겉4, ssk 코줄임, 겉6, ssk 코줄임, 단 끝에 6코 남을 때까지 겉뜨기, 왼코줄임, 겉4 (총 20코)
**2단:** 모든 코 겉뜨기
**3단:** 겉4, ssk 코줄임, 단 끝에 6코 남을 때까지 겉뜨기, 왼코줄임, 겉4 (총 18코)
**4~6단:** 모든 코 겉뜨기 (총 3단)
**7단:** 3단을 반복 (총 16코)
**8~20단:** 모든 코 겉뜨기 (총 13단)
**21단:** 발굽 색상 실을 연결해서 바탕실과 함께 잡고, 모든 코 겉뜨기
**22단:** 바탕실을 자르고, 발굽 색상 실로만 겉8, 스티치 마커 B 걸기, 겉8
**23단:** 겉1, kfb 코늘림, 스티치 마커 B 2코 전까지 겉뜨기, kfb 코늘림, 겉1, 스티치 마커 B, 단 끝까지 겉뜨기 (총 18코 = 발굽 뒤쪽 10코 / 발굽 앞쪽 8코)
**24단:** 모든 코 겉뜨기
**25~28단:** 23~24단을 2회 반복 (총 22코 = 14코 / 8코)

### 뒤꿈치 모양 만들기

스티치 마커 B를 제거한다.

되돌아뜨기 단 주의: 이제 레슨 6의 상황 2를 할 차례다. (바늘비우기가 아닌, 실제 코를 소모하는 코줄임)

**코 세팅하기:** 처음 14코를 작업 중인 바늘에 두고, 마지막 8코를 홀더에 옮겨 쉼코로 둔다. 1번째 코에 스티치 마커 A를 건다.

다음과 같이 편물을 앞뒤로 뒤집어가며 평면뜨기한다.
**1단 (겉면):** 겉9, 왼코줄임, 편물 뒤집기 (뒤꿈치 총 13코)
**2단:** 안5, ssp 코줄임, 편물 뒤집기 (총 12코)
**3단:** 겉5, 왼코줄임, 편물 뒤집기 (총 11코)
**4단:** 안5, ssp 코줄임, 편물 뒤집기 (총 10코)

작업 중인 실이 있는 곳에서 시작해서, 다시 다음과 같이 원통뜨기한다.
**1단:** 겉5, 왼코줄임, 단 끝까지 겉뜨기 (총 17코 = 뒤쪽 9코 / 앞쪽 8코)
**2단:** 겉뜨기 꼬아뜨기 1, ssk 코줄임, 단 끝까지 겉뜨기 (총 16코 = 8코 / 8코)

그 후에 팔에서 했던 손가락과 동일한 방식으로 2개의 발가락을 작업한다. 동일한 방식으로 실 꼬리를 정리한다.

### 오른쪽 다리

**세팅 단:** 돼지 인형의 머리가 아래를 향하고 등이 보이는 상태에서, 마지막 23코를 다시 바늘로 옮긴다. 그 후에 코 오른쪽 끝에서 시작해서 실을

연결해 겉뜨기로 23코 뜬다.

바늘을 재배치해 원통으로 뜬다. 1번째 코에 스티치 마커 A를 건다. (단 시작은 다리 안쪽에 있다)
1단: 겉5, 왼코줄임, 겉8, ssk 코줄임, 단 끝에 3코 남을 때까지 겉뜨기, 왼코줄임, 겉1 (총 20코)
2단: 모든 코 겉뜨기
3단: 겉4, 왼코줄임, 겉8, ssk 코줄임, 단 끝까지 겉뜨기 (총 18코)
4~6단: 모든 코 겉뜨기 (총 3단)
7단: 겉3, 왼코줄임, 겉8, ssk 코줄임, 단 끝까지 겉뜨기 (총 16코)

그 후에 왼쪽 다리 8단부터 동일하게 뜬다.

오른쪽 다리에서는 시작할 때 연결한 실 꼬리도 정리해야 한다.

## 꼬리 추가하기

표시한 4코를 장갑 바늘에 옮기고 자투리 실을 제거한다. 바탕실을 연결해서 다음과 같이 꼰 아이코드를 작업한다.
주의: 각 단이 끝날 때 편물을 뒤집지 말고, 항상 코들을 오른손 바늘 끝으로 밀어 옮긴다. 그렇게 해야 매번 편물의 겉면에서 뜨게 되며, 작업하는 실도 항상 편물 뒤쪽에서 나온다.

**1단계**
1단: 겉4
2~3단: 겉2, 실을 편물 뒤에 두고 1코 걸러뜨기, 겉1
1~3단을 7회 더 반복

**2단계**
1단: 왼코줄임, 겉2 (총 3코)
2~3단: 겉1, 실을 편물 뒤에 두고 1코 걸러뜨기, 겉1

**3단계**
1단: 겉3
2~3단: 겉1, 실을 편물 뒤에 두고 1코 걸러뜨기, 겉1
3단을 1회 더 반복

실을 자르고 돗바늘에 꿴 다음, 바늘에 걸린 코들을 실에 통과시켜 잡아당긴다. 그 실을 아이코드를 따라 통과시켜 꼬리 밑부분까지 끌어내리는데, 그곳에는 꼬리를 뜨기 위해 연결해 두었던 실 꼬리가 이미 있을 것이다. 실을 잡아당기고 손가락으로 꼬리를 말아 원하는 모양이 될 때까지 조절한다. 모양이 마음에 들면 그 상태의 장력을 유지하면서 2개의 실 끝을 편물 안쪽으로 가져와 묶어 고정한다. 이 매듭은 작품의 안면 표면에 최대한 가까운 위치에서 묶고, 더 단단히 고정하기 위해 한 번 더 묶는다. 실은 매듭 뒤에 짧게 남기고 자른다.

## 세탁, 솜 넣기, 구멍 막기
레슨 14 참고

작은 돼지 인형을 목욕시킨다. (진흙 목욕은 금지, 물만 사용)

건조된 후에 솜을 넣는다. 발굽, 특히 발가락 부분에도 잊지 말고 솜을 채운다. 젓가락 등을 사용하면 더 쉽게 채울 수 있다.

나머지 몸통도 솜을 채운다. 레슨 14를 참고한다.

마지막으로 남은 구멍은 돗바늘과 별도의 바탕실을 이용해 꿰매 막는다.

# 알퐁스 & 미라의 옷

## 실

Annabel Williams, Darwin 4ply (포크랜드울 100%, 400m, 100g)
**케이블 무늬 스웨터:** "Amber" 색상, 약 10g
**미라의 기본 스웨터:** "Amber" 색상, 약 8g
**알퐁스의 바지:** 바탕실 "Lichen" 색상, 배색실 "Burnt Peach" 색상, 각 약 6g
**미라의 치마:** 바탕실 "Lichen" 색상 약 12g, 배색실 "Amber" 색상 약 5g

혹은 핑거링 굵기 3가지 색상 약 47g (188m): 23g (92m), 18g (72m), 6g (24m)

## 바늘

2mm, 2.75mm, 미라의 치마에 세로 스트라이프를 작업할 2mm 코바늘

## 케이블 무늬 스웨터

알퐁스의 스웨터는 위에서 아래로 뜬다. 목둘레의 고무단부터 시작하며, 이어서 안뜨기 배경 위에 작은 꽈배기 무늬가 들어간 요크를 뜬다. 그 후에 소매 부분을 먼저 뜨고, 마지막으로 몸통을 완성한다.

### 스페셜 무늬

The right twist (RT 교차뜨기): 왼코줄임하는데 왼손 바늘에서 코를 빼지 않고, 1번째 코를 다시 겉뜨기하고, 2코 모두 왼손 바늘에서 빼낸다.

### 시작하기

대체 케이블 코잡기 방법(레슨 15 참고)으로, 케이블 무늬 색상 실과 2mm 바늘로 40코 만든다.

바늘을 재배치해 원통으로 뜬다. 1번째 코에 스티치 마커 A를 건다.
**1~3단:** [겉1, 안1]을 단 끝까지 반복
**4단:** [겉4, kfb 코늘림]을 단 끝까지 반복 (총 48코)
**5~6단:** [겉2, 안2]를 단 끝까지 반복
**7단:** [RT, 안2]를 단 끝까지 반복
**8단:** [겉2, pfb 코늘림, 안1]을 단 끝까지 반복 (총 60코)
**9~10단:** [겉2, 안3]를 단 끝까지 반복
**11단:** [RT, 안3]를 단 끝까지 반복
**12단:** [겉2, pfb 코늘림, 안2]를 단 끝까지 반복 (총 72코)
**13~14단:** [겉2, 안4]
**15단:** [RT, 안4]
**16단:** [겉2, 안4]
**17~24단:** 13~16단을 2회 반복

### 1번째 소매

현재 단 시작점에서 원통뜨기를 시작한다.

**세팅 1단:** 겉2, 안4, 겉2, 다음 56코를 홀더에 옮겨 쉼코로 둔다. 감아코잡기 방법으로 3코 만든다. 스티치 마커 A를 걸고 3코 만든다. 안2, 겉2, 안4를 뜬다. (작업 중인 바늘에 총 22코)
**세팅 2단:** 겉2, 안4, 겉2, 안3을 뜬다. 다음 코에 스티치 마커 A를 옮긴다. 이곳이 새로운 단 시작이 되고, 그에 따라 바늘을 재배치하고 필요한 경우 코 분배를 다시 조정한다.

**1단:** 안5, 겉2, [안4, 겉2] 2회, 안3
**2단:** 안5, RT, [안4, RT] 2회, 안3
**3~5단:** 안5, 겉2, [안4, 겉2] 2회, 안3 (총 3단)
**6~13단:** 2~5단을 2회 반복
**14~16단:** [겉1, 안1]을 단 끝까지 반복 (총 3단)

고무뜨기하면서 코막음한다. (레슨 16 참고) 실을 자르고 실 꼬리를 정리한다.

### 2번째 소매

**세팅 1단:** 스웨터의 칼라가 아래로 향하고, 1번째 소매가 오른쪽에 오도록 놓는다. 처음 20코는 홀더에 옮겨 쉼코로 둔다. 다음 16코는 작업 중인 바늘에 다시 옮긴다. 마지막 20코는 그대로 홀더에 남겨둔다. (총 16코)
**세팅 2단:** 작업 중인 바늘에 있는 코들의 오른쪽 끝에서 시작해 실을 연결한다. (나중에 생길 수 있는 작은 구멍을 메울 수 있도록 실 꼬리를 충분히 길게 남겨둔다) 안2, [겉2, 안4]를 2회 반복한다. 겉2, 감아코잡기 방법으로 3코 만든다. 스티치 마커 A를 걸고 3코 만든다. (총 22코)
**세팅 3단:** 코를 재배치해 원통으로 뜬다. 안2, [겉2, 안4]를 2회 반복한다. 겉2, 안3, 다음 코에 스티치 마커 A를 옮긴다. 이곳이 새로운 단 시작이 되고, 그에 따라 바늘을 재배치하고 필요한 경우 코 분배를 다시 조정한다.

그 후에 1단부터 1번째 소매와 동일하게 뜬다.

### 몸통 만들기

남아있는 40코를 작업 중인 바늘로 다시 옮긴다. 스웨터의 칼라가 아래로 향하고 2번째 소매를 왼쪽에 두고, 1번째 소매 진동 가운데에 실을 연

결해서, 원통뜨기한다.
**세팅 단**: 4코 줍는다. [안4, 겉2]을 3회 반복한다. 안2, 2번째 소매 진동을 따라 8코 줍는다. [안4, 겉2]를 3회 반복한다. 안2, 4코 줍는다. (총 56코)

1번째 코(처음 주운 코)에 스티치 마커 A를 건다.
**1단**: 안8, 겉2, [안4, 겉2] 2회, 안14, 겉2, [안4, 겉2] 2회, 안6
**2단**: 안8, RT, [안4, RT] 2회, 안14, RT, [안4, RT] 2회, 안6
**3~4단**: 1단을 2회 반복
**5~12단**: 1~4단을 2회 반복
**13~15단**: [겉1, 안1]을 단 끝까지 반복 (총 3단)

고무뜨기하면서 코막음한다. 실을 자르고 실 꼬리를 정리한다.

**마무리**
남아있는 실 꼬리를 정리한다.

점퍼를 물에 담가 적신 뒤, 평평한 곳에 펴서 말린다. 너비는 살짝 늘려주되, 목둘레는 늘리지 않는다.

## 기본 스웨터

미라의 스웨터는 위에서 아래로 뜨며, 목둘레의 고무단부터 시작한다. 요크를 뜬 후 소매를 먼저 작업하고, 마지막으로 몸통을 완성한다.

대체 케이블 코잡기 방법을 사용해, 기본 점퍼 색상 실과 2mm 바늘을 사용해서 40코를 만든다.

바늘을 재배치해 원통으로 뜬다. 1번째 코에 스티치 마커 A를 건다.
**1~2단**: [겉1, 안1]을 단 끝까지 반복

2.75mm 바늘로 바꿔 다음과 같이 진행한다.
**1단**: [겉4, kfb 코늘림]을 단 끝까지 반복 (총 48코)
**2~3단**: 모든 코 겉뜨기
**4단**: [겉5, kfb 코늘림]을 단 끝까지 반복 (총 56코)
**5~6단**: 모든 코 겉뜨기
**7단**: [겉6, kfb 코늘림]을 단 끝까지 반복 (총 64코)
**8~9단**: 모든 코 겉뜨기
**10단**: [겉7, kfb 코늘림]을 단 끝까지 반복 (총 72코)
**11~14단**: 모든 코 겉뜨기

### 1번째 소매

현재 단 시작점에서 원통뜨기를 시작한다.

**세팅 1단**: 단의 첫 8코를 겉뜨기한다. 다음 56코를 홀더에 옮겨 쉼코로 둔다. 감아코잡기 방법으로 2코 만든다. 스티치 마커 A를 걸고 2코 만든다. 단의 마지막 8코를 겉뜨기한다. (총 20코)
**세팅 2단**: 스티치 마커 A를 다시 만날 때까지 겉뜨기한다. 다음 코에 스티치 마커 A를 옮긴다. 이곳이 새로운 단 시작이 되고, 그에 따라 바늘을 재배치하고 필요한 경우 코 분배를 다시 조정한다.

**1~8단**: 모든 코 겉뜨기

2mm 바늘로 바꿔 계속해서 다음과 같이 진행한다.
**9~11단**: [겉1, 안1]을 단 끝까지 반복

고무뜨기하면서 코막음한다. 실을 자르고 실 꼬리를 정리한다.

### 2번째 소매

세팅 1단: 스웨터의 칼라가 아래로 향하고, 1번째 소매가 오른쪽에 오도록 놓는다. 처음 20코는 홀더에 옮겨 쉼코로 둔다. 다음 16코는 2.75mm 바늘에 다시 옮긴다. 마지막 20코는 그대로 홀더에 남긴다. (총 16코)
세팅 2단: 작업 중인 바늘에 있는 코들의 오른쪽 끝에 실을 연결한다. (나중에 생길 수 있는 작은 구멍을 메울 수 있도록 실 꼬리는 충분히 길게 남긴다) 겉뜨기로 16코 뜬다. 감아코잡기 방법으로 2코 만든다. 스티치 마커 A를 걸고 2코 만든다. (총 20코)
세팅 3단: 코를 재배치해 원통으로 뜬다. 스티치 마커 A를 다시 만날 때까지 겉뜨기한다. 다음 코에 스티치 마커 A를 옮긴다. 이곳이 새로운 단 시작이 되고, 그에 따라 바늘을 재배치하고 필요한 경우 코 분배를 다시 조정한다.

그 후에 1단부터 1번째 소매와 동일하게 뜬다.

### 몸통 만들기

남아있는 40코를 2.75mm 바늘로 다시 옮긴다. 스웨터의 칼라가 아래로 향하고 2번째 소매를 왼쪽에 두고, 1번째 소매 진동 가운데에 실을 연결해서, 원통뜨기한다.
세팅 단: 4코 줍는다. 겉20, 2번째 소매 진동을 따라 8코 줍는다. 겉20, 4코 줍는다. (총 56코)

1번째 코(처음 주운 코)에 스티치 마커 A를 건다.
1~7단: 모든 코 겉뜨기
8~10단: [겉1, 안1]을 단 끝까지 반복 (총 3단)

고무뜨기하면서 코막음한다. 실을 자르고 실 꼬리를 정리한다.

### 마무리
남아있는 실 꼬리를 정리한다.

스웨터를 물에 담가 적신 뒤, 평평한 곳에 펴서 말린다.

### 바지
알퐁스의 바지는 위에서 아래로 뜨며, 허리 부분의 고무단부터 시작한다. 스트라이프와 걸러뜨기를 이용해 체크무늬 효과를 만든다.

### 고무단

대체 케이블 코잡기 기법을 사용하고, 바지의 바탕실과 2mm 바늘을 사용해서 48코를 만든다.
1~2단: [겉1, 안1]을 단 끝까지 반복

3단: [kfb 코늘림, 안1]을 단 끝까지 반복 (총 72코)

### 배색뜨기 시작

레슨 17 참고

주의: 배색뜨기하는 동안 모든 걸러뜨기 코는 실을 편물 뒤에 두고 걸러뜨기한다.

1~2단: 배색실로 [2코 걸러뜨기, 겉1]을 단 끝까지 반복
3~4단: 바탕실로 [겉2, 1코 걸러뜨기]를 단 끝까지 반복
5~8단: 1~4단을 반복
9~10단: 배색실로 모든 코 겉뜨기
11~12단: 바탕실로 [겉2, 1코 걸러뜨기]를 단 끝까지 반복
13~14단: 배색실로 [2코 걸러뜨기, 겉1]을 단 끝까지 반복
15~16단: 바탕실로 [겉2, 1코 걸러뜨기]를 단 끝까지 반복
17~32단: 9~16단을 2회 반복
33단 (꼬리 구멍 만들기, 레슨 18 참고): 배색실로 겉16, 실을 편물 앞으로 가져와 다음 코를 안뜨기하듯이 걸러뜨기, 실을 편물 뒤로 가져와 *안뜨기하듯이 1코 걸러뜨기, 이전의 걸러뜨기한 코를 그 위로 덮어씌우기*, *~*를 3회 더 반복해서 4코 코막음, 마지막으로 걸러뜨기한 코를 왼손 바늘에 다시 옮기기, 편물 뒤집기, 실을 편물 뒤로 가져와서 케이블 코잡기 방법으로 5코 만들기, 편물 뒤집기, 실을 편물 뒤로 가져와 안뜨기하듯이 1코 걸러뜨기, 마지막으로 코잡기한 코를 그 위로 덮어씌우기, 마지막으로 걸러뜨기한 코를 왼손 바늘에 다시 옮기기, 단 끝까지 겉뜨기
34단: 배색실을 사용해서, 모든 코 겉뜨기
35~40단: 11~16단을 반복
41~48단: 9~16단을 반복

### 왼쪽 다리

현재 단 시작점에서 원통뜨기를 시작한다.
세팅 1단: 배색실로 단의 첫 18코를 겉뜨기, 다음 36코를 홀더에 옮겨 쉼코로 둔다. 단의 마지막 18코를 겉뜨기한다. (작업 중인 바늘에 총 36코)
세팅 2단: 배색실로 모든 코 겉뜨기한다.

1번째 코에 스티치 마커 A를 건다. (단 시작은 다리 바깥쪽에 있다)
1~2단: 바탕실로 [겉2, 1코 걸러뜨기]를 단 끝까지 반복
3~4단: 배색실로 [2코 걸러뜨기, 겉1]을 단 끝까지 반복
5~6단: 1~2단을 반복
7~8단: 배색실로 모든 코 겉뜨기
9~14단: 1~6단을 반복
바탕실을 자르고 배색실로 다음과 같이 진행한다.
15단: [겉1, ssk 코줄임, 겉12, 왼코줄임, 겉1]을 2회 반복 (총 32코)

**16단**: 모든 코 안뜨기
**17단**: [겉1, ssk 코줄임, 겉10, 왼코줄임, 겉1]을 2회 반복 (총 28코)
안뜨기로 2코 모아뜨기 코막음 기법으로 모든 코 코막음한다. (레슨 19 참고) 실을 자르고 마지막 코에 통과시킨 후, 실 꼬리를 정리한다.

## 오른쪽 다리

**세팅 1단**: 허리가 아래를 향하고 꼬리 구멍이 보이는 상태에서, 남아있는 36코를 작업 중인 바늘에 다시 옮긴다. 오른쪽 끝에 배색실을 연결해서 35코를 겉뜨기한다. 바늘을 재배치해 원통으로 뜬다. 1번째 코에 스티치 마커 A를 건다. (단 시작은 다리 안쪽에 있다)
**세팅 2단**: 배색실로 모든 코 겉뜨기한다.

바탕실을 연결해서 1~2단부터 왼쪽 다리와 동일하게 뜬다.

실을 자르고 실 꼬리를 정리한다. 구멍이 있다면 가랑이 부분에 남아있는 실 꼬리를 사용해 메워준다. 실 꼬리를 편물 안쪽으로 가져와 함께 묶어 고정한다.

### 마무리
남아있는 실 꼬리를 정리한다.

바지를 물에 적신 뒤, 평평한 곳에 펴서 말린다.

## 치마

미라의 치마는 아지(Agi)의 드레스를 변형한 것이다.

아지 드레스 도안(114쪽 참고)을 따라 38단까지 완성한다.
2.75mm 바늘을 사용해, 원통뜨기한다.
**39단**: 배색실로 모든 코 겉뜨기
배색실을 자르고 바탕실로 다음과 같이 진행한다.
**40단**: 모든 코 겉뜨기
**41~42단**: [겉1, 안1]을 단 끝까지 반복

고무뜨기하면서 모든 코를 코막음한다.

115쪽 아지 드레스와 동일한 방법으로 치마에 세로선을 추가한다.

### 마무리
남아있는 실 꼬리를 정리한다.

치마를 물에 적신 뒤, 평평한 곳에 펴서 말린다. 말리는 동안 아래 가장자리가 말리는 것이 걱정된다면, 필요에 따라 핀으로 고정한다.

# Nanna

낸나

—

## 오리 여사

**키**

20cm

**실**

**바탕실:** Ovis et cetera, Igneae (울 60%, 라미 20%, 실크 20%, 425m, 100g), "Chocolate" 색상, 약 25g (106m)

**부리와 발을 뜰 배색실:** Ovis et cetera, Corriedale Twist (코리데일 울 100%, 400m, 100g), "Brick" 색상, 약 5g, (20m)

혹은 핑거링 굵기 바탕실 약 25g (106m), 배색실 약 5g (20m)

**바늘**

2mm, 장갑바늘을 사용하는 경우 터키식 코잡기할 때 쓸 동일한 호수의 줄바늘

**부자재**

6mm 짙은 갈색 인형눈, 눈과 꼬리 깃털 위치를 표시할 대비되는 색상의 자투리 실 6개

## 시작하기
레슨 1~5 참고

배색실을 사용해서 터키식 코잡기 방법(레슨 1 참고)으로 8코 만든다.

1번째 코에 스티치 마커 A를 건다. 원통뜨기한다.
1단: 모든 코 겉뜨기
2단: [kfb 코늘림, 겉2, kfb 코늘림] 2회 (총 12코)
3단: 모든 코 겉뜨기
4단: [kfb 코늘림, 겉4, kfb 코늘림] 2회 (총 16코)
5~16단: 모든 코 겉뜨기 (총 12단)
17단: kfb 코늘림, 겉2, kfb 코늘림 2회, 겉2, kfb 코늘림, 단 끝까지 겉뜨기 (총 20코 = 부리 위쪽 12코 / 아래쪽 8코)
18단: 바탕실을 연결해서 부리 색상 실과 함께 잡고, 모든 코 겉뜨기
19단: 부리 색상 실을 자르고, 바탕실로만 겉12, 스티치 마커 B 걸기, 겉8
20단: 스티치 마커 B까지 kfb 코늘림 반복, 스티치 마커 B, kfb 코늘림, 단 끝에 1코 남을 때까지 겉뜨기, kfb 코늘림 (총 34코 = 24코 / 10코)
21단: 모든 코 겉뜨기
22단: 겉1, kfb 코늘림, 스티치 마커 B 2코 전까지 겉뜨기, kfb 코늘림, 겉1, 스티치 마커 B, 겉1, kfb 코늘림, 단 끝에 2코 남을 때까지 겉뜨기, kfb 코늘림, 겉1 (총 38코 = 26코 / 12코)
23단: 모든 코 겉뜨기
24단: 겉1, kfb 코늘림, 스티치 마커 B 2코 전까지 겉뜨기, kfb 코늘림, 겉1, 스티치 마커 B, 단 끝까지 겉뜨기 (총 40코 = 28코 / 12코)
25단: 모든 코 겉뜨기
26단: 22단을 반복 (총 44코 = 30코 / 14코)
27단 (눈 위치 표시): 겉9, 마지막으로 겉뜨기한 코에 1번째 자투리 실을 통과시켜 느슨하게 묶기, 겉13, 2번째 자투리 실을 마지막으로 겉뜨기한 코에 통과시켜 느슨하게 묶기, 단 끝까지 겉뜨기
28단: 24단을 반복 (총 46코 = 32코 / 14코)
29단: 모든 코 겉뜨기

## 머리 모양 만들기
레슨 6 참고

스티치 마커 B를 제거한다.

### 되돌아뜨기 - 섹션 1

주의: 이제 레슨 6의 상황 1을 할 차례다. (바늘비우기와 바늘비우기 코를 소모하는 코줄임)

**코 세팅하기**: 처음 32코를 작업 중인 바늘에 두고 마지막 14코는 홀더에 옮겨 쉼코로 둔다. 1번째 코에 스티치 마커 A를 건다.

다음과 같이 편물을 앞뒤로 뒤집어가며 평면뜨기한다.
1단 (겉면): 겉19, 편물 뒤집기
2단: 바늘비우기, 안6, 편물 뒤집기
3단: 바늘비우기, 겉6, 왼코줄임, 겉1, 편물 뒤집기
4단: 바늘비우기, 안8, ssp 코줄임, 안1, 편물 뒤집기
5단: 바늘비우기, 겉10, 왼코줄임, 겉1, 편물 뒤집기
6단: 바늘비우기, 안12, ssp 코줄임, 안1, 편물 뒤집기
7단: 바늘비우기, 겉14, 왼코줄임, 겉1, 편물 뒤집기
8단: 바늘비우기, 안16, ssp 코줄임, 안1, 편물 뒤집기
9단: 바늘비우기, 겉18, 왼코줄임, 겉1, 편물 뒤집기
10단: 바늘비우기, 안20, ssp 코줄임, 안1, 편물 뒤집기
11단: 바늘비우기, 겉22, 왼코줄임, 겉1, 편물 뒤집기
12단: 바늘비우기, 안24, ssp 코줄임, 안1, 편물 뒤집기
13단: 바늘비우기, 겉26, 왼코줄임, 겉1, 편물 뒤집기
14단: 바늘비우기, 안28, ssp 코줄임, 안1, 편물 뒤집기

작업 중인 실이 있는 곳에서 시작해서, 다시 다음과 같이 원통뜨기한다.
1단: 바늘비우기, 겉30, 왼코줄임, 단 끝까지 겉뜨기 (총 46코 + 바늘비우기 = 머리 위쪽 32코 + 바늘비우기 / 목 14코)

### 되돌아뜨기 - 섹션 2

주의: 이제 레슨 6의 상황 1을 할 차례다. (바늘비우기와 바늘비우기 코를 소모하는 코줄임)

**코 세팅하기**: 처음 32코와 남아있는 바늘비우기 코를 작업 중인 바늘에 두고 마지막 14코는 홀더에 옮겨 쉼코로 둔다. 1번째 코에 스티치 마커 A를 건다.

다음과 같이 편물을 앞뒤로 뒤집어가며 평면뜨기한다.
1단 (겉면): 겉뜨기하듯이 1코 걸러뜨기, 바늘비우기 코를 겉뜨기, 걸러뜨기한 코를 겉뜨기한 코 위로 덮어씌우기, 겉뜨기 꼬아뜨기 1, 겉22, 편물 뒤집기
2단: 바늘비우기, 안16, 편물 뒤집기
3단: 바늘비우기, 겉16, 왼코줄임, 겉1, 편물 뒤집기
4단: 바늘비우기, 안18, ssp 코줄임, 안1, 편물 뒤집기
5단: 바늘비우기, 겉20, 왼코줄임, 겉1, 편물 뒤집기
6단: 바늘비우기, 안22, ssp 코줄임, 안1, 편물 뒤집기
7단: 바늘비우기, 겉24, 왼코줄임, 겉1, 편물 뒤집기
8단: 바늘비우기, 안26, ssp 코줄임, 안1, 편물 뒤집기

작업 중인 실이 있는 곳에서 시작해서, 다시 다음과 같이 원통뜨기한다.
1단: 바늘비우기, 겉28, 왼코줄임, 단 끝까지 겉뜨기 (총 46코 + 바늘비

우기 = 머리 위쪽 32코 + 바늘비우기 / 목 14코)

## 되돌아뜨기 - 섹션 3

주의: 이제 레슨 6의 상황 2를 할 차례다. (바늘비우기가 아닌, 실제 코를 소모하는 코줄임)

**코 세팅하기:** 처음 32코와 남아있는 바늘비우기 코를 작업 중인 바늘에 두고 마지막 14코는 홀더에 옮겨 쉼코로 둔다. 1번째 코에 스티치 마커 A 를 건다.

다음과 같이 편물을 앞뒤로 뒤집어가며 평면뜨기한다.
**1단 (겉면):** 겉뜨기 꼬아뜨기 1, 겉뜨기하듯이 1코 걸러뜨기, 바늘비우기 코를 겉뜨기, 걸러뜨기한 코를 겉뜨기한 코 위로 덮어씌우기, 겉뜨기 꼬아뜨기 1, 겉16, 왼코줄임, 겉1, 편물 뒤집기 (머리 위쪽 총 31코)
**2단:** 안8, ssp 코줄임, 안1, 편물 뒤집기 (총 30코)
**3단:** 겉9, 왼코줄임, 겉1, 편물 뒤집기 (총 29코)
**4단:** 안10, ssp 코줄임, 안1, 편물 뒤집기 (총 28코)
**5단:** 겉11, 왼코줄임, 겉1, 편물 뒤집기 (총 27코)
**6단:** 안12, ssp 코줄임, 안1, 편물 뒤집기 (총 26코)
**7단:** 겉13, 왼코줄임, 겉1, 편물 뒤집기 (총 25코)
**8단:** 안14, ssp 코줄임, 안1, 편물 뒤집기 (총 24코)
**9단:** 겉15, 왼코줄임, 겉1, 편물 뒤집기 (총 23코)
**10단:** 안16, ssp 코줄임, 안1, 편물 뒤집기 (총 22코)

작업 중인 실이 있는 곳에서 시작해서, 다시 다음과 같이 원통뜨기한다.
**1단:** 겉17, 왼코줄임, 겉4, ssk 코줄임 2회, 왼코줄임 2회, 겉3 (총 31코 = 머리 뒤쪽 21코 / 목 10코)
**2단:** 겉뜨기 꼬아뜨기 1, ssk 코줄임, 단 끝까지 겉뜨기 (총 30코 = 20코 / 10코)

## 되돌아뜨기 - 섹션 4

주의: 이제 레슨 6의 상황 2를 할 차례다. (바늘비우기가 아닌, 실제 코를 소모하는 코줄임)

**코 세팅하기:** 처음 20코를 작업 중인 바늘에 두고 마지막 10코는 홀더에 옮겨 쉼코로 둔다. 1번째 코에 스티치 마커 A를 건다.

다음과 같이 편물을 앞뒤로 뒤집어가며 평면뜨기한다.
**1단 (겉면):** 겉12, 왼코줄임, 겉1, 편물 뒤집기 (총 19코)
**2단:** 안6, ssp 코줄임, 안1, 편물 뒤집기 (총 18코)
**3단:** 겉7, 왼코줄임, 겉1, 편물 뒤집기 (총 17코)
**4단:** 안8, ssp 코줄임, 안1, 편물 뒤집기 (총 16코)

**5단:** 겉9, 왼코줄임, 겉1, 편물 뒤집기 (총 15코)
**6단:** 안10, ssp 코줄임, 안1, 편물 뒤집기 (총 14코)

작업 중인 실이 있는 곳에서 시작해서, 다시 다음과 같이 원통뜨기한다.
**1단:** 겉11, 왼코줄임, 겉1, ssk 코줄임, 단 끝에 3코 남을 때까지 겉뜨기, 왼코줄임, 겉1 (총 21코 = 머리 뒤쪽 13코 / 목 8코)
**2단:** ssk 코줄임, 단 끝까지 겉뜨기 (총 20코 = 머리 뒤쪽 12코 / 목 8코)

얼굴 표정과 귀를 추가하는 동안 바늘에서 코가 빠지지 않도록 주의한다.

## 얼굴 표정 추가하기
레슨 7 참고

먼저, 코잡기한 실 꼬리를 편물 안쪽으로 가져와 숨긴다. 색이 바뀐 부분의 실 꼬리들도 동일한 방식으로 정리한다.

눈을 달거나 자수로 수놓고, 웃는 입도 자수로 수놓는다.

## 목과 어깨 모양 만들기

현재 바늘에는 총 20코 (뒤판 12코 / 앞판 8코) 있다. 오리 여사 인형의 머리가 아래를 향하고 등이 보이는 상태에서, 스티치 마커 A로 표시한 현재 단 시작점에서 원통뜨기를 시작한다.

**1단:** 겉뜨기 꼬아뜨기 1, 단 끝까지 겉뜨기
**2단:** 겉12, [겉1, kfb 코늘림] 4회 (총 24코)
**3단:** 모든 코 겉뜨기
**4단 (부분적인 단):** 단 끝에 3코 남을 때까지 겉뜨기, 다음 코에 스티치 마커 A 옮기기
이곳이 새로운 단 시작이 되고, 그에 따라 바늘을 재배치하고 필요한 경우 코 분배를 다시 조정한다.
**5단:** 모든 코 겉뜨기
**6단:** [겉5, kfb 코늘림]을 단 끝까지 반복 (총 28코)
**7~9단:** 모든 코 겉뜨기 (총 3단)
**10단:** [겉6, kfb 코늘림]을 단 끝까지 반복 (총 32코)
**11~13단:** 모든 코 겉뜨기 (총 3단)
**14단:** [kfb 코늘림, 겉3, kfb 코늘림, 겉6, kfb 코늘림, 겉3, kfb 코늘림] 2회
**15단:** 모든 코 겉뜨기

## 날개 만들기
레슨 8~9 참고

오리 여사 인형의 머리가 아래를 향하고 등이 보이는 상태에서, 현재 단 시작점에서 원통뜨기를 시작한다.

**1번째 깃털 마무리하기**

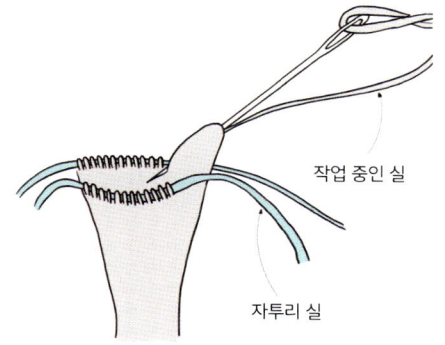

**2번째 깃털 시작하기**

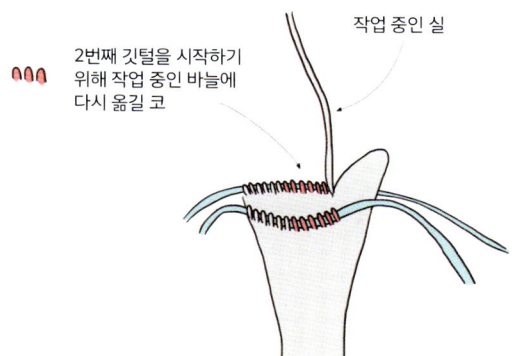

## 왼쪽 날개

**세팅 1단**: 단의 첫 4코를 겉뜨기, 다음 32코를 홀더에 옮겨 쉼코로 둔다. 감아코잡기 방법으로 4코 만든다. 단의 마지막 4코를 겉뜨기한다. (총 12코)
**세팅 2단**: 모든 코 겉뜨기한다.
**세팅 3단 (부분적인 단)**: 겉3, 다음 코에 스티치 마커 A를 옮긴다. 이곳이 새로운 단 시작이 되고, 그에 따라 바늘을 재배치하고 필요한 경우 코 분배를 다시 조정한다.

**1~2단**: 모든 코 겉뜨기
**3단**: 겉1, kfb 코늘림, 단 끝에 2코 남을 때까지 겉뜨기, kfb 코늘림, 겉1 (총 14코)
**4~6단**: 모든 코 겉뜨기 (총 3단)
**7단**: 3단을 반복 (총 16코)
**8~10단**: 모든 코 겉뜨기 (총 3단)
**11단**: 3단을 반복 (총 18코)
**12~14단**: 모든 코 겉뜨기 (총 3단)
**15단**: 겉1, kfb 코늘림, 겉3, kfb 코늘림, 단 끝에 6코 남을 때까지 겉뜨기, kfb 코늘림, 겉3, kfb 코늘림, 겉1 (총 22코)
**16~18단**: 모든 코 겉뜨기 (총 3단)
**19~26단**: 15~18단을 2회 반복 (총 30코)
**27단**: 겉1, kfb 코늘림, [겉3, kfb 코늘림] 2회, 단 끝에 10코 남을 때까지 겉뜨기, [kfb 코늘림, 겉3] 2회, kfb 코늘림, 겉1 (총 36코)
**28~32단**: 모든 코 겉뜨기 (총 5단)

### 1번째 깃털

**세팅 단**: 단의 처음 6코를 겉뜨기, 다음 24코를 자투리 실에 옮겨 쉼코로 둔다. 단의 마지막 6코를 겉뜨기한다. (작업 중인 바늘에 총 12코)
**1~6단**: 모든 코 겉뜨기
**7단**: [겉1, ssk 코줄임, 왼코줄임, 겉1] 2회 (총 8코)
**8단**: [ssk 코줄임, 왼코줄임] 2회 (총 4코)

실을 약 3m 정도 남기고 자른다. 돗바늘에 실을 꿰어, 바늘에 남은 4코에 실을 통과시켜 잡아당긴다. 그 후에 돗바늘을 깃털 끝에서 시작해 깃털의 밑부분까지 통과시켜 실 꼬리가 다음 깃털을 뜨기 좋은 위치에 나오도록 한다. (왼쪽 상단 그림 참고)

### 2번째 깃털

방금 만든 깃털 양쪽 날개에서 6코씩 2세트, 총 12코를 작업 중인 바늘에 다시 옮긴다. (오른쪽 상단 그림 참고) 이 코들은 방금 만든 깃털과 맞닿아 있어야 한다. 코들을 바늘에 옮긴 후, 자투리 실을 제거한다.

바늘을 재배치해 원통으로 뜬다. 단 시작은 이전 깃털 바로 옆에 오도록 한다. 1번째 코에 스티치 마커 A를 건다.

이전 깃털의 실 꼬리를 사용해서, 다음과 같이 진행한다.
**1~9단**: 모든 코 겉뜨기
**10단**: [겉1, ssk 코줄임, 왼코줄임, 겉1] 2회 (총 8코)
**11단**: [ssk 코줄임, 왼코줄임] 2회 (총 4코)

실 꼬리를 돗바늘에 꿰어, 바늘에 남아 있는 4코에 실을 통과시켜 잡아당긴다. 그 후에 앞서 한 것처럼 실을 깃털 전체에 통과시켜 아래로 빼내, 3번째 깃털을 뜰 준비를 한다.

### 3번째 깃털

남은 12코를 작업 중인 바늘에 다시 옮긴다. 2번째 깃털에서 했던 것과 동일한 방식으로 코를 세팅한다. 1번째 코에 스티치 마커 A를 건다.
이전 깃털의 실 꼬리를 사용해서, 원통뜨기한다.

1~11단: 모든 코 겉뜨기
12단: [겉1, ssk 코줄임, 왼코줄임, 겉1] 2회 (총 8코)
13단: [ssk 코줄임, 왼코줄임] 2회 (총 4코)

실 꼬리를 돗바늘에 꿰어, 바늘에 남아 있는 4코에 실을 통과시켜 잡아 당긴다. 날개를 뒤집지 않고 실을 숨긴다. 실 꼬리는 깃털을 통과시켜 편물 안쪽으로 가져온 후, 날개 안면에서 "날개 구멍"으로 뺀다. 실을 작품 안면에 단단히 고정하기 위해 몇 땀을 뜬다. 그 후 실을 짧게 자르고, 남은 실 꼬리는 편물 안쪽으로 밀어 넣어 보이지 않게 정리한다.

## 오른쪽 날개

세팅 1단: 오리 여사 인형의 머리가 아래를 향하고 등이 보이는 상태에서, 처음 12코는 홀더에 옮겨 쉼코로 둔다. 다음 8코를 작업 중인 바늘에 다시 옮기고, 마지막 12코는 홀더에 남긴다. (총 8코)
세팅 2단: 작업 중인 바늘에 있는 코들 중 오른쪽에 (나중에 생길 수 있는 작은 구멍을 막을 수 있도록 실 끝을 충분히 남기고) 실을 연결해, 8코를 겉뜨기한다. 감아코잡기 방법으로 4코 만든다. (총 12코)
세팅 3단: 바늘을 재배치해 원통으로 뜬다. 모든 코 겉뜨기한다.
세팅 4단 (부분적인 단): 겉1, 다음 코에 스티치 마커 A를 옮긴다. 이곳이 새로운 단 시작이 되고, 그에 따라 바늘을 재배치하고 필요한 경우 코 분배를 다시 조정한다.

그 후에 왼쪽 날개 1단부터 동일하게 작업한다.

## 몸통 만들기
레슨 12 참고

남아있는 24코를 작업 중인 바늘로 다시 옮긴다. 오리 여사 인형의 머리가 아래를 향하고 등이 보이는 상태에서, 왼쪽 아랫날개 가운데에 실을 연결해 원형뜨기한다.
세팅 단: 3코 줍고 뒤판 12코를 겉뜨기한다. 6코 줍고 앞판 12코를 겉뜨기한다. 3코 줍는다. (총 36코 = 뒤판 18코 / 앞판 18코)

1번째 코(처음 주운 코)에 스티치 마커 A를 건다.
1~3단: 모든 코 겉뜨기
4단: 겉18, 스티치 마커 B 걸기, 겉18
5단: 겉4, kfb 코늘림, 스티치 마커 B 5코 전까지 겉뜨기, kfb 코늘림, 겉4, 스티치 마커 B, 겉4, kfb 코늘림, 단 끝에 5코 남을 때까지 겉뜨기, kfb 코늘림, 겉4 (총 40코 = 뒤판 20코 / 앞판 20코)
6~9단: 모든 코 겉뜨기 (총 4단)
10~14단: 5~9단을 반복 (총 44코 = 22코 / 22코)
15단: 5단을 반복 (총 48코 = 24코 / 24코)
16~17단: 모든 코 겉뜨기

18단: [겉3, kfb 코늘림]을 스티치 마커 B까지 반복, 스티치 마커 B, 겉4, kfb 코늘림, 단 끝에 5코 남을 때까지 겉뜨기, kfb 코늘림, 겉4 (총 56코 = 30코 / 26코)
19~20단: 모든 코 겉뜨기
21단: [겉4, kfb 코늘림]을 스티치 마커 B까지 반복, 스티치 마커 B, 겉4, kfb 코늘림, 단 끝에 5코 남을 때까지 겉뜨기, kfb 코늘림, 겉4 (총 64코 = 36코 / 28코)
22~23단: 모든 코 겉뜨기
24단: [겉5, kfb 코늘림]을 스티치 마커 B까지 반복, 스티치 마커 B, 겉4, kfb 코늘림, 단 끝에 5코 남을 때까지 겉뜨기, kfb 코늘림, 겉4 (총 72코 = 42코 / 30코)
25~26단: 모든 코 겉뜨기
27단: [겉6, kfb코늘림]을 스티치 마커 B까지 반복, 스티치 마커 B, 겉4, kfb 코늘림, 단 끝에 5코 남을 때까지 겉뜨기, kfb 코늘림, 겉4 (총 80코 = 48코 / 32코)
28~29단: 모든 코 겉뜨기
30단: [겉7, kfb 코늘림]을 스티치 마커 B까지 반복, 스티치 마커 B, 겉4, kfb 코늘림, 단 끝에 5코 남을 때까지 겉뜨기, kfb 코늘림, 겉4 (총 88코 = 54코 / 34코)
31~32단: 모든 코 겉뜨기
33단: [겉8, kfb 코늘림]을 스티치 마커 B까지 반복, 스티치 마커 B, 단 끝까지 겉뜨기 (총 94코 = 60코 / 34코)
34~37단: 모든 코 겉뜨기 (총 4단)
38단 (깃털 위치 표시): 겉34, 마지막으로 겉뜨기한 8코에 1번째 자투리 실을 걸어 두기, 스티치 마커 B까지 겉뜨기, 스티치 마커 B, 겉4, ssk 코줄임, 단 끝에 6코 남을 때까지 겉뜨기, 왼코줄임, 겉4 (총 92코 = 60코 / 32코)
39단 (깃털 위치 표시): 겉34, 마지막으로 겉뜨기한 8코에 2번째 자투리 실을 걸어 두기, 단 끝까지 겉뜨기
40단 (깃털 위치 표시): 겉32, 마지막으로 겉뜨기한 4코에 3번째 자투리 실을 걸어 두기, 스티치 마커 B까지 겉뜨기, 스티치 마커 B, 겉4, ssk 코줄임, 단 끝에 6코 남을 때까지 겉뜨기, 왼코줄임, 겉4 (총 90코 = 60코 / 30코)
41단 (깃털 위치 표시): 겉32, 마지막으로 겉뜨기한 4코에 4번째 자투리 실을 걸어 두기, 단 끝까지 겉뜨기
42단: 스티치 마커 B까지 겉뜨기, 스티치 마커 B, 겉4, ssk 코줄임, 단 끝에 6코 남을 때까지 겉뜨기, 왼코줄임, 겉4 (총 88코 = 60코 / 28코)

## 엉덩이 모양 만들기

스티치 마커 B를 제거한다.

*되돌아뜨기 단 주의: 이제 레슨 6의 상황 2 중 특별한 경우가 되었다. (46쪽 참고)*

**코 세팅하기:** 처음 60코를 작업 중인 바늘에 두고 마지막 28코는 홀더에 옮겨 쉼코로 둔다. 1번째 코에 스티치 마커 A를 건다.

다음과 같이 편물을 앞뒤로 뒤집어가며 평면뜨기한다.
**1단 (겉면):** 겉30, 스티치 마커 걸기, 겉1, 왼코줄임, 겉1, 편물 뒤집기 (엉덩이 총 59코)
**2단:** 스티치 마커 지나 1코까지 안뜨기, ssp 코줄임, 안1, 편물 뒤집기 (총 58코)
**3단:** 진행 중 스티치 마커를 제거하며 구멍 1코 전까지 겉뜨기, 왼코줄임, 겉1, 편물 뒤집기 (총 57코)
**4단:** 구멍 1코 전까지 안뜨기, ssp 코줄임, 안1, 편물 뒤집기 (총 56코)

3~4단을 11회 더 반복한다. (총 34코)
작업 중인 실이 있는 곳에서 시작해서, 다시 다음과 같이 원통뜨기한다.
**1단:** 구멍 1코 전까지 겉뜨기, 왼코줄임, 단 끝까지 겉뜨기 (총 61코 = 뒤판 33코 / 앞판 28코)
**2단:** 겉뜨기 꼬아뜨기 1, ssk 코줄임, 단 끝까지 겉뜨기 (총 60코 = 32코 / 28코)

지금까지 생긴 실 꼬리를 정리한다.

## 다리 만들기
레슨 13 참고

인형의 머리가 아래를 향하고 등이 보이는 상태에서, 현재 단 시작점에서 원통뜨기를 시작한다.

### 왼쪽 다리

**세팅 1단:** 단의 첫 13코를 겉뜨기, 다음 6코를 다음과 같이 코막음한다. 겉뜨기하듯이 1코 걸러뜨기, 겉1, 걸러뜨기한 코를 겉뜨기한 코 위로 덮어씌운다. *겉1, 이전 코를 겉뜨기한 코 위로 덮어씌우기*, *~*를 4회 더 반복한다. 겉23, 같은 방식으로 다음 6코를 코막음한다. 단의 마지막 10코를 겉뜨기한다. (작업 중인 바늘에 총 48코)
**세팅 2단:** 단의 첫 13코를 겉뜨기, 다음 24코를 홀더에 옮겨 쉼코로 둔다. 단의 마지막 11코를 겉뜨기한다. (총 24코)

1번째 코에 스티치 마커 A를 건다. (단 시작은 다리 바깥쪽에 있다)
**1~6단:** 모든 코 겉뜨기
**7단:** [겉뜨기하듯이 1코 걸러뜨기, 겉뜨기 꼬아뜨기 1, 걸러뜨기한 코를 겉뜨기한 코 위로 덮어씌우기]를 단 끝까지 반복 (총 12코)

8단: 배색실 연결해서 바탕실과 함께 잡고, 모든 코 겉뜨기
9단: 바탕실을 자르고, 배색실로만 모든 코 겉뜨기
10~17단: 모든 코 겉뜨기 (총 8단)
18단: 겉6, 스티치 마커 B 걸기, 겉6
19단: 겉1, kfb 코늘림, 스티치 마커 B 2코 전까지 겉뜨기, kfb 코늘림, 겉1, 스티치 마커 B, 단 끝까지 겉뜨기 (총 14코 = 발 뒤쪽 8코 / 발 앞쪽 6코)
20단: 모든 코 겉뜨기
21~22단: 19~20단을 반복 (총 16코 = 10코 / 6코)
23단: 스티치 마커 B까지 kfb 코늘림 반복, 단 끝까지 겉뜨기 (총 26코 = 20코 / 6코)
24단: 스티치 마커 B까지 겉뜨기, 단 끝까지 kfb 코늘림 반복 (총 32코 = 20코 / 12코)

### 뒤꿈치 모양 만들기

스티치 마커 B를 제거한다.

되돌아뜨기 단 주의: 이제 레슨 6의 상황 2를 할 차례다. (바늘비우기가 아닌, 실제 코를 소모하는 코줄임)

코 세팅하기: 처음 20코를 작업 중인 바늘에 두고, 마지막 12코를 홀더에 옮겨 쉼코로 둔다. 1번째 코에 스티치 마커 A를 건다.

다음과 같이 편물을 앞뒤로 뒤집어가며 평면뜨기한다.
1단 (겉면): 겉10, 왼코줄임, 편물 뒤집기 (뒤꿈치 총 19코)
2단: 안1, ssp 코줄임, 편물 뒤집기 (총 18코)
3단: 겉1, 왼코줄임, 겉1, 편물 뒤집기 (17코)
4단: 안2, ssp 코줄임, 안1, 편물 뒤집기 (총 16코)
5단: 겉3, 왼코줄임, 겉1, 편물 뒤집기 (총 15코)
6단: 안4, ssp 코줄임, 안1, 편물 뒤집기 (총 14코)
7단: 겉5, 왼코줄임, 겉1, 편물 뒤집기 (총 13코)
8단: 안6, ssp 코줄임, 안1, 편물 뒤집기 (총 12코)

작업 중인 실이 있는 곳에서 시작해서, 다시 다음과 같이 원통뜨기한다.
1단: 겉7, 왼코줄임, 단 끝까지 겉뜨기 (총 23코 = 다리 뒤쪽 11코 / 다리 앞쪽 12코)
2단: 겉뜨기 꼬아뜨기 1, ssk 코줄임, 단 끝까지 겉뜨기 (총 22코 = 10코 / 12코)

### 발 만들기

1단: 겉1, kfb 코늘림, 겉6, kfb 코늘림, 단 끝까지 겉뜨기 (총 24코 = 발 아래쪽 12코 / 발 위쪽 12코)
2단: 모든 코 겉뜨기
3단: [겉1, kfb 코늘림, 겉8, kfb 코늘림, 겉1] 2회 (총 28코)
4단: 모든 코 겉뜨기
5단: [겉1, ssk 코줄임, 겉8, 왼코줄임, 겉1] 2회 (총 24코)
6단: [겉1, ssk 코줄임, 겉6, 왼코줄임, 겉1] 2회 (총 20코)
7단: [겉1, ssk 코줄임, 겉4, 왼코줄임, 겉1] 2회 (총 16코)
8단: [겉1, ssk 코줄임, 겉2, 왼코줄임, 겉1] 2회 (총 12코)
9단: [겉1, ssk 코줄임, 왼코줄임, 겉1] 2회 (총 8코)
10단: [ssk 코줄임, 왼코줄임] 2회 (총 4코)

실을 자른다. 돗바늘에 실을 꿰어, 바늘에 남아 있는 4코에 실을 통과시켜 잡아당긴다. 실 꼬리는 잠시 그대로 둔다.

### 오른쪽 다리

세팅 단: 오리 여사 인형의 머리가 아래를 향하고 등이 보이는 상태에서, 마지막 24코를 다시 바늘로 옮긴다. 그 후에 오른쪽 끝에 실을 연결해서 24코를 겉뜨기한다.

바늘을 재배치해 원통으로 뜬다. 1번째 코에 스티치 마커 A를 건다. (단 시작은 다리 안쪽에 있다) 그 후에 왼쪽 다리 1단부터 동일하게 작업한다.

### 양쪽 다리 실 끝 정리하기

먼저, 오른쪽 다리 시작 부분에서 나온 실 꼬리를 정리한다.

이제 각 다리에는 총 3가닥의 실 끝이 있다. 발끝에 1개, 색상 변경 지점에 2개. 각 발끝에 있는 실 끝부터 시작한다. 실 꼬리는 발을 통과시켜 편물 안쪽으로 가져와 색상이 바뀌는 경계 지점(다른 실 끝들이 있는 곳)으로 나오게 한다.

이제 돗바늘을 사용해, 실 꼬리들을 모두 편물 안쪽으로 넣는다. 안면이 바깥으로 나오도록 다리 윗부분을 뒤집은 다음, 실 꼬리를 편물 안쪽에서 함께 묶는다. 매듭은 작품의 안면 가까이에 최대한 밀어 넣어 단단히 고정되도록 한다. 모두 묶은 후에는 실을 짧게 자른다.

**꼬리 깃털 표시 코**

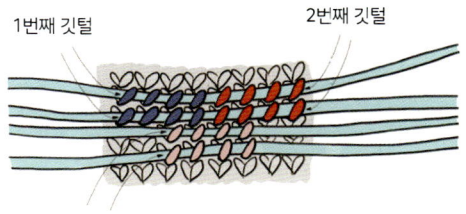

1번째 깃털  2번째 깃털  3번째 깃털

## 꼬리 깃털 추가하기

표시해 둔 24코는 8코씩 3세트로 나눠 작업하며, 이 코들로 꼬리 깃털 3개를 만든다. (176쪽 그림 참고) 먼저, 8코 1세트를 작업 중인 바늘에 옮긴다. 해당 부분에 있던 자투리 실을 제거한다.

바늘을 재배치해 원통으로 뜬다. 단의 시작점은 세트의 아래쪽 절반 중 1번째 코, 즉 오른쪽에 있는 1번째 코가 되도록 한다. 1번째 코에 스티치 마커 A를 건다.

바탕실을 연결해서 다음과 같이 진행한다.
**1단:** 모든 코 겉뜨기
**2단:** [겉1, kfb 코늘림 2회, 겉1] 2회 (총 12코)
**3~12단:** 모든 코 겉뜨기 (총 10단)
**13단:** [겉1, ssk 코줄임, 왼코줄임, 겉1] 2회 (총 8코)
**14단:** [ssk 코줄임, 왼코줄임] 2회 (총 4코)

실을 자르고 바늘에 꿰어, 바늘에 남아 있는 코들에 통과시켜 잡아당긴다. 실 꼬리는 깃털을 통과시켜 편물 안쪽으로 가져온다. 또한 깃털 시작 부분에서 나온 실 꼬리도 편물 안쪽으로 가져와 함께 묶는다.

다른 2개의 깃털도 동일한 방법으로 반복한다.

## 세탁, 솜 넣기, 구멍 막기
레슨 14 참고

오리 여사 인형에게 목욕을 시켜주세요. 이 오리는 조용한 작은 연못을 좋아한답니다.

건조된 후에 솜을 넣는다. 날개에는 솜을 넣지 않는다는 점에 주의한다. 레슨 14를 참고한다.

마지막 남은 구멍은 돗바늘과 별도의 바탕실을 이용해 꿰매어 마무리한다.

# 낸나의 옷

## 실

Ovis et cetera, Et Cetera set (다양한 베이스와 색상의 핑거링 굵기 실)
**드레스:** 바탕실, 1번째와 마지막 스트라이프와 칼라에 사용할 "Tomato" 색상 약 4g (16m), 6가지 다른 색상 스트라이프에 사용할 "Candy", "Straw", "Lavender", "Dark clay", "Blush" and "Clay" 색상
혹은 동일한 핑거링 굵기의 바탕실 약 4g (16m) 그리고 6가지 다른 색상 스트라이프에 사용할 실 1.5g (6m)

**바구니:** "Straw" 색상, 약 6g
혹은 동일한 핑거링 굵기의 바탕실 약 6g (24m)

## 바늘

2mm, 2.75mm, 긴 줄바늘을 사용하는 경우 어깨를 메리야스잇기 기법으로 연결할 때 쓸 2.75mm 장갑바늘 2개, 2mm 코바늘

## 드레스

낸나의 드레스는 가로줄로 구성된 2개의 편물로 만들어진다. 각 편물에서 1번째 스트라이프와 마지막 스트라이프는 바탕실로 뜬다. 2개의 편물은 어깨 부분에서 연결되며, 이후 칼라를 원통으로 떠서 완성한다.

### 1번째 스트라이프

일반코잡기 방법으로, 드레스 바탕실과 2.75mm 바늘로 30코 만든다. 다음과 같이 편물을 앞뒤로 뒤집어가며 평면뜨기한다.
**1단 (안면):** 실을 편물 앞에 두고 1코 걸러뜨기, 겉1, 실을 편물 앞에 두고 1코 걸러뜨기, 단 끝에 3코 남을 때까지 겉뜨기, 실을 편물 앞에 두고 1코 걸러뜨기, 겉1, 실을 편물 앞에 두고 1코 걸러뜨기
**2단:** 겉1, 실을 편물 앞에 두고 1코 걸러뜨기, 단 끝에 2코 남을 때까지 겉뜨기, 실을 편물 앞에 두고 1코 걸러뜨기, 겉1
**3단:** 실을 편물 앞에 두고 1코 걸러뜨기, 겉1, 실을 편물 앞에 두고 1코 걸러뜨기, 단 끝에 3코 남을 때까지 안뜨기, 실을 편물 앞에 두고 1코 걸러뜨기, 겉1, 실을 편물 앞에 두고 1코 걸러뜨기

계속해서 짧은 되돌아뜨기 섹션을 진행한다.
*주의: 이제 레슨 6의 상황 1을 할 차례다. (바늘비우기와 바늘비우기 코를 소모하는 코줄임)*
**4단:** 겉1, 실을 편물 앞에 두고 1코 걸러뜨기, 겉17, 편물 뒤집기
**5단:** 바늘비우기, 단 끝에 3코 남을 때까지 안뜨기, 실을 편물 앞에 두고 1코 걸러뜨기, 겉1, 실을 편물 앞에 두고 1코 걸러뜨기
**6단:** 겉1, 실을 편물 앞에 두고 1코 걸러뜨기, 겉17, 왼코줄임, 겉2, 편물 뒤집기
**7단:** 5단을 반복
이제 다시 단 끝까지 작업한다.
**8단:** 겉1, 실을 편물 앞에 두고 1코 걸러뜨기, 겉20, 왼코줄임, 단 끝에 2코 남을 때까지 겉뜨기, 실을 편물 앞에 두고 1코 걸러뜨기, 겉1
**9단:** 모든 코 겉뜨기

## 다음 스트라이프

다음 색상 실을 연결해서 평면뜨기한다.
주의: 1단과 3단에서 첫 7코는 전 단의 실과 현재 진행 중인 실 2가닥의 실을 함께 잡고 작업한다.

**1단 (겉면):** 이전 색상과 새로운 색상 실을 함께 잡고 겉1, 실을 편물 앞에 두고 1코 걸러뜨기, 겉5, 이전 색상 실을 자르고 새로운 색상 실로만 단 끝에 2코 남을 때까지 겉뜨기, 실을 편물 앞에 두고 1코 걸러뜨기, 겉1
**2단:** 실을 편물 앞에 두고 1코 걸러뜨기, 겉1, 실을 편물 앞에 두고 1코 걸러뜨기, 단 끝에 3코 남을 때까지 안뜨기, 실을 편물 앞에 두고 1코 걸러뜨기, 겉1, 실을 편물 앞에 두고 1코 걸러뜨기

계속해서 짧은 되돌아뜨기 섹션을 진행한다.
주의: 이제 레슨 6의 상황 1을 할 차례다. (바늘비우기와 바늘비우기 코를 소모하는 코줄임)
**3단:** 작업 중인 실과 실 꼬리를 함께 잡고 겉1, 실을 편물 앞에 두고 1코 걸러뜨기, 겉5, 작업 중인 실로만 겉12, 편물 뒤집기
**4단:** 바늘비우기, 단 끝에 3코 남을 때까지 안뜨기, 실을 편물 앞에 두고 1코 걸러뜨기, 겉1, 실을 편물 앞에 두고 1코 걸러뜨기
**5단:** 겉1, 실을 편물 앞에 두고 1코 걸러뜨기, 겉17, 왼코줄임, 겉2, 편물 뒤집기
**6단:** 4단을 반복
이제 다시 단 끝까지 작업한다.
**7단:** 겉1, 실을 편물 앞에 두고 1코 걸러뜨기, 겉20, 왼코줄임, 단 끝에 2코 남을 때까지 겉뜨기, 실을 편물 앞에 두고 1코 걸러뜨기, 겉1
**8단:** 모든 코 겉뜨기

이전 색상의 실 꼬리를 짧게 자르거나 진행한 색상의 실 꼬리와 묶고 잘라 마무리한다.

## 다음 5개의 스트라이프

위 1~8단을 5회 더 반복해서 다음 5개의 스트라이프를 만든다.

## 마지막 스트라이프

다시 바탕실을 사용해서, 1~8단을 반복해 마지막 스트라이프를 만든다. 체인 코막음 기법으로 모든 코 코막음한다. (레슨 19 참고)
실 꼬리를 약 80cm 정도 남기고 실을 자른다.

동일한 방식으로 2번째 편물을 만든다.

**메리야스잇기 기법으로 어깨 코 연결하기**

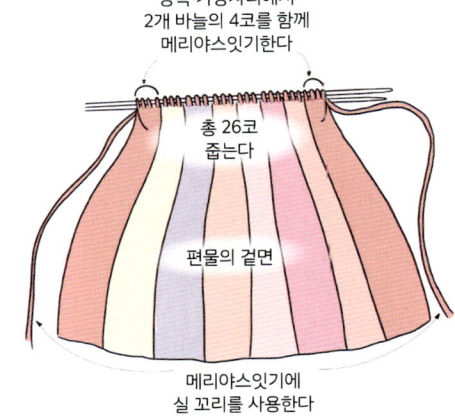

## 어깨 연결하기

편물의 겉면이 보이는 상태에서, 스트라이프가 세로가 되도록 편물을 둔다. 좁은 쪽이 위로, 넓은 쪽이 아래로 오게 두고 코막음한 실 꼬리와 2.75mm 장갑바늘로 오른쪽 위부터 26코를 줍는다. 바탕실 스트라이프에서 각각 4코씩, 나머지 6개의 스트라이프에서 각각 3코씩 줍는다. (총 26코) 2번째 장갑바늘을 사용해 2번째 편물도 동일한 방식으로 26코 줍는다.

안면끼리 마주 보도록 2개의 바늘을 평행하게 잡는다. (상단 그림 참고) 양 옆 가장자리에서 편물당 4코씩 잡아 메리야스잇기로 연결해 어깨를 만든다. (레슨 10 참고)
양 어깨를 연결한 후, 작업중인 바늘에 18코씩 2세트가 남는다. 아직 실 꼬리는 정리하지 않는다.

## 칼라

바늘을 재배치해 남은 36코를 원통으로 뜬다. 단 시작은 어깨 가장자리에 있다. 1번째 코에 스티치 마커 A를 건다. 바탕실을 연결한다.
**1단:** 모든 코 겉뜨기
**2~3단:** [겉1, 안1]을 단 끝까지 반복

고무뜨기하면서 모든 코를 코막음한다. (레슨 16 참고) 어깨를 메리야스잇기로 연결한 후 남은 실 꼬리로 칼라와 어깨 사이의 작은 구멍을 막고 편물 안쪽으로 숨긴다. 칼라에서 나온 실 꼬리도 함께 정리한다.

**옆선 솔기 위치 표시하기**

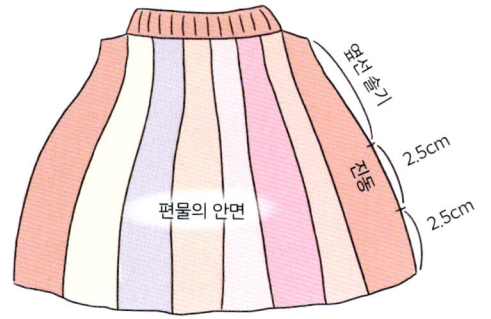

**옆선 연결하기**

드레스의 안쪽이 바깥쪽으로 오고 칼라가 위로 향한 상태에서, 드레스의 양옆에서 밑단으로부터 2.5cm 지점이 옆선 시작 지점이다. 그 지점부터 2.5cm 지점이 옆선 끝 지점이다. (179쪽 그림 참고) 옆선을 이어 붙이기 전에, 대비되는 색상의 실로 임시 스티치를 넣어 기준을 표시한다.
준비가 되면, 드레스의 양옆 끝을 잡고 돗바늘과 바탕실로 (진동 구멍까지) 양쪽의 코를 잡아가며 옆선을 이어 붙인다. 더욱 튼튼하게 작업하려면 앞뒤로 돌아가며 잇는다. 남은 실 꼬리는 드레스의 안면에서 정리한다.

**마무리**

드레스를 물에 적신 후 세탁한다. 드레스의 모양을 예쁘게 잡으려면 블로킹이 특히 중요하다. 드레스의 아래쪽 패널을 평평하게 펼쳐 놓고 핀으로 고정하여 건조한다. 옆선의 가장자리가 말리는 것을 방지하기 위해 옆선을 핀으로 고정한다.

# 바구니

낸나의 뜨개 바구니는 평평한 바닥으로 시작한다. 바닥을 뜬 후, 원통으로 옆면을 뜬다. 그리고 마지막으로 손잡이를 추가한다.

일반코잡기 방법으로, 바구니 실과 2mm 바늘을 사용해서 10코를 만든다.
다음과 같이 편물을 앞뒤로 뒤집어가며 평면뜨기한다.
**1~2단:** [겉1, 안1]을 단 끝까지 반복
**3~4단:** [안1, 겉1]을 단 끝까지 반복

**5~28단:** 1~4단을 6회 더 반복
이제 원통뜨기한다.
**세팅 단:** 1번째 코에 스티치 마커 A를 건다. 겉10, 1번째 긴 옆선을 따라 14코 줍는다. 코잡기한 가장자리를 따라 10코 줍고 2번째 긴 옆선을 따라 14코 줍는다. (총 48코)
**부분적인 단:** 겉5, 다음 코에 스티치 마커 A를 옮긴다. 이곳이 새로운 단 시작이 된다.

바늘을 재배치해 원통으로 뜬다.
**1단:** 겉4, kfb 코늘림 2회, 겉12, kfb 코늘림 2회, 겉8, kfb 코늘림 2회, 겉12, kfb 코늘림 2회, 겉4 (총 56코)
**2단:** 모든 코 안뜨기
**3단:** 모든 코 겉뜨기
**4~6단:** [겉3, 안5]를 단 끝까지 반복 (총 3단)
**7단:** 모든 코 겉뜨기
**8~10단:** [안4, 겉3, 안1]을 단 끝까지 반복 (총 3단)
**11~26단:** 3~10단을 2회 반복
**27단:** 모든 코 안뜨기
**28단 (손잡이 위치 표시):** 겉10, 마지막 겉뜨기 코에 자투리 실을 통과시켜 느슨하게 묶기, 겉9, 마지막 겉뜨기 코에 다른 자투리 실을 통과시켜 느슨하게 묶기, 겉19, 마지막 겉뜨기 코에 또 다른 자투리 실을 통과시켜 느슨하게 묶기, 겉9, 마지막 겉뜨기 코에 또 다른 자투리 실을 통과시켜 느슨하게 묶기, 단 끝까지 겉뜨기
**29단:** 27단을 반복

체인 코막음 기법으로 모든 코를 코막음한다. 실 꼬리를 정리한다.

**손잡이**

바구니 안쪽에 실을 연결하고, 표시된 1번째 코에 편물의 겉면에서 안면으로 코바늘을 넣고, 겉면으로 1번째 루프를 끌어낸다. 사슬뜨기로 16코 뜬다. 원하는 손잡이 길이만큼 더 뜰 수 있다. 충분히 뜬 후, 2번째 표시된 코에 겉면에서 안면으로 다시 코바늘을 넣은 후, 안면에서 겉면으로 마지막 루프를 끌어내 마지막 사슬코에 실을 통과시킨다. 실을 자르고, 마지막 사슬코에 실을 통과시켜 마무리한다. 손잡이의 시작과 끝에 있는 실 꼬리를 돗바늘로 몇 번 꿰매 보강한다. 남은 실 꼬리를 정리한다.

2번째 손잡이도 동일한 방식으로 반복한다.

**마무리**
바구니를 물에 적시고, 바닥이 평평하게 유지되도록 몇 개의 핀으로 고정한 후, 세운 채로 건조시킨다.

# Dodo & Mimosa

도도 & 미모사
—
## 아기 오리

### 키

15cm

### 실

**바탕실:** The Wool Kitchen, Sock 4ply (메리노울 75% / 나일론 25%, 400m, 100g), "On Prescription" 색상, 약 17g (68m)
The Wool Kitchen, Mohair Silk (키드 모헤어 72% / 실크 28% silk, 425m, 50g), "On Prescription" 색상, 약 8g (68m 74 yds)
위 2가지 실을 함께 잡고 뜬다.

**부리와 발을 뜰 배색실:** Ovis et cetera, Corriedale Twist (코리데일 울 100%, 400m / 100g), "Brick" 색상, 약 5g (20m)

혹은 핑거링 굵기 바탕실 색상 약 17g (68m), 레이스 모헤어 약 8g (68m) (함께 잡고 뜬다), 핑거링 굵기 배색실 색상 약 5g (20m)

### 바늘

2mm, 2.25mm, 장갑바늘을 사용하는 경우 터키식 코잡기할 때 쓸 2mm 줄바늘

### 부자재

4.5mm 짙은 갈색 인형눈, 눈, 꼬리 깃털 위치를 표시할 대비되는 색상의 자투리 실 6개

## 시작하기
레슨 1~5 참고

2mm 바늘과 배색실을 사용해서 터키식 코잡기 방법으로 (레슨 1 참고), 8코 만든다.

1번째 코에 스티치 마커 A를 건다. 원통뜨기한다.
1단: 모든 코 겉뜨기
2단: [kfb 코늘림, 겉2, kfb 코늘림] 2회 (총 12코)
3~8단: 모든 코 겉뜨기 (총 6단)
9단: kfb 코늘림, 겉1, kfb 코늘림 2회, 겉1, kfb 코늘림, 단 끝까지 겉뜨기 (총 16코)
10단: 바탕실과(지금은 모헤어 실을 사용하지 않는다) 배색실을 함께 잡고 모든 코 겉뜨기
11단: 배색실을 자르고, 바탕실로만 겉10, 스티치 마커 B 걸기, 겉6 (총 16코 = 부리 위쪽 10코 / 부리 아래쪽 6코)
12단: 겉1, 스티치 마커 B 1코 전까지 각 코마다 kfb 코늘림, 겉1, 스티치 마커 B, 겉1, kfb 코늘림, 단 끝에 2코 남을 때까지 겉뜨기, kfb 코늘림, 겉1 (총 26코 = 18코 / 8코)
13단: 2.25mm 바늘로 바꿔, 모헤어 실을 연결해서 바탕실과 함께 잡고, 모든 코 겉뜨기
14단: 겉1, kfb 코늘림, 스티치 마커 B 2코 전까지 겉뜨기, kfb 코늘림, 겉1, 스티치 마커 B, 겉1, kfb 코늘림, 단 끝에 2코 남을 때까지 겉뜨기, kfb 코늘림, 겉1 (총 30코 = 20코 / 10코)
15단: 모든 코 겉뜨기
16단: 겉1, kfb 코늘림, 스티치 마커 B 2코 전까지 겉뜨기, kfb 코늘림, 겉1, 스티치 마커 B, 단 끝까지 겉뜨기 (총 32코 = 22코 / 10코)
17단 (눈 위치 표시): 겉7, 마지막으로 겉뜨기한 코에 1번째 자투리실을 통과시켜 느슨하게 묶기, 겉9, 마지막으로 겉뜨기한 코에 2번째 자투리실을 통과시켜 느슨하게 묶기, 단 끝까지 겉뜨기
18단: 16단을 반복 (총 34코 = 24코 / 10코)
19단: 모든 코 겉뜨기

## 머리 모양 만들기
레슨 6 참고

스티치 마커 B를 제거한다.

### 되돌아뜨기 - 섹션 1

주의: 이제 레슨 6의 상황 1을 할 차례다. (바늘비우기와 바늘비우기 코를 소모하는 코줄임)

**코 세팅하기**: 처음 24코를 작업 중인 바늘에 두고 마지막 10코는 홀더에 옮겨 쉼코로 둔다. 1번째 코에 스티치 마커 A를 건다.

다음과 같이 편물을 앞뒤로 뒤집어가며 평면뜨기한다.
1단 (겉면): 겉14, 편물 뒤집기
2단: 바늘비우기, 안4, 편물 뒤집기
3단: 바늘비우기, 겉4, 왼코줄임, 겉1, 편물 뒤집기
4단: 바늘비우기, 안6, ssp 코줄임, 안1, 편물 뒤집기
5단: 바늘비우기, 겉8, 왼코줄임, 겉1, 편물 뒤집기
6단: 바늘비우기, 안10, ssp 코줄임, 안1, 편물 뒤집기
7단: 바늘비우기, 겉12, 왼코줄임, 겉1, 편물 뒤집기
8단: 바늘비우기, 안14, ssp 코줄임, 안1, 편물 뒤집기
작업 중인 실이 있는 곳에서 시작해서, 다시 다음과 같이 원통뜨기한다.
1단: 바늘비우기, 겉16, 왼코줄임, 단 끝까지 겉뜨기 (총 34코 + 바늘비우기 = 머리 위쪽 24코 + 바늘비우기 / 목 10코)

### 되돌아뜨기 - 섹션 2

주의: 이제 레슨 6의 상황 1을 할 차례다. (바늘비우기와 바늘비우기 코를 소모하는 코줄임)

**코 세팅하기**: 처음 24코와 남아 있는 바늘비우기 코를 작업 중인 바늘에 두고 마지막 10코는 홀더에 옮겨 쉼코로 둔다. 1번째 코에 스티치 마커 A를 건다.

다음과 같이 편물을 앞뒤로 뒤집어가며 평면뜨기한다.
1단 (겉면): 겉3, 겉뜨기하듯이 1코 걸러뜨기, 바늘비우기 코를 겉뜨기, 걸러뜨기한 코를 겉뜨기한 코 위로 덮어씌우기, 겉뜨기 꼬아뜨기 1, 겉13, 편물 뒤집기
2단: 바늘비우기, 안12, 편물 뒤집기
3단: 바늘비우기, 겉12, 왼코줄임, 겉1, 편물 뒤집기
4단: 바늘비우기, 안14, ssp 코줄임, 안1, 편물 뒤집기
5단: 바늘비우기, 겉16, 왼코줄임, 겉1, 편물 뒤집기
6단: 바늘비우기, 안18, ssp 코줄임, 안1, 편물 뒤집기
작업 중인 실이 있는 곳에서 시작해서, 다시 다음과 같이 원통뜨기한다.
1단: 바늘비우기, 겉20, 왼코줄임, 단 끝까지 겉뜨기 (총 34코 + 바늘비우기 = 머리 위쪽 24코 + 바늘비우기 / 목 10코)

### 되돌아뜨기 - 섹션 3

주의: 이제 레슨 6의 상황 2를 할 차례다. (바늘비우기가 아닌, 실제 코를 소모하는 코줄임)

**코 세팅하기**: 처음 24코와 남아 있는 바늘비우기 코를 작업 중인 바늘에

두고 마지막 10코는 홀더에 옮겨 쉼코로 둔다. 1번째 코에 스티치 마커 A를 건다.

다음과 같이 편물을 앞뒤로 뒤집어가며 평면뜨기한다.
**1단 (겉면)**: 겉뜨기 꼬아뜨기 1, 겉뜨기하듯이 1코 걸러뜨기, 바늘비우기 코를 겉뜨기, 걸러뜨기한 코를 겉뜨기한 코 위로 덮어씌우기, 겉뜨기 꼬아뜨기 1, 겉11, 왼코줄임, 겉1, 편물 뒤집기 (머리 위쪽 총 23코)
**2단**: 안6, ssp 코줄임, 안1, 편물 뒤집기 (총 22코)
**3단**: 겉7, 왼코줄임, 겉1, 편물 뒤집기 (총 21코)
**4단**: 안8, ssp 코줄임, 안1, 편물 뒤집기 (총 20코)
**5단**: 겉9, 왼코줄임, 겉1, 편물 뒤집기 (총 19코)
**6단**: 안10, ssp 코줄임, 안1, 편물 뒤집기 (총 18코)
주의: 7~8단에서는, 코줄임 후에 추가로 겉1, 안1이 없다.
**7단**: 겉11, 왼코줄임, 편물 뒤집기 (총 17코)
**8단**: 안11, ssp 코줄임, 편물 뒤집기 (총 16코)
작업 중인 실이 있는 곳에서 시작해서, 다시 다음과 같이 원통뜨기한다.
**1단**: 겉11, 왼코줄임, 겉2, ssk 코줄임, 단 끝에 3코 남을 때까지 겉뜨기, 왼코줄임, 겉1 (총 23코 = 머리 뒤쪽 총 15코 / 목 8코)
**2단**: 겉뜨기 꼬아뜨기 1, ssk 코줄임, 단 끝까지 겉뜨기 (총 22코 = 14코 / 8코)

### 되돌아뜨기 - 섹션 4

주의: 이제 레슨 6의 상황 2를 할 차례다. (바늘비우기가 아닌, 실제 코를 소모하는 코줄임)

**코 세팅하기**: 처음 14코를 작업 중인 바늘에 두고 마지막 8코는 홀더에 옮겨 쉼코로 둔다. 1번째 코에 스티치 마커 A를 건다.

다음과 같이 편물을 앞뒤로 뒤집어가며 평면뜨기한다.
**1단 (겉면)**: 겉8, 왼코줄임, 겉1, 편물 뒤집기 (머리 뒤쪽 총 13코)
**2단**: 안4, ssp 코줄임, 안1, 편물 뒤집기 (총 12코)
**3단**: 겉5, 왼코줄임, 겉1, 편물 뒤집기 (총 11코)
**4단**: 안6, ssp 코줄임, 안1, 편물 뒤집기 (총 10코)
작업 중인 실이 있는 곳에서 시작해서, 다시 다음과 같이 원통뜨기한다.
**1단**: 겉7, 왼코줄임, 단 끝까지 겉뜨기 (17코 = 머리 뒤쪽 9코 / 목 8코)
**2단**: 겉뜨기하듯이 1코 걸러뜨기, 겉1, 걸러뜨기한 코를 겉뜨기한 코 위로 덮어씌우기, 겉뜨기 꼬아뜨기 1, 단 끝까지 겉뜨기 (총 16코 = 8코 / 8코)

얼굴 표정과 귀를 추가하는 동안 바늘에서 코가 빠지지 않도록 주의한다.

## 얼굴 표정 추가하기
레슨 7 참고

코잡기한 실 꼬리를 머리 안쪽으로 끌어넣고 숨긴다. 색이 바뀐 부분의 실 꼬리도 동일한 방식으로 정리한다.

눈을 달거나 자수로 수놓고, 웃는 입도 자수로 수놓는다.

## 목과 어깨 모양 만들기

현재 바늘에는 총 16코 (뒤판 8코 / 앞판 8코) 있다. 오리의 머리가 아래를 향하고 등이 보이는 상태에서 스티치 마커 A로 표시한 현재 단 시작점에서 원통뜨기를 시작한다.

**1단**: 겉뜨기 꼬아뜨기 1, 단 끝까지 겉뜨기 (총 16코)
**2단**: [겉1, kfb 코늘림]을 단 끝까지 반복 (총 24코)
**3단 (부분적인 단)**: 단 끝에 3코 남을 때까지 겉뜨기, 다음 코에 스티치 마커 A 옮기기
이곳이 새로운 단 시작이 되고, 그에 따라 바늘을 재배치하고 필요한 경우 코 분배를 다시 조정한다.
**4단**: 모든 코 겉뜨기
**5단**: [겉5, kfb 코늘림]을 단 끝까지 반복 (총 28코)
**6~7단**: 모든 코 겉뜨기
**8단**: [kfb 코늘림, 겉2, kfb 코늘림, 겉6, kfb 코늘림, 겉2, kfb 코늘림] 2회 (총 36코)
**9단**: 모든 코 겉뜨기

## 날개 만들기
레슨 8~9 참고

오리 인형의 머리가 아래를 향하고 등이 보이는 상태에서, 현재 단 시작점에서 원통뜨기를 시작한다.

### 왼쪽 날개

**세팅 1단**: 단의 첫 4코를 겉뜨기, 다음 28코를 홀더에 옮겨 쉼코로 둔다. 감아코잡기로 4코 만든다. 마지막 4코를 겉뜨기한다. (총 12코)
**세팅 2단**: 모든 코를 겉뜨기한다.
**세팅 3단 (부분적인 단)**: 겉3, 다음 코에 스티치 마커 A를 옮긴다. 이곳이 새로운 단 시작이 되고, 그에 따라 바늘을 재배치하고 필요한 경우 코 분배를 다시 조정한다.
**1~2단**: 모든 코 겉뜨기
**3단**: 겉1, kfb코늘림, 단 끝에 2코 남을 때까지 겉뜨기, kfb 코늘림, 겉1 (총 14코)

### 1번째 깃털 마무리하기

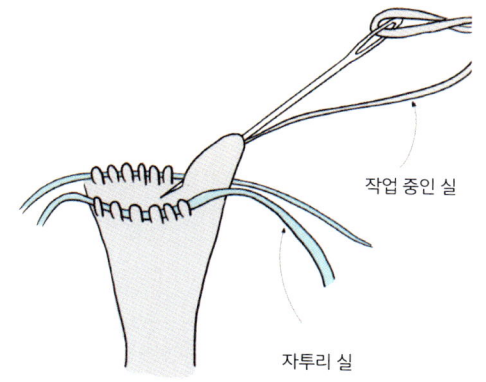

### 2번째 깃털 시작하기

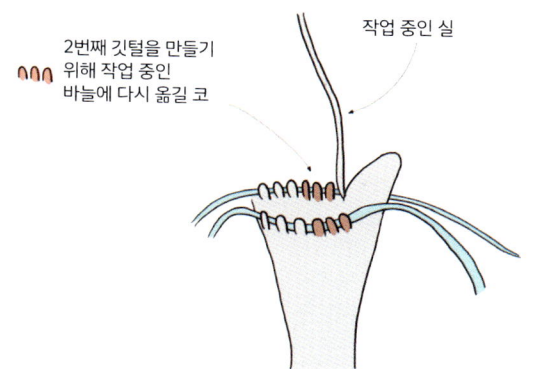

4~6단: 모든 코 겉뜨기 (총 3단)
7단: 3단을 반복 (총 16코)
8~11단: 모든 코 겉뜨기 (총 4단)
12단: 3단을 반복 (총 18코)
13~16단: 모든 코 겉뜨기 (총 4단)

### 1번째 깃털
**세팅 단:** 단의 첫 3코를 겉뜨기, 다음 12코를 홀더에 옮겨 쉼코로 둔다. 단의 마지막 3코를 겉뜨기한다. (작업 중인 바늘에 총 6코)

1~2단: 모든 코 겉뜨기
3단: 겉1, [겉뜨기하듯이 1코 걸러뜨기, 겉1, 걸러뜨기한 코를 겉뜨기한 코 위로 덮어씌우기] 2회, 겉1 (총 4코)

실을 약 1.5m 정도 남기고 자른다. 돗바늘에 실을 꿰어, 바늘에 남은 4코에 실을 통과시켜 잡아당긴다. 그 실 꼬리는 깃털을 통과시켜 다음 깃털을 뜨기 좋은 위치에 나오도록 한다. (왼쪽 상단 그림 참고) 모헤어 실이 엉키기 쉬우므로 천천히 잡아당긴다.

### 2번째 깃털
방금 만든 깃털 양쪽 날개에서 3코씩 2세트, 총 6코를 작업 중인 바늘에 다시 옮긴다. (오른쪽 상단 그림을 참고) 이 코들은 방금 만든 깃털과 맞닿아 있어야 한다. 코들을 바늘에 옮긴 후, 자투리 실을 제거한다.

바늘을 재배치해 원통으로 뜬다. 단 시작은 이전 깃털 바로 옆에 오도록 한다. 1번째 코에 스티치 마커 A를 건다.

이전 깃털의 실 꼬리를 사용해서, 다음과 같이 진행한다.
1~5단: 모든 코 겉뜨기
6단: 겉1, [겉뜨기하듯이 1코 걸러뜨기, 겉1, 걸러뜨기한 코를 겉뜨기한 코 위로 덮어씌우기] 2회, 겉1 (총 4코)

실 끝을 돗바늘에 꿰어, 바늘에 남아 있는 4코에 실을 통과시켜 잡아당긴다. 그 후에 앞서 한 것처럼 실을 깃털을 통과시켜 아래로 빼내, 다음 깃털(3번째 깃털)을 뜰 준비를 한다.

### 3번째 깃털
남은 6코를 작업 중인 바늘에 다시 옮긴다. 2번째 깃털에서 했던 것과 동일한 방식으로 코를 세팅한다. 1번째 코에 스티치 마커 A를 건다.

이전 깃털의 실 꼬리로 원통뜨기한다.
1~7단: 모든 코 겉뜨기
8단: 겉1, [겉뜨기하듯이 1코 걸러뜨기, 겉1, 걸러뜨기한 코를 겉뜨기한 코 위로 덮어씌우기] 2회, 겉1 (총 4코)

실 꼬리를 돗바늘에 꿰어, 바늘에 남아 있는 4코에 실을 통과시켜 잡아당긴다. 날개를 뒤집지 않고 실을 숨긴다. 실 꼬리는 깃털을 통과시켜 편물 안쪽으로 가져온 후, 날개 안면에서 "날개 구멍"으로 빼낸다. 실을 작품 안면에 단단히 고정하기 위해 몇 땀을 뜬다. 그 후 실을 짧게 자르고, 남은 실 꼬리는 편물 안쪽으로 밀어 넣어 보이지 않게 정리한다.

### 오른쪽 날개

**세팅 1단:** 오리 인형의 머리가 아래를 향하고 등이 보이는 상태에서, 처음 10코를 홀더에 옮겨 쉼코로 둔다. 다음 8코를 작업 중인 바늘에 다시 옮기고, 마지막 10코는 홀더에 둔다. (총 8코)
**세팅 2단:** 작업 중인 바늘의 오른쪽 끝에 (나중에 생길 수 있는 작은 구멍을 막을 수 있도록 실 끝을 충분히 남기고) 실을 연결해 8코를 겉뜨기로 뜨고, 감아코잡기 방법으로 4코 만든다. (총 12코)

세팅 3단: 바늘을 재배열해 원통으로 잇고 모든 코 겉뜨기한다.
세팅 4단 (부분적인 단): 겉1, 다음 코에 스티치 마커 A를 옮긴다. 이곳이 새로운 단 시작이 되고, 그에 따라 바늘을 재배치하고 필요한 경우 코 분배를 다시 조정한다.
1단부터 왼쪽 날개와 동일하게 작업한다.

## 몸통 만들기
레슨 12 참고

남아있는 20코를 작업 중인 바늘로 다시 옮긴다. 오리 인형의 머리가 아래를 향하고 등이 보이는 상태에서, 왼쪽 겨드랑이 가운데에 실을 연결해 원통뜨기한다.

세팅 단: 3코 줍고 뒤판 10코 겉뜨기한다. 6코 줍고 앞판 10코 겉뜨기한다. 3코 줍는다. (총 32코 = 뒤판 16코 / 앞판 16코)

1번째 코(처음 주운 코)에 스티치 마커 A를 건다.
1~2단: 모든 코 겉뜨기
3단: 겉16, 스티치 마커 B 걸기, 겉16
4단: 겉3, kfb 코늘림, 스티치 마커 B 4코 전까지 겉뜨기, kfb 코늘림, 겉3, 스티치 마커 B, 겉3, kfb코늘림, 단 끝에 4코 남을 때까지 겉뜨기, kfb 코늘림, 겉3 (총 36코 = 뒤판 18코 / 앞판 18코)
5~6단: 모든 코 겉뜨기
7단: 4단을 반복 (총 40코 = 20코 / 20코)
8~9단: 모든 코 겉뜨기
10단: [겉4, kfb 코늘림]을 스티치 마커 B까지 반복, 스티치 마커 B, 겉3, kfb코늘림, 단 끝에 4코 남을 때까지 겉뜨기, kfb 코늘림, 겉3 (총 46코 = 24코 / 22코)
11~12단: 모든 코 겉뜨기
13단: [겉5, kfb 코늘림]을 스티치 마커 B까지 반복, 스티치 마커 B, 겉3, kfb 코늘림, 단 끝에 4코 남을 때까지 겉뜨기, kfb 코늘림, 겉3 (총 52코 = 28코 / 24코)
14~15단: 모든 코 겉뜨기
16단: [겉6, kfb 코늘림]을 스티치 마커 B까지 반복, 스티치 마커 B, 단 끝까지 겉뜨기 (총 56코 = 32코 / 24코)
17~18단: 모든 코 겉뜨기
19단: [겉7, kfb 코늘림]을 스티치 마커 B까지 반복, 스티치 마커 B, 단 끝까지 겉뜨기 (총 60코 = 36코 / 24코)
20단: 모든 코 겉뜨기
21단: [겉8, kfb 코늘림]을 스티치 마커 B까지 반복, 스티치 마커 B, 단 끝까지 겉뜨기 (총 64코 = 40코 / 24코)
22단 (깃털 위치 표시): 겉23, 마지막으로 겉뜨기한 6코에 1번째 자투리실을 걸어 두기, 스티치 마커 B까지 겉뜨기, 스티치 마커 B, 겉3, ssk 코줄임, 단 끝에 5코 남을 때까지 겉뜨기, 왼코줄임, 겉3 (총 62코 = 40코 / 22코)
23단 (깃털 위치 표시): 겉23, 마지막으로 겉뜨기한 6코에 2번째 자투리실을 걸어 두기, 단 끝까지 겉뜨기
24단 (깃털 위치 표시): 겉22, 마지막으로 겉뜨기한 4코에 3번째 자투리실을 걸어 두기, 스티치 마커 B까지 겉뜨기, 스티치 마커 B, 겉3, ssk 코줄임, 단 끝에 5코 남을 때까지 겉뜨기, 왼코줄임, 겉3 (총 60코 = 40코 / 20코)
25단 (깃털 위치 표시): 겉22, 마지막으로 겉뜨기한 4코에 4번째 자투리실을 걸어 두기, 단 끝까지 겉뜨기
26단: 스티치 마커 B까지 겉뜨기, 스티치 마커 B, 겉3, ssk 코줄임, 단 끝에 5코 남을 때까지 겉뜨기, 왼코줄임, 겉3 (총 58코 = 40코 / 18코)

## 엉덩이 모양 만들기

스티치 마커 B를 제거한다.

*되돌아뜨기 단 주의: 이제 레슨 6의 상황 2 중 특별한 경우가 되었다. (46쪽 참고)*

코 세팅하기: 처음 40코를 작업 중인 바늘에 두고 마지막 18코는 홀더에 옮겨 쉼코로 둔다. 1번째 코에 스티치 마커 A를 건다.

다음과 같이 편물을 앞뒤로 뒤집어가며 평면뜨기한다.
1단 (겉면): 겉20, 스티치 마커 걸기, 겉1, 왼코줄임, 겉1, 편물 뒤집기 (엉덩이 총 39코)
2단: 스티치 마커 지나 1코까지 안뜨기, ssp 코줄임, 안1, 편물 뒤집기 (총 38코)
3단: 진행 중 스티치 마커를 제거하며, 구멍 1코 전까지 겉뜨기, 왼코줄임, 겉1, 편물 뒤집기 (총 37코)
4단: 구멍 1코 전까지 안뜨기, ssp코줄임, 안1, 편물 뒤집기 (총 36코)

3~4단을 6회 더 반복한다. (총 24코)

작업 중인 실이 있는 곳에서 시작해서, 다시 다음과 같이 원통뜨기한다.
1단: 구멍 1코 전까지 겉뜨기, 왼코줄임, 단 끝까지 겉뜨기 (총 41코 = 뒤판 23코 / 앞판 18코)
2단: 겉뜨기 꼬아뜨기 1, ssk 코줄임, 단 끝까지 겉뜨기 (총 40코 = 22코 / 18코)

지금까지 생긴 실 꼬리를 정리한다.

## 다리 만들기
레슨 13 참고

오리 인형의 머리가 아래를 향하고 등이 보이는 상태에서, 현재 단 시작점에서 원통뜨기를 시작한다.

### 왼쪽 다리

**세팅 1단:** 단의 첫 9코를 겉뜨기한다. 다음 4코를 다음과 같이 코막음한다. 겉뜨기하듯이 1코 걸러뜨기, 겉1, 걸러뜨기한 코를 겉뜨기한 코 위로 덮어씌운다. *겉1, 이전 코를 겉뜨기한 코 위로 덮어씌우기*, *~*를 2회 더 반복한다. 겉15, 같은 방식으로 다음 4코를 코막음한다. 단의 마지막 6코를 겉뜨기한다. (작업 중인 바늘에 총 32코)

**세팅 2단:** 단의 처음 9코를 겉뜨기, 다음 16코를 홀더에 옮겨 쉼코로 둔다. 단의 마지막 7코를 겉뜨기한다. (총 16코)

1번째 코에 스티치 마커 A를 걸고 원통뜨기한다. (단 시작은 다리 바깥쪽에 있다)

**1~3단:** 모든 코 겉뜨기
**4단:** [겉뜨기하듯이 1코 걸러뜨기, 겉뜨기 꼬아뜨기 1, 걸러뜨기한 코를 겉뜨기한 코 위로 덮어씌우기]를 단 끝까지 반복 (총 8코)
**5단:** 배색실을 바탕실과 함께 잡고, 모든 코 겉뜨기
**6단:** 2mm 바늘로 바꿔 바탕실을 자르고, 배색실로 모든 코 겉뜨기
**7~10단:** 모든 코 겉뜨기 (총 4단)
**11단:** 겉1, kfb 코늘림 2회, 단 끝까지 겉뜨기 (총 10코 = 발 뒤쪽 6코 / 발 앞쪽 4코)
**12단:** 모든 코 겉뜨기
**13단:** 겉1, kfb 코늘림, 겉2, kfb 코늘림, 겉2, kfb 코늘림 2회, 겉1 (총 14코 = 8코 / 6코)
**14단:** 모든 코 겉뜨기
**15단:** kfb 코늘림 8회, 단 끝까지 겉뜨기 (총 22코 = 16코 / 6코)
**16단:** 겉17, kfb 코늘림 4회, 겉1 (총 26코 = 16코 / 10코)

### 뒤꿈치 모양 만들기

되돌아뜨기 단 주의: 이제 레슨 6의 상황 2를 할 차례다. (바늘비우기가 아닌, 실제 코를 소모하는 코줄임)

**코 세팅하기:** 처음 16코를 작업 중인 바늘에 두고, 마지막 10코를 홀더에 옮겨 쉼코로 둔다. 1번째 코에 스티치 마커 A를 건다.

다음과 같이 편물을 앞뒤로 뒤집어가며 평면뜨기한다.

**1단 (겉면):** 겉8, 왼코줄임, 편물 뒤집기 (뒤꿈치 총 15코)
**2단:** 안1, ssp 코줄임, 편물 뒤집기 (총 14코)
**3단:** 겉1, 왼코줄임, 겉1, 편물 뒤집기 (총 13코)
**4단:** 안2, ssp 코줄임, 안1, 편물 뒤집기 (총 12코)
**5단:** 겉3, 왼코줄임, 겉1, 편물 뒤집기 (총 11코)
**6단:** 안4, ssp 코줄임, 안1, 편물 뒤집기 (총 10코)

작업 중인 실이 있는 곳에서 시작해서, 다시 다음과 같이 원통뜨기한다.

**1단:** 겉5, 왼코줄임, 단 끝까지 겉뜨기 (총 19코 = 뒤쪽 9코 / 앞쪽 10코)
**2단:** 겉뜨기 꼬아뜨기 1, ssk 코줄임, 단 끝까지 겉뜨기 (총 18코 = 8코 / 10코)

### 발 만들기

**1단:** 겉1, kfb 코늘림, 겉4, kfb 코늘림, 단 끝까지 겉뜨기 (총 20코 = 발 아래쪽 10코 / 발 위쪽 10코)
**2단:** 모든 코 겉뜨기
**3단:** [겉1, ssk 코줄임, 겉4, 왼코줄임, 겉1] 2회 (총 16코)
**4단:** [겉1, ssk 코줄임, 겉2, 왼코줄임, 겉1] 2회 (총 12코)
**5단:** [겉1, ssk 코줄임, 왼코줄임, 겉1] 2회 (총 8코)
**6단:** [ssk 코줄임, 왼코줄임] 2회 (총 4코)

실을 자른다. 돗바늘에 실을 꿰어, 바늘에 남아있는 4코에 실을 통과시켜 잡아당긴다. 이 상태로 실은 잠시 그대로 둔다.

### 오른쪽 다리

**세팅 단:** 아기 오리 인형의 머리가 아래를 향하고 등이 보이는 상태에서, 마지막 16코를 다시 2.25mm 바늘로 옮긴다. 그 후에 코의 오른쪽 끝에서 시작해, 실을 연결해서 16코 겉뜨기한다.

바늘을 재배치해 원통으로 뜬다. 1번째 코에 스티치 마커 A를 건다. (단 시작은 다리 안쪽에 있다)

그 후에 왼쪽 다리 1단부터 동일하게 작업한다.

### 양쪽 다리 실 끝 정리하기

먼저, 오른쪽 다리 시작 부분에서 나온 실 꼬리를 정리한다.

이제 각 다리에는 총 3가닥의 실 꼬리가 있다. 발끝에 1개, 색상 변경 지점에 2개. 각 발끝에 있는 실 꼬리를 편물 안쪽으로 가져와, 색상이 바뀌는 경계 지점(다른 실 꼬리들이 있는 곳)으로 나오게 한다.

이제 돗바늘을 사용해, 실 꼬리를 차례로 모두 작품 안쪽으로 넣는다. 안면이 바깥으로 나오도록 다리 윗부분을 뒤집은 다음, 실 꼬리들을 편물 안쪽에서 함께 묶는다. 최대한 작품의 안면 가까이에서 매듭을 지어 단단히 고정시킨다. 실은 짧게 자른다.

## 꼬리 깃털 추가하기

표시해 둔 20코는 3코씩 3세트로 나눠 작업하며, 이 코들로 꼬리 깃털 3개를 만든다. (186쪽 그림 참고)

### 1번째 깃털

1번째 깃털 3코 2세트를 2.25mm 바늘에 옮기고, 자투리 실을 제거한다. (총 6코)

**꼬리 깃털 표시 코**

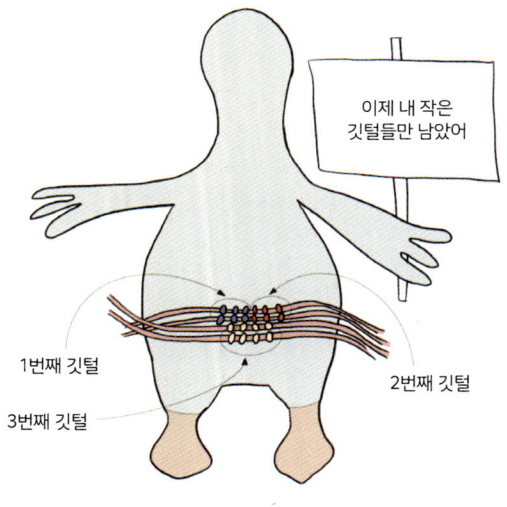

바늘을 재배치해 원통으로 뜬다. 단의 시작점을 아래쪽 세트의 오른쪽에 있는 1번째 코로 설정한다. 1번째 코에 스티치 마커 A를 건다.

실을 연결해서 다음과 같이 진행한다.
**1단:** 모든 코 겉뜨기
**2단:** [kfb 코늘림, 겉1, kfb 코늘림] 2회 (총 10코)
**3~6단:** 모든 코 겉뜨기 (총 4단)
**7단:** [ssk 코줄임, 겉1, 왼코줄임] 2회 (총 6코)

실을 자른다. 실 꼬리를 바늘에 걸린 6코에 통과시킨다. 깃털을 통과시켜 편물 안쪽으로 가져온다. 또한 깃털 시작 부분에서 나온 실 꼬리도 편물 안쪽으로 가져와 함께 묶는다.

## 2번째 깃털

2번째 깃털 3코 2세트를 2.25mm 바늘에 옮기고, 자투리 실을 제거한다. (총 6코) 바늘을 재배치해 원통으로 뜬다. 단의 시작점을 아래쪽 세트의 오른쪽에 있는 1번째 코로 설정하고 실을 연결해서 1번째 깃털과 동일하게 작업한다.

## 3번째 깃털

2번째 깃털 4코 2세트를 2.25mm 바늘에 옮기고, 자투리 실을 제거한다. (총 8코)

바늘을 재배치해 원통으로 뜬다. 단의 시작점을 아래쪽 세트의 오른쪽에 있는 1번째 코로 설정한다.

실을 연결해서 다음과 같이 진행한다.
**1단:** 모든 코 겉뜨기
**2단:** [겉3, kfb 코늘림] 2회 (총 10코)
**3~6단:** 모든 코 겉뜨기 (총 4단)
**7단:** [ssk 코줄임, 겉1, 왼코줄임] 2회 (총 6코)

다른 깃털들에서 했던 것처럼 마무리한다.

## 세탁, 솜 넣기, 구멍 막기
레슨 14 참고

작은 아기 오리 인형에게 목욕을 시켜 주면 아주 행복해 할 거랍니다.

건조된 후, 날개를 제외하고 인형에 솜을 채운다. 레슨 14를 참고한다.

마지막 구멍은 돗바늘과 별도의 바탕실을 사용해 막는다.

# 도도 & 미모사의 옷

## 실

The Wool Kitchen, Sock 4ply (메리노울 75% / 나일론 25%, 작은 타래 80m, 20g), "Incandescent" 색상, 약 14 g: 조끼 8g / 스카프 6g

혹은 핑거링 굵기의 실 약 14g (56m)

## 바늘

2mm, 긴 줄바늘을 사용하는 경우 어깨를 메리야스잇기 기법으로 연결할 때 쓸 2mm 장갑바늘 2개 (이 바늘은 스카프를 뜰 때도 더 편리할 수 있다)

## 조끼

아기 오리의 조끼는 아래 가장자리부터 시작해 위로 떠 올라간다. 바늘비우기와 코줄임으로 모양을 만든다. 진동 후에는 앞판과 뒤판을 따로 떠서 지그재그 무늬를 계속 진행한다. 마지막으로 어깨를 연결하고 작은 칼라를 뜬다.

일반코잡기 방법으로, 60코 만든다. 바늘을 재배치해 원통으로 작업한다.

1번째 코에 스티치 마커 A를 건다.
1단: 겉1, 안28, 겉1, 스티치 마커 B 걸기, 겉1, 안28, 겉1
2단: 겉1, [바늘비우기, 겉1, ssk 코줄임, 왼코줄임, 겉1, 바늘비우기, 겉1]을 스티치 마커 B 1코 전까지 반복, 겉1, 스티치 마커 B, 겉1, [바늘비우기, 겉1, ssk 코줄임, 왼코줄임, 겉1, 바늘비우기, 겉1]을 단 끝에 1코 남을 때까지 반복, 겉1
3단: 겉1, 스티치 마커 B 1코 전까지 안뜨기, 겉1, 스티치 마커 B, 겉1, 단 끝에 1코 남을 때까지 안뜨기, 겉1
4~21단: 2~3단을 9회 더 반복

## 앞판

처음 30코를 사용해서 편물을 앞뒤로 뒤집어가며 평면뜨기하고, 나머지 30코는 홀더에 옮겨 쉼코로 둔다. 스티치 마커 B를 제거한다.
현재 단 시작점에서 원통뜨기를 시작한다.

1단 (겉면): 겉1, 실을 편물 앞에 두고 1코 걸러뜨기, 겉1, ssk 코줄임, 겉3, [바늘비우기, 겉1, ssk 코줄임, 왼코줄임, 겉1, 바늘비우기, 겉1] 2회, 겉3, 왼코줄임, 겉1, 실을 편물 앞에 두고 1코 걸러뜨기, 겉1 (총 28코)
2단: 실을 편물 앞에 두고 1코 걸러뜨기, 겉1, 실을 편물 앞에 두고 1코 걸러뜨기, 단 끝에 3코 남을 때까지 겉뜨기, 실을 편물 앞에 두고 1코 걸러뜨기, 겉1, 실을 편물 앞에 두고 1코 걸러뜨기
3단: 겉1, 실을 편물 앞에 두고 1코 걸러뜨기, 겉1, ssk 코줄임, 겉2, [바늘비우기, 겉1, ssk 코줄임, 왼코줄임, 겉1, 바늘비우기, 겉1] 2회, 겉2, 왼코줄임, 겉1, 실을 편물 앞에 두고 1코 걸러뜨기, 겉1 (총 26코)
4단: 2단을 반복
5단: 겉1, 실을 편물 앞에 두고 1코 걸러뜨기, 겉4, [바늘비우기, 겉1, ssk 코줄임, 왼코줄임, 겉1, 바늘비우기, 겉1] 2회, 겉4, 실을 편물 앞에 두고 1코 걸러뜨기, 겉1
6단: 2단을 반복
7~22단: 5~6단을 8회 더 반복

약 30cm 정도 남기고 실을 자른다. 실 꼬리는 정리하지 않고, 나중에 사용한다.

## 뒤판

홀더에 쉼코로 두었던 30코를 다시 작업 중인 바늘에 옮기고, 앞판 30코는 홀더에 옮겨 쉼코로 둔다. 뒤판의 겉면이 보이는 상태에서, 오른쪽에서 시작해 실을 연결하고 1단부터 앞판과 동일하게 작업한다.

간단한 라운드 칼라 버전의 경우, 약 100cm 정도 남기고 실을 자른다.

롤넥 버전의 경우, 약 30cm 정도 길이를 남긴다. 실 꼬리는 정리하지 않

고, 나중에 사용한다.

## 어깨 연결하기

26코씩 2세트를 한 세트씩 장갑바늘에 옮긴다. 2개의 바늘을 평행으로 잡고, 앞, 뒤판에서 나온 실 꼬리를 이용해 양쪽 가장자리에서 4코씩 메리야스잇기 기법으로 어깨를 연결한다. (레슨 10 참고)

양 어깨를 연결한 후, 작업 중인 바늘에는 18코씩 2세트가 남는다. 실 꼬리는 정리하지 않고, 나중에 사용한다.

## 칼라

### 라운드 칼라

가장 긴 실 꼬리가 있는 곳을 단 시작 지점으로 해서, 바늘을 재배치해 남은 36코를 원통으로 뜬다. 1번째 코에 스티치 마커 A를 건다. 실 꼬리를 사용해서, 다음과 같이 진행한다.
1~2단: [겉1, 안1]을 단 끝까지 반복
고무뜨기하면서 모든 코를 코막음한다. (레슨 16 참고)

어깨와 칼라가 만나는 지점의 작은 구멍들도 함께 막으며 실 꼬리를 정리한다.

### 롤넥 칼라

어깨 가장자리를 단 시작 지점으로 해서, 바늘을 재배치해 남은 36코를 원통으로 뜬다. 1번째 코에 스티치 마커 A를 건다. 실을 연결해서 다음과 같이 진행한다.

1~16단: [겉1, 안1]을 단 끝까지 반복
고무뜨기하면서 모든 코를 코막음한다.

어깨와 칼라가 만나는 지점의 작은 구멍들도 함께 막으며 실 꼬리를 정리한다.

### 마무리

남아있는 실 꼬리를 정리한다.
조끼를 물에 적셔 평평하게 펴서 말린다.

## 스카프

도도의 스카프는 한쪽 끝부터 뜨며, 길이는 약 33cm다.

일반코잡기 방법으로, 3코 만들고 평면뜨기한다.

1단 (안면): 실을 편물 앞에 두고 1코 걸러뜨기, 겉1, 실을 편물 앞에 두고 1코 걸러뜨기
2단: 겉1, 실을 편물 앞에 두고 1코 걸러뜨기, 겉1
3단: 1단을 반복
4단: 겉1, kfb 코늘림, 겉1 (총 4코)
5단: 실을 편물 앞에 두고 1코 걸러뜨기, 겉1, 안1, 실을 편물 앞에 두고 1코 걸러뜨기
6단: 겉2, 안1, 겉1
7단: 5단을 반복
8단: 겉1, kfbf 코늘림, 안1, 겉1 (총 6코)
9단: 실을 편물 앞에 두고 1코 걸러뜨기, [겉1, 안1] 2회, 실을 편물 앞에 두고 1코 걸러뜨기
10단: 겉1, [겉1, 안1]을 단 끝에 1코 남을 때까지 반복, 겉1
11단: 실을 편물 앞에 두고 1코 걸러뜨기, [겉1, 안1]을 단 끝에 1코 남을 때까지 반복, 실을 편물 앞에 두고 1코 걸러뜨기
12~15단: 10~11단을 2회 반복
16단: 겉1, kfbf 코늘림, 안1, [겉1, 안1]을 단 끝에 1코 남을 때까지 반복, 겉1 (총 8코)
17단: 11단을 반복
18~23단: 10~11단을 3회 더 반복
24단: 16단을 반복 (총 10코)
25단: 11단을 반복
26~37단: 10~11을 6회 더 반복
38단: 16단을 반복 (총 12코)
39단: 11단을 반복
40~51단: 10~11을 6회 더 반복
52단: 16단을 반복 (총 14코)
53단: 11단을 반복
54~61단: 10~11을 4회 더 반복
62단: 16단을 반복 (총 16코)
63단: 11단을 반복
64~79단: 10~11단을 8회 더 반복
80단: 겉1, 중심 3코 모아뜨기, 안1, [겉1, 안1]을 단 끝에 1코 남을 때까지 반복, 겉1 (총 14코)
81단: 11단을 반복
82~93단: 10~11단을 6회 더 반복
94단: 80단을 반복 (총 12코)
95단: 11단을 반복
96~107단: 10~11단을 6회 더 반복
108단: 80단을 반복 (총 10코)
109단: 11단을 반복
110~115단: 10~11단을 3회 더 반복
116단: 80단을 반복 (총 8코)
117단: 11단을 반복
118~121단: 10~11단을 2회 반복
122단: 80단을 반복 (총 6코)
123단: 11단을 반복
124~125단: 10~11단을 반복
126단: 겉1, 중심 3코 모아뜨기, 안1, 겉1 (총 4코)
127단: 실을 편물 앞에 두고 1코 걸러뜨기, 겉1, 안1, 실을 편물 앞에 두고 1코 걸러뜨기
128단: 겉2, 안1, 겉1
129단: 127단을 반복
130단: 겉1, ssk 코줄임, 겉1 (3코)
131단: 실을 편물 앞에 두고 1코 걸러뜨기, 겉1, 실을 편물 앞에 두고 1코 걸러뜨기

실을 자르고 바늘에 남아 있는 3코에 실을 꿰어 통과시킨다.

### 마무리

실 꼬리를 정리한다.

스카프를 물에 담갔다가 평평하게 펴서 말린다. 필요하다면, 끝부분과 가장자리를 핀으로 고정해 원하는 길이로 블로킹한다.

# Billie

빌리
—
너구리

### 키

18cm

### 실

Daughter of a Shepherd, Ram Jam Sport (혼합 품종에서 얻은 울 100%, 169m, 50g)

**바탕실:** "Shade 2 - Mid grey" 색상, 약 20g (68m)

**주둥이, 스트라이프 꼬리, 얼굴, 손에 사용할 배색실:** "Shade 0 - Natural white" 색상, 약 5g (17m), "Shade 3 - Natural black" 색상, 약 5g (17m)

혹은 모두 동일한 스포츠 굵기 주둥이와 꼬리에 사용할 크리미 화이트 바탕실 약 20g (68m), 약 5g (17m), 얼굴, 손, 꼬리에 사용할 검은색 실 약 5g (17m)

**시작하기 전에 미리 챙겨 두기:** 귀를 뜰 바탕실 3m 2개

### 바늘

2.5mm, 귀를 뜰 같은 호수의 바늘

### 부자재

6mm 짙은 갈색 인형눈

눈, 귀, 꼬리 위치를 표시할 대비되는 색상의 자투리 실 5개

## 시작하기
레슨 1~5 참고

흰색 실을 사용해서 일반코잡기 방법으로, 4코 만든다.

바늘을 재배치해 원통으로 뜬다.
1단: 모든 코 겉뜨기
2단: 겉2, kfb 코늘림 2회 (총 6코)
3단: 모든 코 겉뜨기
1번째 코에 스티치 마커 A를 건다.
4단: 단 끝까지 kfb 코늘림을 반복 (총 12코)
5단: 모든 코 겉뜨기
6단: kfb 코늘림, 겉2, kfb 코늘림 3회, 겉4, kfb 코늘림 2회 (총 18코)
7~8단: 모든 코 겉뜨기
9단: 검은색 실을 연결해서 흰색 실과 함께 잡고, 모든 코 겉뜨기
10단: 실을 자르지 않고 편물 안쪽에 그대로 두기, 검은색 실로만 모든 코 겉뜨기
11단: kfb 코늘림 6회, [겉뜨기하듯이 1코 걸러뜨기, 겉1, 걸러뜨기한 코를 겉뜨기한 코 위로 덮어씌우기] 6회 (총 18코)
12단: 모든 코 겉뜨기
13단: 겉12, kfb 코늘림 2회, 겉2, kfb 코늘림 2회 (총 22코)
14단: kfb 코늘림 12회, 겉1, kfb 코늘림, 단 끝에 2코 남을 때까지 겉뜨기, kfb 코늘림, 겉1 (총 36코 = 머리 위쪽 24코 / 목 12코)
15단 (눈 위치 표시): 겉9, 마지막으로 겉뜨기한 코에 1번째 자투리 실을 통과시켜 느슨하게 묶기, 겉7, 마지막으로 겉뜨기한 코에 2번째 자투리 실을 통과시켜 느슨하게 묶기, 단 끝까지 겉뜨기

## 머리 모양 만들기
레슨 6 참고

다음 2개의 짧은 되돌아뜨기 섹션은 너구리의 검은 마스크를 만드는 데 사용된다.

### 되돌아뜨기 섹션 1 - 검은 마스크

주의: 이제 레슨 6의 상황 2를 할 차례다. (바늘비우기가 아닌, 실제 코를 소모하는 코줄임)

코 세팅하기: 처음 24코를 작업 중인 바늘에 두고 마지막 12코는 홀더에 옮겨 쉼코로 둔다. 1번째 코에 스티치 마커 A를 건다.

다음과 같이 편물을 앞뒤로 뒤집어가며 평면뜨기한다.
1단 (겉면): 겉15, 왼코줄임, 겉1, 편물 뒤집기 (총 23코)
2단: 안8, ssp 코줄임, 안1, 편물 뒤집기 (총 22코)

작업 중인 실이 있는 곳에서 시작해서, 다시 다음과 같이 원통뜨기한다.
1단: 겉9, 왼코줄임, 단 끝까지 겉뜨기 (총 33코 = 머리 위쪽 21코 / 목 12코)

다음 섹션 역시 짧지만 조금 더 주의가 필요하다. 3가지 색상을 사용하며, 때로는 2가지 색상을 함께 잡고 사용하고, 때로는 1가지 색상만 사용한다. 오래 걸리지는 않으니 천천히 집중해서 진행한다.

### 되돌아뜨기 섹션 2 - 검은 마스크

주의: 이제 레슨 6의 상황 1을 할 차례다. (바늘비우기와 바늘비우기 코를 소모하는 코줄임)

코 세팅하기: 처음 21코를 작업 중인 바늘에 두고 마지막 12코는 홀더에 옮겨 쉼코로 둔다. 1번째 코에 스티치 마커 A를 건다.

다음과 같이 편물을 앞뒤로 뒤집어가며 평면뜨기한다.
1단 (겉면): 겉3, 흰색 실을 다시 들어 검은색 실과 함께 잡고 겉2, ssk 코줄임, 겉11, 편물 뒤집기 (총 20코)
2단: 검은색 실을 내려놓고 흰색 실로만 바늘비우기, 안14, 편물 뒤집기

작업 중인 실이 있는 곳에서 시작해서, 다시 다음과 같이 원통뜨기한다.
1단: 바늘비우기, 겉14, 왼코줄임, 흰색 실 자르고 검은색 실로만 겉2, 회색 실을 연결해서 검은색 실과 함께 잡고 단 끝까지 겉뜨기 (총 32코 + 바늘비우기 1코 = 머리 위쪽 20코 + 바늘비우기 1코 / 목 12코)

다음 단에서는 'kfb 코늘림'으로 뜨게 될 4코가 이전 단에서 2가지 색상을 함께 잡고 떴기 때문에 2겹으로 되어 있다. 이로 인해 코의 앞뒤에 넣어 뜨는 것이 까다로울 수 있다. 따라서 각 코의 2가닥 중 1가닥만 떠도 콧수가 같기 때문에 괜찮다.

2단: 검은색 실을 자르고 회색 실로만 겉뜨기 꼬아뜨기 1, 겉1, 겉뜨기하듯이 1코 걸러뜨기, 바늘비우기 코를 겉뜨기, 걸러뜨기한 코를 겉뜨기한 코 위로 덮어씌우기, 겉뜨기 꼬아뜨기 1, 겉16, kfb 코늘림 2회, 겉8, kfb 코늘림 2회 (총 36코 = 20코 / 16코)
3단: kfb 코늘림 6회, 겉8, kfb 코늘림 6회, 단 끝까지 겉뜨기 (총 48코 = 32코 / 16코)

### 되돌아뜨기 - 섹션 3

그리고 이제 다시 평소대로, 1가지 색상 실만 사용한다!

주의: 이제 레슨 6의 상황 1을 할 차례다. (바늘비우기와 바늘비우기 코를 소모하는 코줄임)

**코 세팅하기**: 처음 32코를 작업 중인 바늘에 두고 마지막 16코는 홀더에 옮겨 쉼코로 둔다. 1번째 코에 스티치 마커 A를 건다.

다음과 같이 편물을 앞뒤로 뒤집어가며 평면뜨기한다.
**1단 (겉면)**: 겉19, 편물 뒤집기
**2단**: 바늘비우기, 안6, 편물 뒤집기
**3단**: 바늘비우기, 겉6, 왼코줄임, 겉1, 편물 뒤집기
**4단**: 바늘비우기, 안8, ssp 코줄임, 안1, 편물 뒤집기
**5단**: 바늘비우기, 겉10, 왼코줄임, 겉1, 편물 뒤집기
**6단**: 바늘비우기, 안12, ssp 코줄임, 안1, 편물 뒤집기

작업 중인 실이 있는 곳에서 시작해서, 다시 다음과 같이 원통뜨기한다.
**1단**: 바늘비우기, 겉14, 왼코줄임, 단 끝까지 겉뜨기 (총 48코 + 바늘비우기 1코 = 머리 위쪽 32 코 + 바늘비우기 1코 / 목 16코)

## 되돌아뜨기 - 섹션 4

*주의: 이제 레슨 6의 상황 1을 할 차례다. (바늘비우기와 바늘비우기 코를 소모하는 코줄임)*

**코 세팅하기**: 처음 32코와 남아 있는 바늘비우기 코를 작업 중인 바늘에 두고 마지막 16코는 홀더에 옮겨 쉼코로 둔다. 1번째 코에 스티치 마커 A를 건다.

다음과 같이 편물을 앞뒤로 뒤집어가며 평면뜨기한다.
**1 (겉면) (귀 위치 표시)**: 겉8, 겉뜨기하듯이 1코 걸러뜨기, 바늘비우기 코를 겉뜨기, 걸러뜨기한 코를 겉뜨기한 코 위로 덮어씌우기, 겉뜨기 꼬아뜨기 1, 겉4, 마지막으로 겉뜨기한 8코에 1번째 자투리 실을 걸어 두기, 겉12, 마지막으로 겉뜨기한 8코에 2번째 자투리 실을 걸어 두기, 겉4, 편물 뒤집기
**2단 (귀 위치 표시)**: 바늘비우기, 안12, 이전 단에서 사용한 자투리 실 한쪽 끝을 들어 마지막으로 안뜨기한 8코에 통과시키기 (편물을 잠시 뒤집어 겉면에 실을 꿰고 다시 편물을 뒤집는다), 안12, 이전 단에서 사용한 다른 자투리 실 반대쪽 끝을 들어 마지막으로 안뜨기한 8코에 통과시키기 (동일한 방식으로 편물 겉면에 실을 꿴다), 안4, 편물 뒤집기

작업 중인 실이 있는 곳에서 시작해서, 다시 다음과 같이 원통뜨기한다.
**1단**: 바늘비우기, 겉28, 왼코줄임, 단 끝까지 겉뜨기 (총 48코 + 바늘비우기 1코 = 머리 위쪽 32코 + 바늘비우기 1코 / 목 16코)

지금은 편물의 안쪽이 잘 보이고, 다른 인형보다 정리해야 할 실 꼬리가 조금 더 많기 때문에, 여기서 잠시 멈춰 지금까지 생긴 실 꼬리를 정리한다. 가능하다면, 실 꼬리를 2개씩 함께 묶어 고정한다.

## 되돌아뜨기 - 섹션 5

*주의: 이제 레슨 6의 상황 2를 할 차례다. (바늘비우기가 아닌, 실제 코를 소모하는 코줄임)*

**코 세팅하기**: 처음 32코와 남아 있는 바늘비우기 코를 작업 중인 바늘에 두고 마지막 16코는 홀더에 옮겨 쉼코로 둔다. 1번째 코에 스티치 마커 A를 건다.

다음과 같이 편물을 앞뒤로 뒤집어가며 평면뜨기한다.
**1단 (겉면)**: 겉뜨기 꼬아뜨기 1, 겉뜨기하듯이 1코 걸러뜨기, 바늘비우기 코를 겉뜨기, 걸러뜨기한 코를 겉뜨기한 코 위로 덮어씌우기, 겉뜨기 꼬아뜨기 1, 겉14, 왼코줄임, 겉1, 편물 뒤집기 (머리 위쪽 총 31코)
**2단**: 안4, ssp 코줄임, 안1, 편물 뒤집기 (총 30코)
**3단**: 겉5, 왼코줄임, 겉1, 편물 뒤집기 (총 29코)
**4단**: 안6, ssp 코줄임, 안1, 편물 뒤집기 (총 28코)
**5단**: 겉7, 왼코줄임, 겉1, 편물 뒤집기 (총 27코)
**6단**: 안8, ssp 코줄임, 안1, 편물 뒤집기 (총 26코)
**7단**: 겉9, 왼코줄임, 겉1, 편물 뒤집기 (총 25코)
**8단**: 안10, ssp 코줄임, 안1, 편물 뒤집기 (총 24코)
**9단**: 겉11, 왼코줄임, 겉1, 편물 뒤집기 (총 23코)
**10단**: 안12, ssp 코줄임, 안1, 편물 뒤집기 (총 22코)
**11단**: 겉13, 왼코줄임, 겉1, 편물 뒤집기 (총 21코)
**12단**: 안14, ssp 코줄임, 안1, 편물 뒤집기 (총 20코)

작업 중인 실이 있는 곳에서 시작해서, 다시 다음과 같이 원통뜨기한다.
**1단**: 겉15, 왼코줄임, 겉3, ssk 코줄임 3회, 왼코줄임 3회, 겉2 (총 29코 = 머리 뒤쪽 19 / 목 10코)

## 되돌아뜨기 - 섹션 6

*주의: 이제 레슨 6의 상황 1을 할 차례다. (바늘비우기와 바늘비우기 코를 소모하는 코줄임)*

**코 세팅하기**: 처음 19코를 작업 중인 바늘에 두고 마지막 10코는 홀더에 옮겨 쉼코로 둔다. 1번째 코에 스티치 마커 A를 건다.

다음과 같이 편물을 앞뒤로 뒤집어가며 평면뜨기한다.
**1단 (겉면)**: 겉뜨기 꼬아뜨기 1, ssk 코줄임, 겉12, 편물 뒤집기 (총 18코)
**2단**: 바늘비우기, 안10, 편물 뒤집기
**3단**: 바늘비우기, 겉10, 왼코줄임, 겉1, 편물 뒤집기
**4단**: 바늘비우기, 안12, ssp 코줄임, 안1, 편물 뒤집기

작업중인 실이 있는 곳에서 시작해서, 다시 다음과 같이 원통뜨기한다.
**1단:** 바늘비우기, 겉14, 왼코줄임, 단 끝까지 겉뜨기 (총 28코 + 바늘비우기 1코 = 머리 뒤쪽 18코 + 바늘비우기 1코 / 목 10코)

### 되돌아뜨기 - 섹션7

*주의: 이제 레슨 6의 상황 1을 할 차례다. (바늘비우기와 바늘비우기 코를 소모하는 코줄임)*

**코 세팅하기:** 처음 18코와 남아 있는 바늘비우기 코를 작업 중인 바늘에 두고 마지막 10코는 홀더에 옮겨 쉼코로 둔다. 1번째 코에 스티치 마커 A를 건다.

다음과 같이 편물을 앞뒤로 뒤집어가며 평면뜨기한다.
**1단 (겉면):** 겉뜨기 꼬아뜨기 1, 겉뜨기하듯이 1코 걸러뜨기, 바늘비우기 코를 겉뜨기, 걸러뜨기한 코를 겉뜨기한 코 위로 덮어씌우기, 겉뜨기 꼬아뜨기 1, 겉11, 편물 뒤집기
**2단:** 바늘비우기, 안10, 편물 뒤집기
**3단:** 바늘비우기, 겉10, 왼코줄임, 겉1, 편물 뒤집기
**4단:** 바늘비우기, 안12, ssp 코줄임, 안1, 편물 뒤집기

작업 중인 실이 있는 곳에서 시작해서, 다시 다음과 같이 원통뜨기한다.
**1단:** 바늘비우기, 겉14, 왼코줄임, 겉2, ssk 코줄임, 단 끝에 3코 남을 때까지 겉뜨기, 왼코줄임, 겉1 (총 26코 + 바늘비우기 1코 = 머리 뒤쪽 18코 + 바늘비우기 1코 / 목 8코)
**2단:** 겉뜨기 꼬아뜨기 1, 겉뜨기하듯이 1코 걸러뜨기, 바늘비우기 코를 겉뜨기, 걸러뜨기한 코를 겉뜨기한 코 위로 덮어씌우기, 겉뜨기 꼬아뜨기 1, 단 끝까지 겉뜨기 (총 26코 = 18코 / 8코)
**3단:** ssk 코줄임 4회, 겉2, 왼코줄임 4회, 단 끝까지 겉뜨기 (총 18코 = 10코 / 8코)

얼굴 표정과 귀를 추가하는 동안 바늘에서 코가 빠지지 않도록 주의한다.

## 얼굴 표정 추가하기
### 레슨 7 참고

얼굴의 디테일 작업에 들어가기 전에 모든 실 꼬리를 정리한다.

눈을 달거나 자수로 수놓는다. 코와 웃는 입도 자수로 수놓는다.

주둥이 윗부분에 작은 검은 줄을 더한다. 검은색 실과 돗바늘을 사용해, 검은 부분에서 코끝까지 이어지는 중앙의 세로 코 기둥을 백스티치로 덮는다. (상단 그림 참고) 뜨개실을 자수실 대신 사용하면 너구리의 검은 마스크에서부터 자연스럽게 이어져 보인다.

**주둥이 수놓기**

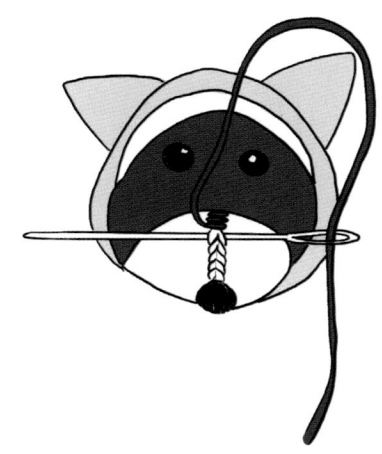

## 귀 만들기

### 왼쪽 귀

왼쪽 귀를 뜨기 위해 표시한 16코를 작업 중인 바늘에 옮기고 자투리 실을 제거한다. 너구리 인형 머리가 위를 향하고 정면을 바라보는 상태에서, 단의 시작 지점이 오른쪽에 오도록 코를 재배열해 원통으로 잇는다. (193쪽 그림 참고) 1번째 코에 스티치 마커 A를 건다.

미리 준비한 바탕실 1가닥을 연결해서, 다음과 같이 진행한다.
**1단:** 모든 코 겉뜨기
**2단:** 겉1, ssk 코줄임, 겉2, 왼코줄임, 단 끝까지 겉뜨기 (총 14코 = 귀 앞쪽 6코 / 귀 뒤쪽 8코)
**3단:** 모든 코 겉뜨기
**4단:** 겉1, ssk 코줄임, 왼코줄임, 겉2, ssk 코줄임, 겉2, 왼코줄임, 겉1 (총 10코 = 4코 / 6코)
**5단:** 모든 코 겉뜨기
**6단:** 겉5, ssk 코줄임, 왼코줄임, 겉1 (총 8코 = 4코 / 4코)
**7단:** 겉1, ssk 코줄임, 겉2, 왼코줄임, 겉1 (총 6코 = 3코 / 3코)
**8단:** [겉뜨기하듯이 2코 걸러뜨기, 겉1, 걸러뜨기한 2코를 겉뜨기한 코 위로 덮어씌우기] 2회 (총 2코)

실을 자르고, 실 꼬리는 귀를 통과시켜 편물 안쪽으로 가져온다. 또한 귀 시작 부분에서 나온 실 꼬리도 편물 안쪽으로 가져와 함께 묶는다.

### 귀 단 시작

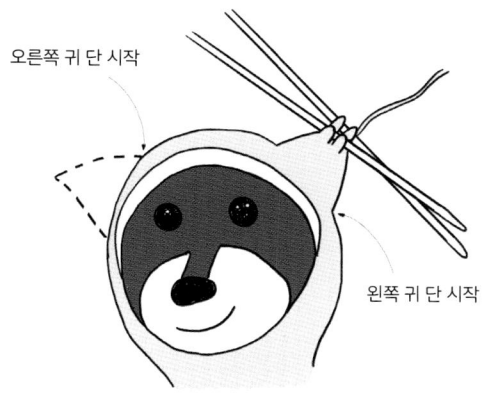

오른쪽 귀 단 시작
왼쪽 귀 단 시작

### 오른쪽 귀

다른 16코 세트를 작업 중인 바늘에 옮기고 자투리 실을 제거한다. 너구리 인형 머리가 위로 향하고 정면을 보는 상태에서, 시작 지점이 오른쪽에 오도록 바늘을 재배치해 원통으로 뜬다. (상단 그림 참고) 1번째 코에 스티치 마커 A를 건다.

미리 준비한 다른 실을 연결해서 1단부터 왼쪽 귀와 동일하게 작업한다.

## 목과 어깨 모양 만들기

현재 바늘에는 총 18코 (뒤판 10코 / 앞판 8코) 있다. 너구리 인형의 머리가 아래를 향하고 등이 보이는 상태에서, 스티치 마커 A로 표시한 현재 단 시작점에서 원통뜨기를 시작한다.

1단: 겉뜨기 꼬아뜨기 1, 단 끝까지 겉뜨기
2단: 겉1, kfb 코늘림, 겉6, kfb 코늘림, 단 끝까지 겉뜨기 (총 20코 = 뒤판 12코 / 앞판 8코)
3단: [겉2, kfb 코늘림] 4회, 단 끝까지 kfb 코늘림을 반복 (총 32코 = 16코 / 16코)
4단 (부분적인 단): 단 끝에 3코 남을 때까지 겉뜨기, 다음 코에 스티치 마커 A 옮기기
이곳이 새로운 단 시작이 되고, 그에 따라 바늘을 재배치하고 필요한 경우 코 분배를 다시 조정한다.
5단: 모든 코 겉뜨기
6단: [겉1, kfb 코늘림]을 단 끝까지 반복 (총 48코)
7단: 모든 코 겉뜨기
8단: [겉2, kfb 코늘림]을 단 끝까지 반복 (총 64코)
9~14단: 모든 코 겉뜨기 (총 6단)

## 팔 만들기
레슨 8~11 + 4 참고

너구리 인형의 머리가 아래를 향하고 등이 보이는 상태에서, 현재 단 시작점에서 원통뜨기를 시작한다.

### 왼쪽 팔

세팅 1단: 단의 처음 8코를 겉뜨기, 다음 48코를 홀더에 옮겨 쉼코로 둔다. 감아코잡기 방법으로 2코 만든다, 스티치 마커 A를 걸고 2코 만든다. 단의 마지막 8코를 겉뜨기한다. (총 20코)
세팅 2단: 스티치 마커 A를 다시 만날 때까지 겉뜨기한다. 다음 코에 스티치 마커 A를 옮긴다. 이곳이 새로운 단 시작이 되고 그에 따라 바늘을 재배치하고 필요한 경우 코 분배를 다시 조정한다.

1단: 모든 코 겉뜨기
2단: 겉1, ssk 코줄임, 단 끝에 3코 남을 때까지 겉뜨기, 왼코줄임, 겉1 (총 18코)
3단: 모든 코 겉뜨기
4단: 2단을 반복 (총 16코)
5~10단: 모든 코 겉뜨기 (총 6단)
11단: 겉5, 왼코줄임, 겉2, ssk 코줄임, 겉5 (총 14코)
12단: 모든 코 겉뜨기
13단: 겉4, 왼코줄임, 겉2, ssk 코줄임, 겉4 (총 12코)
14단: 모든 코 겉뜨기
15단: 겉3, 왼코줄임, 겉2, ssk 코줄임, 겉3 (총 10코)
16단: 모든 코 겉뜨기
17단: 겉2, 왼코줄임, 겉2, ssk 코줄임, 겉2 (총 8코)
18단 (부분적인 단): 겉2, 다음 코에 스티치 마커 A 옮기기
이곳이 새로운 단 시작이 되고, 그에 따라 바늘을 재배치하고 필요한 경우 코 분배를 다시 조정한다.
19단: 검은색 실을 연결해서 회색 실과 함께 잡고, 모든 코 겉뜨기
20단: 회색 실을 자르고, 검은색 실로만 모든 코 겉뜨기
21~23단: 모든 코 겉뜨기 (총 3단)

실을 자르고 메리야스잇기 기법으로 손 구멍을 막는다. 실 꼬리를 편물 안쪽으로 넣는다. 색상 변경 부분에서 남은 2개의 실 끝도 동일하게 정리한다. 팔을 뒤집은 후, 실 꼬리들을 모아 함께 묶는다.

### 오른쪽 팔

**세팅 1단**: 너구리 인형 머리가 아래로 향하고 등이 보이는 상태에서, 처음 16코를 홀더에 옮겨 쉼코로 둔다. 다음 16코를 다시 작업 중인 바늘에 옮기고, 마지막 16코는 홀더에 옮겨 쉼코로 둔다. (총 16코)

**세팅 2단**: 작업 중인 바늘의 오른쪽 끝에 있는 코에서 시작해서, (나중에 작은 구멍이 있으면 막을 수 있게 충분히 실 꼬리를 남기고) 실을 연결해 16코를 겉뜨기한다. 감아코잡기 방법으로 2코 만든다. 스티치 마커 A를 걸고 2코 만든다. (총 20코)

**세팅 3단**: 바늘을 재배치해 스티치 마커 A를 다시 만날 때까지 겉뜨기한다. 다음 코에 스티치 마커 A를 옮긴다. 이곳이 새로운 단 시작이 되고, 그에 따라 바늘을 재배치하고 필요한 경우 코 분배를 다시 조정한다.

그 후에 1단부터 왼쪽 팔과 동일하게 뜬다.

### 몸통 만들기
**레슨 12 참고**

남아 있는 32코를 작업 중인 바늘로 다시 옮긴다. 너구리 인형의 머리가 아래를 향하고 등이 보이는 상태에서, 왼쪽 진동 가운데에 실을 연결해 원통뜨기한다.

**세팅 단**: 3코 줍고 뒤판 16코를 겉뜨기한다. 6코 줍고 앞판 16코를 겉뜨기한다. 3코 줍는다. (총 44코 = 뒤판 22코 / 앞판 22코)

1번째 코(처음 주운 코)에 스티치 마커 A를 건다.
**1~3단**: 모든 코 겉뜨기
**4단**: 겉22, 스티치 마커 B, 겉22
**5단**: 겉4, kfb 코늘림, 스티치 마커 B 5코 전까지 겉뜨기, kfb 코늘림, 겉4, 스티치 마커 B, 겉4, kfb 코늘림, 단 끝에 5코 남을 때까지 겉뜨기, kfb 코늘림, 겉4 (총 48코 = 뒤판 24코 / 앞판 24코)
**6단**: 모든 코 겉뜨기
**7단**: 겉4, kfb 코늘림, 스티치 마커 B 5코 전까지 겉뜨기, kfb 코늘림, 겉4, 스티치 마커 B, 단 끝까지 겉뜨기 (총 50코 = 26코 / 24코)
**8단**: 모든 코 겉뜨기
**9~10단**: 7~8단을 반복 (총 52코 = 28코 / 24코)
**11~16단**: 5~10단을 반복 (총 60코 = 34코 / 26코)
**17~22단**: 7~8단을 3회 더 반복 (총 66코 = 40코 / 26코)
**23단**: 모든 코 겉뜨기
**24단 (꼬리 위치 표시)**: 겉22, 마지막으로 겉뜨기한 4코에 자투리 실을 걸어 두기, 단 끝까지 겉뜨기
**25단**: 모든 코 겉뜨기
**26단 (꼬리 위치 표시)**: 겉22, 마지막으로 겉뜨기한 4코에 2번째 자투리

실을 걸어 두기, 단 끝까지 겉뜨기

**엉덩이 모양 만들기**

스티치 마커 B를 제거한다.

되돌아뜨기 단 주의: 이제 레슨 6의 상황 2 중 특별한 경우가 되었다. (46쪽 참고)

**코 세팅하기**: 처음 40코를 작업 중인 바늘에 두고 마지막 26코는 홀더에 옮겨 쉼코로 둔다. 1번째 코에 스티치 마커 A를 건다.

다음과 같이 편물을 앞뒤로 뒤집어가며 평면뜨기한다.
**1단 (겉면)**: 겉20, 스티치 마커 걸기, 겉2, 왼코줄임, 겉1, 편물 뒤집기 (엉덩이 총 39코)
**2단**: 스티치 마커를 지나 2코까지 안뜨기, ssp 코줄임, 안1, 편물 뒤집기 (총 38코)
**3단**: 진행 중 스티치 마커를 제거하며, 구멍 1코 전까지 겉뜨기, 왼코줄임, 겉1, 편물 뒤집기 (총 37코)
**4단**: 구멍 1코 전까지 안뜨기, ssp 코줄임, 안1, 편물 뒤집기 (총 36코)

3~4단을 4회 더 반복한다. (총 28코)

작업 중인 실이 있는 곳에서 시작해서, 다시 다음과 같이 원통뜨기한다.
**1단**: 구멍 1코 전까지 겉뜨기, 왼코줄임, 단 끝까지 겉뜨기 (총 53코 = 뒤판 27코 / 앞판 26코)
**2단**: 겉4, ssk 코줄임, 단 끝까지 겉뜨기 (총 52코 = 26코 / 26코)

지금까지 생긴 실 꼬리를 정리한다.

# 다리 만들기
### 레슨 13 참고

너구리 인형의 머리가 아래를 향하고 등이 보이는 상태에서, 현재 단 시작점에서 원통뜨기를 시작한다.

## 왼쪽 다리

**세팅 1단**: 단의 첫 11코를 겉뜨기, 다음 4코를 다음과 같이 코막음한다. 겉뜨기하듯이 1코 걸러뜨기, 겉1, 걸러뜨기한 코를 겉뜨기한 코 위로 덮어씌운다. *겉1, 이전 코를 겉뜨기한 코 위로 덮어씌우기*, *~*를 2회 더 반복한다. 겉21, 다음 4코를 전과 동일한 방식으로 코막음한다. 단의 마지막 10코를 겉뜨기한다. (작업 중인 바늘에 총 44코 있음)
**세팅 2단**: 단의 첫 11코를 겉뜨기, 다음 22코를 홀더에 옮겨 쉼코로 둔다. 마지막 11코를 겉뜨기한다. (총 22코)

1번째 코에 스티치 마커 A를 건다. (단 시작은 다리 바깥쪽에 있다)
**1단**: 모든 코 겉뜨기
**2단**: 겉1, ssk 코줄임, 단 끝에 3코 남을 때까지 겉뜨기, 왼코줄임, 겉1 (총 20코)
**3단**: 모든 코 겉뜨기
**4~9단**: 2~3단을 3회 더 반복 (총 14코)
**10단**: 모든 코 겉뜨기
**11~12단**: 2~3단을 반복 (총 12코)
**13단**: 모든 코 겉뜨기
**14단**: [겉1, ssk 코줄임, 왼코줄임, 겉1] 2회 (총 8코)
**15단**: 검은색 실을 연결해서 회색 실과 함께 잡고, 모든 코 겉뜨기
**16단**: 회색 실을 자르고 검은색 실로만 모든 코 겉뜨기
**17단**: 겉1, kfb코늘림 2회, 단 끝까지 겉뜨기 (총 10코 = 발 뒤쪽 6코 / 발 앞쪽 4코)
**18단**: 모든 코 겉뜨기
**19단**: 겉1, kfb코늘림, 겉2, kfb 코늘림, 단 끝까지 겉뜨기 (총 12코 = 8코 / 4코)
**20단**: 모든 코 겉뜨기
**21단**: 겉1, kfb 코늘림, 겉4, kfb 코늘림, 단 끝까지 겉뜨기 (총 14코 = 10코 / 4코)
**22단**: 모든 코 겉뜨기

**뒤꿈치 모양 만들기**

되돌아뜨기 단 주의: 이제 레슨 6의 상황 2를 할 차례다. (바늘비우기가 아닌, 실제 코를 소모하는 코줄임)

**코 세팅하기**: 처음 10코를 작업 중인 바늘에 두고, 마지막 4코를 홀더에 옮겨 쉼코로 둔다. 1번째 코에 스티치 마커 A를 건다.

다음과 같이 편물을 앞뒤로 뒤집어가며 평면뜨기한다.
**1단 (겉면)**: 겉6, 왼코줄임, 편물 뒤집기 (뒤꿈치 총 9코)
**2단**: 안3, ssp 코줄임, 편물 뒤집기 (총 8코)
**3단**: 겉3, 왼코줄임, 편물 뒤집기 (총 7코)
**4단**: 안3, ssp 코줄임, 편물 뒤집기 (총 6코)

작업 중인 실이 있는 곳에서 시작해서, 다시 다음과 같이 원통뜨기한다.
**1단**: 겉3, 왼코줄임, 단 끝까지 겉뜨기 (총 9코 = 뒤꿈치 뒤쪽 5코 / 뒤꿈치 앞쪽 4코)
**2단**: 겉뜨기하듯이 1코 걸러뜨기, 겉1, 걸러뜨기한 코를 겉뜨기한 코 위로 덮어씌우기, 겉뜨기 꼬아뜨기 1, 단 끝까지 겉뜨기 (총 8코 = 4코 / 4코)

## 발 마무리
**1~3단**: 모든 코 겉뜨기

실을 자르고 메리야스잇기 기법으로 발을 마감한다. 실 꼬리를 편물 안쪽으로 넣는다. 색상 변경 부분에서 남은 2개의 실 꼬리도 동일하게 정리한다. 다리를 뒤집은 후, 실 꼬리들을 모아 함께 묶는다.

## 오른쪽 다리

**세팅 단**: 너구리 인형의 머리가 아래를 향하고 등이 보이는 상태에서, 마지막 22코를 다시 바늘로 옮기고, 오른쪽 끝에 실을 연결해서 겉뜨기로 22코 뜬다.

바늘을 재배치해 원통으로 뜬다. 1번째 코에 스티치 마커 A를 건다. (단 시작은 다리 안쪽에 있다)
**1단**: 모든 코 겉뜨기
**2단**: 겉8, 왼코줄임, 겉2, ssk 코줄임, 단 끝까지 겉뜨기 (총 20코)
**3단**: 모든 코 겉뜨기
**4단**: 겉7, 왼코줄임, 겉2, ssk 코줄임, 단 끝까지 겉뜨기 (총 18코)
**5단**: 모든 코 겉뜨기
**6단**: 겉6, 왼코줄임, 겉2, ssk 코줄임, 단 끝까지 겉뜨기 (총 16코)
**7단**: 모든 코 겉뜨기
**8단**: 겉5, 왼코줄임, 겉2, ssk 코줄임, 단 끝까지 겉뜨기 (총 14코)
**9~10단**: 모든 코 겉뜨기
**11단**: 겉4, 왼코줄임, 겉2, ssk 코줄임, 단 끝까지 겉뜨기 (총 12코)
**12~13단**: 모든 코 겉뜨기

그 후에 14단부터 왼쪽 다리와 동일하게 뜬다. 오른쪽 다리에서는 시작할 때 연결한 실 꼬리도 정리한다.

## 꼬리 추가하기

표시한 4코 1세트를 작업 중인 바늘에 옮기고, 2세트의 표시된 코 사이에서 1코를 줍는데 걸기만 하고 뜨지 않는다. 나머지 표시된 4코를 작업 중인 바늘에 옮긴다. 다시 2세트 사이에서 1코를 주워 걸기만 하고 뜨지 않는다. (상단 그림 참고) 마지막으로 주운 코 다음 코에 스티치 마커 A를 건다. 이곳이 새로운 단 시작이 된다. 자투리 실을 제거하고 바늘을 재배치해 원통으로 뜬다.

검은색 실을 연결해서 다음과 같이 진행한다.
**1단**: 모든 코 겉뜨기
**2단**: 겉4, kfb 코늘림, 겉4, kfb 코늘림 (총 12코)
**3~4단**: 모든 코 겉뜨기
**5단**: [겉1, kfb 코늘림]을 단 끝까지 반복 (총 18코)

## 꼬리 코 줍기

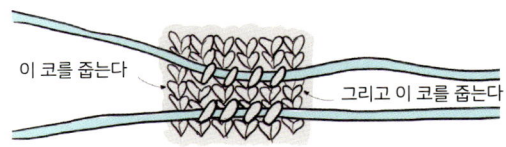

이 코를 줍는다    그리고 이 코를 줍는다

**6단**: 모든 코 겉뜨기
**7단**: 흰색 실을 연결해서 검은색 실과 함께 잡고, 모든 코 겉뜨기
**8단**: 검은색 실은 꼬리 안쪽에 그대로 두고, 흰색 실로만 모든 코 겉뜨기
**9~12단**: 흰색 실로 모든 코 겉뜨기 (총 4단)
**13단**: 흰색 실로 [겉2, kfb 코늘림]을 단 끝까지 반복 (총 24코)
**14단**: 검은색 실을 다시 들어 흰색 실과 함께 잡고, 모든 코 겉뜨기
**15단**: 흰색 실은 꼬리 안쪽에 그대로 두고, 검은색 실로만 모든 코 겉뜨기
**16~20단**: 검은색 실로 모든 코 겉뜨기 (총 5단)
**21단**: 흰색 실을 다시 들어 검은색 실과 함께 잡고, 모든 코 겉뜨기
**22단**: 검은색 실은 꼬리 안쪽에 그대로 두고, 흰색 실로만 모든 코 겉뜨기
**23~27단**: 흰색 실로 모든 코 겉뜨기 (총 5단)
**28~34단**: 14-20단을 반복
**35단**: 흰색 실을 다시 들어 검은색 실과 함께 잡고, 모든 코 겉뜨기
**36단**: 검은색 실은 꼬리 안쪽에 그대로 두고, 흰색 실로만 [겉4, 왼코줄임]을 단 끝까지 반복 (총 20코)
**37~39단**: 흰색 실로 모든 코 겉뜨기 (총 3단)
**40단**: 흰색 실로 [겉3, 왼코줄임]을 단 끝까지 반복 (총 16코)
**41단**: 검은색 실을 다시 들어 흰색 실과 함께 잡고, 모든 코 겉뜨기

**42단**: 흰색 실을 자르고 검은색 실로만 모든 코 겉뜨기
**43단**: 모든 코 겉뜨기
**44단**: [겉2, 왼코줄임]을 단 끝까지 반복 (총 12코)
**45단**: 모든 코 겉뜨기
**46단**: [겉1, 왼코줄임]을 단 끝까지 반복 (총 8코)

약 25cm 정도 남기고 실을 자른다. 돗바늘을 사용해 바늘에 걸린 코들에 실을 꿰어 넣는다. 솜을 채운 후에 실을 당겨 구멍을 닫는다.

## 세탁, 솜 넣기, 구멍 막기
레슨 14 참고

작은 너구리에게 목욕을 시킵니다. 얼굴 정도는 스스로 씻을 수 있겠죠?

완전히 마른 후에 솜을 넣는다.

먼저 꼬리에 솜을 채운다. 그 후에, 마지막 코들에 꿰어둔 실을 당겨 꼬리 끝의 구멍을 닫는다. 실 꼬리는 꼬리를 통과시켜 편물 안쪽으로 가져온다. 또한 꼬리 시작 부분에서 나온 실 꼬리도 편물 안쪽으로 가져와 함께 묶는다. 매듭은 작품의 안면 표면에 최대한 가깝게 묶고, 안전을 위해 매듭을 한 번 더 만들고 실을 짧게 자른다. 더 단단하게 고정하고 싶다면, 꼬리 밑부분에 별도의 실을 사용해 한 줄 꿰매 보강해도 좋다.

나머지 너구리 몸에도 솜을 넣는다. 레슨 14를 참고한다.

마지막 구멍은 돗바늘과 별도의 바탕실을 사용해서 막는다.

# 빌리의 옷

### 실

Daughter of a Shepherd, Ram Jam Sport (혼합 품종에서 얻은 울 100%, 169m, 50g)
**스웨터**: 바탕실, "Golden Hour 0" 색상, 약 5g, 배색실, "Shade 0 - Natural white" 색상, 약 5g
**바지**: "November sky 1A" 색상, 약 10g

혹은 동일한 스포츠 굵기의 실 3가지 약 5g (17m), 5g (17m), 10g (34m)

### 바늘

2.5mm, 2.75mm

### 스웨터

빌리의 스웨터는 칼라부터 시작해서 위에서 아래로 뜬다. 요크를 뜬 후, 소매를 먼저 작업한 다음 몸통을 마무리한다.

*주의: 새로운 색상을 1번째 단에서 사용할 때는 이전 색상을 새 색상 위로 넘겨 실 2가닥을 꼬아 준 후, 새 색상으로 뜨기 시작한다. 2번째 단에서는 새 색상을 이전 색상 위로 넘기고 다시 아래로 통과시켜 새 색상이 이전 색상을 완전히 감싸도록 꼬아 준 다음, 2번째 단을 시작한다.*

일반코잡기 방법으로, 스웨터 바탕실과 2.5mm 바늘을 사용해서, 32코 만든다.

바늘을 재배치해 원통으로 뜬다. 1번째 코에 스티치 마커 A를 건다.

1단: 모든 코 안뜨기
2단: 모든 코 겉뜨기
3단: 모든 코 안뜨기
2.75mm 바늘로 바꿔 계속해서 다음과 같이 진행한다.
4단: [겉1, kfb 코늘림]을 단 끝까지 반복 (총 48코)
배색실을 연결해서, 다음과 같이 진행한다.
5단: 모든 코 겉뜨기
6단: 안뜨기하듯이 1코 걸러뜨기, 단 끝까지 겉뜨기
7단: [겉3, kfb 코늘림]을 단 끝까지 반복 (총 60코)
8단: 모든 코 겉뜨기
바탕실로 진행한다.
9단: 모든 코 겉뜨기
10단: 안뜨기하듯이 1코 걸러뜨기, 단 끝까지 겉뜨기
11단: [겉4, kfb코늘림]을 단 끝까지 반복 (총 72코)
12단: 모든 코 겉뜨기
배색실로 진행한다.
13단: 모든 코 겉뜨기
14단: 안뜨기하듯이 1코 걸러뜨기, 단 끝까지 겉뜨기
15~16단: 모든 코 겉뜨기
바탕실로 진행한다.
17단: 모든 코 겉뜨기
18단: 안뜨기하듯이 1코 걸러뜨기, 단 끝까지 겉뜨기
19단: 모든 코 겉뜨기

### 1번째 소매

배색실을 자른다. 현재 단 시작점에서 원통뜨기를 시작한다. 바탕실로 원통뜨기한다.

**세팅 1단:** 단의 첫 7코를 겉뜨기, 다음 58코를 홀더에 옮겨 쉼코로 둔다. 감아코잡기 방법으로 2코 만든다. 스티치 마커 A를 걸고 2코 만든다. 단의 마지막 7코를 겉뜨기한다. (총 18코)

**세팅 2단:** 스티치 마커 A를 다시 만날 때까지 겉뜨기한다. 다음 코에 스티치 마커 A를 옮긴다. 이곳이 새로운 단 시작이 되고, 그에 따라 바늘을 재배치하고 필요한 경우 코 분배를 다시 조정한다.

그 후에 다음과 같이 진행한다.
**1단:** 모든 코 겉뜨기
2.5mm 바늘로 바꿔 계속해서 다음과 같이 진행한다.
**2단:** 모든 코 안뜨기
**3단:** 겉1, ssk 코줄임, 단 끝에 3코 남을 때까지 겉뜨기, 왼코줄임, 겉1 (총 16코)

안뜨기로 2코 모아뜨기 코막음 기법으로 모든 코 코막음한다. (레슨 19 참고) 실을 자르고 마지막 코에 통과시키고, 실 꼬리를 정리한다.

### 2번째 소매

**세팅 1단:** 스웨터의 칼라가 아래로 향한 상태에서, 1번째 소매가 오른쪽에 오도록 놓는다. 처음 22코는 홀더에 옮겨 쉼코로 둔다. 다음 14코는 2.75mm 바늘에 다시 옮긴다. 마지막 22코는 그대로 홀더에 남겨둔다. (총 14코)

**세팅 2단:** 작업 중인 바늘에 있는 코들의 오른쪽 끝에서 시작해서, (나중에 생길 수 있는 작은 구멍을 메울 수 있도록 실 꼬리를 충분히 남기고) 바탕실을 연결한다. 겉뜨기로 14코 뜬다. 감아코잡기 방법으로 2코 만든다. 스티치 마커 A를 걸고 2코 만든다. (총 18코)

**세팅 3단:** 코를 재배치해 원통으로 뜬다. 스티치 마커 A를 다시 만날 때까지 겉뜨기한다. 다음 코에 스티치 마커 A를 옮긴다. 이곳이 새로운 단 시작이 되고, 그에 따라 바늘을 재배치하고 필요한 경우 코 분배를 다시 조정한다.

그 후에 1단부터 1번째 소매와 동일하게 뜬다.

### 몸통

남아있는 44코를 작업 중인 바늘로 다시 옮긴다. 스웨터의 칼라가 아래로 향한 상태에서 2번째 소매를 왼쪽에 두고, 1번째 소매 진동 가운데에 실을 연결해서, 원통뜨기한다.

**세팅 단:** 3코 줍고 겉22, 2번째 소매 진동을 따라 6코 줍는다. 겉22, 3코 줍는다. (총 56코)

1번째 코(처음 주운 코)에 스티치 마커 A를 건다.
**1~2단:** 모든 코 겉뜨기

2.5mm 바늘로 바꿔 계속해서 다음과 같이 진행한다.
**3단:** 모든 코 안뜨기
**4단:** [겉1, ssk 코줄임, 겉22, 왼코줄임, 겉1] 2회 (총 52코)

안뜨기로 2코 모아뜨기 코막음 기법으로 모든 코를 코막음한다. 실을 자르고 마지막 코에 통과시키고, 실 꼬리를 정리한다.

### 마무리

남아있는 실 꼬리를 정리한다.

스웨터를 물에 담가 적신 뒤, 평평한 곳에 펴서 말린다.

## 바지

빌리의 바지는 허리 부분부터 시작해서, 고무뜨기 무늬 위에서 아래로 뜬다.

레슨 15에서 설명한 대체 케이블 캐스트온 방법을 사용해서, 바지에 사용할 색상 실과 2.75mm 바늘로 48코를 만든다.

바늘을 재배치해 원통으로 뜬다. 1번째 코에 스티치 마커 A를 건다.

**1~3단:** [겉1, 안1]을 단 끝까지 반복
**4단:** [kfb 코늘림, 안1]을 단 끝까지 반복 (총 72코)
**5단:** [겉2, 안1]을 단 끝까지 반복
**6단:** [겉1, 안2]을 단 끝까지 반복
**7~20단:** 5~6단을 7회 더 반복
**21단 (꼬리 구멍 만들기, 레슨 18 참고):** [겉2, 안1]을 5회 반복, 실을 편물 앞으로 가져와 다음 코를 안뜨기하듯이 걸러뜨기, 실을 편물 뒤로 가져와 *안뜨기하듯이 1코 걸러뜨기, 이전의 걸러뜨기한 코를 그 위로 덮어씌우기*, *~*를 5회 더 반복해서 6코 코막음, 마지막으로 걸러뜨기한 코를 다시 왼손 바늘로 옮기기, 편물 뒤집기, 실을 편물 뒤로 가져와 케이블 코잡기 방법으로 7코 만들기, 편물 뒤집기, 실을 편물 뒤로 가져와 안뜨기하듯이 1코 걸러뜨기, 마지막으로 코잡기한 코를 그 위로 덮어씌우기, 마지막으로 걸러뜨기한 코를 다시 왼손 바늘로 옮기기, [겉2, 안1]을 단 끝까지 반복
**22단:** [겉1, 안2]를 단 끝까지 반복
**23~26단:** 5~6단을 2회 반복

### 왼쪽 다리

현재 단 시작점에서 원통뜨기를 시작한다.

**세팅 1단:** [겉2, 안1]을 6회 반복한다. 다음 36코를 홀더에 옮겨 쉼코로 둔다. [겉2, 안1]을 6회 반복한다. (작업 중인 바늘에 총 36코)
**세팅 2단:** [겉1, 안2]를 단 끝까지 반복한다.

1번째 코에 스티치 마커 A를 건다. (단 시작은 다리 바깥쪽에 있다)
**1단:** [겉2, 안1]을 단 끝까지 반복
**2단:** [겉1, 안2]를 단 끝까지 반복

고무뜨기하면서 모든 코를 코막음한다. 레슨 16에서 설명한 방법대로 진행하는데, 겉뜨기 1코는 안뜨기로, 안뜨기 2코는 겉뜨기로 대체한다. 실을 자르고, 마지막 코에 실을 꿰어 통과시킨 뒤 실 꼬리를 정리한다.

## 오른쪽 다리

**세팅 1단:** 바지의 허리가 아래를 향하고 꼬리 구멍이 보이는 상태에서, 남아있는 36코를 다시 작업 중인 바늘에 옮긴다. 오른쪽 끝에 실을 연결해서 [겉2, 안1]을 단 끝까지 반복한다. 바늘을 재배치해 원통으로 잇는다. 1번째 코에 스티치 마커 A를 건다. (단 시작은 다리 안쪽에 있다)
**세팅 2단:** [겉1, 안2]를 단 끝까지 반복한다.

그 후에 1단부터 시작해서 왼쪽 다리와 동일하게 뜬다. 실을 자르고 실 끝을 정리한다. 가랑이 부분에 남아있는 실 꼬리를 사용해 작은 구멍이 생겼다면 메우고 실 끝을 정리한다.

## 마무리

남아있는 실 꼬리를 정리한다.

바지를 물에 담가 적신 후, 고무뜨기 편물이 늘어나지 않도록 조심하며 평평하게 펴서 건조시킨다.

# Henri

앙리
—
**오랑우탄**

### 키

26cm

### 실

Serafina, Meias Inglesas (코리데일울 100%, 400m, 100g)
**바탕실:** "Orangotango" 색상, 약 40g (160m )
**주둥이, 손, 발에 사용할 배색실:** "Peachy" 색상, 약 5g (20m)

Serafina, Silk Mohair (키드 모헤어 72% / 실크 28%, 420m, 50g), "Orangotango", 약 19g (160m), 바탕실과 함께 잡고 뜬다.

혹은 핑거링 굵기 실 약 40g (160m) + 레이스 모헤어 실 약 19g (160m), 주둥이, 손, 발에 사용할 핑거링 굵기 복숭아빛이 도는 밝은 색상 실 5g (20m)

### 바늘

2mm, 2.25mm

### 부자재

4.5mm 짙은 갈색 인형눈, 눈 위치를 표시하기 위해 대비되는 색상의 자투리 실 2개

### 주의

모헤어 실은 머리 모양 만들기 과정에서, 1번째 섹션의 되돌아뜨기가 끝나고 원통뜨기를 다시 시작하기 직전에만 사용된다. 그전까지는 핑거링 굵기 실 한 가닥만 사용하며, 2mm 바늘로 작업한다.

## 코줍기

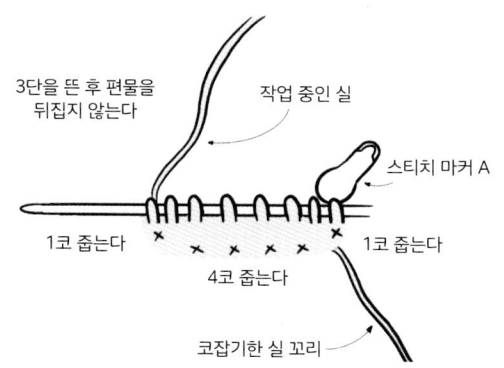

3단을 뜬 후 편물을 뒤집지 않는다
작업 중인 실
스티치 마커 A
1코 줍는다
4코 줍는다
1코 줍는다
코잡기한 실 꼬리

## 시작하기
레슨 1~5 참고

2mm 바늘로 배색실과 일반코잡기 방법을 사용해서, 4코 만든다.

다음과 같이 편물을 앞뒤로 뒤집어가며 평면뜨기한다.
1단 (겉면): 겉1, kfb 코늘림 2회, 겉1 (총 6코)
2단: 모든 코 안뜨기
3단: 겉2, kfb 코늘림 2회, 겉2 (총 8코)

이제 원통뜨기를 시작할 것이다. 편물의 겉면이 보이는 상태에서, 작업 중인 실을 사용해서 다음과 같이 코줍기한다. 왼쪽 가장자리에서 1코, 코잡기한 코 바로 위 가장자리를 따라 4코, 오른쪽 가장자리에서 1코. (상단 그림 참고)

코를 줍는 것이 어렵다면 코바늘을 사용해도 좋다. 특히 마지막 코는 조금 까다로울 수 있다. 이제 작업 중인 바늘에 총 14코가 있게 된다. 마지막으로 주운 코 바로 다음 코에 스티치 마커 A를 걸어 표시한다. 이곳이 단의 시작이 된다. 바늘을 재배치해 원통으로 뜬다.

1단: 겉10, kfb 코늘림 2회, 겉2 (총 16코)
2단: 모든 코 겉뜨기
3단: [겉2, kfb 코늘림 4회, 겉2] 2회 (총 24코)
4단: 모든 코 겉뜨기
5단: [겉4, kfb 코늘림 4회, 겉4] 2회 (총 32코)
6단: 모든 코 겉뜨기
7단: 바탕실을 연결해서 (지금은 모헤어실은 뜨지 않는다) 배색실과 함께 잡고, 모든 코 겉뜨기
8단: 배색실을 자르고, 바탕실로만 모든 코 겉뜨기
9단: 겉4, ssk 코줄임 2회, 왼코줄임 2회, 겉4, ssk 코줄임 4회, 왼코줄임

4회 (총 20코 = 머리 위쪽 12코 / 목 8코)
10단: 모든 코 겉뜨기
11단: 겉4, kfb 코늘림 4회, 겉5, kfb 코늘림, 단 끝에 2코 남을 때까지 겉뜨기, kfb 코늘림, 겉1 (총 26코 = 16코 / 10코)
12단: 겉16, 스티치 마커 B 걸기, 겉10
13단: 스티치 마커 B까지 kfb 코늘림 반복, 스티치 마커 B, 겉1, kfb 코늘림, 단 끝에 2코 남을 때까지 겉뜨기, kfb 코늘림, 겉1 (총 44코 = 32코 / 12코)
14단 (눈 위치 표시): 겉14, 마지막으로 겉뜨기한 코에 1번째 자투리 실을 통과시켜 느슨하게 묶기, 겉5, 마지막으로 겉뜨기한 코에 2번째 자투리 실을 통과시켜 느슨하게 묶기, 단 끝까지 겉뜨기
15~16단: 모든 코 겉뜨기
17단: 스티치 마커 B까지 겉뜨기, 스티치 마커 B, 겉1, kfb 코늘림, 단 끝에 2코 남을 때까지 겉뜨기, kfb 코늘림, 겉1 (총 46코 = 32코 / 14코)
18~19단: 모든 코 겉뜨기
20단: 17단을 반복 (총 48코 = 32코 / 16코)

## 머리 모양 만들기
레슨 6 참고

스티치 마커 B를 제거한다.

### 되돌아뜨기 - 섹션 1

주의: 이제 레슨 6의 상황 1을 할 차례다. (바늘비우기와 바늘비우기 코를 소모하는 코줄임)

코 세팅하기: 처음 32코를 작업 중인 바늘에 두고 마지막 16코는 홀더에 옮겨 쉼코로 둔다. 1번째 코에 스티치 마커 A를 건다.

다음과 같이 편물을 앞뒤로 뒤집어가며 평면뜨기한다.
1단 (겉면): 겉19, 편물 뒤집기
2단: 바늘비우기, 안6, 편물 뒤집기
3단: 바늘비우기, 겉6, 왼코줄임, 겉1, 편물 뒤집기
4단: 바늘비우기, 안8, ssp 코줄임, 안1, 편물 뒤집기
5단: 바늘비우기, 겉10, 왼코줄임, 겉1, 편물 뒤집기
6단: 바늘비우기, 안12, ssp 코줄임, 안1, 편물 뒤집기

2.75mm 바늘로 바꾸고, 작업하고 있는 실에 모헤어 실을 함께 연결해서 원통뜨기한다.
1단: 바늘비우기, 겉14, 왼코줄임, 단 끝까지 겉뜨기 (총 48코 + 바늘비우기 = 머리 위쪽 32코 + 바늘비우기 / 목 16코)
2단: 겉8, 겉뜨기하듯이 1코 걸러뜨기, 바늘비우기 코를 겉뜨기, 걸러뜨기한 코를 겉뜨기한 코 위로 덮어씌우기, 겉뜨기 꼬아뜨기 1, 단 끝까지

겉뜨기 (총 48코 = 32코 / 16코)

## 되돌아뜨기 - 섹션 2

*주의: 이제 레슨 6의 상황 1을 할 차례다. (바늘비우기와 바늘비우기 코를 소모하는 코줄임)*

**코 세팅하기:** 처음 32코를 작업 중인 바늘에 두고 마지막 16코는 홀더에 옮겨 쉼코로 둔다. 1번째 코에 스티치 마커 A를 건다.

다음과 같이 편물을 앞뒤로 뒤집어가며 평면뜨기한다.
**1단 (겉면):** 겉19, 편물 뒤집기
**2단:** 바늘비우기, 안6, 편물 뒤집기
**3단:** 바늘비우기, 겉6, 왼코줄임, 겉1, 편물 뒤집기
**4단:** 바늘비우기, 안8, ssp 코줄임, 안1, 편물 뒤집기
**5단:** 바늘비우기, 겉10, 왼코줄임, 겉1, 편물 뒤집기
**6단:** 바늘비우기, 안12, ssp 코줄임, 안1, 편물 뒤집기

작업 중인 실이 있는 곳에서 시작해서, 다시 다음과 같이 원통뜨기한다.
**1단:** 바늘비우기, 겉14, 왼코줄임, 단 끝까지 겉뜨기 (총 48코 + 바늘비우기 = 머리 위쪽 32코 + 바늘비우기 / 목 16코)

## 되돌아뜨기 - 섹션 3

*주의: 이제 레슨 6의 상황 2를 할 차례다. (바늘비우기가 아닌, 실제 코를 소모하는 코줄임)*

**코 세팅하기:** 처음 32코와 남아있는 바늘비우기 코를 작업 중인 바늘에 두고 마지막 16코는 홀더에 옮겨 쉼코로 둔다. 1번째 코에 스티치 마커 A를 건다.

다음과 같이 편물을 앞뒤로 뒤집어가며 평면뜨기한다.
**1단 (겉면):** 겉8, 겉뜨기하듯이 1코 걸러뜨기, 바늘비우기 코를 겉뜨기, 걸러뜨기한 코를 겉뜨기한 코 위로 덮어씌우기, 겉뜨기 꼬아뜨기 1, 겉7, 왼코줄임, 겉1, 편물 뒤집기 (총 31코)
**2단:** 안4, ssp 코줄임, 안1, 편물 뒤집기 (총 30코)
**3단:** 겉5, 왼코줄임, 겉1, 편물 뒤집기 (총 29코)
**4단:** 안6, ssp 코줄임, 안1, 편물 뒤집기 (총 28코)
**5단:** 겉7, 왼코줄임, 겉1, 편물 뒤집기 (총 27코)
**6단:** 안8, ssp 코줄임, 안1, 편물 뒤집기 (총 26코)
**7단:** 겉9, 왼코줄임, 겉1, 편물 뒤집기 (총 25코)
**8단:** 안10, ssp 코줄임, 안1, 편물 뒤집기 (총 24코)
**9단:** 겉11, 왼코줄임, 겉1, 편물 뒤집기 (총 23코)
**10단:** 안12, ssp 코줄임, 안1, 편물 뒤집기 (총 22코)
**11단:** 겉13, 왼코줄임, 겉1, 편물 뒤집기 (총 21코)
**12단:** 안14, ssp 코줄임, 안1, 편물 뒤집기 (총 20코)

작업 중인 실이 있는 곳에서 시작해서, 다시 다음과 같이 원통뜨기한다.
**1단:** 겉15, 왼코줄임, 겉3, ssk 코줄임 3회, 왼코줄임 3회, 겉2 (총 29코 = 머리 위쪽 19코 / 목 10코)

## 되돌아뜨기 - 섹션 4

*주의: 이제 레슨 6의 상황 1을 할 차례다. (바늘비우기와 바늘비우기 코를 소모하는 코줄임)*

**코 세팅하기:** 처음 19코를 작업 중인 바늘에 두고 마지막 10코는 홀더에 옮겨 쉼코로 둔다. 1번째 코에 스티치 마커 A를 건다.

다음과 같이 편물을 앞뒤로 뒤집어가며 평면뜨기한다.
**1단 (겉면):** 겉뜨기 꼬아뜨기 1, ssk 코줄임, 겉12, 편물 뒤집기 (머리 위쪽 총 18코 )
**2단:** 바늘비우기, 안10, 편물 뒤집기
**3단:** 바늘비우기, 겉10, 왼코줄임, 겉1, 편물 뒤집기
**4단:** 바늘비우기, 안12, ssp 코줄임, 안1, 편물 뒤집기

작업 중인 실이 있는 곳에서 시작해서, 다시 다음과 같이 원통뜨기한다.
**1단:** 바늘비우기, 겉14, 왼코줄임, 단 끝까지 겉뜨기 (총 28코 + 바늘비우기 = 머리 뒤쪽 18코 + 바늘비우기 / 목 10코)

## 되돌아뜨기 - 섹션 5

*주의: 이제 레슨 6의 상황 1을 할 차례다. (바늘비우기와 바늘비우기 코를 소모하는 코줄임)*

**코 세팅하기:** 처음 18코와 남아있는 바늘비우기 코를 작업 중인 바늘에 두고, 마지막 10코는 홀더에 옮겨 쉼코로 둔다. 1번째 코에 스티치 마커 A를 건다.

다음과 같이 편물을 앞뒤로 뒤집어가며 평면뜨기한다.
**1단 (겉면):** 겉뜨기 꼬아뜨기 1, 겉뜨기하듯이 1코 걸러뜨기, 바늘비우기 코를 겉뜨기, 걸러뜨기한 코를 겉뜨기한 코 위로 덮어씌우기, 겉뜨기 꼬아뜨기 1, 겉11, 편물 뒤집기
**2단:** 바늘비우기, 안10, 편물 뒤집기
**3단:** 바늘비우기, 겉10, 왼코줄임, 겉1, 편물 뒤집기
**4단:** 바늘비우기, 안12, ssp 코줄임, 안1, 편물 뒤집기

작업 중인 실이 있는 곳에서 시작해서, 다시 다음과 같이 원통뜨기한다.

1단: 바늘비우기, 겉14, 왼코줄임, 겉2, ssk 코줄임, 단 끝에 3코 남을 때까지 겉뜨기, 왼코줄임, 겉1 (총 26코 + 바늘비우기 = 머리 뒤쪽 18코 + 바늘비우기 / 목 8코)
2단: 겉뜨기 꼬아뜨기 1, 겉뜨기하듯이 1코 걸러뜨기, 바늘비우기 코를 겉뜨기, 걸러뜨기한 코를 겉뜨기한 코 위로 덮어씌우기, 겉뜨기 꼬아뜨기 1, 단 끝까지 겉뜨기 (총 26코 = 18코 / 8코)
3단: 겉1, ssk 코줄임 4회, 왼코줄임 4회, 단 끝까지 겉뜨기 (총 18코 = 10코 / 8코)

얼굴 표정과 귀를 추가하는 동안 바늘에서 코가 빠지지 않도록 주의한다.

## 얼굴 표정 추가하기
레슨 7 참고

먼저, 코잡기할 때 남은 실 꼬리를 머리 안쪽으로 넣고 정리한다. 색상 변경 부분에서 남은 실 꼬리들도 같은 방식으로 안쪽으로 넣어 마무리한다. 눈을 달거나 자수로 수놓는다. 콧구멍과 웃는 입도 자수로 표현한다. 콧구멍은 주둥이 윗부분과 2가지 색상이 만나는 지점 근처에 위치한다. 약간 기울어지는 형태로 서로 가까이 수놓는다.

## 목과 어깨 모양 만들기

바늘에 총 18코 (앞판 10코 / 뒤판 8코) 있다. 오랑우탄 인형의 머리가 아래를 향하고 등이 보이는 상태에서, 스티치 마커 A로 표시한 현재 단 시작점에서 원통뜨기를 시작한다.

1단: 겉뜨기 꼬아뜨기 1, 단 끝까지 겉뜨기
2단: 겉1, kfb 코늘림, 겉6, kfb 코늘림, 단 끝까지 겉뜨기 (총 20코 = 뒤판 12코 / 앞판 8코)
3단: [겉2, kfb 코늘림] 4회, 단 끝까지 kfb 코늘림을 반복 (총 32코 = 16코 / 16코)
4단 (부분적인 단): 단 끝에 3코 남을 때까지 겉뜨기, 다음 코에 스티치 마커 A 옮기기
이곳이 새로운 단 시작이 되고, 그에 따라 바늘을 재배치하고 필요한 경우 코 분배를 다시 조정한다.
5단: 모든 코 겉뜨기
6단: [겉1, kfb 코늘림]을 단 끝까지 반복 (총 48코)
7~8단: 모든 코 겉뜨기
9단: [겉5, kfb 코늘림]을 단 끝까지 반복 (총 56코)
10~11단: 모든 코 겉뜨기
12단: [겉6, kfb 코늘림]을 단 끝까지 반복 (총 64코)
13~14단: 모든 코 겉뜨기

15단: [겉7, kfb 코늘림]을 단 끝까지 반복 (총 72코)
16~17단: 모든 코 겉뜨기
18단: [겉8, kfb 코늘림]을 단 끝까지 반복 (총 80코)
19~24단: 모든 코 겉뜨기 (총 6단)

## 팔 만들기
레슨 8~11 + 4 참고

오랑우탄 인형의 머리가 아래를 향하고 등이 보이는 상태에서, 현재 단 시작점에서 원통뜨기를 시작한다.

### 왼쪽 팔

세팅 1단: 단의 처음 10코를 겉뜨기, 다음 60코를 홀더에 옮겨 쉼코로 둔다. 감아코잡기 방법으로 2코 만든다. 스티치 마커 A를 걸고 2코 만든다. 단의 마지막 10코를 겉뜨기한다. (총 24코)
세팅 2단: 스티치 마커 A를 다시 만날 때까지 겉뜨기한다. 다음 코에 스티치 마커 A를 옮긴다. 이곳이 새로운 단 시작이 되고, 그에 따라 바늘을 재배치하고 필요한 경우 코 분배를 다시 조정한다.

1~2단: 모든 코 겉뜨기
3단: 겉8, 왼코줄임, 겉4, ssk 코줄임, 단 끝까지 겉뜨기 (총 22코)
4~8단: 모든 코 겉뜨기 (총 5단)
9단: 겉7, 왼코줄임, 겉4, ssk 코줄임, 단 끝까지 겉뜨기 (총 20코)
10~35단: 모든 코 겉뜨기 (총 26단)
36단: 겉2, ssk 코줄임, 단 끝에 4코 남을 때까지 겉뜨기, 왼코줄임, 겉2 (총 18코)
37단: 모든 코 겉뜨기
38~39단: 36~37단을 반복 (총 16코)
40단: 36단을 반복 (총 14코)
41단: 모헤어 실을 자르고, 배색실을 연결해서 바탕실과 함께 잡고, 모든 코 겉뜨기
42단: 바탕실을 자르고 2mm 바늘로 바꿔 배색실로만 모든 코 겉뜨기
43단 (부분적인 단): 겉4, 다음 코에 스티치 마커 A 옮기기
이곳이 새로운 단 시작이 되고, 그에 따라 바늘을 재배치하고 필요한 경우 코 분배를 다시 조정한다.

### 손 만들기

1~2단: 모든 코 겉뜨기
3단: 겉1, kfb 코늘림, 단 끝에 2코 남을 때까지 겉뜨기, kfb 코늘림, 겉1 (총 16코)
4단: 모든 코 겉뜨기
5~8단: 3~4단을 2회 반복 (총 20코)

## 엄지손가락 마무리하기

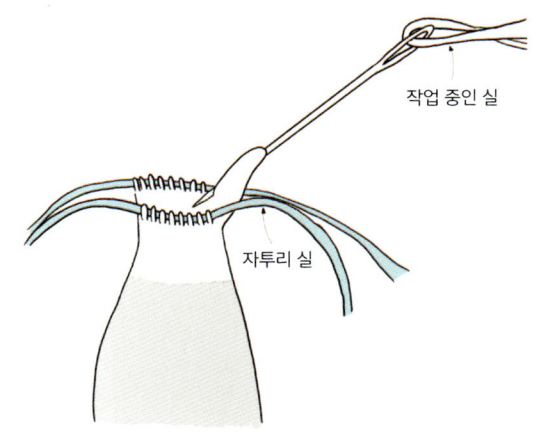

작업 중인 실
자투리 실

### 엄지손가락

세팅 단: 단의 처음 2코를 겉뜨기, 다음 16코를 자투리 실에 옮겨 쉼코로 둔다. 단의 마지막 2코를 겉뜨기한다. (작업 중인 바늘에 총 4코)
1~4단: 모든 코 겉뜨기

실을 약 2m 정도 남기고 자른다. 돗바늘에 실을 꿰어, 바늘에 걸린 4코에 실을 통과시켜 당긴다. 돗바늘을 엄지손가락 끝에서 시작해 아래쪽 밑동까지 곧게 넣어, 실 꼬리가 다음 섹션을 작업하기 좋은 위치로 나오도록 한다. (상단 그림 참고)

남아있는 16코를 다시 작업 중인 바늘에 옮긴다. 자투리 실을 제거하고 잠시 따로 둔다.

시작 지점이 엄지손가락 옆에 오도록 코를 정렬해 원통뜨기를 준비한다. 이전 단계에서 남겨둔 긴 실 꼬리를 사용해서 다음과 같이 진행한다.
1~3단: 모든 코 겉뜨기

### 1번째 손가락

세팅 단: 단의 처음 2코를 겉뜨기, 다음 12코를 자투리 실에 옮겨 쉼코로 둔다. 단의 마지막 2코를 겉뜨기한다. (작업 중인 바늘에 총 4코)
1~6단: 모든 코 겉뜨기

돗바늘에 실을 꿰어, 바늘에 걸린 4코에 실을 통과시켜 당긴다. 이전에 했던 것처럼 바늘을 손가락 안쪽으로 넣어, 다음 손가락을 작업할 수 있도록 실 꼬리를 적절한 위치로 빼낸다.

### 2번째 손가락

자투리 실에서 총 4코를 작업 중인 바늘에 옮긴다. 방금 만든 손가락에

**2번째 손가락 시작하기**

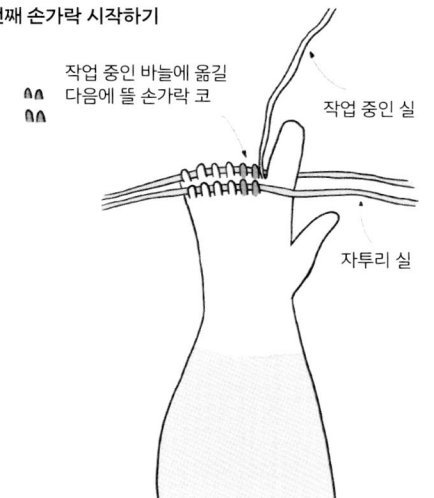

작업 중인 바늘에 옮길 다음에 뜰 손가락 코

작업 중인 실

자투리 실

인접한 위치에서 손바닥 양쪽에서 각각 2코씩, 2세트로 나눠 옮긴다. (상단 그림 참고)

코를 바늘에 옮긴 후, 자투리 실을 제거한다.

이전 손가락에서 남긴 실 꼬리를 사용해서, 다음과 같이 원통뜨기를 진행한다.
1~9단: 모든 코 겉뜨기

돗바늘에 실을 꿰어, 바늘에 걸린 4코에 실을 통과시켜 당긴다. 이전에 했던 것처럼 바늘을 손가락 안쪽으로 넣어, 다음 손가락을 작업할 수 있도록 실 꼬리를 적절한 위치로 빼낸다.

**3번째 손가락**
2번째 손가락을 만들 때와 같은 방식으로 코를 세팅한다. 이전에 남겨둔 실 꼬리로 진행한다.
1~8단: 모든 코 겉뜨기

돗바늘에 실을 꿰어, 바늘에 걸린 4코에 실을 통과시켜 당긴다. 이전에 했던 것처럼 바늘을 손가락 안쪽으로 넣어, 마지막 손가락을 작업할 수 있도록 실 꼬리를 적절한 위치로 빼낸다.

**4번째 손가락**
이전 손가락을 만들 때와 같은 방식으로 마지막 4코를 세팅한다. 이전에 남겨둔 실 꼬리를 사용해서 다음과 같이 진행한다.
1~6단: 모든 코 겉뜨기

실 꼬리를 돗바늘에 꿰어 바늘에 걸린 4코에 실을 통과시켜 당긴다. 그 후에, 손가락을 통과시켜 실 꼬리를 편물 안쪽으로 끌어들인다. 손과 손가락이 연결된 지점에 있는 다른 2개의 실 꼬리와 모헤어 실도 함께 안쪽으로 넣는다. 팔을 뒤집고, 모든 실 꼬리를 모아 묶는다. 매듭 이후 짧게 실을 남기고 자른다.

## 오른쪽 팔

세팅 1단: 오랑우탄 인형의 머리가 아래를 향하고 등이 보이는 상태에서, 처음 20코를 홀더에 옮겨 쉼코로 둔다. 다음 20코를 다시 작업 중인 바늘에 옮기고, 마지막 20코는 홀더에 옮겨 쉼코로 둔다. (총 20코)
세팅 2단: 작업 중인 바늘의 오른쪽 끝에 있는 코에서 시작해서, (나중에 작은 구멍이 있으면 막을 수 있게 실 꼬리를 충분히 남기고) 실을 연결해 20코를 겉뜨기한다. 감아코잡기 방법으로 2코 만든다. 스티치 마커 A를 걸고 2코 만든다. (총 24코)
세팅 3단: 바늘을 재배열해 원통뜨기한다. 스티치 마커 A를 다시 만날 때까지 겉뜨기한다. 다음 코에 스티치 마커 A를 옮긴다. 이곳이 새로운 단 시작이 되고, 그에 따라 바늘을 재배치하고 필요한 경우 코 분배를 다시 조정한다.

42단까지 왼쪽 팔과 동일하게 작업한다. 그 후에 다음과 같이 진행한다.
43단 (부분적인 단): 겉10, 다음 코에 스티치 마커 A 옮기기
이곳이 새로운 단 시작이 되고, 그에 따라 바늘을 재배치하고 필요한 경우 코 분배를 다시 조정한다.

## 몸통 만들기
레슨 12 참고

남아있는 40코를 작업 중인 바늘로 다시 옮긴다. 오랑우탄 인형의 머리가 아래를 향하고 등이 보이는 상태에서, 왼쪽 진동 가운데에 실을 연결해 다음과 같이 진행한다.
세팅 단: 3코 줍기, 뒤판 20코를 겉뜨기, 6코 줍기, 앞판 20코 겉뜨기, 3코 줍기 (총 52코 = 뒤판 26코 / 앞판 26코)

1번째 코(처음 주운 코)에 스티치 마커 A를 건다.
1~5단: 모든 코 겉뜨기
6단: 겉26, 스티치 마커 B 걸기, 겉26
7단: 겉4, kfb 코늘림, 스티치 마커 B 5코 전까지 겉뜨기, kfb 코늘림, 겉4, 스티치 마커 B, 겉4, kfb 코늘림, 단 끝에 5코 남을 때까지 겉뜨기, kfb 코늘림, 겉4 (총 56코 = 뒤판 28코 / 앞판 28코)
8단: 모든 코 겉뜨기
9단: 겉4, kfb 코늘림, 스티치 마커 B 5코 전까지 겉뜨기, kfb 코늘림, 겉4, 스티치 마커 B, 단 끝까지 겉뜨기 (총 58코 = 30코 / 28코)

10단: 모든 코 겉뜨기
11~12단: 9~10단을 반복 (총 60코 = 32코 / 28코)
13~30: 7~12단을 3회 더 반복 (총 84코 = 50코 / 34코)
31단: 모든 코 겉뜨기

## 엉덩이 모양 만들기

스티치 마커 B를 제거한다.

*되돌아뜨기 단 주의: 이제 레슨 6의 상황 2 중 특별한 경우가 되었다. (46쪽 참고)*

코 세팅하기: 처음 50코를 작업 중인 바늘에 두고 마지막 34코는 홀더에 옮겨 쉼코로 둔다. 1번째 코에 스티치 마커 A를 건다.

다음과 같이 편물을 앞뒤로 뒤집어가며 평면뜨기한다.
1단 (겉면): 겉25, 스티치 마커 걸기, 겉2, 왼코줄임, 겉1, 편물 뒤집기 (엉덩이 총 49코)
2단: 스티치 마커를 지나 2코까지 안뜨기, ssp 코줄임, 안1, 편물 뒤집기 (총 48코)
3단: 진행하면서 스티치 마커를 제거하며 구멍 1코 전까지 겉뜨기, 왼코줄임, 겉1, 편물 뒤집기 (총 47코)
4단: 구멍 1코 전까지 안뜨기, ssp 코줄임, 안1, 편물 뒤집기 (총 46코)
3~4단을 7회 더 반복한다. (총 32코)

작업 중인 실이 있는 곳에서 시작해서, 다시 다음과 같이 원통뜨기한다.
1단: 구멍 1코 전까지 겉뜨기, 왼코줄임, 단 끝까지 겉뜨기 (총 65코 = 뒤쪽 31코 / 앞쪽 34코)
2단: 겉3, ssk 코줄임, 단 끝까지 겉뜨기 (총 64코 = 30코 / 34코)

지금까지 생긴 실 끝을 정리한다.

## 다리 만들기
레슨 13 참고

오랑우탄 인형의 머리가 아래를 향하고 등이 보이는 상태에서, 현재 단 시작점에서 원통뜨기를 시작한다.

### 왼쪽 다리

세팅 1단: 단의 첫 12코를 겉뜨기, 다음 6코를 다음과 같이 코막음한다. 겉뜨기하듯이 1코 걸러뜨기, 겉1, 걸러뜨기한 코를 겉뜨기한 코 위로 덮어씌운다. *겉1, 이전 코를 겉뜨기한 코 위로 덮어씌우기*, *~*를 4회 더 반복한다. 겉25, 같은 방식으로 다음 6코를 코막음한다. 단의 마지막 13코를 겉뜨기한다. (총 52코)
세팅 2단: 단의 처음 12코를 겉뜨기, 다음 26코를 홀더에 옮겨 쉼코로 둔다. 마지막 14코를 겉뜨기한다. (작업 중인 바늘에 총 26코)

1번째 코에 스티치 마커 A를 건다. (단 시작은 다리 바깥쪽에 있다)
1~2단: 모든 코 겉뜨기
3단: 단 끝에 4코 남을 때까지 겉뜨기, 왼코줄임, 겉2 (총 25코)
4~5: 모든 코 겉뜨기
6~8단: 3~5단을 1회 더 반복 (총 24코)
9단: 겉2, ssk 코줄임, 단 끝에 4코 남을 때까지 겉뜨기, 왼코줄임, 겉2 (총 22코)
10~24단: 모든 코 겉뜨기 (총 15단)
25단: 9단을 반복 (총 20코)
26단: 모든 코 겉뜨기
27단: 겉2, ssk 코줄임, 겉8, ssk 코줄임, 겉2, 왼코줄임, 겉2 (총 17코)
28단: 모든 코 겉뜨기
29단: 겉2, ssk 코줄임, 겉7, ssk 코줄임, 왼코줄임, 겉2 (총 14코)
30단: 모든 코 겉뜨기
31단: 모헤어 실을 자르고, 배색실을 연결해서 바탕실과 함께 잡고 모든 코 겉뜨기
32단: 바탕실을 자르고, 2mm 바늘로 바꿔 배색실로만 겉8, 스티치 마커 B를 걸기, 겉6
33단: 겉1, kfb 코늘림, 스티치 마커 B 2코 전까지 겉뜨기, kfb 코늘림, 겉1, 스티치 마커 B, 단 끝까지 겉뜨기 (총 16코 = 발 뒤쪽 10코 / 발 앞쪽 6코)
34단: 모든 코 겉뜨기
35~42단: 33~34단을 4회 더 반복 (총 24코 = 18코 / 6코)

### 뒤꿈치 모양 만들기
스티치 마커 B를 제거한다.

*되돌아뜨기 단 주의: 이제 레슨 6의 상황 2를 할 차례다. (바늘비우기가 아닌, 실제 코를 소모하는 코줄임)*

코 세팅하기: 처음 18코를 작업 중인 바늘에 두고, 마지막 6코를 홀더에 옮겨 쉼코로 둔다. 1번째 코에 스티치 마커 A를 건다.

다음과 같이 편물을 앞뒤로 뒤집어가며 평면뜨기한다.
1단 (겉면): 겉10, 왼코줄임, 편물 뒤집기 (뒤꿈치 총 17코)
2단: 안3, ssp 코줄임, 편물 뒤집기 (총 16코)
3단: 겉3, 왼코줄임, 편물 뒤집기 (총 15코)
4단: 안3, ssp 코줄임, 편물 뒤집기 (총 14코)

3~4단을 2회 반복한다. (총 10코)

작업 중인 실이 있는 곳에서 시작해서, 다시 다음과 같이 원통뜨기한다.

1단: 겉3, 왼코줄임, 단 끝까지 겉뜨기 (총 15코 = 뒤꿈치 뒤쪽 9코 / 뒤꿈치 앞쪽 6코)
2단: 겉뜨기 꼬아뜨기 1, 겉1, ssk 코줄임, 단 끝까지 겉뜨기 (총 14코 = 8코 / 6코)

## 발 만들기

1~8단: 모든 코 겉뜨기
9단: 겉2, ssk 코줄임, 왼코줄임, 단 끝까지 겉뜨기 (총 12코 = 발 아래쪽 6코 / 발 위쪽 6코)
10단: 겉1, ssk 코줄임, 단 끝에 3코 남을 때까지 겉뜨기, 왼코줄임, 겉1 (총 10코 = 5코 / 5코)

실을 자르고 메리야스잇기 기법으로 발을 마무리한다. 실 꼬리를 편물 안쪽으로 넣는다. 색상 변경 부분에서 남은 2개의 실 꼬리와 모헤어 실도 동일하게 안쪽으로 넣는다. 다리를 뒤집고, 모든 실 꼬리를 모아 함께 묶는다.

## 오른쪽 다리

세팅 단: 오랑우탄 인형의 머리가 아래를 향하고 등이 보이는 상태에서, 마지막 26코를 다시 바늘로 옮긴다. 오른쪽 끝에 실을 연결해 겉뜨기로 26코 뜬다.

바늘을 재배치해 원통으로 뜬다. 1번째 코에 스티치 마커 A를 건다. (단 시작은 다리 안쪽에 있다)
1~2단: 모든 코 겉뜨기
3단: 겉14, ssk코 줄임, 단 끝까지 겉뜨기 (총 25코)
4~5단: 모든 코 겉뜨기
6~8단: 3~5단을 반복 (총 24코)
9단: 겉8, 왼코줄임, 겉4, ssk 코줄임, 단 끝까지 겉뜨기 (총 22코)
10~24단: 모든 코 겉뜨기 (총 15단)
25단: 겉7, 왼코줄임, 겉4, ssk 코줄임, 단 끝까지 겉뜨기 (총 20코)
26단: 모든 코 겉뜨기
27단: 겉6, 왼코줄임, 겉4, ssk 코줄임, 겉2, 왼코줄임, 겉2 (총 17코)
28단: 모든 코 겉뜨기
29단: 겉5, 왼코줄임, 겉4, ssk 코줄임, 왼코줄임, 겉2 (총 14코)
30단: 모든 코 겉뜨기

그 후에 왼쪽 다리 31단부터 '발 만들기'까지 동일하게 뜬다.

1~8단: 모든 코 겉뜨기
9단: 겉2, ssk코줄임, 왼코줄임, 단 끝까지 겉뜨기 (총 12코 = 발 아래쪽 6코 / 발 위쪽 6코)
10단: 겉3, 왼코줄임, 겉2, ssk코줄임, 겉3 (총 10코 = 5코 / 5코)

오른쪽 다리에서는 시작할 때 연결한 실 꼬리도 정리한다.

## 세탁, 솜 넣기, 구멍 막기
레슨 14 참고

오랑우탄에게 목욕을 시켜주세요! 휴식의 미학을 아는 존재이니, 이 과정을 분명히 즐길 거예요.

완전히 마른 후에 솜을 넣는다. 레슨 14를 참고한다. 다만, 손바닥에 너무 많은 솜을 넣지 않도록 주의한다. 손가락으로 자연스럽게 이어지도록 아주 소량만 넣는다. 손가락은 솜을 넣지 않은 상태로 둔다.

마지막 구멍은 돗바늘과 별도의 바탕실을 사용해 막는다.

마지막으로 편물 표면을 빗으로 빗어 헝클어진 오랑우탄 털 느낌을 제대로 살려 준다!

# 앙리의 옷

## 실

Serafina, Meias Inglesas (코리데일울 100%, 400m, 100g)
점퍼: "Graffiti" 색상, 약 30g
바지: "Orangotango" 색상, 약 15g

혹은 핑거링 굵기 실 2가지 색상 약 30g (120m), 15g (60m)

## 바늘

2mm, 2.75mm, 긴 줄바늘을 사용하는 경우 어깨를 메리야스잇기 기법으로 연결할 때 쓸 2.75mm 장갑바늘 2개

# 스웨터

앙리의 스웨터는 밑단 고무단부터 시작해서 아래에서 위로 뜬다. 밑단부터 진동까지는 텍스처 무늬로 뜨고, 그 후에 앞판과 뒤판을 따로 작업한다. 어깨를 연결한 뒤, 롤넥 칼라를 추가한다. 마지막으로, 소매 코를 주워 떠서 완성한다.

대체 케이블 캐스트온 방법을 사용해서 (레슨 15 참고), 스웨터 바탕실과 2mm 바늘로 90코를 만든다.

바늘을 재배치해 원통으로 뜬다. 1번째 코에 스티치 마커 A를 건다.

1~3단: [겉1, 안1]을 단 끝까지 반복

2.75mm 바늘로 바꿔 계속해서 다음과 같이 진행한다.
4~8단: *안5, [겉뜨기 꼬아뜨기 1, 안1, 겉뜨기 꼬아뜨기 1, 안5] 4회*, *~*를 1회 더 반복
9~13단: *겉뜨기 꼬아뜨기 1, [안1, 겉뜨기 꼬아뜨기 1] 2회, [안5, 겉뜨기 꼬아뜨기 1, 안1, 겉뜨기 꼬아뜨기 1] 4회*, *~*를 1회 더 반복
14~23단: 4~13단을 반복

## 앞판

처음 45코를 사용해서 편물을 앞뒤로 뒤집어가며 평면뜨기하고, 나머지 45코는 홀더에 옮겨 쉼코로 둔다. 현재 단 시작점에서 원통뜨기를 시작한다.

1단 (겉면): 겉뜨기하듯이 1코 걸러뜨기, 안4, [겉뜨기 꼬아뜨기 1, 안1, 겉뜨기 꼬아뜨기 1, 안1, 겉뜨기 꼬아뜨기 1, 안5] 3회, 겉뜨기 꼬아뜨기 1, [안1, 겉뜨기 꼬아뜨기 1] 2회, 안4, 겉뜨기하듯이 1코 걸러뜨기
2단: 안1, 겉4, [안뜨기 꼬아뜨기 1, 겉1, 안뜨기 꼬아뜨기 1, 겉1, 안뜨기 꼬아뜨기 1, 겉5] 3회, [안뜨기 꼬아뜨기 1, 겉1] 2회, 안뜨기 꼬아뜨기 1, 겉4, 안1
3~4단: 1~2단을 반복
5단: 1단을 반복
6단: 안1, [겉1, 안뜨기 꼬아뜨기 1] 2회, [겉5, 안뜨기 꼬아뜨기 1, 겉1, 안뜨기 꼬아뜨기 1] 3회, 겉5, [안뜨기 꼬아뜨기 1, 겉1] 2회, 안1
7단: 겉뜨기하듯이 1코 걸러뜨기, [안1, 겉뜨기 꼬아뜨기 1] 2회, [안5, 겉뜨기 꼬아뜨기 1, 안1, 겉뜨기 꼬아뜨기 1, 안1, 겉뜨기 꼬아뜨기 1] 3회, 안5, [겉뜨기 꼬아뜨기 1, 안1] 2회, 겉뜨기하듯이 1코 걸러뜨기
8~9단: 6~7단을 반복
10단: 6단을 반복
11~20단: 1~10단을 반복
21~25단: 1~5단을 반복

약 80cm 정도 남기고 실을 자른다. 꼬리는 나중에 사용할 예정이라 정리하지 않는다.

## 뒤판

홀더에 쉼코로 두었던 45코를 다시 작업 중인 바늘에 옮기고, 앞판 45코는 홀더에 옮겨 쉼코로 둔다. 뒤판의 겉면이 보이는 상태에서, 오른쪽에서 시작해 실을 연결하고 앞판 윗부분과 동일하게 작업한다.

## 어깨 연결하기

45코씩 2세트가 있다. 각 세트를 장갑바늘에 옮기고, 2개의 바늘을 평행으로 잡고, 앞뒤에서 나온 실 꼬리를 이용해 양쪽 가장자리에서 10코씩을 메리야스잇기 기법으로 어깨를 연결한다. (레슨 10 참고)

양 어깨를 연결한 후, 작업 중인 바늘에는 25코씩 2세트가 남는다. 아직 실 꼬리는 마무리하지 않는다.

## 칼라

2mm 바늘로 바꿔 어깨 가장자리를 단 시작 지점으로 해서, 바늘을 재배치해 남은 50코를 원통으로 뜬다. 1번째 코에 스티치 마커 A를 건다.
1~15단: [겉1, 안1]을 단 끝까지 반복

고무뜨기하면서 모든 코 코막음한다. (레슨 16 참고) 어깨와 칼라가 만나는 지점의 작은 구멍들도 함께 막으며 실 꼬리를 정리한다.

## 소매

진동 중심에 실을 연결해, 2.75mm 바늘로 바꾸고 진동 전체 둘레를 따라 30코 줍는다.

1번째 코(처음 주운 코)에 스티치 마커 A를 걸고 원통뜨기한다.
1~14단: [겉뜨기 꼬아뜨기 1, 안1]을 단 끝까지 반복

2mm 바늘로 바꿔 계속해서 다음과 같이 진행한다.
1~12단: [겉1, 안1]을 단 끝까지 반복

고무뜨기하면서 모든 코를 코막음한다. 실을 자르고 정리한다.

2번째 소매도 동일하게 뜬다.

#### 마무리

남아있는 모든 실 꼬리를 정리한다.

스웨터를 물에 담가 충분히 적신다. 칼라를 접은 상태로 평평하게 펴서 말린다.

## 바지

앙리의 바지는 허리 고무단부터 시작해 위에서 아래로 내려뜬다.
대체 케이블 코잡기 방법을 사용해서, 바지를 뜰 색상 실과 2.75mm 바늘로 54코 만든다. 원통뜨기한다.
**1~3단**: [겉1, 안1]을 단 끝까지 반복
**4단**: [겉2, kfb코늘림]을 단 끝까지 반복 (총 72코)
**5단**: [겉뜨기 꼬아뜨기 1, 안2]를 단 끝까지 반복
**6단**: 모든 코 안뜨기
**7~36단**: 5~6단을 15회 더 반복

### 1번째 다리

현재 단 시작점에서 원통뜨기를 시작한다.

**세팅 1단**: [겉뜨기 꼬아뜨기 1, 안2]를 6회 반복한다. 다음 36코를 홀더에 옮겨 쉼코로 둔다. [겉뜨기 꼬아뜨기 1, 안2]를 6회 반복한다. (작업 중인 바늘에 총 36코)
**세팅 2단**: 모든 코를 안뜨기한다.

1번째 코에 스티치 마커 A를 건다. (단 시작은 다리 바깥쪽에 있다)
**1단**: [겉뜨기 꼬아뜨기 1, 안2]를 단 끝까지 반복
**2단**: 모든 코 안뜨기
**3~18단**: 1~2단을 8회 더 반복
**19단**: 1단을 반복

2mm 바늘로 바꿔 고무뜨기하면서 모든 코 코막음한다. 레슨 16에서 설명한 방법대로 진행하는데, 겉뜨기 1코는 안뜨기로, 안뜨기 2코는 겉뜨기로 대체한다.

실을 자르고, 마지막 코에 실을 꿰어 통과시킨 뒤 실 꼬리를 정리한다.

### 2번째 다리

**세팅 1단**: 허리 부분이 아래로 향한 상태에서 1번째 다리가 오른쪽에 오도록 두고, 남아있는 36코를 2.75mm 바늘에 다시 옮긴다. 오른쪽 끝에 실을 연결해서 [겉뜨기 꼬아뜨기 1, 안2]를 단 끝까지 반복한다. 바늘을 재배치해 원통으로 뜬다. 1번째 코에 스티치 마커 A를 건다. (단 시작은 다리 안쪽에 있다)

**세팅 2단**: 모든 코를 안뜨기한다.

그 후에 1단부터 시작해서 왼쪽 다리와 동일하게 뜬다.

실을 자르고 숨겨 정리한다. 가랑이 부분에 남아있는 실 꼬리로 작은 구멍들을 메우고 편물 안쪽으로 넣는다. 실 꼬리들을 함께 묶어 고정한다.

#### 마무리

남아있는 실 꼬리를 정리한다.

바지를 물에 적신 뒤, 고무단을 펼쳐 늘리지 않고 평평한 곳에 펴서 말린다.

# The Spring Party

## 봄 파티

드디어 봄이 찾아왔습니다. 무슈는 길고 깊은 잠에서 깨어났고, 이를 축하하기 위해 모두가 모이는 일 년 중 가장 기쁜 순간 중 하나입니다.

언제나 그렇듯이, 가장 먼저 도착하는 이는 헤이즐입니다. 늘 그렇듯 당당한 모습으로 등장하지만 가만히 앉아서 다른 친구들을 기다릴 수는 없습니다. 헤이즐은 오랜만에 친구들을 만난다는 생각에 너무 들떠 있어서 잠시도 가만히 있지를 못하죠. 무슈가 집을 열 준비를 하는 것을 돕고, 겨우내 쌓인 먼지를 털고, 베개와 담요도 정리합니다. 그리고 현관 앞에서 부산스럽게 친구들을 기다립니다. 다행히도 알퐁스와 미라가 도착합니다. 가마솥과 채소들을 잔뜩 가지고 왔기에, 헤이즐은 곧 다른 일을 도울 수 있게 되죠.

다음으로는 티노가 전속력으로 자전거를 타고 도착합니다. 조르지오는 자전거 짐받이에 앉아 함께 왔습니다. 그리고 낸나는 아기 오리들과 뜨개질 도구를 한가득 들고 나타납니다. 무슈의 집에는 편안하게 뜨개질할 수 있는 장소가 아주 많기에, 낸나가 얼마나 오래 뜨개질을 할지 벌써 기대되네요! 물론, 곧 빌리도 도착할 것입니다. 빌리는 단추들을 몇 개 가져올 예정이지요.

두 팔에 한아름 꽃을 안아 귀 끝만 간신히 보이는 호라시오는 문을 통과하는 데 애를 먹어요. 앙리가 그 꽃을 받아 직접 가져온 꽃병에 꽂아 줍니다. 이제 무슈의 집은 마치 호라시오의 정원처럼 보이네요. 호라시오는 드디어 두 팔이 자유로워져 친구들을 마음껏 안아 줄 수 있게 됩니다.

친구들이 한 명씩 도착할 때마다, 무슈의 기쁨은 점점 더 높이 솟아오릅니다. 이제 남은 건 아지뿐입니다. 아지는 먼 바다에서 무슈의 숲까지 긴 거리를 걸어와야 하지만, 매우 단단한 의지를 지닌 친구니 걱정 없어요. 한 걸음, 또 한 걸음씩 천천히 걷다 보면 마침내 바닷바람과 함께 도착할 겁니다.

포레스트는 늘 그렇듯이 카메라를 챙겨 왔습니다. 모두가 함께 보낼 이 특별한 순간을 꼭 사진으로 남겨줄 거예요.

이제 여러분도 이 친구들을 모두 만나게 되었으니, 무슈가 그러하듯 여러분의 마음속에도 이들을 소중히 간직해 주시길 바랍니다.

# Thank You

## 감사의 말

"빨리 가고 싶다면 혼자 가고,
멀리 가고 싶다면 함께 가라."

이 아프리카 속담을 책의 마지막에 쓸 수 있게 된 건, 여정 내내 저를 따뜻하게 감싸준 많은 이들이 있었기 때문입니다. 이 모험을 함께해 준 소중한 동료들에게 깊이 감사드립니다.

아멜리아 훗스던. 그녀가 아니었다면, 저는 영어로 책을 쓸 엄두조차 내지 못했을 것입니다. 모국어가 아닌 언어 속에서도 제 목소리를 찾을 수 있게 해 준 그녀에게 저는 말로 다 할 수 없을 만큼 감사하고 있습니다.

믿음직한 테스터 분들. 처음부터 함께해 주셨고, 언제든지 따뜻한 의견을 주는 모임이었습니다. 그들과 나누는 대화는 언제나 즐거웠어요.

Laine Publishing의 멋진 팀, 마이야, 티이나, 시니, 욘나. 그들의 친절함과 고품질의 작업에 깊은 감사를 전합니다.

저의 작은 친구들을 가장 즐겁게 사진으로 담아낸 라우라 하뽀. 그녀는 사진뿐 아니라 뜻밖의 브뤼셀 콩 레시피도 함께 전해주셨습니다. 아름다운 실을 선물하며 응원해 준 실 브랜드들. 단순한 후원이 아니라, 제가 새로운 작은 인형 친구를 꿈꾸기 시작할 때, 그 첫걸음을 비추는 마법의 불씨나 다름없었어요.

제 도안을 떠 주시고, 전 세계 곳곳에서 수많은 털실 생명체들에게 생명을 불어넣어 주신 모든 니터분들. 그중에는 런던의 가장 사랑스러운 실 가게에서 사는 행운의 생쥐 한 마리도 있다는 걸 저는 알고 있습니다.

언제든지 내 품에 안겨 포근한 위로를 아끼지 않는 털복숭이 동료들. 이번 책에는 제 고양이가 등장했으니 다음엔 제 강아지 차례가 되겠지요.

그리고 마지막으로, 제 꿈을 믿어 주고, 그것이 현실이 되도록 늘 곁에서 응원해 주는 남편과 아이들. 여러분이 있었기에, 저는 이 꿈을 끝까지 따라올 수 있었습니다.